王永进　著

契约、关系与国际贸易

格致出版社　上海人民出版社

前　言

　　本书是一本关于国际贸易理论最基本的问题——贸易模式是由什么因素决定——的著作。"贸易是如何发生的"可以说是经济学的核心问题。从经济学诞生开始，无数先贤都曾为之探索和着迷。是的，人类历史的进步在很大程度上要归功于贸易或者交换，如果没有贸易，分工和技术进步甚至是现代人类文明就无从谈起。而远途国际贸易更被认为是推动市场经济体系形成的"催化剂"。然而，"契约"——这一所有贸易或者交换都无法回避的问题，竟然长期在国际贸易理论中"缺位"。这种历史性缺位直接导致了现代贸易理论对贸易流量和贸易模式的乏力解释：大量研究发现，即便在控制了要素禀赋和技术水平后，国家间贸易结构的差异仍然在很大程度上难以被人们所理解。

　　进入 21 世纪以来，随着微观数据逐步被挖掘以及不完全契约理论的成熟，企业以及契约的作用逐渐进入研究者们的视野，由此在国际贸易领域掀起了一股全新的研究热潮，这些新的研究进展被概括地称为"新—新贸易理论"（New New Trade Theory）。之所以称作"新—新贸易理论"，是因为其理论架构是建立在"新贸易理论"基础上的，但是更多地强调企业、契约等微观因素的重要性；简言之，是新贸易理论的最新进展（new advances in New Trade Theory）。

　　目前，"新—新贸易理论"已经形成了两大分支：第一分支强调企业异质性对国际贸易的影响，以 Melitz、Eaton 和 Kortum 等为代表；第二分支的文献则将"契约"纳入国际贸易的分析框架，侧重研究"不完全契约"对贸易模式和跨国公司组织模式的作用，以 Antras、Marin 和 Verdier 等为代表。然而，本书在研究范畴上属于后者。

　　本书主要讨论如下问题：在契约不完全的情况下，一国的贸易结构的决定机制会如何不同？根据经典的不完全契约理论，如果契约的不完全性，当事人的专用性投资是低效率的，从而导致贸易不足甚至阻碍国际贸易的发生；进一步地，专用性在不同行业的重要性是有差异的，越是依赖于专用性投资的行业，契约的履行对于出口竞争力的影响就越是显著。沿着这一思路,Nunn(2007)在 QJE 的文章中进一步指出,契约的不完全程度受到法律制度的影响,法律制度越完善的国家越是能够缓解契约不完全所导致的"投资不足"问题,从而使得这些国家在"契约密集型"行业(密集使用专用性投资的行业)形成比较优势。

本书进一步指出:第一,契约的履行不仅受到法律体系本身的完善程度,或是否"有法可依",而且更为关键地取决于执法效率(或契约执行效率)——即是否"有法必依"。第二,对于广大发展中国家而言,由于法律制度本身并不完善,因此,"关系"在促进合同执行以及企业出口方面发挥着重要作用,这也就解释了为什么跨国研究中经常发现正式的契约制度对经济绩效的影响不明显。第三,本书将"地理"以一种全新的方式引入到贸易理论中。传统理论认为,地理影响国际贸易的方式主要是通过"运输成本"来改变贸易壁垒。本书则认为,企业在地理上的集中不仅可以促进企业间关系的形成和契约执行,而且还可以直接降低"敲竹杠"导致的投资不足,因为与"地理"相关的成本多数具有专用性资产的性质。第四,本书将经济波动纳入到国际贸易的分析框架。我们认为,频繁的经济波动会使得事前签订的合同趋于无效。为此,由于政府行为或外生冲击所导致的经济波动也会作用于一国或地区的出口结构。第五,如果存在"声誉机制",那么即便契约是不完全的,当事人也可能进行"过度投资"而不是"投资不足"。这就意味着,已有的关于契约不完全影响国际贸易模式的理论基础可能是不成立的。本书则证实,即便是存在"声誉机制",契约的不完全仍然会显著地影响一国的国际贸易。

为了论证以上的命题,我们在分析方法上不仅同时吸收了第一代不完全契约理论和第二代不完全契约理论的最新进展,而且也融合了"新—新贸易理论"的第一支理论——即异质性企业贸易理论。在实证上,本书不仅通过跨国数据和分地区数据来验证本文的核心结论,而且还大量应用了微观企业数据,计量方法采用了微观计量研究方法,从而使得本书的研究结论更为可靠。

本书适合对国际贸易理论、不完全契约理论、制度经济学和经济地理感兴趣的学者。当然,其他领域的学者也可能发现本书是有帮助的。例如,本书第 7 章讨论是市场化与产业增长的关系,因此,关心经济增长和经济发展的学者可能会对这一部分感兴趣;第 8 章讨论了经济波动如何通过影响契约履行,进而作用于产业结构和出口结构,因此,研究经济波动与产业结构的学者也可能从阅读该章的内容中受益。

当然,由于时间、精力、研究能力以及数据和方法的局限,本书所提出的问题并没有真正地解决,很多研究内容尚处于初步探索阶段,因此难免有诸多不足之处。

此外,本书的研究内容着重强调不完全契约在国际贸易理论中的应用,而贸易开放会如何影响企业的组织和激励问题也是一个十分重要的研究方向。作者虽然也在该方面有所尝试,但是对其进行详细的阐述无疑超出了本书的研究范畴。

最后,作为国内第一本系统阐述契约理论在国际贸易理论中的应用的著作,作者希望本书的出版能够起到"抛砖引玉"的作用,期待更多的学者能够关注这一领域的最新进展。对于书中的错误,作者恳请相关的专家、学者不吝赐教,批评指正。

目 录

第 1 章
导　　论

1.1　问题的提出

契约,俗称"合同"或"合约"。狭义的契约是指私法上的法律行为,可分为债权契约(例如买卖)、物权契约(例如所有权移转登记)及身份契约(例如结婚)等,不过在公法上也存在契约关系(例如行政契约)。广义的契约则广泛包括各种显性和隐形、正式和非正式的约定或承诺。契约规定着利益双方在权利与义务方面的双向依存关系,是市场经济赖以运行的基础。对于任何产品来说,从技术研发、中间产品采购、生产到最终产品的消费,每一笔交易都涉及一份甚至多份契约。如果契约得不到有效的实施,消费者会因为可能购买到假货而拒绝购买,生产者则会因为可能的拒付而不敢进行大规模生产。因此,契约的有效实施对经济活动运行的意义是显而易见的。

然而,传统贸易理论从国家和产业的视角出发,强调技术差异、要素禀赋、规模经济以及需求因素对一国比较优势和贸易结构的影响,均假定契约的实施是完善的,生产要素不需要经历缔约过程便会直接转化为最终产品,没有深入到微观层面,忽略了现实世界中所广泛存在的契约摩擦。实际上,交易才是国际贸易和经济活动更基本的分析单位,在交易过程中必然涉及契约的签订与执行问题。在现实中,契约能否有效实施,不仅受到包括法律法规、契约实施效率等正式契约实施制度的影响,而且还受到包括社会信任、风俗和文化等各种非正式契约实施制度的影响。无视契约实施制度的影响,不仅使我们无法完整地了解一国比较优势的决定因素,而且还大大降低了传统比较优势理论的解释力。

根据传统要素禀赋理论,某种要素禀赋相对丰裕的国家在密集使用该种要素的产业拥有出口比较优势。Vanek(1968)进一步证明了,虽然在高维度情况下的 HO 定理不再成立,但以下的结论仍然成立,即在自由贸易条件下,某种要素相对丰裕的国家将是该要素的净出口国。尽管要素禀赋理论的模型和结论非常精巧,却难以逃脱经验研究的诘难。根据 Leontief 对美国对外贸易中要素含量的计算,资本丰裕的美国,出口的却是劳动密集品,而进口的则是资本密集品,这一发现被称为"里昂惕夫之谜"(Leontief Paradox)。Trefler(1995)进一步指出,美国对外贸易的实际要素含量仅占理论预测含量的 3.2%,换句话说,大量的贸易消失了。Trefler(1995)将这一令人惊讶的发现被称为"贸易的消失之谜"(the mystery of missing trade)。Trefler(1995)指出,只有当我们考虑到国家之间的生产率差异时,要素禀赋理论才能恢复其应有的解释力。Harrigan(1997)也表达了类似的观点,他认为,只有当我们对各国的生产率差异进行调整之后,要素禀赋理论才能成功地预测一国的贸易模式。显然,如果忽略了各国之间的生产率差异,要素禀赋理论将失去其理论解释力。

既然如此,又是什么因素导致了各国生产率水平上的差距呢? 近年来的一些文献发现,制度因素对各国的生产率和经济绩效具有重要影响(Rodrik *et al*., 2004)。受到这些研究的启发,越来越多的研究倾向于从制度差异的视角来探索国家间生产率和贸易差距的来源。通过把制度因素引入传统的贸易理论,我们对于国家间比较优势来源的认识更为深化了。因而,探讨契约实施制度与比较优势之间的联系具有一定的理论意义。

从现实来看,各国在契约实施制度方面存在着较大不同,其实施效果也存在显著的国别差异。根据世界银行发布的《营商环境报告》,各国在契约实施的难易程度方面存在显著差异。在表 1.1 中,我们对各国契约实施的难易程度进行了初步的统计。由表 1.1 我们发现,各国在正式的契约实施制度方面的差异是令人惊讶的。在斯洛文尼亚,债权人必须完成 22 个程序并耗费 1 003 天才能收回货款,其成本超过 360 美元,相当于交易额度的 7.2%。而在突尼斯,完成同样的过程仅需 14 个程序和 7 天时间。在契约实施制度不完善的条件下,专用性的投资无法得到保障,生产和交易也无法正常运行。假如一个客户来到一个服装公司来订购一批衬衫,双方签订了契约,对衬衫的型号以及交货时间和地点进行了详细的规定。一旦该客户拒绝付款,服装公司将面临无法收回货款的风险。在新西兰,服装公司的管理者会直接拿着契约与该客户对峙,要求客户按照契约规定执行,客户看到契约后会直接付款,否则,服装公司的管理者就可以将客户告上法院。而在波兰,客户在看到契约后仍然可能拒绝付款。因为,在波兰一件契约纠纷的解决往往耗时数日,除此之外,双方还可能需要付出大量的人力、物力和财力。而在西非的科特迪瓦共和国,如果没有其他公司的证明材料,该公司的管理者可能从一开始就不会与该客户进行交易。在越南,如果不在交易之前带足至少半数的预付款,服装公司也不会愿意接下该订单。

表 1.1　各国(地区)契约实施的难易程度

实施契约的程序数				实施契约的天数			
最　少		最　多		最　快		最　慢	
澳大利亚	11	安哥拉	46	突尼斯	7	波斯尼亚和黑塞哥维那	630
挪威	12	巴拉圭	46	荷兰	39	意大利	645
英国	12	喀麦隆	46	新西兰	50	黎巴嫩	721
津巴布韦	13	墨西哥	47	新加坡	50	尼日利亚	730
丹麦	14	塞拉利昂	48	博茨瓦纳	56	安哥拉	865
牙买加	14	乍得	50	日本	60	埃塞俄比亚	895
瑞士	14	阿曼	54	亚美尼亚	65	波兰	1 000
坦桑尼亚	14	波多黎各	55	尼加拉瓜	65	斯洛文尼亚	1 003
突尼斯	14	刚果	55	立陶宛	74	塞尔维亚和蒙得维亚	1 028
中国台湾	15	布隆迪	62	韩国	75	危地马拉	1 460

资料来源:《营商环境报告 2004——了解管制》,世界银行,2004 年。

实际上,这样的差异不仅存在于政治、经济文化迥异的不同国家之间,甚至存在于一国内部的不同地区之间。从 2006 年开始,世界银行与中国社会科学院开始了对我国各地营商环境的跟踪调查,其研究成果集中地反映在世界银行公布的《中国营商环境报告 2008》中。根据该研究报告,虽然我国的不同地区是在统一的法律体系下运作的,但各地区在司法系统效率以及契约的执行方面存在着明显差异。在东南沿海地区,通过司法程序强制执行一份契约需要 230 天;在中国的东北地区,同样的程序则需要 363 天。

在很多情况下,契约实施不完善所带来的成本是高昂的。中国自古就流传着,"衙门口,朝南开,有理没钱莫进来"的说法。莎士比亚甚至在《哈姆雷特》中,将"法庭的拖延"列为生活中的诸多悲剧之一。如果缺乏有效的法律和执法体系,不仅大量的交易将不会发生,而且连基本的社会公平和公正也难以得到保证。

契约实施的重要性以及其在各国(地区)广泛存在的差异性,意味着从理论和实证方面来考察其对国际贸易的影响具有重要的理论和现实意义。然而遗憾的是,在传统贸易理论中,契约实施的作用常常被忽视了。那么,现实中的贸易模式和理论预测之间的鸿沟能否由各国之间在契约实施上的差异来进行解释？契约不完全是否会影响比较优势与贸易模式？如果是，其影响机制是什么？本书拟对上述问题进行回答。

1.2 本书的贡献与结构安排

本书的贡献在于：

第一，本书将不完全契约理论系统地引入国际贸易的分析框架，考察了影响契约执行的正式制度和非正式制度（如企业间关系、政企关系）对比较优势和出口结构的影响。在已有关于制度与比较优势的文献中，信任、关系等非正式制度因素是缺失的，而经济增长文献则告诉我们，在正式制度缺失的条件下，非正式制度对一国经济绩效具有重要影响。另外，国际贸易中广泛存在的"零贸易"或"贸易消失之谜"也提醒我们重视非正式制度和信息的作用。

第二，本书不仅关注了静态契约对国际贸易的作用，而且还将动态不完全契约引入国际贸易的理论模型。已有文献认为契约的执行之所以会影响贸易模式，其关键在于契约不完全会导致投资的低效率。但是如果合同的签订和执行过程是动态的，则在"声誉机制"的制约下，即便契约是不完全的，交易双方也不见得会"投资不足"，甚至会出现"过度投资"的现象。这样一来，已有研究关于契约实施制度影响比较优势的微观机制也就难以立足了。

第三，跨国文献表明，在诸多制度因素中，契约制度对经济增长的贡献往往不稳健。这是因为，一方面，契约制度的好坏不仅取决于是否有法可依以及法律体系的完备程度，而且还取决于法律制度是否得到有效的执行，或契约的执行效率；另一方面，关系与声誉机制等非正式制度可以替代正式制度的作用，从而在即便是正式法律制度不完善的条件下，也可以保证契约的有效实施。

为此，本书不仅系统研究了在法律制度相同的情况下，契约的执行效率或司法效率对企业出口行为的影响，而且还考察了企业间关系、关系网络以及政企关系等非正式制度对企业出口行为的影响。来自一国内部的数据可以分离法律法规完善程度的影响，从而可以集中考察契约执行效率的作用。另一方面，由于跨国数据本身存在样本异质性，既有经验研究中很难剔除文化和语言等因素的影响，因此，估计的结果可能是有偏的。

　　第四,契约的有效实施受到地理集聚和企业间关系的影响。本文基于不完全契约理论,建立了一个理论模型以考察产业集群如何通过影响分工进而影响制造业出口结构。具体地,产业集群通过两条渠道影响分工以及出口:一是"规模效应"。产业集群地区的市场规模较大,从而可以扩大分工的收益,并提高企业的出口竞争力;二是"敲竹杠效应"或"交易成本效应"。在产业集群内部,产品市场上的竞争较为激烈,而且供应商也能够更容易找到客户,这就使其在面临客户的"敲竹杠"行为时处于更加有利的地位,并缓解"敲竹杠"所导致的投资不足问题,从而影响出口结构和贸易模式。本书发现,企业在地理空间上的集聚有助于企业间关系的形成,从而缓解由于契约不完全所导致的"敲竹杠"问题对企业投资的不利影响,并促进企业通过商业信用等方式来进行融资,进而影响企业出口。

　　第五,本书发展了市场化影响产业和出口结构升级的理论。由于契约的不完全性,"敲竹杠"行为所导致的"交易成本"也随之增加。在此过程中,市场化程度越高,则要素市场和中间产品市场的发育越完善,这就降低了企业家寻找供应商的搜寻成本,并提高企业家的谈判势力,从而提高了技术创新的收益和激励。因而,市场化程度越高,技术创新的激励也就越强;同时,商品属性越是复杂多样和易变,则越容易受到外部风险和不确定性的影响。因此,地区市场化程度越高,技术复杂度高的产业相对增长速度更快。

　　第六,本书基于不完全理论通过构建理论模型阐述了经济波动影响产业结构的微观机制。根据 Hart 等人所发展的"第二代不完全契约理论",契约的作用在于为事后的交易提供"参照点"(reference point),从而有效缓解"敲竹杠"问题。然而,经济的剧烈波动将会使事前的契约趋于无效,这就引发交易双方在事后进行"再谈判";同时,行业的契约密集度越高,再谈判的成本也就越高。因此,经济波动将会降低契约密集行业的预期相对利润,从而不利于这些行业的技术进步、产业和出口增长。

　　本书的结构安排如下:第 1 章为导论部分;第 2 章对不完全契约与国际贸易的相关文献进行述评;第 3 章考察正式制度对国际贸易的影响;第 4 章研究企业间关系对企业出口行为的影响以及作用渠道;第 5 章考察政企关系与企业出口的关系;第 6 章分析地理如何影响企业间关系,进而作用于国际贸易;第 7 章运用不完全契约理论的框架考察市场化对比较优势以及产业增长的作用;第 8 章运用第二代不完全契约理论考察经济波动对产业结构和出口结构的影响。

第 2 章
文 献 综 述

2.1 制度因何重要

为什么国家之间会开展对外贸易？国家间的贸易模式和比较优势是如何被确定的？这些问题是国际贸易理论最为古老的话题，然而，从古典贸易理论到新贸易理论，再到目前正在被热烈讨论的"新—新贸易理论"，对这些问题的探讨却从未休止。

古典贸易理论强调，技术差距和要素禀赋是国家之间开展对外贸易的基本原因，这两大因素决定了为什么一些国家出口某些产品，而另外一些国家则出口另一些产品。

根据李嘉图比较优势理论，国家间在不同产业上相对生产率的差异是比较优势的重要来源。但长期以来，人们一直是在各国生产率水平被视为外生给定的条件下来探讨一国的比较优势是如何被决定的，却忽视了各国生产率差距的来源。正如 Grossman 和 Helpman(1995)所指出的，"已有研究大多将不同国家的生产率差异视为外生给定的，主要围绕其'影响'展开研究，却忽视了对其'来源'的考察"，这就使得该理论处于非常尴尬的境地。

在传统贸易理论中，Heckscher-Ohlin 模型（简称 HO 模型）在解释一国贸易模式和比较优势的文献中一直占据重要地位。在最简单的"2×2×2 模型中"（两个国家、两种要素和两种产品），某种要素禀赋相对丰裕的国家在密集使用该种要素的产业拥有出口比较优势。Vanek(1968)进一步证明了，尽管在高维度情况下的 HO 模型不再成立，但以下的结论仍然成立：在自由贸易条件下，某种要素相对丰裕的国家将是该要素的净出口国。例如，劳动相对丰裕的国家将是净劳动要素出口国，而资本相对丰裕的国家将是净资本要素出口国。这个结论被称为 HOV

定理。

　　尽管该理论在模型和结论上都非常精巧，但对 HO 模型的批评也总是不绝于耳。最早对 HO 模型提出质疑的是 Leontief(1953)。Leontief 运用投入产出表计算出了美国 1947 年出口品和进口品中所含的资本和劳动。他发现资本丰裕的美国，出口的却是劳动密集品，而进口的却是资本密集品，这一发现被称为"里昂惕夫之谜"。起初，当理论无法被实证所检验时，经济学家们总是试图对理论应用的局限条件进行重新解释，或者对实证研究的可靠性进行质疑，而不是去发展新的理论。直到 Trefler(1993；1995)的两篇经典实证文章的出现，人们对这一问题的兴趣才又重新兴起。Trefler(1995)指出，要素禀赋理论最多能够解释一国贸易模式的 50%，其解释力丝毫并不优于掷一枚硬币。但 HOV 模型也并非无药可救，Trefler(1993)的发现显示，在对各国不同的要素生产率做调整后，一国的要素拥有量能够很好地解释贸易中所含的要素量。然而，在随后的一篇文章中，Trefler(1995)对该结论做了进一步的修正，发现美国对外贸易的实际要素含量仅占理论预测含量的 3.2%，换句话说，大量的贸易消失了。因此，Trefler(1995)将这一令人惊讶的发现被称为"贸易的消失之谜"。

　　针对贸易的消失之谜，学者们试图从不同的角度进行解释。一部分学者认为，贸易成本的广泛存在是导致贸易消失的重要原因。Eaton 和 Kortum(2002)精巧地以概率的方式将贸易成本对贸易的影响进行了模型化，他们发现，如果国家之间的(物理)距离消失，则世界贸易的总量将增加 5 倍。但是，即便在控制了地理距离、国家规模、语言和政策壁垒等因素后，给定其他条件不变，国家之间的贸易量仍然远不及一国内部不同地区之间的贸易量。McCallum(1995)和 Helliwell(1998)针对美国和加拿大边境贸易的研究发现，在控制其他因素后，加拿大省内贸易仍然相当于美加贸易的 12 到 20 倍。显然，国家之间贸易量如此之小以至远远超出了距离、交通运输成本和政策比例等因素所能解释的范围，这就促使学者们关注制度在国际贸易中的作用。

　　Den Butter 和 Mosch(2003)对信任和贸易的关系做了经验研究，他们通过两国的语言、法律制度、共同边界、是否有双边协定等变量来刻画两个国家的信任度。他们用引力模型对 25 个国家做了估计，结果显示，正式和非正式两种信任都能够降低贸易双方的交易成本而促进贸易，信任程度越高，贸易量就越大。所以"贸易的消失之谜"可以归结由于文化差异、产品质量的信息不完全所造成的信任缺乏。但这些研究所关注的重点仍然是制度与贸易流量的关系，而 Trefler(1995)所提出的"贸易的消失之谜"则是针对现实中的贸易模式与理论预测之间的矛盾，因此，这些研究并没有针对 Trefler(1995)所提出的批评,当然也无法真正解释贸易的缺失之谜。

事实上,Trefler(1995)曾经指出,只有当我们考虑到国家之间的生产率差异时,HO 模型才能恢复其应有的解释力。Harrigan(1997)也表达了类似的观点,他认为,只有当我们对各国的生产率差异进行调整之后,HO 模型才能成功地预测一国的贸易模式。这就说明,如果忽略了各国的生产率水平的来源问题,李嘉图比较优势理论和 HO 理论都将失去理论的解释力。既然如此,又是什么因素导致了各国生产率水平的差距呢?

最近的研究试图从制度的角度来寻找答案。

自从诺斯关于制度研究的开拓性贡献以来,人们对制度研究的兴趣与日俱增。Rodrik 等(2004)发现,制度在解释跨国人均收入差距中发挥着不可或缺的作用。尽管制度在解释经济绩效方面获得了巨大成功,然而长期以来,传统贸易理论侧重于从要素禀赋、技术差异、偏好以及规模经济等诸多方面来解释贸易模式,制度在国际贸易中的作用被人们忽略了。

历史制度分析提醒我们,国际贸易流量和贸易模式都与制度有着密不可分的联系。"专业化分工越深入,商品属性越是多样和易变,则越需要依赖可靠的制度以降低缔约中的不确定性"(North,1990)。柯武刚、史漫飞(2000)则强调了非正式制度对国际贸易的重要性:"现实的国际交易处于一种复杂的自发秩序之中,甚至经常没有成文契约,而仅仅依靠一个特殊专业圈子内非正式制度的信任和不依赖任何政府支持的强制执行制度。"从而试图解释为什么跨国贸易和要素流动存在额外交易成本情况下,还会出现国际贸易以相当于世界生产增速的两倍的速度持续增长。然而,上述文献仅仅限于逻辑演绎或文字叙述,这些研究并没有深入剖析制度影响国际贸易的微观机制。

近年来,契约理论尤其是不完全契约理论,在国际贸易领域中获得了广泛应用。由于契约理论直接以契约作为基本研究对象,这就使得我们研究契约实施制度对国际贸易的影响成为可能。

围绕着契约实施制度与比较优势的研究可以大致分为两类:一类文献考察了契约实施制度安排对贸易流量的影响;第二类文献则主要考察制度影响比较优势的微观机制,这些研究从不同的视角对契约实施制度影响比较优势的机制进行了分析。本章将分别针对这两类文献进行简要回顾,并着重对第二类文献理论模型的核心思想进行提炼和概括。

2.2 契约实施制度与贸易流量

2.2.1 多边声誉机制与贸易流量

　　Greif(1992)对商业革命时期制度与贸易的关系进行了研究,在这一时期,要素禀赋或者技术水平并没有发生任何显著变化,但欧洲地中海地区与欧洲的远途贸易却在历经了长时间的萎缩之后再度繁荣(Lopez,1976)。由于此时的要素禀赋和技术条件并没有发生变化,因此,这一阶段国际贸易的繁荣主要是因为一系列经济和政治事件所引起的制度变化为国际贸易的兴起和扩张提供了强劲的动力。拥有了政治上垄断性的强制力量,中世纪的统治者们面对着那些经常光顾他们领土的商人的权利施加破坏的诱惑。如果没有良好的制度,那些异国商人将不会在这些统治者的领土上频繁活动,国际贸易也无法因此而展开。同时,由于信息不对称、信息不流畅,多边声誉机制和双边声誉机制都无法起作用。为了克服统治者的承诺问题,需要一个组织机构来协调商人之间的行动,这样的组织可以保证一旦商人的利益受到损害,则所有的商人都不会在当地从事国际贸易,这就可以对统治者的掠夺行为构成“威慑”,从而解决统治者的承诺问题。然而,这样的组织可能无法存在,因为一些商人可能拒绝参加,也不会遵守组织的规定,并且可能在事后与统治者进行再谈判。这就使得双边声誉机制不能发挥作用。因此,为了支撑国际贸易,需要一个组织来发挥多边声誉机制的作用。Greif 等(1991)认为,商业革命时期的“商人行会”制度发挥了多边声誉机制的作用,并支撑了国际贸易的繁荣。该制度的产生的原因不是新的贸易利益产生了,而是由于政治和社会因素的变化。

　　Grief(1989;1993;1994)对 11 世纪地中海地区的马格里布贸易商的制度进行了考察。在 10 世纪,为了躲避巴格达地区不安全的政治风险,马格里布的先辈犹太商人移民到了北非地区。为了对未来的预期协调一致,并为信息传输提供社会网络,这样的移民过程促成了马格里布商人在多边声誉机制的基础上组成代理关系“联盟”,他们相互之间建立代理关系,并联合对欺骗了联盟成员的代理商进行集体惩罚。由于多边惩罚机制,即便代理人与某个特定商人的交易关系只存在一期,代理人也不会进行欺骗,因为,欺骗的代价是不能与所有联盟内的其他成员之间进行贸易,即所有联盟成员都可以随意对其进行惩罚而不必付出任何代价。Milgrom 等(1990)考察了 12 世纪和 13 世纪,制度对北欧和南欧香巴尼博览会跨越时间契约的实施的影响。他们认为,在大商人社区,由于信息的不完全,声誉机制无法克服承诺问题,因为大的商人团体缺少保证信息快速传递的社会网络。香槟交易契约的实施主要是通过"合法的贸易商制度"来实现的,其中,法庭是保证多边声誉机制发挥作用的重要保障。

2.2.2 双边声誉机制与贸易流量

最近,通过借鉴声誉理论的相关研究成果,Araujo 和 Ornelas(2007)首次发展了两个国家的不完全信息动态模型,研究了正式的契约实施制度如何通过声誉和信任机制来影响企业贸易的动态变化。Araujo 和 Ornelas(2007)认为,良好的制度一方面提升了已有合作伙伴之间的贸易量,从而促进国际贸易在深度(intensive margin)上的发展;另一方面,还通过降低违约率减少了建立声誉所需的时间,从而有助于国际贸易广度(extensive margin)的增加。

该文在模型中引入了销售代理商,由于对国外市场环境不熟悉,企业在出口过程中往往并不能直接将产品销售给国外的消费者,而是借助于国外的销售代理商来销售其产品。销售代理商可能是可靠的,也可能具有机会主义倾向。如果代理商遵守契约规定,那么其能够获得总收益的 $1-\alpha$ 部分,如果代理商违约,那么其可以在第一期获得全部的销售收入,但将在出口商面前丧失信誉,从而必须重新在市场上寻找交易伙伴。在这里,进口国良好的制度体现在进口国政府对机会主义者的惩罚上,若代理商在第一期违约,其被惩罚的概率为 λ,此时,出口商将通过"声誉机制"来对销售代理商的类型进行甄别。

在第一期,出口企业并不知道销售代理商的类型,但知道其类型的分布,假定其为"坏"代理商的概率为 θ,为"好"代理商的概率为 $1-\theta$,则企业第一期的收益为,$\pi(\theta, \lambda) = \alpha[1-\theta+\theta\lambda]R(q)-cq-k$。通过比较静态分析不难知道,贸易量不仅取决于进口国的制度质量,而且还取决于出口商的信念。由此我们得到进口国制度影响贸易量的第一条机制——与已有伙伴的贸易量随制度水平的提高而增大。

如果代理商在第一期遵守契约规定,按照出口商的要求销售货物并分享收益,则出口商将会根据"贝叶斯法则"对代理商的类型重新进行调整。若第一期代理商遵守契约,则出口商认为其仍为坏代理商的概率为 $\theta'(\theta, \lambda) = \theta\lambda[1-\theta+\theta\lambda] < \theta$。因此,若代理商愿意去建立声誉机制,贸易量会随时间推移进一步增加。代理商乐于维护声誉的激励取决于其违约被抓住的概率,即制度质量。于是,我们得到制度

影响贸易的第二条机制——进口国制度质量越高,其维护机制的激励也就越强,从而贸易量越大。

该文将制度定义为代理人违约后被法庭抓住的概率,如果代理人违约后会被当地法庭捕获,那么委托人便不必担心代理人的机会主义行为,国际贸易会因此而兴盛。

该文的创新之处在于:第一,将声誉机制引入了国际贸易模型,并从企业层面考察了国际贸易的持续和动态变化特征。该模型解释了为什么随着企业出口经验的增长,其贸易量会逐步增加,为什么大部分贸易发生在已有的贸易企业,而新进入的企业往往贸易量较低的现象。值得指出的是,即便没有制度因素,该结论依然成立。第二,该文指出了进口国制度安排对贸易流量的影响机制。良好的制度一方面抑制了代理商的机会主义行为,从而促进了出口量的增加;但在另一方面,进口国良好的制度可能使得出口企业(委托方)无法甄别代理商的类型,从而导致贸易量增长缓慢。因此,对于那些向发达国家地区出口的企业而言,其在出口初期可能出口相对较多,但增长速度会比较缓慢;而对于那些向落后地区出口的企业而言,其在出口初期可能出口相对较少,但出口速度会比较迅速。其直觉是,在发达的出口地区,受良好制度的约束,具有机会主义心理的代理人不容易暴露自己的类型,从而出口商需要更长的时间来甄别代理商的类型。

该文的不足之处在于,文章的一个假定是,认为代理商在违背契约被当地政府抓获后,出口企业可能仍然认为其是一个好(不具有机会主义倾向)的代理商,这显然不符合现实。因为一旦代理商拒绝交付货款,出口企业可以立即发现其类型。

2.2.3　社会网络与贸易流量

Casella 和 Rauch(1998),Rauch 和 Joel Watson(1999)以及 Rauch 和 Trindade(2002)等研究分析了社会网络对国际贸易流量的影响。通过建立理论模型,他们考察了社会网络影响国际贸易的微观机制。社会网络不仅可以为跨国贸易提供贸易信息,而且有助于在当地建立销售渠道,从而可以促进国际贸易的发展。进一步地,Rauch 和 Trindade(2002)还通过经验研究,证实了社会网络对双边贸易的影响。他们发现华人的网络对双边贸易有正的影响,而相对于同质性产品贸易,网络对差异产品贸易影响更大。这是因为同质性商品的价格就能传递很多信息,而差异产品交易中,由于产品差异性较大,买方和卖方产品特性的供需匹配显得尤为重要。

2.3 契约实施制度与比较优势

在本节,我们着重对契约实施制度影响与比较优势的相关理论模型进行简要回顾。在这些文献中,一部分文献强调跨国履约的风险。与国内贸易相比,跨国交易涉及更大的履约风险,更容易受到机会主义行为的影响。尤其是在契约实施制度不完善的条件下,跨国贸易的风险无疑会大大增加。这部分文献认为,除了要素禀赋和技术差异,契约实施制度会影响一国从事对外贸易的风险,从而影响该国的出口比较优势和对外贸易模式。需要注意的是,这类文献无一例外地强调契约实施制度对跨国交易中履约风险的影响,忽略了其对一国内部的生产和技术的影响。与这一部分文献不同,另一类文献强调契约实施制度对一国国内生产的影响,认为契约实施制度会通过改变该国的投资水平和劳动生产率,来进一步影响该国的比较优势。

2.3.1 契约实施制度、跨国履约风险与比较优势

Rodrik(2000)认为,国际贸易存在很多风险,其中最明显的就是契约实施问题。Anderson 和 Marcouiller(2002)认为,在出口商和进口商签订契约之前,出口商必须确定进口商能够及时并足额地交付货款,同样地,进口商也必须相信出口商会按时供应质量合格的产品。在法律执行制度缺失的条件下,腐败的政府官员就可以在进口国边境收取贿赂,进口国制度的不完善会提高国际贸易的交易成本从而阻碍国际贸易。Berkowitz 等(2006)则强调出口国制度的作用,发现出口国制度质量的改善将会促进国际贸易,尤其是那些产品差异化程度高、复杂度高和难以在契约中描述的产品的贸易。由于国际贸易中的风险和不确定性,出口商通常会通过信用证、补偿贸易和事前支付等手段来规避风险。但对于进口商而言,却不存在类似的机制。例如,进口产品的质量问题通常在进口企业购买和使用很长一段时间之后才能被发现,这就意味着,进口商可能更加依赖于包括法庭和仲裁机构在内的正式制度。此时,出口国家法律制度的公正性对于进口商而言具有格外重要的意义,否则进口商便只能依靠进口国家法庭、第三国家法庭以及国际仲裁机构(如国际仲裁法庭、斯德哥尔摩商务部的仲裁协会和香港国际仲裁中性)。但是这些机

构可能无法对出口商实施有效率的处罚,因为如果不通过出口国家的司法结构,其他国家的机构很难对出口商的资产进行处置。

Rajan 和 Lee(2007)在 Grossman(1981)的基础上构建了一个简单的理论模型,从而对该思路进行了模型化表述,阐述了为什么契约实施对于那些容易发生质量问题的产品具有格外重要的影响。其中,产品的质量越高,则产品在消费过程中变质或损坏的概率越高。如果消费者是风险规避的而企业是风险中性的,由于消费的不确定性,那么,企业会给消费者提供完全保险(full insurance)(Grossman,1981)。但是,由于契约实施的不完美,企业质量保证书的履行是有成本的,这就降低了低质产品制造商的销售利润,从而降低了贸易量。对该模型的一点质疑是,在重复博弈条件下,"声誉效应"(reputation effect)的存在将会降低不完全契约问题,但声誉效应是否能够具备充分的约束力,很大程度上取决于交易的频率和重复博弈的次数。此时,如果产品的"生命周期"较短,那么,声誉效应的作用将会被减弱甚至无效。Gereffi 和 Korzeniewicz(1990)认为,即便像鞋子之类的低技术产品,其产品周期也极其短暂,这就意味着 Rajan 和 Lee(2007)的结论依然是有效的。由于跨国的契约履行尤为困难,因此其结论对国际贸易具有格外重要的涵义。

Rajan 和 Lee(2007)模型的核心思想如下:假定国家 i 的买者从国家 j 购买产品,国家 i 的消费者是风险规避型,国家 j 的企业是风险中性的,产品的质量为 π,π 为产品在消费过程中发生损坏的概率。假定 π 在区间$[\pi_L, \pi_H]$上服从分布 $F(\pi)$。一国的每个企业销售 1 单位产品,企业总数为 1,且企业生产成本为 c。令质量为 π 的产品定价为 $p(\pi)$(以下简写为 p)。若产品未损坏,消费者效用为 $U(b_g - p)$,若产品损坏,则消费者效用为 $U(b_b - p)$。

若企业仅在契约中规定"价格条款",则企业最优定价满足:企业的定价必须使得消费者获得的效用水平与保留效用水平持平。上述契约比较简单,但实际上,企业除了规定在契约中规定价格条款外,通常还会对产品的质量签订契约,即在契约中规定"质量保证条款":若产品出现质量问题,则企业为消费者赔偿 w。由于法律法规制度的不完善,以及契约执行效率低下,契约可能不能得到完全执行,质量保证条款不一定能够得到顺利履行。在不完美契约情况,一旦产品损坏,假定法庭履行质量的条款的概率为 $\phi \in [0, 1]$,契约的完善程度 ϕ 越大,则契约的完善程度越高。

此时,消费者面临的风险来自两个方面:一是产品破损;二是质量保证条款不能履行。如果质量保证条款不能得到履行,消费者将会受损。因此,由于质量保证条款的履约风险以及消费者风险规避性,这就意味着,为了使消费者获得效用水平保持在保留效用水平,企业必须在质量保证条款中提供更多的赔偿金额 w。因而我们有如下结论:$\partial R/\partial \phi > 0$,$\partial R/\partial \pi > 0$。 也就是说,契约履行的概率越高,产品质量越高,则企业的收益越高。同时,$\partial^2 R/\partial \phi \partial \pi > 0$,这就意味着,产品损坏的概率(次品率)越高,质量越不稳定,则契约实施制度对该行业的影响越大;换言之,容易发生质量问题的产品对制度更敏感。在 Rajan 和 Lee(2007)的模型中,π 存在行业差异性,一个行业中产品的标准化程度越强,则产品发生质量问题的概率也就越低。换句话说,产品差异化程度越高,则越容易发生质量问题。由此,我们可以得到如下的经验假说:法律体系较为完善、政府治理水平较高的国家之间在差异化产品上的贸易量更大,而制度质量较低的国家之间会更多地从事同质产品贸易。

该模型的经验假说与差异化产品贸易更多地集中在发达国家之间的现实情况吻合。这就解释了为什么大量的贸易,尤其是差异化产品的贸易更多地发生在发达国家之间,而不是要素禀赋和技术水平差距都比较大的发达国家与发展中国家之间。根据 HOV 理论与李嘉图比较优势理论,国际贸易应该更多地集中在发达国家之间,然而现实情况却恰好相反。因此,该理论在一定程度上解释了贸易的缺失之谜。

但是,上述理论分析还存在诸多不足:

第一,按照该模型的思路,由于一国内部契约履行比跨国间的契约履行容易得多,因此,差异化产品在国内的销售比重应该更高。相反,同质产品的出口倾向相对更大,到目前为止,还没有经验证据支持这一点。

第二,该模型还预测,制度和文化差距较较大的国家之间将更多地从事同质产品贸易,但是却无法回答制度差异较大的国家之间的贸易模式,即制度好的国家会向制度差的国家出口同质产品还是差异化产品。

第三,产品差异化程度与契约履行之间的关系没有阐述清楚。在 Rajan 和 Lee(2007)的理论模型中,容易产生质量问题的产品的国际贸易要求有良好的制度质量作保证。同时,作者还认为,差异化程度越高的产品,其产生质量问题的可能性就越大,因此,具有良好制度水平的国家之间倾向于更多地在差异化产品上开展国际贸易。然而,对于为什么差异化产品更可能发生质量问题,以及产品差异化程度与产品质量之间究竟呈何种关系,作者并没有在模型中阐述清楚。

第四,该模型立足于局部均衡分析,无法在一般均衡框架内展开。不管是传统的要素禀赋理论和李嘉图比较优势理论还是新贸易理论,都是在一般均衡的理论框架内展开分析,考察国家之间的贸易模式是如何被决定的。然而,Rajan 和 Lee(2007)并没有在一般均衡的框架内展开,因此,从这一层意义上来说,他们的模型仅仅是启发性的。

最后,跨国交易虽然涉及大量的不确定性和履约风险,但这类文献普遍忽略了在现实中,国际贸易通常由保险公司以及信用证等制度作为保障。这些制度可以在一定程度上缓解履约风险,因此,该类文献所强调的影响机制可能在现实中并不存在。

2.3.2　契约实施制度、专用性投资与比较优势

与第一类文献的研究思路不同,第二类文献侧重考察契约实施制度对国内生产的影响,从而揭示出契约实施制度影响比较优势的差异。这类文献大致的思路是:契约实施制度会通过各种渠道去影响一个国家不同行业的相对技术或劳动生产率水平差异,而根据传统的李嘉图比较优势理论,技术差异是比较优势的重要来源,这就建立起契约实施制度与比较优势之间的联系。由于这些研究均从契约实施制度与生产率差异的角度出发来阐述契约实施制度影响比较优势的微观机制,因此,这些文献对于我们回答"贸易的消失之谜"提供了一些思路。

Levchenko(2007)和 Nunn(2005;2007)从专用性资产投资的角度考察了契约实施制度影响比较优势的微观机制,其分析思路大致类似,都认为契约实施制度差的国家不利于专用性资产的投资,从而不利于在制度依赖性强的行业形成出口比较优势。但在 Levchenko(2007)的理论模型中,作者并没有明确指出哪些行业是制度依赖型行业。

Levchenko(2007)的核心思想是:由于面临被敲竹杠的风险,资本所有者不愿进入制度密集型部门。这就导致了制度密集型部门投资水平的不足。

具体而言,存在三个产业,L,K 和 M,其中 L 和 K 产业分别仅使用劳动 L 和资本 K 进行生产,产业 M 生产 y 单位最终产品需要使用 1 单位劳动和 x 单位资本(生产函数为 $M = \text{Min}\{L, K/x\}$)。M 产业为制度依赖型行业,假定 M 产业投资一单位资本,则其中的 ϕ 部分为专用性资产,ϕ 越低,则制度质量越高。在 M 部门,资本所有者愿意进入该部门的条件为:$r(1-\phi)x + s/2 \geq rx$,其中 $s = p_M y - w - r(1-\phi)x$。整理得到:$p_M y \geq w + r(1+\phi)x$,即只有该部门的总收益充分大,或者制度质量足够高时,资本所有者才愿意进入部门 M。

由此我们得到结论,制度质量高的国家将会在制度密集型行业拥有比较优势。在理论分析的基础上,Levchenko(2007)使用美国的数据作为参照系,计算了各个行业的复杂度 $1 - \text{Herfindahl}$,并以此来反映行业的制度密集度。使用该指标而不

是简单地以中间产品种类数来度量行业复杂度的原因在于：如果在一个行业所使用的中间投入中，有一种中间投入在投入中居于主导地位，那么行业的复杂度将更多地取决于这一种投入，如果用中间投入数量来度量，就会给投入比重较低的中间投入赋予过高的比重。

Levchenko(2007)的模型比较简洁，但不够一般化，此外，Levchenko 的理论模型中并没有对那些行业是制度依赖型行业进行说明和建模。

Nunn(2005)则在一个连续统的李嘉图模型中考察了契约实施对比较优势的影响。最终产品连续分布在区间[0，1]上，对于产业 z 而言，生产 1 单位最终产品需要使用 1 单位的标准化投入和 $a(z)$ 单位的定制投入（customized input，专用性收入），其中 $a'(z) > 0$。因此，z 越大，表明该行业中专用性投资越为重要。

在 Nunn(2005)中，契约实施制度的完善程度由参数 γ 来刻画。其中，在代理人进行投资之后，委托人选择是否进行再谈判。如果委托人进行再谈判，则代理人可以将委托人告上法庭。投资的总收益被法庭所证实的概率为 γ，γ 衡量法律体系的完善程度。在 $1-\gamma$ 的概率下，法庭只能证实总收益的一定的比例 $g(q)$，$g' < 0$，这意味着，随着投资专用性程度的增强，总收益为法庭所证实的难度随之增大。

由此不难得到：契约制度的改善有助于降低生产成本，而且专用性投入所占比重越高，契约制度改善对程度的降低作用越明显。由此，我们得到结论：契约实施制度好的国家在专用性投入比重高的行业拥有出口比较优势。

Nunn(2005)主要贡献在于，他明确指出了契约实施制度好的国家会在资产专用性强的行业拥有出口比较优势。这一点是在之前的研究中所没有的。并且作者还通过采用投入产出表以及其他的相关数据计算了各个行业专用性投入的比重，并通过跨国数据验证了上述理论模型的推断。但实际上，Nunn 的模型并不是真正意义上的一般均衡模型，虽然表面看来，Nunn(2005)采用了 Dornbusch 等(1977)的一般均衡分析框架，但是在 Nunn 的模型中，进行专用性投资的收益 $f(q)$ 并没有被内生化，因此，不算是真正意义上的一般均衡模型。

2.3.3 契约实施制度、生产率差异与比较优势

众所周知，技术进步是国家之间生产率差异的重要来源。但长期以来，人们对于契约实施制度作用于技术进步的渠道一直缺乏明确的讨论。Acemoglu 等(2007)建立了一个简单的理论框架，考察了契约实施制度如何通过影响企业的技

术采用,进而形成国家之间在劳动生产率上的相对差异。

这篇文章的核心思想是:采用更先进的技术意味着使用更多的中间投入,并要求与更多的中间产品供应商签订契约。在存在缔约摩擦的条件下,签订的契约越多,意味着签约成本越高,由契约不完全导致的扭曲程度也越高,因此,采用最先进的技术可能未必是企业的最优选择。具体而言,采用新技术的成本和收益如下:采用新技术一方面带来生产率的提高;另一方面也增加了协调困难度。中间投入间的互补性越强,则协调问题显得越重要。

这篇文章的核心结论是:契约制度越完善,则企业采用的技术水平越高,同时,中间投入间的互补性越强,则契约制度对该行业的影响更大。这就意味着,那些具有良好契约实施制度的国家将会在中间投入互补性较强的行业拥有比较优势。

接下来,我们对这篇文章的主要框架和建模方法做简要介绍。为了对 Acemoglu 等(2007)的核心思想进行介绍,在这里我们将企业的技术采用决策抽象掉,仅考察技术水平给定的情况。

在 CES 效用函数下,参数 $\sigma = 1/(1-\alpha)$ 代表中间投入之间的替代弹性,α 越小说明中间投入之间的互补性越强。中间投入 j 的供应商足够多,且供应商 j 需要在测度为 1 的服务上进行专用性投资,且对于任意中间投入 j 而言,服务活动中 $[0, \mu]$ 部分是可签约的。在这里,μ 可以理解为契约制度完善程度,在中间投入生产所使用的服务中,可签约部分的比重越高,则意味着契约制度越完善。

由于中间产品所提供服务中的 $[\mu, 1]$ 部分无法为法庭所证实,企业将通过讨价还价的方式来划分总收益。且讨价还价各方采用夏普利值(Shapley value)来划分收益。通过将离散情况下的夏普利值推广到连续情况下,Acemoglu 等(2007)得到了中间供应商从讨价还价中获得的收益水平。其中,中间供应商从讨价还价中获得的收益 sx 是 α 的减函数,即中间投入间的互补性越强,则每个中间投入供应商从讨价还价中获得的收益越大。换句话说,中间投入之间的替代性越强,则个中间投入供应商从讨价还价中获得的收益越小,其背后的经济学解释是:中间投入之间的替代性越强,则意味着每个中间投入供应商对联盟的贡献就越小(因为可以用其他的中间投入作为替代)。若中间投入的成本标准化为 1,则不难得到中间投入中不可签约部分的投入水平 x_n 满足:$\partial x_n/\partial \alpha < 0$,$\partial |\partial x_n/\partial \alpha|/\partial \mu < 0$。即在契约不完全的条件下,不可签约部分的投资水平随着中间投入间替代性的增强而降低 ($\partial x_n/\partial \alpha < 0$),而且,随着契约制度的改善,其对不可签约部分的投资水平的负面影响会逐步减弱。换句话说,相对于中间投入互补性较弱的行业而言,契约制度越完善,则中间投入互补性较高的行业的投资水平相对越高。因此,契约制度好的

国家在中间投入互补性较高的行业拥有比较优势。

Acemoglu 等（2007）一文的主要贡献是：第一，将资产专用性、中间投入的互补性内生化。实际上，关于契约不完全会导致投资低效率，而且中间投入品的互补性越强，投资低效率的现象也就越严重的结论在企业理论的文献中并不新鲜。中间投入互补性越强，那么，一旦交易双方的关系破裂，中间投入品的价值就会大大下降，因此，进行专用性投资的一方讨价还价能力也就越低，这就导致了投资的低效率。本文创造性地将技术互补性与替代弹性 α 联系起来。第二，作者在契约不完全与比较优势的关系上指出了一条新的影响渠道，即契约不完全将会阻碍技术采用，从而影响一国的比较优势。随着新技术的采用，企业家需要与更多的中间产品供应商签订契约。第三，在技术上，作者对夏普利值有所发展，将参与人离散的情况拓展到参与人连续的情况，并将参与人的讨价还价能力与契约不完备程度和行业的替代弹性 α 联系起来。第四，在建模技巧方面，作者将契约实施制度定义为中间投入中不可证实部分所占的比重。

需要指出的是，在 Acemoglu 等（2007）的论文中，即便不存在技术的采用，给定所有国家的技术水平都相同，由于在技术的使用效率或投资效率的差异，国家间仍然会在不同的产业形成出口比较优势。

与 Acemoglu 等（2007）不同，Costinot（2009）从劳动分工的视角考察了契约实施制度行业间技术差距的影响，并进一步论证了契约实施制度与比较优势之间的关系。该文的主要观点是，劳动分工有助于降低学习成本并提高生产效率，但其代价是导致了协调费用的增加。良好的契约实施制度有助于降低中间产品供应商的违约概率，这就降低了劳动分工所带来的协调费用，从而促进劳动分工的深化。与此同时，对于复杂度较高的行业而言，由于中间生产环节更多，生产这些行业的产品需要投入更多的学习成本或沉淀成本。因此，这些行业从劳动分工中获得的收益更为显著。这就意味着，相对于复杂度较低的行业而言，契约实施制度的改善对复杂度较高的行业的劳动分工起到更为显著的促进作用，并促进这些行业生产效率的提高，从而使得具有良好契约实施制度的国家在复杂度较高的行业形成出口比较优势。

假设所有的产业构成一个连续的系统，且用每个产业所使用中间投入数量的多寡来对不同的产业进行区分。例如，产业 z 使用的中间投入数目为 z，且产业 z 的生产函数为 $q_z = \min(q(1), \cdots, q(s), \cdots, q(z))$，其中 $q(s)$ 表示中间投入 s 的投入量，$s=1, \cdots, z$。产品的复杂度越高，则中间投入数目 z 越大。为简化分析，假定整个经济中只有劳动一种生产要素。且中间投入 s 的生产函数为 $q(s)=1$。

在中间投入供应商与最终产品生产商之间签订契约之后,中间投入商违约的概率为 $\phi = 1 - e^{-1/\theta}$,由于中间投入之间是互补性的,因此,一旦中间供应商违约,则最终产品的产量为零。则最终产品 z 能够顺利完成生产的概率为 $e^{-z/\theta}$,即只有当所有的中间投入供应商都不违约时,最终产品 z 才能够顺利完成。其中 θ 衡量契约实施制度的质量,契约制度越完善,则中间供应商违约的概率越低,从而最终产品顺利完成的概率越高。

首先考虑不存在劳动分工的情况。

在这里,我们可以将产品的 z 的单位劳动投入记为 $a(z) = z e^{z/\theta}$,换句话说,由于存在 z 个生产工序,则每个工人的平均劳动生产率为 $e^{-z/\theta}/z$。下面将经济背景转向开放的情况,若存在南北两个国家,分别记为 S 和 N,两国的契约实施制度水平分别记为 θ_S 和 θ_N,且 $\theta_S < \theta_N$,则由此可以得到北方国家在产品 z 上的技术优势为 $A(z) = a_S(z)/a_N(z)$,对 $A(z)$ 关于 z 求一阶偏导数,则容易得到 $A'(z) > 0$。这说明,产品的复杂度越高,则契约实施制度质量高的国家所拥有的比较优势越强。换句话说,契约制度好的国家在复杂度高的产品上拥有比较优势。

从上面的分析我们不难知道,即便不存在劳动分工,契约制度好的国家在复杂度高的产品上拥有比较优势。

下面考察存在劳动分工的情况。

在上面的情况下,每一个生产任务是由一个工人来完成的,这是一种完全分工的情况,但在现实中由于缔约摩擦的存在,企业可能会对每个工人分配一组生产任务 (z/N),我们将这一组生产任务称为一个“工作岗位”(job)。换句话说,每个工人所从事的生产任务数目 (z/N) 是内生给定的。为了完成一单位的产量,假定企业家将所有 z 个生产任务分为 N 组,每个工人承担 (z/N) 个生产任务。对生产任务的分割越细致,从而每个工人所从事的生产任务越少,则意味着劳动分工的深入程度越高。

工人每完成一个生产任务,就需要付出一定的学习成本,假定学习成本为 1,则工人的学习成本为 z/N。Costinot(2009)将工人的人力资本定义为 h,h 表示工人的可用时间数,h 越高,则意味着工人的学习成本相对更低。此时,每个工人可用于生产的时间数为 $h - z/N$,若 L 表示企业所使用的劳动力总数,则总的可用劳动时间数为 $(h - z/N)L$,显然,利润最大化的企业在会将所有的可用时间平均分配在每个工作岗位上,即每个岗位上所分配的时间数为 $(h - z/N)L/N$,同时每个工作岗位上有 z/N 个生产任务,因此,每个生产任务所分配的工作时间数为 $[(h - z/N)L/N]/(z/N) = (h/z - 1/N)L$。考虑到缔约摩擦的存在,预期的产

量水平为 $e^{-z/\theta}(h/z-1/N)L$。

由利润最大化条件，可以得到企业的劳动分工水平 N 满足：$z/N^2=(h-z/N)/\theta$。其中，等式左边代表劳动分工的收益 $MB=z/N^2$，等式右边代表劳动分工的成本 $MC=(h-z/N)\theta$。在这里，劳动分工的收益主要来自学习成本的降低，劳动分工的成本则来自协调成本（或缔约成本）的提高。需要注意的是：劳动分工边际的成本随着 $(h-z/N)$ 的增大而增大，即每个工人的可用时间越多，则每个工人所能够从事的生产任务数也就越多，而且人力资本水平越高，则学习成本越低，因此，劳动分工的成本反而会随着人力资本水平的提高而增大。由此，我们不难得到，最优的劳动分工程度为：$N=z[1+(1+4\theta h/z)1/2]/(2h)$。

显然，行业的复杂度 z 越高、人力资本水平 h 越低、制度水平 θ 越高，则劳动分工越深入。该结论背后的经济学涵义是：产品复杂度越高，则学习成本越高，因此，劳动分工越有利，人力资本的提高则类似于复杂度的降低，此时，劳动分工的收益随之下降。制度水平越高，则协调成本越低，从而劳动分工越深入。

与之前的分析类似，将国家 1 在产品 z 上的技术比较优势可以定义为 $A(z)$，则 $A'(z)>0$ 的充分必要条件是 $\theta_1 h_1>\theta_2 h_2(h_1 N_1>h_2 N_2)$。即制度质量高的国家生产高复杂度产品的充分必要条件是，该国要同时具备较高的人力资本水平。该结论背后的经济学解释是明显地，给定其他条件不变，人力资本素质较高的国家会专业会生产复杂度较高的产品，因此，即便一个国家具备了相对完善的法律制度，如果该国的人力资本素质太低，这个国家仍然将会专业化生产复杂度较低的产品。当然，给定人力资本素质不变，契约实施制度好的国家将会在复杂度较高的产品上拥有比较优势。

通过上述精巧的模型，Costinot（2009）成功地阐述了契约实施制度对比较优势的影响。按照 Costinot（2009）的结论，具有良好契约实施制度的国家会在复杂度较高的产品上拥有出口比较优势。不过，这一结论的成立是有条件的，即只有一个国家在契约实施制度上的比较优势超过了人力资本禀赋方面的相对劣势时，契约实施制度好的国家才能够专业化生产和出口复杂度较高的产品。换句话说，拥有良好契约制度的国家未必在复杂度较高的产品上拥有比较优势，只有那些同时也具有相对丰裕的人力资本的国家才能在复杂度较高的产品上拥有比较优势。当然，从现实来看，那些拥有良好人力资本素质的国家，也往往具有相对完善的法律体系，因此，这一条件在现实中并不难得到满足。

Costinot（2009）的模型存在的主要不足之处在于：其结论依赖于中间生产环节的互补性，从技术的角度来看，其结论成立要求中间投入的替代弹性为负。而在一般的生产函数中,中间投入之间的替代弹性通常要大于零。如果我们改变了替代弹性为负的假定,则 Costinot(2009)的结论就不那么稳健了。当然,不同生产环节的中间投入之间到底呈互补还是替代关系,还有待于进一步的实证研究。

与 Acemoglu 等(2007)以及 Costinot(2009)所不同的是,Vogel(2007)认为不同行业的技术水平取决于该行业工人的人力资本投资水平。而不同国家间制度的差异则会影响不同行业的人力资本投资水平,进而影响一国的比较优势。

假定有两个产业(团队生产部门)X 和(个体生产部门)Y,Y 部门产品的生产仅需要 1 个工人;X 部门 1 单位产品的生产需要 2 个工人联合投入。在该文中,整个事件的进行需要经历三个阶段。在第一阶段,工人选择就业行业;在第二阶段,选择在职培训(岗位培训)水平 t;在第三阶段,组成生产团队进行生产,每个工人无弹性供给 1 单位劳动。

工人的努力由两部分构成:生产性投入 a 和扭曲性投入 d。且只有生产性投入会影响企业的最终产出。在制度不完善的情况下:尽管扭曲性投入是非生产性的,但会在表面上带来工人努力工作的表象。例如,工人在上班时间上网浏览娱乐新闻并不会增加产出,但可能让老板以为他在认真工作。显然,工人努力的成本与其进行的训练负相关,而工人进行培训的成本与其能力负相关。

制度是不完善的,a,d 和 x 都是不可观察的。若 1 为管理者,2 为工人,可证实的绩效指标为 $V(\theta, t_1, a_2, d_2)=a_2+(1-\theta)d_2/t_1$,在该式中,绩效指标的噪音部分 $(1-\theta)d_2/t_1$ 与制度水平 θ 以及管理者的能力(培训水平)t_1 负相关。当 $\theta=0$ 时,企业家无法甄别工人的努力多少用于生产性工作,多少用于扭曲性工作。若 $\theta=1$,企业家完全可以观察工人的生产性努力水平。t_1 为企业家的在岗培训水平,其训练水平越高,则越能有效地监督工人。

在制度不完善的条件下,由于管理者无法监督工人,因此,只能采用含有噪声的绩效评价指标来给工人支付工资,这必将促使工人将精力花费在非生产性的活动上。同时,管理人可以预期到这一点,则将会降低激励强度。因为高能激励的结果是诱使工人进行非生产性获得。记工人的工资水平为 $bV+w$,其中 b 表示激励强度,b 越高,表明激励强度越大。

显然,制度扭曲的存在必然降低管理者对工人的激励强度,换句话说,若存在制度扭曲,通常没有办法通过计件或绩效工资来激励工人。这就进一步降低了工人的努力程度和进行在职培训的激励。

需要注意的是,在这篇文章中,最为核心的假设是,在部门 X,工人的绩效 V 是有噪声的,而且制度扭曲越严重,噪声越大。换句话说,在存在制度扭曲的情况下，由于监督的困难，企业家无法通过高能激励去激发工人的工作热情。那么，我们不得不提出的疑问是，制度扭曲真的会导致监督的困难吗？Vogel（2007）所给出的理由是：对工人绩效的度量需要完善的会计记账体系（accounting systems）以及完善的法律体系。良好的会计体系有助于对工人绩效的度量，而良好的法律质量则可以保证，当工人与管理者诉诸法庭时，法庭可以更加公正和准确地判定孰是孰非。即便双方没有争议，良好的法律体系也能够保证工人去努力工作，因为他们知道，当他们因为不努力工作而被告上法庭时，他们会得到应有的惩罚，而当他们努力工作时，管理人员也会按照契约规定给他们应有的报酬。在这里，法庭起到"胡萝卜＋大棒"的作用。

如前文所述，在已有研究中，一类文献侧重考察契约制度对贸易流量的影响，另一类文献虽然考察了契约实施制度影响比较优势的微观机制，但这两类文献要么没有提出可供检验的经验假说，要么对契约制度的刻画过于简化，而且其影响机制还值得推敲。鉴于此，我们有必要对契约实施影响比较优势的微观机制作进一步的研究与探讨。

第 3 章
正式制度、契约实施与国际贸易

契约的实施不仅受到正式制度的影响,如法律、法规和司法体系的完善性和公正性、契约实施效率等,而且还受到各种非正式制度的影响,如社会信任、风俗和文化等因素。另外,在法律制度和社会信任因素缺失的条件下,声誉机制对于保证契约得到良好的实施也起到重要作用。因此,为了对契约实施制度影响比较优势的作用机制和效果进行全面考察,必然要求我们综合考虑正式契约实施制度以及非正式契约实施制度的影响,忽略了任何其中一者都意味着我们对契约实施制度与比较优势关系的理解是不完整的。本章着重考察正式的契约实施制度对比较优势和贸易结构的影响。

3.1 契约实施制度与比较优势:理论基础

本节第一部分着重探讨了不存在技术进步的条件下,各种契约实施制度对比较优势的影响。在基准模型中,由于契约的不完全性,人们对专用性资产进行投资的激励有所下降,这就导致了投资的低水平和无效率。给定技术水平保持不变,契约实施制度好的国家将会在复杂度和资产专用性较强的行业具有较高的投资水平,从而在这些行业形成出口比较优势。当然,这一结论的成立依赖于"契约不完全会导致投资低效率"这一经典命题,然而如果考虑到声誉机制的作用,这一命题可能不再成立。此时,契约实施制度是否还会影响一国的比较优势? 在扩展模型中,我们进一步将基准模型扩展为不完全信息情况,并考察了存在"声誉机制"的条件下,契约实施制度影响比较优势的微观机制和作用效果。我们发现,在考虑到声誉机制因素后,尽管契约实施制度影响比较优势的微观机制有所不同,但之前的结论依然成立。这就为契约实施制度与出口比较优势的关系建立了牢固的微观基础。此外，我们不仅对正式的契约实施制度影响比较优势的微观机制进行了详尽的分析，而且还在后续的扩展模型中逐步纳入了社会信任等非正式制度因素。通过引入这些因素，我们可以更全面地考察契约实施制度对比较优势的影响。

在第一部分的分析中，技术水平一直被假定为外生给定的，从长期来看，技术进步不仅是一国经济增长的持久动力，而且也是一国比较优势和贸易结果的重要因素。那么，契约实施制度是否会通过影响技术进步这一渠道来间接地对比较优势起作用？第二部分放松了技术不变的假定，考察了契约实施制度影响部门间技术进步的差异性，从而进一步影响一国的比较优势。从长期来看，相对于契约实施制度水平较差的国家而言，在具有良好契约实施制度的国家，技术进步的方向偏向于制度依赖性行业，这就进一步加强了契约实施制度水平高的国家在制度依赖性行业的比较优势，从而引起这些国家贸易结构的改善。因此，建立和完善契约实施的制度对于推动一国贸易结构改善具有重要的现实意义。

3.1.1 契约实施制度、投资与比较优势

本节将在一个统一的框架下对各种契约实施制度影响比较优势的微观机制进行深入分析。本节的贡献主要在于：

第一，在理论机制方面，我们同时吸收了交易成本经济学和不完全契约理论的相关研究进展，这样就产生了一个新的结论，即契约实施制度高的国家将会在产品复杂度高的行业拥有比较优势。虽然 Costinot(2009) 也表达了类似的观点，但是本节与其不同之处在于：第一，将产品复杂度与产品事后面临的不确定性联系起来（交易成本观点），而事后不确定性又决定了"敲竹杠"行为发生的概率（产权理论观点）。而在 Costinot(2009) 中，产品复杂度被定义为中间投入的数量或生产任务的多寡。第二，虽然我们都强调契约实施制度对协调成本的影响，但在 Costinot(2009) 文中，契约实施制度被直接定义为生产任务完成的概率，该假定不仅缺乏微观基础，而且其观点也有待商榷，因为生产任务能否顺利完成还取决于人力资本的素质和其他因素。本节则将契约制度理解为企业诉诸法庭所带来的成本，成本越高，则企业在谈判中的外部选择也就越低，因此，大量的资金和时间被用于打官司，而不是生产活动。相比之下，本节的假设更加合理。

第二，本节将之前关于契约实施制度与比较优势关系的结论在一个统一的理论框架中展示出来，从而将之前零碎和分散的研究进行了整合。之前的研究从不

同的视角研究了契约实施制度与比较优势之间的关系,有的研究强调跨国契约实施的困难对不同产品国际贸易的影响,而有的研究则侧重从生产的角度进行研究,强调契约实施制度对生产效率的影响;有的研究认为契约实施制度水平高的国家将会在资产专用性投资比重较高的行业拥有比较优势,而有的研究则强调契约实施制度对复杂产品和差异化产品的影响。本节的模型将之前所有的结论重新展现出来,我们发现之前的研究并非相互矛盾,而是相互补充的。

第三,本节的模型不仅考察了法律法规等正式契约实施制度对比较优势的影响,而且还考察了非正式的契约实施制度与比较优势的关系。更为具体地,我们进一步把非正式的契约实施制度分为社会信任和声誉机制。之所以要考虑这两类非正式制度因素,主要原因在于:第一,在已有关于制度与比较优势的文献中,社会信任因素是缺失的,而经济增长文献则告诉我们,在正式制度缺失的条件下,非正式制度对一国经济绩效具有重要影响。另外,国际贸易中广泛存在的"零贸易"或"贸易消失之谜"也提醒我们重视非正式制度的作用。第二,现有关于契约制度与比较优势的文献都难以逃脱这样的诘难,即这些研究虽然从不同的视角考察了正式制度对比较优势的影响,但一些研究指出,如果企业关注自己的"声誉",那么企业投资水平不仅可能不会低于最低的投资水平,甚至还会过度投资。这样一来,已有研究关于契约实施制度影响比较优势的微观机制也就难以立足了。如果真是这样,所有对于正式制度和比较优势的所有结论都将是"昙花一现",甚至是错误的。本节的结论则对于上述的批评给出了强有力的反击,从而意味着研究正式制度与比较优势的作用是十分必要的。

第四,最后,我们对各种契约实施制度在比较优势中的作用进行了比较,并研究了它们之间的关系。我们发现,首先,正式制度与社会信任之间呈替代关系。在正式制度缺失的情况下,良好的社会信任和信守承诺的社会环境能在一定程度上替代正式制度的作用。其次,正式制度与声誉机制之间呈互补关系,社会信任与声誉机制之间也呈互补关系。换句话说,如果没有良好的正式制度和社会信任,那么,人们不会去关注自己的"声誉";而随着正式制度和社会信任体系的建立和完善,人们将会越来越关注自己的声誉。因此,声誉机制不仅不能替代正式制度和社会信任的作用,而且声誉机制的建立还有赖于良好的正式制度和社会信任体系。

第五,通过引入声誉机制我们还发现,契约实施制度与一国出口比较优势之间的关系不依赖于"契约不完全会导致投资低效率"这一命题。在之前的研究中,已有诸多文献阐述契约实施制度与比较优势之间的关系,尽管在影响机制以及对契约实施制度建模方式等方面的不同,但这些研究结论的成立都毫无例外地依赖于

"契约不完全会导致投资低效率"这一经典命题。一旦引入了声誉机制,"契约不完全会导致投资低效率"这一命题就不再成立,因而之前关于契约实施制度与出口比较优势之间的理论文献也就不再成立。而本节的研究则意味着,即便该经典命题不再成立,契约实施制度仍然会影响一国的比较优势。

1. 基准模型

在本节我们着重考察正式的契约实施制度对一国(地区)比较优势的影响。本节的主要思路是:任何产品的生产都离不开良好的契约实施制度的有效支撑,在缺乏良好实施制度的条件下,企业将被迫为事后的契约纠纷而耗费人力、物力和财力,因此,企业在面临事后被"敲竹杠"的风险时,将缺乏充分的激励进行专用性投资,从而导致了投资的低效率。与此同时,由于行业自身的技术特性,不同行业对契约实施制度的依赖性也不尽相同。对于那些复杂度较高的产品而言,由于产品属性复杂,这就导致了签订的成本,即使交易双方能够将产品的各种属性写入契约,但是事后的不确定性仍然会使得进行专用性资产投资的一方面临被"敲竹杠"的风险,这就大大降低了投资的收益。因此,对于那些复杂度较高的产品而言,其对契约实施制度的依赖性更强。这就意味着,契约实施制度水平高的国家(地区)将会在技术复杂产品上具有较高的投资效率,从而在这些产品上拥有比较优势。

假定存在两个国家:本国和外国。在这两个国家,劳动是唯一的生产要素,要素不能跨国流动。存在无穷多个产业,在这里我们按照产业的复杂度对产业进行排序,m 越大说明产业 m 的复杂度越高。每个国家的偏好相同,效用函数均为柯布—道格拉斯形式,且在产业 m 上的支出比重为 $b(m)$。具体地,效用函数的表达式如下:

$$U = \int_0^1 b(m) \ln y(m) \mathrm{d}m \tag{3.1}$$

$$\int_0^1 b(m) \mathrm{d}m = 1 \tag{3.2}$$

其中,$y(m)$ 表示对部门 m 产品的需求量,部门 m 的生产函数为如下形式:

$$y(m) = \left[\int_0^1 x(m, i)^\alpha \mathrm{d}i \right]^{1/\alpha}, \ 0 < \alpha < 1 \tag{3.3}$$

其中,$\sigma = 1/(1-\alpha)$ 为多样化中间产品之间的替代弹性。σ 越大说明中间投入之间的替代性越强。由式(3.3)和成本最小化得到对中间产品的需求函数:

$$x(m, j) = \frac{p(m, j)^{-\frac{1}{1-\alpha}} y(m)}{\left[\int_0^1 p(m, i)^{-\frac{\alpha}{1-\alpha}} \mathrm{d}i \right]^{1/\alpha}} \tag{3.4}$$

上式表明,m 部门对中间产品 j 的需求弹性为 $\sigma = 1/(1-\alpha)$,由此可知,差异化产品间的替代弹性越强,则对某一种中间产品的价格需求弹性也就越大。其背后的经济学解释为,差异化产品间的替代性越强,则当一种中间投入品的价格上升,由于存在其他的投入替代品,需求量下降的幅度也就更大,从而需求弹性越大。由式(3.4)容易得到产品 m 的总生产成本为:

$$C(m) = \left(\int_0^1 p(m, i)^{\frac{\alpha}{\alpha-1}} \mathrm{d}i \right)^{\frac{\alpha-1}{\alpha}} y(m) \tag{3.5}$$

上式表明,部门 m 总的生产成本与生产的产量 $y(m)$ 正相关,与中间投入品的价格 $p(m, i)$ 负相关。

假定部门 m 的市场结构是完全竞争的,由对称性得到均衡价格为:

$$p(m) = p(m, i) \tag{3.6}$$

通过对式(3.4)进行整理可以得到反需求函数:

$$p(m, j) = Ax(m, j)^{\alpha-1} \tag{3.7}$$

其中,$A = y(m)^{1-\alpha} \left[\int_0^1 p(m, i)^{-\frac{\alpha}{1-\alpha}} \mathrm{d}i \right]^{-\frac{1-\alpha}{\alpha}}$。

由式(3.7)可以得到中间产品的潜在收益函数:

$$R(m, j) = Ax(m, j)^{\alpha} \tag{3.8}$$

$x(m, i)$ 的投资水平对交易双方是可观察的,但是难以向第三方(法庭)证实,因此,专用型投资条款不会写入初始契约中。由于契约的不完备性,制造商面临被"敲竹杠"的风险(Grossman and Hart,1986;Hart and Moore,1990)。在发生"敲竹杠"的情况下,中间产品制造商的收益将由制造商及其代理人通过纳什讨价还价来划分,且双方的讨价还价能力是相同的。

生产和交易过程可以分为三个阶段:

阶段 1:$y(m, i)$ 的制造商与其中间投入供应商 (m, i) 签订契约,规定产品的生产数量、价格以及产品质量要求。由于产品的质量属性无法被法庭证实,因此双方的交易契约是不完备的。

阶段 2:在签订契约以后,中间投入供应商组织劳动力进行生产,并选择中间投入的供应量 $x(m, i)$。

阶段 3:中间投入供应商 (m, i) 将生产的产品交付给 $y(m, i)$ 的制造商。由于产品质量的不可证实性,一旦产品的质量与 $y(m, i)$ 制造商的规定不一致,此时事前的合同失效,中间产品供应商将会被"敲竹杠",双方将通过纳什讨价还价来划分总收益,且双方的讨价还价能力是对称的。

在阶段 3,如果不存在敲竹杠行为,则生产一单位 $x(m,i)$ 可以获得的潜在收益水平由式(3.8)给出。由于事后的不确定性,中间产品供应商将面临被"敲竹杠"的风险。

产品的复杂度越高,则在签订契约的过程中,双方需要签订的条款也就越多。假定产业 m 所生产的产品具有 m 种特性,与之对应地,在契约中对 $x(m,i)$ 进行充分描述需要 m 的条款,在这里,m 既表示契约条款的数目,也代表了产业 m 的复杂度。例如,当一个汽车的制造商购买轮胎时,需要在契约中对轮胎的数量、花纹、尺寸、耐磨性、可操控性和安全性等属性做出详细规定。而轮胎的花纹又可以分多种类型,包括直沟花纹、横沟花纹、纵横沟花纹、泥雪地花纹和越野花纹等。不同类型的花纹其功能特点各异,有些花纹注重宁静和舒适,有些花纹注重防水防滑,有些花纹注重抓地性,而有些花纹则注重波动阻力小、节省燃料。比如,横沟花纹的驱动力、制动力和牵引力特别优秀,而且其耐磨性能极佳,但横沟花纹的操纵性和排水性能较差。由于经济环境的不同,汽车制造商对轮胎的花纹具有不同的需求,在油价上涨时,为了节省油费,人们对耗油型汽车的需求下降,这就会引致汽车供应商对与之相匹配的轮胎的需求有所变化。因此,我们可以将轮胎花纹的每一种类型与汽车制造商的需求类型一一对应起来。当经济环境发生变化时,汽车制造商对轮胎花纹类型的需求也会有所变化。从事前来看,汽车供应商订做某种特定类型的花纹可能与当时的经济环境是相一致的,但在事后来看,由于经济环境的变化,汽车供应商可能会更加偏好于其他类型的花纹。

但是,在签订契约之后,由于人们的理性总是有限的,在事后,总是存在买卖双方不可能预料到事后发生的种种情况,因此,也自然无法就产品的每一个特性签订完备的契约。换句话说,事前签订的契约在事后来看,可能并不是最优的。比如,汽车制造商与轮胎供应商之间签订了一份供应契约,要求供应商生产 10 000 个越野轮胎,但在供应商生产出轮胎后却意外地发现石油价格大幅上涨,越野轮胎虽然具有较好的耐磨性,却耗油量较大。在这种情况下,汽车制造商可能不愿支付给轮胎供应商货款,或者可能会要求供应商根据市场情况对轮胎进行重新加工处理。这就意味着从事后来看,事前规定的契约是无效率的。在上面的例子中,我们以花纹为例说明了事后的不可预见性对契约不完全的影响。事实上,例如对于产品的每一个属性 $z \in \{1, \cdots, m\}$(比如,轮胎尺寸、安全性、排水性等),都有可能发生各种不可预见的情况,此时契约将是不完善的。假定对于产品的任意属性而言,事后发生不可预料的情况的概率为 $1-\vartheta$,也就是说,如果产品只有一种属性,那么,契约不完全的概率为 $1-\vartheta$。同时，由于产品 m 存在多个属性，每一个属性都可能发生不可预见的情况。只有当所有 m 个属性或者条款都没有发生不可预见的情况时，事前的契约才是最优的，这一概率为 ϑ^m。换句话说，在事后来看，事前的契约将以 $1-\vartheta^m$ 的概率无效。

不同行业的产品具有不同的复杂程度，在对产品复杂度的刻画上，我们参照 Levin 和 Tadelis(2007)的思路，假定随着产品复杂度的提高，在契约中对产品复杂度进行描述的成本会急剧提高，因此，产品复杂度越高，则契约的完备性越低。虽然在思路上与之相似，但在具体建模中，本节与之不同。在 Levin 和 Tadelis(2007)一文中，产品的复杂度决定了事前签约的成本。与此不同，在本节中，我们认为，随着产品复杂度的提高，事后发生不确定性的概率增大，这就增大了中间供应商被"敲竹杠"的概率。

在发生"敲竹杠"的条件下，x 与 y 将通过纳什讨价还价解来划分收益，令 x 和 y 从讨价还价中得到的收益分别为 v_1 和 v_2。由于执法成本的存在，双方所签订的契约无法被法庭所证实。因此，一旦谈判失败，x 能够获得的外部选择为 ϕR，换句话说，在脱离 x 和 y 的特定契约关系后，x 专用性投资因证实成本的存在而大打折扣。在这里 ϕ 可以理解为法庭的执法效率或法律的公正程度，因此，法律体系越公正，法庭的执法效率越高，专用性投资企业的外部选择也就越大。由于 y 不进行专用性投资，因此其外部选择为零。在这里，契约实施制度是供应商外部选择进而是其外部讨价还价能力的重要决定因素，因此，在发生经济纠纷或者"敲竹杠"问题时，人们可能并非真的去诉诸法律。实际上，即使在制度功能完善，政府法律到位的现代国家中，当出现经济或非经济纠纷时，上方未必立即诉诸法律。契约和法庭通常要到双方关系彻底破裂后才发生作用(Williamson, 1996)。但诉诸法律的成本和收益构成了交易双方最后的屏障。举例来说，在 2010 年的两会期间，由于丰田轰动全球的"召回门"所引发的连锁反应，汽车质量与安全问题也受到了这届两会代表的关注。有的代表建议出台汽车质量责任险，一旦遇到产品质量问题就直接找保险公司索赔，无任何后顾之忧。然而，由于法律体系和法规的不完善，法院在裁判汽车产品质量纠纷案件、分配举证责任时，无法找到明确的依据，导致法官自由裁量权过大，如果法官对汽车产品不了解，则很难保证裁判的公正性。因此，如果缺乏有效的法律体系作为保证，消费者和生产者的合法权益将无法获得保证。

由纳什讨价还价解的定义可知，v_1 和 v_2 需要满足如下条件：

$$\max_{v_1, v_2}(v_1 - \phi R)^{1/2} v_2^{1/2} \quad \text{s.t.} \quad v_1 + v_2 = R \tag{3.9}$$

由一阶条件不难得到：

$$v_1 = \frac{1}{2}(1+\phi)R(m, i), \quad v_2 = \frac{1}{2}(1-\phi)R(m, i) \tag{3.10}$$

由此我们不难得到中间供应商 x 的预期收益水平为：

$$V = \left[\vartheta^m + (1-\vartheta^m)\frac{1}{2}(1+\phi)\right]Ax^\alpha - wx \tag{3.11}$$

令 $\lambda(m, \phi) = \vartheta^m + (1-\vartheta^m)(1+\phi)/2$，由边际成本加成定价得到 $x(m, i)$ 的价格满足：

$$p(m, i) = \frac{w}{\alpha\lambda(m, \phi)} \tag{3.12}$$

由式(3.7)得到 x 的产量为 $x = \lambda^{\frac{1}{1-\alpha}}(A\alpha/w)^{\frac{1}{1-\alpha}}$。由式(3.6)和式(3.12)可以进一步得到 m 的价格为 $p(m) = p(m, i) = \frac{w}{\alpha\lambda(m, \phi)}$。

沿袭 Dornbusch 等(1977)的思路，将生产一单位最终产品 $y(m)$ 的生产效率定义为 $a(m)$ 和 $a(m)^*$，其中：

$$a(m) = \alpha\lambda(m, \phi) \tag{3.13}$$

$$a(m)^* = \alpha\lambda(m, \phi^*) \tag{3.14}$$

由式(3.14)可以得到本国在 $Q(m)$ 产品上的相对比较优势为：

$$A(m) = \frac{a(m)}{a(m)^*} = \frac{\vartheta^m + (1-\vartheta^m)(1+\phi)/2}{\vartheta^m + (1-\vartheta^m)(1+\phi^*)/2} \tag{3.15}$$

由 $\partial^2\lambda/\partial\phi\partial m > 0$ 知，若 $\phi > \phi^*$，则 $A'(m) > 0$。即随着产品复杂度的提高，本国的出口比较优势逐步增强。根据 Dornbusch 等(1977)，存在 $\tilde{m}$，使得

$$\omega = A(\tilde{m}) \tag{3.16}$$

其中，$\omega = w/w^*$ 表示本国对外国的相对工资成本。若本国和外国生产的产品集合分别为 S 和 S^*，则：

$$S = \{m \mid m > \tilde{m}\} \text{ 和 } S^* = \{m \mid m < \tilde{m}\} \tag{3.17}$$

与 Dornbusch 等(1977)类似，假定需求函数为柯布—道格拉斯形式，且每个国家在产品 m 上的支出比重为 $b(m)$，则世界在本国生产的产品上的总支出份额为：

$$\upsilon(\tilde{m}) = \int_{\tilde{m}}^1 b(m)\mathrm{d}m, \quad \upsilon'(\cdot) < 0 \tag{3.18}$$

劳动市场均衡条件为 $wL = \upsilon(\tilde{m})(wL + w^*L^*)$，通过简单整理得到：

$$\omega = \frac{\upsilon(\tilde{m})}{(1-\upsilon(\tilde{m}))}(L^*/L) = B(\tilde{m}), \; B'(\cdot) < 0 \tag{3.19}$$

式(3.16)和式(3.19)共同确定了均衡的相对工资水平 ω 和产业分工的临界点 $\tilde{m}$（如图 3.1）。由此我们得到如下结论：

命题 1：在自由贸易条件下，契约实施制度高的国家（地区）专业化生产和出口复杂度相对较高的产品；契约实施制度高的国家（地区）专业化生产和出口复杂度相对较低的产品。

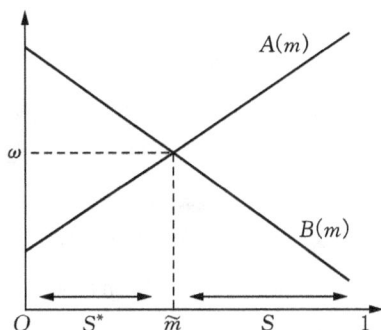

图 3.1　贸易模式

2. 扩展模型

在上述的基准模型中，我们对正式的契约实施制度影响一国比较优势的理论机制进行了初步分析，但在现实中，影响契约实施的不仅包括正式的法律制度，而且还包括各种非正式制度，如社会信任和声誉机制。那么，在考虑到非正式制度因素后，之前的结论是否还依然成立？

另外，产品复杂度只能从一个维度来刻画行业对契约制度的依赖程度，而在实际中，对一个行业的刻画还可以通过其他的变量，如行业的资产专用性程度和中间投入的技术互补性等。虽然这些变量与产品复杂度之间存在一定的互补性，但又不是完全重叠，鉴于此，我们也对这些因素进行了探讨。

（1）扩展一：引入社会信任。

本节在第 2.1.1 节的基础上引入社会信任因素。在这里，我们将社会信任定义为人们遵守承诺，按事前契约的规定进行交易的概率。假定在事后发生不确定性的情况下，制造商仍然按照之前契约的规定进行交易，而不是选择敲供应商竹杠的概率为 μ。此时，即便在契约规定的所有 m 个条款中发生不确定性，制造商仍然有可能按照之前契约的规定执行。此时，发生不确定性的概率为 $1-\vartheta^m$，但考虑到社会信任因素后，中间供应商被敲竹杠的概率变为 $(1-\vartheta^m)(1-\mu)$，而不是先前的 $1-\vartheta^m$。

重复第 2.1.1 节的计算过程我们不难发现，λ 不仅取决于正式制度质量 ϕ，而且还取决于社会信任程度 μ。具体地，λ 的取值变为：

$$\lambda(m, \phi, \mu) = [1+(1-\vartheta^m)\mu] + (1-\vartheta^m)(1-\mu)(1+\phi)/2 \tag{3.20}$$

通过对式(3.20)求偏导数得到 $\partial^2\lambda/\partial\mu\partial m = (1-\phi)\vartheta^m(-\ln\vartheta)/2 > 0$，由此我

们得到如下命题：

命题 2：在自由贸易条件下，社会信任制度高的国家(地区)专业化生产和出口复杂度相对较高的产品；社会信任程度低的国家(地区)专业化生产和出口复杂度相对较低的产品。

此时，对式(3.20)求二阶偏导数可知，$\partial^2\lambda/\partial\phi\partial m=(1-\mu)\vartheta^m(-\ln\vartheta)/2>0$，说明在引入社会信任因素后，命题 1 的结论依然成立。

进一步的观察则发现，$\partial^3\lambda/\partial\phi\partial m\partial\mu=\vartheta^m\ln\vartheta/2<0$，其经济涵义是：随着社会信任程度的提高，正式制度对技术复杂行业生产效率的影响逐步减弱。特别地，当 $\mu=1$，$\partial^2\lambda/\partial\phi\partial m=0$，也即若一个社会中的人们都信守承诺、遵守契约，则正式制度是不必要的；而当 $\phi=1$，$\partial^2\lambda/\partial\phi\partial\mu=0$。由此我们得到如下命题：

命题 3：正式制度与非正式制度之间呈替代关系。

(2) 扩展二：引入声誉机制。

契约不完全会导致专用资产投资的低效率，这是不完全契约理论的一个经典命题。但是，如果经济体中的代理人关注自己的声誉，那么该命题还成立吗？声誉机制在什么条件下起作用？声誉机制与正式的契约实施制度之间又存在何种关系。本节将对这一问题进行初步的探讨。

关于"声誉机制"的模型可大致分为两类：一类文献采用无限期重复博弈的分析框架作为分析工具。这方面的研究最早可以追溯到 Klein 和 Leffler(1981)，他们研究了声誉机制对卖方行为的影响，在他们的模型中，卖方可以通过提供劣质产品获得短期收益，但在买方可以通过"触发策略"(trigger strategy)对其进行惩罚，根据"无名氏定理"(folk thoerem)，只要贴现因子充分高，那么卖方就会发现提供低质量的产品是无利可图的。但是，这类文献存在的主要诟病在于：首先，如果博弈期限是有限期的，那么，最后均衡的结果将难以逃脱"连锁店悖论"的陷阱，从而均衡结果是无法实现的，声誉机制也就失效了；其次，即便在博弈期限是无限期的情况下，最后的解总是有无穷多个。这一分析框架因此而倍受质疑。

针对第一类文献的上述两点不足之处，另一类文献通过在动态不完全信息的博弈框架下引入了"贝叶斯学习机制"，将均衡解的集合大大缩小了，而且，由于这些模型不需要假定博弈期限是无限期的，因此，可以免受"连锁店悖论"的批评。Bar-Isaac 和 Tadelis(2008)对此进行了精彩的综述。聂辉华(2008)则将该分析框架纳入标准的不完全契约理论框架，分析了不对称信息下，声誉机制对于投资效率的影响。本节借鉴聂辉华(2008)的分析框架，着重探讨了存在声誉机制条件下的契约实施制度与比较优势之间的关系。

我们的主要发现是，虽然声誉机制能够缓解"敲竹杠"问题导致的投资低效率问题，但声誉机制是否起作用在很大程度上依赖于契约实施制度的质量，只有当契约实施制度的水平超过一定临界点时，声誉机制才会发挥作用。而且，随着一国契约制度的逐步完善，存在声誉机制下的投资水平会随之而增加，因此，考虑到声誉机制后，契约实施制度对技术复杂产品比较优势的影响进一步增强了。

为了考察声誉机制的作用，我们在第 2.1.1 节的基础上引入信息不对称，但为了分析简化，我们假定每个行为人只存在两期，且折现因子为 $\delta \in [0, 1]$。中间供应商有两种类型 $\theta \in \{H, L\}$，在第一期，中间供应商的类型是私人信息，在第二期，最终产品制造商通过观察供应商在第一期的行为，按照贝叶斯概率推断供应商的类型。若中间产品供应商为低能者，则制造商将与其辞退，中间产品供应商只能在市场上重新寻找交易伙伴。且若中间供应商为 H 型，我们称之为"高能者"，反之则称之为"低能者"。中间供应商投资成功的概率为 γ_i，$i \in \{H, L\}$，且 $1 > \gamma_H > \gamma_L$。因此，x 供应商生产 1 单位 x 所能获得的预期收益水平变为：

$$V = \lambda A x^{\alpha} - \frac{w}{\gamma_i} x \tag{3.21}$$

显然地，在 $\lambda = 1$ 时，每一种类型的中间商按照社会最优的投资水平进行投资，且其投资水平分别为 x_i，$i \in \{H, L\}$，由式（3.21）得到社会最优的价格水平、中间产品的产量、总收益和利润水平分别为：

$$p_i^{FB} = w/\alpha\gamma_i \tag{3.22}$$

$$x_i^{FB} = \gamma_i^{\frac{1}{1-\alpha}} (A\alpha/w)^{\frac{1}{1-\alpha}} \tag{3.23}$$

$$R_i^{FB} = \gamma_i^{\frac{\alpha}{1-\alpha}} A^{\frac{1}{1-\alpha}} (\alpha/w)^{\frac{\alpha}{1-\alpha}} \tag{3.24}$$

$$V_i^{FB} = \gamma_i^{\frac{\alpha}{1-\alpha}} (1-\alpha) A^{\frac{1}{1-\alpha}} (\alpha/w)^{\frac{\alpha}{1-\alpha}} \tag{3.25}$$

同理我们可以得到不完全契约下的次优价格水平、中间产品产量、总收益和利润水平分别为：

$$p_i^{SB} = w/\alpha\lambda\gamma_i \tag{3.26}$$

$$x_i^{SB} = \gamma_i^{\frac{1}{1-\alpha}} \lambda^{\frac{1}{1-\alpha}} (A\alpha/w)^{\frac{1}{1-\alpha}} \tag{3.27}$$

$$R_i^{SB} = \gamma_i^{\frac{\alpha}{1-\alpha}} \lambda^{\frac{1}{1-\alpha}} A^{\frac{1}{1-\alpha}} (\alpha/w)^{\frac{\alpha}{1-\alpha}} \tag{3.28}$$

$$V_i^{SB} = \gamma_i^{\frac{\alpha}{1-\alpha}} \lambda^{\frac{1}{1-\alpha}} (1-\alpha) A^{\frac{1}{1-\alpha}} (\alpha/w)^{\frac{\alpha}{1-\alpha}} \tag{3.29}$$

需要注意的是，由于信息是不对称的，因此供应商的类型无法被观察到，从而在第一期供应商的外部选择取决于供应商的平均生产能力。因此,供应商的第一期外部选择为 $\bar{\gamma}\phi R$,$\bar{\gamma}=\dfrac{\gamma_H+\gamma_L}{2}$。对应地,$\lambda_1=[\vartheta^m+(1-\vartheta^m)(1+\phi)\bar{\gamma}/2]$;在第二期,制造商根据供应商在第一期的表现,对其类型进行条件,因此,第二期的外部选择取决于制造商第二期的信念。

我们已经求出了完全信息下,契约完全和契约不完全两种情况下的解以及行为人的收益情况,那么,在重复博弈的条件下,声誉机制能够阻止"敲竹杠"行为并实现社会最优解吗? 我们接下来将对该问题进行考察,我们首先给出了可能的均衡,再进行严格证明。

命题4:存在一个混同完美贝叶斯均衡(pooling PBE),使得两种类型的行为人都在第一期做出社会最优的投资,在第二期做出次优投资。

证明:如果存在这样的均衡,则 x 产品制造商的信念为 $p_{t+1}(\gamma=H \mid x \neq x^{FB})=0$。

给定上述信念结构,我们下面来考察投资水平 x_H^{FB} 是否为供应商的最优行为。按照上述策略供应商在第一期和第二期的收益为:

$$V_{i1}=\lambda_1 A x^{FB\alpha}-\frac{w}{\gamma_i}x^{FB} \tag{3.30}$$

$$V_{i2}=\lambda_1 A x^{SB\alpha}-\frac{w}{\gamma_i}x^{SB}=V_i^{SB}=\gamma_i^{\frac{\alpha}{1-\alpha}}\lambda^{\frac{1}{1-\alpha}}(1-\alpha)A^{\frac{1}{1-\alpha}}(\alpha/w)^{\frac{\alpha}{1-\alpha}} \tag{3.31}$$

其中 $\lambda_1=[\vartheta^m+(1-\vartheta^m)(1+\phi\bar{\gamma})/2]$。若供应商违背上述策略,则其在第一期和第二期的收益分别为:

$$\bar{V}_{i1}=V_{i1}^{SB}=\lambda_1 A x^{SB\alpha}-\frac{w}{\gamma_i}x^{SB} \tag{3.32}$$

$$\bar{V}_{i2}=0 \tag{3.33}$$

供应商遵从上述策略的条件为: $V_{i1}+\delta V_{i2}>\bar{V}_{i1}+\delta\bar{V}_{i2}$。将式(3.30)至式(3.33)代入该式,则激励相容条件变为:

$$\lambda_1 A x_H^{FB\alpha}-\frac{w}{\gamma_H}x_H^{FB}+\delta\left(\lambda_1 A x_H^{SB\alpha}-\frac{w}{\gamma_H}x^{SB}\right)>\lambda_1 A x_H^{SB\alpha}-\frac{w}{\gamma_H}x^{SB} \tag{3.34}$$

$$\lambda_1 A x_H^{FB\alpha}-\frac{w}{\gamma_L}x_H^{FB}+\delta\left(\lambda_1 A x_L^{SB\alpha}-\frac{w}{\gamma_L}x_L^{SB}\right)>\lambda_1 A x_L^{SB\alpha}-\frac{w}{\gamma_L}x_L^{SB} \tag{3.35}$$

或者可以整理为如下形式:

$$F_i+\delta S_i>0 \tag{3.36}$$

其中,F_i 表示供应商 i 第一期按社会最优的投资水平进行投资带来的净损失,D_i 表示第二期由于"声誉效应"而获得的净收益。

$$F_H = \left(\lambda_1 A x^{FB\alpha} - \frac{w}{\gamma_H} x^{FB}\right) - \left(\lambda_1 A x_H^{SB\alpha} - \frac{w}{\gamma_H} x_H^{SB}\right) \tag{3.37}$$

$$F_L = \left(\lambda_1 A x^{FB\alpha} - \frac{w}{\gamma_L} x^{FB}\right) - \left(\lambda_1 A x_L^{SB\alpha} - \frac{w}{\gamma_L} x_L^{SB}\right) \tag{3.38}$$

$$S_H = \left(\lambda_1 A x^{SB\alpha} - \frac{w}{\gamma_H} x^{SB}\right) = \gamma_H^{\frac{\alpha}{1-\alpha}} \lambda_1^{\frac{1}{1-\alpha}} (1-\alpha) A^{\frac{1}{1-\alpha}} (\alpha/w)^{\frac{\alpha}{1-\alpha}} \tag{3.39}$$

$$S_L = \left(\lambda_1 A x^{SB\alpha} - \frac{w}{\gamma_L} x^{SB}\right) = \gamma_L^{\frac{\alpha}{1-\alpha}} \lambda_1^{\frac{1}{1-\alpha}} (1-\alpha) A^{\frac{1}{1-\alpha}} (\alpha/w)^{\frac{\alpha}{1-\alpha}} \tag{3.40}$$

由 $x_H^{FB} > x_H^{SB} > x_L^{SB}$ 可知,$0 > F_H > F_L$;由 $\gamma_H > \gamma_L$ 知,$S_H > S_L > 0$。从而"高能者"更容易满足激励相容条件式(3.36),因此,上述均衡存在的条件简化为:$F_L + \delta S_L > 0$。 由此得到该均衡存在的条件为:

$$\lambda_1 A [x_H^{FB\alpha} - (1-\delta) x_L^{SB\alpha}] - \frac{w}{\gamma_L} [x_H^{FB} - (1-\delta) x_L^{SB}] > 0 \tag{3.41}$$

$$\left[\lambda_1 A x_H^{FB\alpha} - \frac{w}{\gamma_L} x_H^{FB}\right] - (1-\delta) \left[\lambda_1 A x_L^{SB\alpha} - \frac{w}{\gamma_L} x_L^{SB}\right] > 0 \tag{3.42}$$

显然,随着 λ_1 的增大,不等式(3.41)的左边是逐步增大的。又由于 λ_1 是 ϕ 的增函数,因此,只有 ϕ 充分大时,才有可能存在如上的混同均衡。因此,表面看来,正式制度与声誉机制之间是互补的。但需要注意的是,随着 λ_1 的增大,x_L^{SB} 也随之而增大。这就使得不等式左边变小,这就意味着,声誉机制和正式制度之间可能存在着相互替代的关系。

将 x_H^{FB} 和 x_L^{SB} 的函数取值代入式(3.41),则式(3.42)转换为:

$$\lambda_1 < \underline{\lambda}_1 = (\gamma_H/\gamma_L) \left[\frac{(1-\alpha\gamma_H/\gamma_L)}{(1-\delta)(1-\alpha)}\right]^{\frac{1-\alpha}{\alpha}} \tag{3.43}$$

式(3.43)表明,随着正式制度的完善,声誉机制的作用将弱化甚至不起作用,另一方面,随着一个经济体中行为人耐心的增强和社会信任程度的提升(δ 增大),声誉机制的作用会增强,由此我们得到如下命题:

引理 1:当正式制度发展水平处于某个临界点之下时 ($\lambda_1 < \underline{\lambda}_1$),①正式制度与声誉机制之间是替代关系;②正式制度与声誉机制之间是互补关系。

上述命题并不难理解,随着一个经济体正式制度的完善,人们的行为将逐步向社会最优的方向逼近,此时,人们不需要依赖声誉的作用就可以得到相对有效率的结果。声誉机制的作用自然大大减弱。当然，上面的命题是对于混同均衡而言的，对于分离均衡而言，上述结论是否依然成立？

命题5： 存在一个分离贝叶斯均衡（seperating PBE），使得"高能者"在第一期做出社会最优的投资水平，在第二期选择次优的投资水平。低能者在第一期做出次优的投资水平，在第二期退出市场。

证明：显然，若不等式（3.43）不成立，则命题4中的混同均衡存在。下面我们考察 $\lambda_1 > \underline{\lambda}_1$ 的条件下分离均衡的存在性。

给定上述分离均衡，制造商的信念如下：$p_{t+1}(\gamma = H \mid x \neq x_H^{FB}) = 0$。

对于高能者而言，如果在第一期做出社会最优的投资，第二期其讨价还价能力将上升为 $\lambda_2 = [\vartheta^m + (1-\vartheta^m)(1+\phi\gamma_H)/2]$，而对于低能者而言，由于其在第一期的投资水平低于高能者的投资水平，从而在第二期退出市场。

对于高能者而言，其在第一期做出社会最优投资的前提条件是：

$$\lambda_1 A x_H^{FB\alpha} - \frac{w}{\gamma_H} x_H^{FB} + \delta\left(\lambda_2 A x_{H2}^{SB\alpha} - \frac{w}{\gamma_H} x_{H2}^{SB}\right) > \lambda_1 A x_H^{SB\alpha} - \frac{w}{\gamma_H} x_H^{SB} \quad (3.44)$$

其中，$x_{H2}^{SB} = \gamma_i^{\frac{1}{1-\alpha}} \lambda_2^{\frac{1}{1-\alpha}} (A\alpha/w)^{\frac{1}{1-\alpha}}$。将其代入式（3.44）得到：

$$\delta(1-\alpha)\lambda_2^{\frac{1}{1-\alpha}} + \lambda_1 - 1 > 0 \quad (3.45)$$

由式（3.45）显然可知，随着正式制度的进一步完善，正式制度与非正式制度之间呈互补关系。即：

引理2： 当正式制度发展水平超过某个临界点时（$\lambda_1 > \underline{\lambda}_1$），正式制度与声誉机制之间由替代关系变为互补关系。

我们将引理1和引理2总结为如下命题：

命题6： 随着正式制度的完善，声誉机制的作用先下降而后增强。存在某个临界点 $\underline{\lambda}_1$ 使得，当 $\lambda_1 < \underline{\lambda}_1$，正式制度与非正式制度之间呈替代关系；当 $\lambda_1 > \underline{\lambda}_1$ 时，正式制度与非正式制度之间呈互补关系。

命题6的经济含义是明显的，当正式制度水平足够高时，低能者将发现模仿高能者是无利可图的。而对于高能者而言，由 $\lambda = [\vartheta^m + (1-\vartheta^m)(1+\phi\gamma)/2]$ 可知，$\partial^2\lambda/\partial\phi\partial\gamma > 0$，即中间供应商的能力越强，制度改善对其收益提高越大。因此，相对于低能者而言，在第一期选择社会最优的投资水平能够更多地提高高能者在第二期的谈判能力和收益水平，从而促使高能者在第一期进行最优的投资。

需要注意的是，在上述讨论中存在多重均衡。事实上，我们可以根据"直观标准"（intuitive criterion），将命题4中的混同均衡"剔除"。

　　由于高能者更容易满足式(3.36)，因此，高能者可以逐步提高第一期的投资水平，随着高能者投资水平的提高，存在某个临界的投资水平 $\underline{x}$，使得对于低能者而言，式(3.36)是紧的，即 $F_i(\underline{x}) + \delta S_i = 0$，经过简单整理，可以得到 $\underline{x}$ 满足：

$$\left(\lambda_1 A \underline{x}^{\alpha} - \frac{w}{\gamma_L}\underline{x}\right) = (1-\delta)\left(\lambda_1 A x_L^{SB\alpha} - \frac{w}{\gamma_L}x_L^{SB}\right) \tag{3.46}$$

　　由隐函数求导法则不难得到 $\dfrac{\partial \underline{x}}{\partial \lambda_1} = A\dfrac{(1-\delta)x_L^{SB\alpha} - \underline{x}^{\alpha}}{\alpha\lambda_1 A\underline{x}^{\alpha-1} - w/\gamma_L} > 0$。如此，我们就将命题 4 中的混同均衡剔除了，由此我们得到命题 7。

　　命题 7：当 $\lambda_1 < \underline{\lambda}_1$，根据"直观标准"，我们可以将命题 4 中的混同均衡剔除，并得到这样的分离均衡，其中低能者在第一期进行次优的投资，而高能者在第一期的投资水平 $\underline{x}$ 会超过社会最优的投资水平。而且由于声誉机制的作用，随着正式制度的完善，高能者的投资水平会逐步上升，即 $\partial \underline{x}/\partial\phi > 0$。

　　之所以出现上述结论，是因为对于高能者而言，其进行高水平的投资可以为其赢得声誉，这使得其讨价还价能力由 λ_1 上升至 λ_2，而对于低能者而言，模仿高能者最多使其讨价还价能力保持在 λ_1，而不会有所上升。随着正式制度的发展完善，由于 ϕ 和 γ 在 λ 中作用时互补性的，即 γ 对 λ 的偏导数随 ϕ 的增大而增大，因此，高能者建立声誉机制的激励增强。另一方面，随着正式制度的完善，低能者进行模仿的收益也同时因此而增强，因此，随着正式制度的完善，高能者为了维护声誉机制会不断地提高投资水平。

　　命题 8：在通过"直观标准"剔除混同均衡后，正式制度与声誉机制的作用是互补的。考虑到声誉机制的影响之后，正式制度对比较优势的影响更强了。

　　另外，再次对式(3.46)运用隐函数定理得到，$\dfrac{\partial \underline{x}}{\partial\delta} = \dfrac{\lambda_1 A x_L^{SB\alpha} - \dfrac{w}{\gamma_L}x_L^{SB}}{\alpha\lambda_1 A\underline{x}^{\alpha-1} - \dfrac{w}{\gamma_L}} > 0$，即随着人们耐心的提高，高能者的投资水平也是逐步上升的。其经济解释为：随着人们耐心程度的提高，人们更加关注未来的利益而非短期利益，这就提高了低能者进行模仿的动机，从而为了与低能者区分开，高能者的投资水平会进一步提高。由于一个经济体的社会信任程度越高，人们越关注长远利益，因此我们可以得到如下结论：

　　命题 9：社会信任与声誉机制的作用是互补的。

　　最后我们对社会信任、声誉机制与正式制度的关系做一下总结：

其一，社会信任与正式制度之间呈替代关系。在正式制度缺失的条件下，社会信任能够在一定程度上替代正式制度的作用，并促进技术复杂行业的出口。

其二，声誉机制与正式制度之间上互补的。在考虑到声誉机制后，正式制度对技术复杂行业出口比较优势的影响是增强而不是减弱了。

（3）扩展三：引入资产专用性。

已有研究强调，契约实施制度好的国家在资产专用性或契约密集度高的行业拥有出口比较优势，该结论与本节的结论是否重叠？其与本节的区别和联系在于何处？本节将采用本节的理论框架来展现该结论，从而突出本节与已有研究的区别与联系之处。

从理论上讲，一个产业所使用的中间投入的资产专用性越强，则该产业可能更容易受到正式制度和非正式制度的影响。为了考察契约实施制度对具有不同资产专用性程度行业比较优势的影响，我们将行业的资产专用性程度引入之前的理论模型。在这里，为了避免模型的复杂化，我们采用最简单的方式建模。

假定在发生"敲竹杠"行为的情况下，中间供应商专用性投资的一部分是可证实的，这一部分不受契约实施制度的影响，且这一部分所占的比重为 $1-\kappa$。对于这一部分而言，即便没有证实的法庭制度，中间产品供应商仍然可以带着这一部分资产去寻找新的交易伙伴。

此时，供应商的外部选择为 $\phi\kappa+(1-\kappa)$，由此易得供应商的讨价还价能力为：

$$\lambda(\kappa,\phi)=\vartheta^m+(1-\vartheta^m)(1+\phi\kappa+(1-\kappa))/2 \tag{3.47}$$

对式（3.47）求一阶偏导数不难得到：$\frac{\partial^2\lambda}{\partial\phi\partial\kappa}=(1-\vartheta^m)/2>0$。由此，我们得到如下命题：

命题 10：契约实施制度相对完善的国家（地区），将会在中间投入资产专用性强的行业具有比较优势。

命题 10 实际上以一种不同的建模方式重复了 Nunn（2007）中的结论。实际上，如果我们对参数 κ 换一种理解方式，也可以轻松复制 Acemoglu 等（2007）中的结论。Acemoglu 等（2007）的主要观点是，不同行业中间投入品之间的互补关系是有差异的，如果一个行业的中间投入间的互补性越强，则该行业对契约实施制度的反应也越敏感。在这里，我们可以将 κ 理解为中间投入的互补强度。如果中间投入的互补性越强，那么离开交易的另一方，产品的价值就会大大降低，交易的另一方越是不可或缺，也就意味着资产的专用性越强。因此 κ 的取值也就越大。

最后，我们将本节的主要结论做一下小结：

结论 1： 法律法规完善、契约执行效率高、社会信任程度高的国家（地区）在复杂度高、中间投入互补性强和资产专用性强的行业拥有出口比较优势。

结论 2： 社会信任与正式的法律制度之间是相互替代的关系。

3.1.2　契约实施制度、偏向型技术进步与比较优势

本节我们将在一个包含内生技术进步的框架中，分析契约实施这度与比较优势之间的关系。

1. 偏好

经济中的每个个体生活无限期，每个劳动者供应一单位劳动。代表性消费者的效用函数为：

$$U = \int_0^\infty e^{-\rho t} \log c_t \, \mathrm{d}t \tag{3.48}$$

其中 ρ 为折现率，c_t 为最终产品的消费水平。由跨期最优化得到人均消费水平的增长率为：

$$\frac{\dot{c}_t}{c_t} = r_t - \rho \tag{3.49}$$

其中，r_t 为利率水平。

2. 生产

最终产品 Y 的生产函数为 CES 形式：

$$Y = \left[\int_0^1 Y(i)^{\frac{\epsilon-1}{\epsilon}} \, \mathrm{d}i \right]^{\frac{\epsilon}{\epsilon-1}} \tag{3.50}$$

其中，ϵ 表示不同产业产品之间的替代弹性。我们将最终产品 Y 的价格标准化为 1，成本最小化得到，其对差异化产品 i 的需求：

$$Y(j) = \left[\frac{P(j)}{P} \right]^{-\epsilon} Y, \quad P = \left[\int_0^1 P(i)^{1-\epsilon} \, \mathrm{d}i \right]^{1/(1-\epsilon)} = 1 \tag{3.51}$$

参照 Gancia 和 Zilibotti（2009），假定产业 i 的生产函数为：

$$Y(i) = E(i) \left[\int_0^{A(i)} y(i, j)^{\frac{\sigma-1}{\sigma}} \, \mathrm{d}j \right]^{\frac{\sigma}{\sigma-1}} \tag{3.52}$$

其中，$y(i, j)$ 表示部门 i 所使用的中间投入 j，为了不引起混淆，我们用小写字母表示。

由上式，我们得到部门 i 对中间产品的需求函数：

$$y(i, k) = \left[\frac{p(i, k)}{q(i)}\right]^{-\sigma} \frac{Y(i)}{E(i)}, \quad q(i) = \left[\int_0^{A(i)} p(i, j)^{1-\sigma}\right]^{1/(1-\sigma)} \quad (3.53)$$

由式(3.53)不难得到中间产品部门的收益函数为：

$$R(i, j) = y(i, j)^{\frac{\sigma-1}{\sigma}} q(i) \left[\frac{Y(i)}{E(i)}\right]^{1/\sigma} \quad (3.54)$$

中间产品 $y(i, j)$ 使用 1 单位 $x(i, j)$ 生产，且 $x(i, j)$ 的边际生产成本为 w，即生产函数为 $y(i, j) = x(i, j)$。

我们将 $y(i, j)$ 的制造商 M 简称为制造商，将 $x(i, j)$ 的供应商 S 简称为中间投入供应商或供应 S，$y(i, j)$ 生产和销售的过程如下：

阶段 1：制造商与其中间投入供应商签订契约，规定产品的生产数量、价格以及产品质量要求。由于产品的质量属性无法被法庭证实，因此双方的交易契约是不完备的。

阶段 2：在签订契约以后，中间投入供应商进行专用性投资，并组织劳动力进行生产。

阶段 3：中间投入供应商将生产的产品交付给制造商。由于产品质量的不可证实性，一旦产品的质量与制造商的规定不一致，此时中间投入供应商将会被"敲竹杠"，双方将通过纳什讨价还价来划分总收益，且双方的讨价还价能力。

在阶段 3，如果不存在"敲竹杠"行为，则生产一单位中间产品可以获得的潜在收益水平由式(3.54)给出。由于事后的不确定性，中间投入供应商将面临被"敲竹杠"的风险。

在这里，我们也可以将 M 视为销售企业或零售商，将 S 视作生产企业，由于管理成本和规模不经济，企业家通常很难直接与消费者进行面对面的接触。由于企业家不了解消费者信息，因此不得不依靠零售企业或批发商进行销售，而 S 仅负责生产。为简化起见，我们忽略 M 的销售成本，因此，如果不存在"敲竹杠"问题，S 应该获得所有收益。

在本节，我们依然将行业 i 的复杂度理解为在契约中对该行业产品属性进行详尽描述所需要的条款数。在契约规定的 m 个条款当中，在任何一个方面 $z \in \{1, \cdots, m\}$ 都有可能发生这种不确定性。假定在任一条款上发生不确定性的概率为 $1-\vartheta$。只有当所有 m 个条款都没有不确定情况发生时，中间产品供应商才能保证不被"敲竹杠"，这一概率为 ϑ^m。换言之，中间投入供应商被"敲竹杠"的概率为 $1-\vartheta^m$。

重复与第一节相同的过程，我们不难得到中间产品 $y(i, j)$ 的价格和行业价格指数分别为：

$$p(i, j) = \frac{\sigma w}{(\sigma-1)\lambda(m_i, \phi)} \text{ 和 } q(i) = A(i)^{1/(1-\sigma)} \frac{\sigma w}{(\sigma-1)\lambda(m_i, \phi)} \quad (3.55)$$

由此得到 $y(i, j)$ 的产量水平为：

$$y(i, j) = A(i)^{\sigma/(1-\sigma)} \left[\frac{Y(i)}{E(i)}\right] \quad (3.56)$$

其经济含义是，中间产品数目越大，则每一种中间产品的生产数量就越低。从而部门 i 的边际成本函数为：

$$c(i) = \frac{\sigma w}{(\sigma-1)\lambda(m_i, \phi)} A(i)^{1/(1-\sigma)}/E(i) \quad (3.57)$$

由边际成本定价得到 $Y(i)$ 的价格：

$$P(i) = e \frac{w}{\lambda(m_i, \phi)} A(i)^{1/(1-\sigma)}/E(i) \quad (3.58)$$

其中，$e = \frac{\varepsilon}{(\varepsilon-1)} \frac{\sigma}{(\sigma-1)}$，将式（3.58）代入式（3.51）得到：

$$Y(i) = \left(e \frac{wA(i)^{1/(1-\sigma)}}{\lambda(m_i, \phi)E(i)}\right)^{-\varepsilon} Y \quad (3.59)$$

$$w = \frac{1}{e} \left(\int_0^1 \nu(i)\mathrm{d}i\right)^{1/(\varepsilon-1)} \quad (3.60)$$

其中，$\nu(i) = [A(i)^{1/(\sigma-1)}E(i)\lambda(m_i, \phi)]^{(\varepsilon-1)}$。由式（3.58）和式（3.59）我们可以得到部门 i 的总收益和利润水平分别为：

$$R(i) = \left[e \frac{wA(i)^{1/(1-\sigma)}}{\lambda(m_i, \phi)E(i)}\right]^{1-\varepsilon} Y \quad (3.61)$$

$$\pi(i) = \frac{1}{\varepsilon} \left[e \frac{wA(i)^{1/(1-\sigma)}}{\lambda(m_i, \phi)E(i)}\right]^{1-\varepsilon} Y \quad (3.62)$$

由要素市场均衡条件，即 $\int_0^1 \int_0^{A(i)} l(i, j)\mathrm{d}j\,\mathrm{d}i = L$ 以及式（3.56）和式（3.59）得到：

$$Y = \frac{(ew)^\varepsilon L}{\int_0^1 A(i)^{(\varepsilon-1)/(\sigma-1)}\lambda(m_i, \phi)^\varepsilon E(i)^{\varepsilon-1}\mathrm{d}i} \quad (3.63)$$

将式（3.61）代入式（3.63）得到：

$$Y = \frac{\left(\int_0^1 \left[A(i)^{1/(\sigma-1)} E(i)\lambda(m_i, \phi)\right]^{(\varepsilon-1)} di\right)^\varepsilon}{\int_0^1 A(i)^{(\varepsilon-1)/(\sigma-1)} \lambda(m_i, \phi)^\varepsilon E(i)^{\varepsilon-1} di} L \tag{3.64}$$

3. 均衡技术选择

我们下面讨论内生技术进步以及技术进步的方向。沿袭 Romer(1990)，在本节中，技术进步表现为中间产品种类的扩张，为简化分析，假定技术创新需要付出固定的投入 μ，且 μ 以最终产品 Y 作为计价单位。自由进出条件意味着创新的利润折现等于固定成本 μ，即：

$$\frac{\pi(i)}{r} = \mu \tag{3.65}$$

由式(3.65)和式(3.62)得到：

$$\frac{A(i)}{A(j)} = \left[\frac{\lambda(m_i, \phi)E(i)}{\lambda(m_j, \phi)E(j)}\right]^{\frac{1}{\sigma-1}} \tag{3.66}$$

由式(3.66)，我们可以得到如下命题：

命题 11：在封闭经济条件下，行业间的相对技术水平取决于行业的复杂度和一个国家的制度水平。相对于低复杂度产品而言，制度质量越高，则高复杂度行业的技术水平也就越高。

命题 11 表明，在存在内生技术进步的情况下，部门间生产效率的差异将会由于技术进步的偏向型而进一步被放大。

在接下来的讨论中，为分析简便，我们将忽略 $E(i)$ 的行业差异，令 $E(i) \equiv 1$。

4. 开放条件下的比较优势

下面我们将上面的分析扩展到两个国家的情况，北方国家 N 和南方国家 S，且 $\phi_N > \phi_S$。沿袭 Acemoglu(2003)以及 Acemoglu 和 Zilibotti(2001)，假定由于知识具有公共物品特性，因此知识可以迅速地在国家间流动。我们做如下假定：首先，北方国家进行技术创新，南方国家进行技术模仿；其次，虽然知识可以自由流动，但是，合法的模仿者需要给创新者支付一定的使用费用。即每销售价值的 θ 部分支付给创新者。在法律制度完善和执法有效率的条件下，模仿者所获得的所有利润都应该交给创新者，此时 $\theta = 1$。而当 $\theta = 0$，模仿者不需要支付任何费用。

在开放条件下，本国在产业 i 的相对技术优势可以定义为：

$$T(i) = \frac{\lambda(m_i, \phi_N)}{\lambda(m_i, \phi_S)} \left[\frac{A_N(i)}{A_S(i)}\right]^{1/(\sigma-1)} = \left[\frac{\lambda(m_i, \phi_N)}{\lambda(m_i, \phi_S)}\right]^{1+\frac{1}{(\sigma-1)i}} \tag{3.67}$$

令 $\partial m/\partial i > 0$，即 i 按照行业的复杂度进行排列。由 $\phi_N > \phi_S$ 以及 $\partial^2\lambda/\partial m\partial\phi > 0$ 知道，$T'(i) > 0$，即北方国家的技术比较优势随着 i 的上升而提高。与 Dornbusch 等（1977）类似，在自由贸易条件下，北方国家专业化生产产品 $[z, 1]$，南方国家专业化生产 $[0, z]$，其中对于产业 z 而言，南北方国家的生产成本是相同的，即 $P_N(z) = P_S(z)$，令 $\omega = w_N/w_S$，则有：

$$\omega = T(z) = \left[\frac{\lambda(m_z,\ \phi_N)}{\lambda(m_z,\ \phi_S)}\right]^{1+\frac{1}{(\sigma-1)^2}} \tag{3.68}$$

给定相对收入水平 ω，式（3.68）决定了自由贸易条件下两国的专业化分工和贸易模式。显然 $\omega = T(z)$ 在坐标为 (z, ω) 的空间中构成了一条向右上方倾向的曲线。为了获得均衡的收入水平和贸易模式，我们还需要另外一个条件，即国际收支平衡条件：

$$w_N L_N \int_z^1 P(i)^{1-\varepsilon}\mathrm{d}i = w_S L_S \int_0^z P(i)^{1-\varepsilon}\mathrm{d}i \tag{3.69}$$

将式（3.58）代入式（3.69）得到：

$$\omega = B(z) = \left[\frac{L_S}{L_N}\frac{\int_0^z (\lambda(m_i,\ \phi_N)A_N(i)^{1/(\sigma-1)})^{\varepsilon-1}\mathrm{d}i}{\int_z^1 (\lambda(m_i,\ \phi_S)A_S(i)^{1/(\sigma-1)})^{\varepsilon-1}\mathrm{d}i}\right]^{\frac{1}{2-\varepsilon}} \tag{3.70}$$

对于 $\varepsilon > 2$，式（3.70）构成了一条向右下方倾斜的曲线，即 $B'(z) < 0$。式（3.68）和式（3.70）共同决定了自由贸易均衡下的相对收入水平和贸易模式（见图 3.2）。由图 3.2，我们得到如下命题：

命题 12： 在 $\varepsilon > 2$，即产业间具有较强的替代性时，制度质量较高的国家将会生产复杂度较高的产品，制度质量较低的国家将会生产复杂度较低的产品。

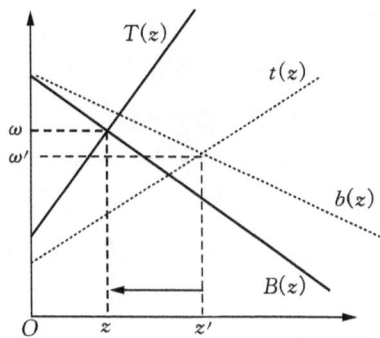

图 3.2　$\varepsilon > 2$ 情况下的均衡贸易模式

若将不存在技术进步下的技术比较优势曲线和国际收支均衡曲线分别定义为 $t(z)$ 和 $b(z)$，两条曲线交点所对应的产品临界值记为 z'，则由图 3.2 可知，$z' > z$。这说明，在长期考虑到技术进步的方向性，契约实施制度好的国家的技术进步是偏向技术复杂行业的，我们将其称为复杂行业偏向型技术进步。因此，其在高技术复杂产品上的比较优势会逐步增强，将会生产更多的复杂技术产品。相反，契约

实施制度差的国家在高复杂度产品上的比较优势则逐步减弱,并逐步退出一些高复杂度产品。由此,我们得到如下结论:

命题13:在$\varepsilon > 2$的情况下,从长期来看,契约实施制度水平高的国家将会发生复杂行业偏向型技术进步,这就进一步强化了其在技术复杂产品上的比较优势。相反,契约实施制度水平差的国家将会伴随出口复杂度的下降。

命题14:在$\varepsilon > 2$的情况下,从长期来看,由于技术进步的部门偏向性,技术复杂产品将会在契约制度较好的国家获得更快的发展。从行业出口复杂度的角度而言,复杂度较低的国家将会伴随出口结构的恶化。换言之,随着一国契约制度的不断完善,一国的贸易结构会不断升级。

命题13和命题14提示我们重视制度变迁在出口结构中的作用。自改革开放以来,中国经历了从计划经济到市场经济的转型,随着中国市场化进程的加速,政府行政干预和行政垄断逐步淡出历史的舞台,这就推动了契约实施制度的不断完善以及契约执行效率的不断提高。与此同时,中国从最初只能出口资源型产品和轻工产品,到现在逐步出口机电产品和高新技术产品,出口结构和出口产品复杂度也在不断提升。最近的一些研究指出,不论是从收入水平还是出口相似度指数来看,中国出口产品的复杂度已远远超过类似发展水平的国家(Rodrik, 2006; Schott, 2006)。这显然对标准的贸易理论提出了"挑战",因为不管是按照李嘉图比较优势理论还是HO要素禀赋理论,中国都应专业化生产复杂度较低的产品。

显然地,中国在对外贸易甚至经济增长方面所创造的成绩与中国经济改革的制度背景是密不可分的,离开了改革开放的大背景,一切试图对中国经济奇迹所进行的解释都将是不完整的和片面的。命题13和命题14告诉我们,市场化进程的不断推进和契约实施效率的不断完善可能是推动中国出口产品复杂度不断上升的重要因素。

需要注意的是,命题12至命题14都是在$\varepsilon > 2$的条件下得到的。在$\varepsilon < 2$的情况下,上述命题很可能发生逆转,特别地,当$\varepsilon \to 1$时,$B(z) \to zL_S/(1-z)L_N$。显然,此时$B(z)$将变成z的增函数,贸易模式会发生逆转,北方国家N将生产复杂度低的产品,南方国家S将生产复杂度高的产品。幸运的是,根据Acemoglu和Ventura(2002)的经验估计,$\varepsilon = 2.3$,这就意味着我们假定$\varepsilon > 2$有一定的合理性。

另外,沿着本章第一节的思路,我们可以对上述模型进行类似的扩展。为了行文的简洁,我们不再重复该过程,仅把扩展后的结论总结如下:

命题15:相对于社会信任度较低的国家,在具有良好社会信任的国家(地区),技术进步偏向于复杂度高、资产专用性强和技术互补性强的行业;随着一国(地区)

社会信任度的提高,该国(地区)在复杂度高、资产专用性强和技术互补性强的行业的技术水平和比较优势会增强,在这些行业的出口量也会增加。

综上所述,本节的主要结论如下:

第一,从短期来看,若不考虑技术进步的方向性,契约实施制度水平高的国家(地区)能够在契约实施制度依赖型行业,即复杂度高、资产专用性强和技术互补性强的行业具有较高投资效率,因而,具备良好契约实施制度的国家将会在这些行业拥有出口比较优势。

第二,从长期来看,技术进步的方向是内生的,此时,在契约实施制度水平高的国家(地区),技术进步将会偏向于在契约实施制度依赖型行业,即复杂度高、资产专用性强和技术互补性强的行业,这就进一步加强了这些国家在这些行业的比较优势。

3.2　契约制度与国际贸易:跨国证据

正式制度本身是一个很广的概念,包括政治制度、正式的法律制度以及经济政策等方面。其中政治制度特指直接影响政治权力分配的各种政治安排,如民主、独裁和民主集中制都属于这类范畴。正式的法律制度包括私有财产的保护程度、法律法规的完善程度、司法执行效率等方面的内容。而经济政策则涉及贸易政策、投资政策和政府管制等各个方面。本节关注的重点是契约实施制度对比较优势的影响,因而在本节我们所提到的正式制度特指影响正式契约实施制度。

虽然已有文献对正式制度与比较优势的关系进行了一系列研究,也得出了许多有意义的结论,但这些文献的研究思路比较零散,有的研究使用行业复杂度作为制度依赖程度的度量,有的研究则采用资产专用性或行业契约密集度指数来度量。这就使得我们难以比较正式制度到底是通过什么样的渠道对比较优势起作用,也不清楚行业的复杂度和行业的资产专用性程度哪一个变量更有说服力。另外,之前的许多研究并没有克服变量的内生性问题,这就使其结论的可靠性大大降低。鉴于此,我们在实证方面将对已有的研究进行综合,从而试图对正式制度与比较优势的关系获得更全面和可信的了解。

3.2.1 经验假说

在前文理论分析的基础上,我们提出如下的经验假说:

假说 1:正式契约实施制度质量高的国家在复杂度高的行业拥有比较优势。

假说 1 背后的经济学解释是:不同国家法律法规完善程度的不同导致了不同国家契约实施的效率和质量不尽相同,良好的契约实施制度能够降低企业生产过程中协调成本和签约成本,从而获得出口的竞争优势;与此同时,对于那些复杂度较高的行业而言,其产品属性较为复杂,生产链和生产工序较为繁多,这就使得复杂度高的行业对于契约实施制度具有较高的需求。换句话说,具有良好法律制度的国家能够更有效地保证契约的实施,从而促进高技术复杂度行业比较优势的形成和出口贸易的扩张。在已有研究中,Ranjan 和 Lee(2003),Berkowitz 等(2006),Levchenko(2007)和 Costinot(2008)分别针对上述结论进行了经验研究,但是他们并没有克服变量的内生性问题,因而其结论的可信性值得商榷。

假说 2:正式契约实施制度质量高的国家在资产专用性强的行业拥有比较优势。

经验假说 2 源于不完全契约理论的一个经典命题。由 Klein、Crawford 和 Alchian(1978),Williamson(1979;1985),Grossman 和 Hart(1986),Hart 和 Moore(1990)所开创的不完全契约理论认为,由于契约的不完全性,事前的专用性投资无法写入契约或无法向第三方(如法庭)证实,那么在事后的再谈判过程中投资方就会面临被"敲竹杠"的风险,这就导致了投资的无效率。良好的契约实施制度能够降低契约不完全的程度,从而促使一国在的资产专用性投资较为重要的行业拥有相对较低的生产成本和出口比较优势。Nunn(2007)使用产品层面的信息测算了不同行业的资产专用性强度,并将其测算得到的指标定义为契约密集度,在此基础上作者得出结论:契约质量高的国家将更多地生产与出口那些契约密集度高的产品。此外,Nunn 还使用工具变量的两阶段最小二乘法以及倾向得分匹配的方法来解决契约制度的内生性问题。但是,该文强调的重点是契约制度通过行业契约密集度这一条渠道来影响行业的出口比较优势。作者并没有考察契约实施制度是否也通过其他渠道起作用,如产业的复杂度。

综上所述,已有研究已经分别对假说 2 进行了较为细致的经验分析,但对于假说 1 的研究则没有克服变量的内生性问题,且研究的样本范围也比较小。鉴于此,本节将重点对假说 1 进行实证研究,我们在这一部分的主要贡献在于:首先,我们借鉴 Nunn(2007)的方法,采用工具变量两阶段最小二乘法和倾向得分匹配方法克服变量的内生性问题;其次,本节选取 160 个国家 222 个行业的数据进行分析,从而有效扩大样本范围。最后,本节还同时对假说 2 进行计量检验,从而对正式制度影响比较优势的渠道和机制获得更加全面的认识。

3.2.2　计量模型设定

正如我们在前文分析中所指出的,一个行业的出口不仅取决于该国的正式制度的完善程度,而且与该行业的复杂度以及行业的资产专用性密切联系,即契约实施制度水平高的地区将会在复杂度和资产专用性强的产品上拥有比较优势,从而更多地生产和出口这些产品。通过简单的线性估计无法对其检验,为此,我们参考 Romalis(2004)和 Nunn(2007)对出口比较优势的估计方法,在计量估计模型中引入了正式制度与行业复杂度、行业资产专用性之间的交互项,如果该项对出口贸易的估计系数为正,则表明正式制度水平高的地区更多地出口了复杂度较高的产品。该方法最早源自 Rajan 和 Zingales(1998),该文通过在计量模型中引入行业特征和国家特征的交互项,研究了跨国金融发展差异对产业增长的影响,认为一国金融发展程度越高,则依靠外部融资的产业越能够在该国获得相对较快的发展。其研究思路与我们吻合,采用该方法有助于我们理解正式制度与出口贸易结构之间的关系。具体而言,我们采用如下计量模型进行估计:

$$\ln ex_{ic} = \alpha_i + \alpha_c + \beta Q_c id_i + \xi C_{ic} + \varepsilon_{ic}$$

其中,i 和 c 分别表示行业和地区,ex_{ic} 为国家 c 行业 i 的出口值,α_i 和 α_c 分别表示行业固定效应和国家固定效应,Q_c 为国家 c 正式制度的发展水平,id_i 为行业 i 的制度依赖程度,ε_{ic} 为误差项。

对于行业的制度依赖程度,我们分别采用行业复杂度以及契约密集度指数来测度,其中,行业的复杂度分别用 $prody_i$ 和 $complex_i = 1 - $ Herfindahl(赫芬达尔指数,以下简称 hi)指数来度量。已有研究曾使用 hi 指数来度量行业的产品复杂度和制度依赖性(Blanchard and Kremer, 1997;Cowan and Neut, 2002;Levchenko, 2007)。使用该指标而不是简单地以中间产品种类数来度量行业复杂度的原因在于:如果在一个行业所使用的中间投入中,有一种中间投入在投入中居于主导地位,那么行业的复杂度将更多地取决于这一种投入,如果用中间投入数量来度量,就会给投入比重较低的中间投入赋予过高的比重。另外,由于 hi 指数随行业集中程度的提高而增加,因此,我们将用1-hi指数来度量行业的复杂度。

遗漏重要解释变量意味着估计结果是有偏的,为稳健起见,我们还引入了控制变量C_{ik},包括:人力资本密集度与人力资本禀赋交互项(h_iH_c)、物质资本密集度与物质资本禀赋交互项(k_iK_c)、行业增加值率与人均收入对数的交互项($va_i\ln y_c$)、产业内贸易指数与人均收入对数的交互项($iit_i\ln y_c$)、行业 TFP 增长率与人均收入对数的交互项($tfp_i\ln y_c$)、行业中间投入多样性指数与人均收入对数的交互项($1-hi_i\ln y_c$)、物质资本密集度与金融市场发展交互项(k_iCR_c)。

加入上述变量的原因在于:第一,由传统比较优势理论可知,某种要素禀赋相对丰裕的国家将会在密集使用这些要素的产品和产业上拥有比较优势,因此,人力资本相对丰裕的地区将会在人力资本密集型行业拥有出口比较优势,从而更多地出口人力资本密集型产品;类似地,物质资本禀赋相对充裕的国家则会在物质资本密集型行业形成出口比较优势。因此,人力资本和物质资本禀赋较高的地区将会在人力资本和物质资本密集型行业出口更多。第二,直观上看,经济发展水平相对较高的国家倾向于更多地出口增加值率和复杂度较高的产品。因为发展水平较高的国家往往具有丰裕的人力资本、基础设施条件以及相关的制度保障,这些为高增加值行业的生产和出口起到了积极的推动作用。另外,行业间技术进步的速度并不相同,对于那些技术进步率较高的产业而言,其生产和出口活动的发展和扩张更加要求有相应的配套设施作为技术支撑和物质保障。因此,人均收入水平较高的国家更多地出口高增加值率(va_i)、技术进步率(tfp_i)较快和复杂度较高的产品。考虑到产品复杂度度量的困难,我们沿袭 Levchenko(2007)的理论,用行业使用的中间投入的多样性($1-hi$)测度行业复杂度,并将其与人均收入对数的交互项作为控制变量。第三,传统要素禀赋理论认为,国际贸易更倾向于发生在要素禀赋和经济发展水平差异较大的国家之间,而产业内贸易的现实情况则表明,有许多贸易发生在发展水平相近的国家之间。理论和现实之间的矛盾催生了新贸易理论。新贸易理论研究表明,由于规模经济和报酬递增,产业内贸易更多地发生在发达国家之间,因此,需要控制产业内贸易指数与人均收入对数的交互项($iit_i\ln y_c$)。第四,外国文献强调金融发展对经济结构和经济绩效的影响,由于企业家的研发和生产活动中的不确定性因素,企业家和投资者之间的信息具有不对称性,这就制约了企业家的融资,而金融市场的发展能够降低企业的融资成本,使得那些高度依赖资本和融资的行业能够获得更快的发展。因此,从理论上来看,一国的金融发展水平越高,则该国在物质资本密集型行业的出口值应该相对更多。因此,我们还控制了金融市场发展程度与物质资本密集度交互项。

3.2.3 数据说明

跨国跨行业的国际贸易数据来自 World Trade Flows Database(Feenstra，2000)。为了与契约密集度数据保持一致，国际贸易数据年份为 1997，单位为千美元。

我们采用 Kaufmann、Kraay 和 Mastruzzi(2003)的法律规制指数(rule of law)来度量各国正式制度的完善程度。该指标基于对 1997—1998 年各国居民对本国法律和契约实施有效性数据的问卷调查得到。为了检验结果的稳健性，我们还采用 Gwartney 和 Lawson(2003)以及 World Bank(2004)来作为正式制度的度量指标。

物质资本禀赋 K_c 和人力资本禀赋 H_c 来源于 Antweiler 和 Trefler(2002)，其中物质资本禀赋用人均资本存量的自然对数值衡量，人力资本禀赋用高中以上人口与高中以下人口比值的自然对数衡量。实际人均 GDP 数据来自 Penn World Tables(PWT)。金融发展指数 CR_c 来自 Beck 等(1999)，计算方法为各国金融机构对私营部门贷款占 GDP 的比重。

我们参照 Hausmann 等(2007)来计算各行业的复杂度(prody)，具体公式为：

$$prody_i = \sum_c \left[\frac{s_{ic}}{\sum_{c'} s_{ic'}} pcgdp_c \right]$$

其中，行业 i 的出口产品复杂度为各国(地区)人均 GDP $pcgdp_c$ 的加权和，加权权重为 $s_{ic} / \sum_{c'} s_{ic'}$，$s_{ic}$ 为国家 c 行业 i 的出口比重。

行业契约密集度数据来 z_i 自 Nunn(2007)，其计算公式为 $z_i = \sum_j \theta_{ij} R_j^{neither}$，其中 $\theta_{ij} \equiv u_{ij}/u_i$，$u_{ij}$ 表示部门 i 使用的部门 j 的投入量。$u_i = \sum_j u_{ij}$ 表示部门 i 使用的所有部门的投入总和。$R_j^{neither}$ 表示部门 j 中既非"机构交易产品"(organized exchanges)也没有"参考价格"(reference price)的产品所占比重，该比重越高表明部门 j 的市场越"薄"，从而行业对契约制度的依赖程度越高。

产业内贸易指数 iit_i 使用 Grubel-Lloyd 指数度量，其具体计算公式为 $iit_i \equiv 1 - (|x_i - m_i| / (x_i + m_i))$，$x_i$ 和 m_i 分别表示产业 i 的总出口和总进口。行业使用的中间投入的多样性指数的计算公式为 $1 - hi_i$，hi_i 表示行业 i 的赫芬达尔指数，其数值使用 1997 年美国投入产出表计算得到，计算公式为 $hi_i \equiv \sum_j \theta_{ij}^2$，该指标数据来自 Nunn(2007)。

其他行业特征数据来自 Bartelsman 和 Gray(1996),其中物质资本密集度 k_i 由各行业的资本存量和行业增加值相比得到,人力资本密集度 h_i 由非生产性工人工资与行业总工资支付的比值衡量。行业增加值率 va_i 由行业增加值与行业交货值之比得到,TFP 增长率 tfp_i 为美国 1976—1996 年的年均 TFP 增长率。

3.2.4　计量回归结果

1. 普通最小二乘估计结果

表 3.1 报告了用 $prody$ 度量产品复杂度并使用普通最小二乘法的估计结果,为了便于比较。在表 3.1 中,我们逐步加入了一系列控制变量,以验证结果的稳健性。由表 3.1 汇报的结果可知:

表 3.1　法律制度与比较优势的 OLS 估计结果:用 $prody$ 度量产品复杂度

	(1)	(2)	(3)	(4)	(5)
$prody_i Q_c$	.508 919 ***	.512 06 ***	.512 04 ***	.418 19 ***	.448 23 ***
	(38.61)	(25.61)	(25.60)	(24.30)	(20.43)
$h_i H_c$		.092 00 ***	.091 89		.080 84 ***
		(5.72)	(5.62)		(4.70)
$k_i K_c$			−.000 745 9		.022 114 6
			(−0.04)		(0.80)
$va_i \ln y_c$				−.029 25	−.073 375
				(−0.63)	(−1.16)
$iit_i \ln y_c$				.306 30 ***	.257 40 ***
				(8.17)	(5.18)
$tfp_i \ln y_c$				.0413 023	.004 791 7
				(1.25)	(0.11)
$(1-hi_i)\ln y_c$				.294 43 ***	.381 78 ***
				(4.42)	(4.58)
$k_i CR_c$				−.017 37	−.008 16
				(−1.79)	(−0.57)
产业固定效应	是	是	是	是	是
国家固定效应	是	是	是	是	是
R^2	0.730 3	0.762 7	0.762 6	0.766 9	0.761 6
观察值	22 598	10 976	10 976	15 737	10 816

注:括号内为回归系数的 t 值;*** 、** 和 * 分别为 1%、5% 和 10% 的显著性水平。

行业复杂度与法律质量交互项($prody_iQ_c$)的估计系数显著为正,且在控制要素禀赋和经济发展水平等因素后,其统计显著性未发生根本变化。由此我们判断,对于复杂度较高的行业而言,一国法律制度的改善可以缓解这些行业的由于不完全契约而导致的投资不足问题,从而促进该国在这些行业的出口比较优势。

此外,我们还发现传统的比较优势理论也具有较好的解释力,人力资本和物质资本禀赋均在 1% 的统计水平上通过显著性检验,且符号为正。行业增加值率与经济发展水平交互项($va_i \ln y_c$)的系数显著为负,其原因可能是变量的多重共线性。其他反映经济发展水平特征的变量系数均为正,且具有一定的显著性,符合理论预期。值得注意的是,在我们控制契约密集度与社会信任交互项后,金融发展与资本密集度的估计系数不仅不显著,甚至符号为负,这与已有研究结论相左(Nunn,2007)。

表 3.2　法律制度与比较优势的 OLS 估计结果:使用 1－hi 度量产品复杂度

	(1)	(2)	(3)	(4)	(5)
$(1-hi_i)Q_c$	.545 02***	.565 7***	.578 60***	.327 8***	.477 03***
	(15.19)	(10.73)	(10.79)	(3.92)	(7.83)
h_iH_c		.123 1***	.126 5***		.117 0***
		(7.45)	(7.56)		(6.71)
k_iK_c			.027 517 6		.009 89
			(1.31)		(0.35)
$va_i \ln y_c$				−.064 02	−.061 8
				(−1.35)	(−1.01)
$iit_i \ln y_c$				.578 35***	.574 97***
				(15.88)	(11.93)
$tfp_i \ln y_c$				.046 954	0.003 495 5
				(1.40)	(0.08)
$(1-hi_i)\ln y_c$				.256 865 4**	
				(2.29)	
k_iCR_c				−.023 432 2**	−.008 563 3
				(−2.36)	(−0.59)
产业固定效应	是	是	是	是	是
国家固定效应	是	是	是	是	是
R^2	0.715 2	0.750 8	0.750 8	0.758 2	0.751 9
观察值	22 598	10 976	10 976	15 737	10 816

注:括号内为回归系数的 t 值;***、** 和 * 分别为 1%、5% 和 10% 的显著性水平。

为了进一步验证估计结果的稳健性,我们采用行业使用的中间投入的多样性 $[1-hi_i]$ 测度行业复杂度,并在表 3.2 中报告了普通最小二乘估计结果。由表 3.2 报告的结果显然可知,$(1-hi_i)Q_c$ 的估计系数显著为正,表明若以 $(1-hi_i)$ 度量行业的复杂度,则契约实施制度好的国家在复杂度高的行业出口更多。另外,其他控制变量的估计系数也与表 3.1 所发现的结论基本吻合。

虽然我们采用了两类指标来反映行业的复杂度,并且采用这两类指标的回归结果均证实了契约实施制度好的国家在复杂度较高的行业拥有比较优势这一结论具有一定程度的稳健性。但是,在控制变量内生性之前,我们尚且不能据此武断地得出结论,认为复杂度较高的行业确实在契约实施制度较高的国家出口更多。因为,严重的变量内生性问题意味着回归系数是有偏的和非一致的。因此,上述结论是否有效必须在我们克服契约实施制度变量的内生性问题之后才能得到有效的判断。

2. 工具变量两阶段二乘法估计结果

克服变量内生性的一种较为普遍的方法是寻找内生变量的工具变量,该变量一方面必须是外生的,另一方面又与内生变量之间具有较强的相关性,否则就是弱工具变量。在很多情况下,采用弱工具变量所得到的回归结果可能更糟糕,更加不可靠。那么,什么变量能够同时满足这两个条件呢?我们采用各国的法律起源作为各国契约实施制度的工具变量。

基于以下两点考虑,我们认为各国的法律起源满足工具变量所需具备的两个条件:

首先,各国的法律制度和法律实施质量与法律起源之间存在着密切的联系。La Porta、Lopez-de-Silanes、Shleifer 和 Vishny(LLSV)(1998)对各国的投资者保护法以及这些法律的执行质量进行了考察。LLSV(1998)的研究发现,较之于以大陆法传统,特别是法国大陆法传统为其法律渊源的国家或地区,那些以普通法传统为其法律渊源的国家与地区趋向于更为严格地保护投资者;德国大陆法传统与斯堪的纳维亚大陆法传统的国家或地区则对投资者保护采取中间立场;其次,德国与斯堪的纳维亚大陆法传统的国家与地区则具有较高的执法能力。普通法传统的国家与地区,其执法力度也比较强,但法国大陆法传统的国家与地区,其执法力度则偏弱。随着收入水平的提高,执法质量显著改善。

其次,各国的法律起源是在很长的历史时期内形成的。因此,法律起源可以在一定程度上认为是外生的。

在表 3.3 和表 3.4 中,我们使用各国的法律起源作为法律制度的工具变量,并采用工具变量两阶段二乘法进行了估计。表 3.3 汇报了工具变量两阶段最小二乘 (TSLS)估计结果。由表 3.3 汇报的估计结果可知：

（1）在控制变量内生性之后，法律制度与产品复杂度交互项的估计系数为正，且在 1% 的统计水平上通过显著性检验，表明法律制度较为完备以及法律执行效率较高的国家在复杂度较高的产品上拥有出口比较优势，这与第 2 章的理论模型是相吻合的。这说明，首先，控制社会信任变量的内生的问题是有必要的；其次，法律制度确实显著促进了契约密集行业的出口，因此，在契约不完全的条件下，良好的法律制度能够降低契约的签订和执行成本，提高生产和投资效率，并促进技术采用和技术创新，从而促进对外贸易。这在以往关于比较优势决定因素的研究中是被忽略的。

（2）人力资本密集度和人力资本禀赋交互项的估计系数均显著为正，且至少在 5% 的统计水平上通过显著性检验，说明人力资本禀赋相对丰裕的地区在人力资本密集度较高的行业拥有比较优势。物质资本密集度与物质资本禀赋交互项的估计系数虽然为正，但并不具有统计显著性。这说明传统的要素禀赋理论仍然对比较优势具有一定的解释力，而且在传统的比较优势理论因素中，人力资本禀赋的作用要超过物质资本禀赋。

（3）行业增加值率与人均收入对数交互项估计系数为负，说明人均收入水平较高的国家并没有在行业增加值率较高的产品上拥有比较优势，与理论预期不符。出现该结果的一个原因是变量之间的多重共线性。行业产业内贸易与人均收入对数交互项、TFP 增长率与人均收入对数交互项和复杂度与人均收入对数交互项的估计系数均显著为正，这说明经济发展水平较高的国家在产业内贸易密集、生产率增长迅速以及复杂度较高的产品上拥有比较优势，该结论与现有研究结果相吻合。

（4）物质资本密集度与金融发展指数交互项系数为负。表明在控制了社会信任因素后，金融发展并没有对资本密集型行业的出口贸易起到积极的作用。该结论背后的经济学解释是，金融发展水平与资本密集行业的发展并不存在单调关系。一方面，在金融发展程度较低的国家，物质资本密集行业由于面临融资约束，从而限制了企业对这些行业的投资，这就意味着该项系数应该为正；但另一方面，一旦企业进入了这些行业，由于这些行业的固定资产投资较多，从而可以通过固定资产抵押获得更多的贷款，这就导致这些行业投资水平的增加。当然，社会信任与金融发展之间的共线性问题也是导致该项系数不显著的另一可能原因。

表 3.3 法律制度与比较优势的 IVTSLS 估计结果:使用 *prody* 度量产品复杂度

	(1)	(2)	(3)	(4)	(5)
$prody_i Q_c$	.000 57 ***	.000 31 ***	.000 5 ***	.000 40 ***	.000 50 ***
	(23.14)	(9.03)	(14.56)	(14.13)	(12.70)
$h_i H_c$		1.049 ***	.562 984 ***		.514 ***
		(9.18)	(4.78)		(4.15)
$k_i K_c$			.034 590 7		.031 494 9
			(1.21)		(0.81)
$va_i \ln y_c$				−.492 983 2 ***	−.209 474 8
				(−4.59)	(−1.25)
$iit_i \ln y_c$				.653 7 ***	.486 9 ***
				(12.66)	(8.11)
$tfp_i \ln y_c$				1.601 275 **	1.204 792
				(2.13)	(1.27)
$(1-hi_i)\ln y_c$				1.315 ***	.779 5 ***
				(7.20)	(3.03)
$k_i CR_c$				−.092 53 ***	−0.043 6
				(−2.83)	(−0.81)
产业固定效应	是	是	是	是	是
国家固定效应	是	是	是	是	是
R^2	0.734 7	0.760 5	0.766 7	0.964 0	0.766 8
观察值	22 598	10 976	10 976	15 737	10 816
Anderson canon. corr. LM statistic	7 196.797	3 490.159	3 104.499	5 685.137	3 114.334
Cragg-Donald Wald F statistic	2 596.602	1 249.626	1 056.985	1 745.834	1 067.237
Sargan statistic	242.988	365.879	128.170	127.666	69.883

注:括号内为回归系数的 t 值;*** 、** 和 * 分别为 1%、5% 和 10% 的显著性水平。

表 3.4 法律制度与比较优势的 IVTSLS 估计结果:使用 1−hi 度量产品复杂度

	(1)	(2)	(3)	(4)	(5)
$(1-hi_i)Q_c$	11.983 6 ***	16.620 4 ***	16.959 59 ***	19.802 12 ***	18.671 68 ***
	(10.50)	(9.20)	(9.15)	(5.52)	(4.80)
$h_i H_c$		.743 509 3 ***	.791 387 6 ***		.832 111 8 ***
		(6.19)	(6.59)		(6.69)
$k_i K_c$			.074 824 9		.002 004 4
			(2.40)		(0.05)

续表

	(1)	(2)	(3)	(4)	(5)
$va_i \ln y_c$				$-.152\,797\,6$ (-1.15)	$-.365\,291\,9^{**}$ (-2.14)
$iit_i \ln y_c$				$.911\,556^{***}$ (15.91)	$.829\,578\,4^{***}$ (11.52)
$tfp_i \ln y_c$				$1.122\,482^{**}$ (1.45)	$-.163\,560\,4$ (-0.16)
$(1-hi_i)\ln y_c$				$-1.561\,702^{**}$ (-2.42)	$-1.220\,43$ (-1.65)
$k_i CR_c$				$-.061\,665\,5^{*}$ (-1.80)	$-.008\,456\,9$ (-0.15)
产业固定效应	是	是	是	是	是
国家固定效应	是	是	是	是	是
R^2	0.719 7	0.755 6	0.755 7	0.761 6	0.756 4
观察值	22 598	10 976	10 976	15 737	10 816
Anderson canon. corr. LM statistic	7 437.444	3 115.284	3 060.899	2 993.616	2 518.922
Cragg-Donald Wald F statistic	2 726.022	1 416.282	1 381.867	906.421	1 068.339
Sargan statistic	86.833	27.063	27.590	56.815	30.739

注:括号内为回归系数的 t 值;***、** 和 * 分别为 1%、5% 和 10% 的显著性水平。

最后,正如我们在前文中所指出的,工具变量是否有效需要满足两个条件,即与内生变量之间具有强相关性,同时本身又是外生的。

鉴于此,在表 3.4 中,我们还同时针对工具变量进行了识别不足检验(underidentification test)、弱识别检验(weak identification test)和过度识别检验(overidentification test),并报告了其对应的 Anderson 正则相关检验的似然比统计量(Anderson canonical correlations LM statistic)、Cragg-Donald Wald F 统计量和 Sargan 统计量的统计值及其相伴概率。

检验结果表明,我们可以在 1% 的统计水平上拒绝工具变量弱识别和识别不足的原假设,这说明工具变量具有一定的合理性;但同时,过度识别检验的 Sargan 统计量相伴概率近乎零,因此我们无法接受工具变量是过度识别的原假设。显然,Sargan 统计量的检验结果与其他两类检验结果是相互矛盾的。根据已有研究,出现上述问题很可能的原因是,我们忽略了一些影响比较优势的国家特征变量

(Nunn,2007)。

在表 3.4 中,我们使用法律起源与行业复杂度指标 1−hi 的交互项作为(1−hi)Q_c 的工具变量,并通过逐步加入控制变量的方法来考察估计结果的稳健性。表 3.4 的估计结果与表 3.3 非常相近,因此,我们在此不再赘述。

3.3 契约执行效率与地区出口比较优势:中国地区层面证据[*]

3.3.1 经验假说

虽然在中国经济活动要遵循国家统一颁布的法律法规,但是,由于中国现有法律体系尚不完善,再加上不同地区在地理、文化与经济发展水平以及领导执政能力等方面存在的不同,导致了全国在契约执行方面存在明显的地区差异。然而,上述研究都是基于跨国数据,没有考虑到转型国家在体制转换的过程中地区制度变迁的不平衡性,尤其是各地区在执法效率可能存在的差异性。正如世界银行在最近发布的《中国营商环境报告》(*Doing Business in China 2008*)中所指出的,"尽管中国的基本法律是全国性的,但是各地法院在强制执行契约的效率方面差异很大。在东南沿海地区,审理一件普通的商业纠纷案件平均花费 230 天时间,而在东北地区则需要 363 天时间,地方法院系统的执行效率和信息透明度上都存在明显差异"。那么,先前关于契约制度与比较优势的研究能否用来解释中国地区出口结构差异?更具体地,契约执行效率的地区差异在多大程度上影响了地区出口绩效差异?

事实上,一个国家和地区的契约能否得到有效的执行,不仅取决于是否有法可依(content of law),而且更还依赖于契约能否得到有效地执行(enforcement of law),而契约执行效率无疑是决定后者的重要因素。尤其是在中国法律体系尚不完善的条件下,提高执法效率对契约的执行就具有格外重要的意义。正因为如此,许多学者强调,对于转轨国家而言,执法体系的构建比成文法体系的建立更重要(戴治勇、杨晓维,2006)。

根据前文理论分析,并结合中国地区间契约执行效率存在较大差异这一实际

---

* 本节由李坤望和王永进共同完成,以《契约执行效率与地区出口绩效差异》为题,发表于《经济学季刊》2010 年第 3 期,第 1007—1028 页。

情况，我们可以提炼出如下经验假说：

假说 1：契约执行效率高的地区在复杂度高的行业拥有出口比较优势。

假说 2：契约执行效率高的地区在契约密集度高的行业拥有出口比较优势。

3.3.2　初步的经验观察

1. 对假说 1 的初步经验观察

首先，我们按照 Hausmann 等（2007）所建议的方法计算了各个行业的复杂度，具体公式为：

$$prody_i = \sum_k \left[\frac{s_{ik}}{\sum_{k'} s_{ik'}} pcgdp_k \right] \tag{3.71}$$

其中，行业 i 的出口产品复杂度为各地区人均 GDP $pcgdp_k$ 的加权和，加权权重为 $s_{ik} / \sum_{k'} s_{ik'}$，$s_{ik}$ 为省份 k 行业 i 的出口比重。

在此基础上，按照行业的复杂度对行业进行排序，并将行业分为两类：高复杂度（高于中位数的行业）和低复杂度行业（低于中位数的行业）。然后，计算高复杂度行业出口在各地区制造业出口中所占比重。在图 3.3 中，我们将该比重与各地区的契约执行效率的关系以散点图的形式呈现出来。图 3.3 表明，从总体上来看，契约执行效率与高复杂度行业的出口比重之间呈明显的正相关关系。这说明，契约执行效率较高的地区在复杂度较高的行业拥有出口比较优势，并更多地出口复杂度较高的产品。

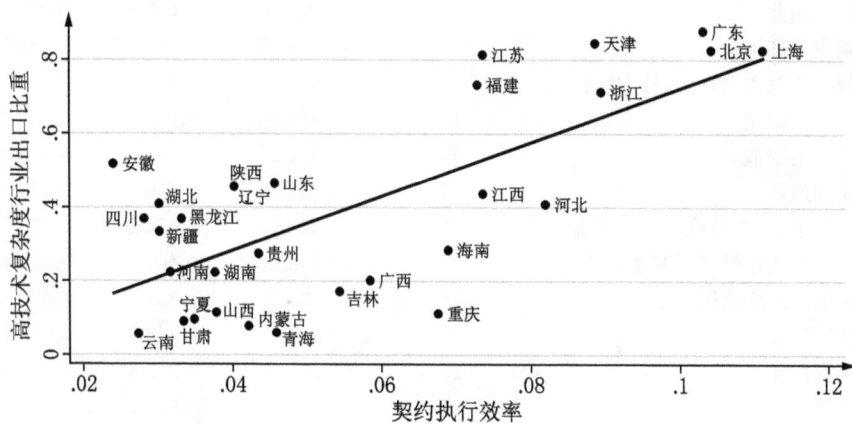

图 3.3　契约执行效率与高复杂度行业出口比重

其次,为了考察契约执行效率对地区出口结构的影响,我们先按照地区的契约执行效率对地区进行排序,并用 t 表示其序号,然后找到其对应的高复杂度行业的出口比重 y_t。在这里,我们并不打算直接对 t 和 y_t 进行回归,而是采用 Daniels (1950)所介绍的 Daniels 趋势检验判断两者的关系。因为前者要求回归的残差项服从正态分布,而对于很多样本来说这一条件并不能严格满足。

表 3.5 行业复杂度与"行业出口与地区契约执行效率的 Spearman 系数"

行业名称	prody 排序	prody	Spearman 系数	p-value
通信设备、计算机及其他电子设备制造业	1	24 156.1	0.537	0.002 7
印刷业和记录媒介的复制	2	22 864.82	0.672 2	0.003 1
文教体育用品制造业	3	20 426.81	0.548 5	0.015
仪器仪表及文化、办公用机械制造业	4	18 927.65	0.537	0.002 7
金属制品业	5	17 750.09	0.524 3	0.004 2
塑料制品业	6	17 568.2	0.598 8	0.002 5
电气机械及器材制造业	7	17 385.66	0.402 7	0.030 3
通用设备制造业	8	16 227.68	0.456 1	0.012 9
纺织服装、鞋、帽制造业	9	15 890.89	0.525 7	0.005 8
造纸及纸制品业	10	14 623.07	0.505 5	0.016 4
皮革、毛皮、羽毛(绒)及其制品业	11	14 563.86	0.484 4	0.014 1
家具制造业	12	14 451.56	0.653 2	0.001 3
专用设备制造业	13	13 703.48	0.521 4	0.003 7
工艺品及其他制造业	14	13 328.63	0.592 3	0.001 8
交通运输设备制造业	15	12 545.83	0.419 2	0.026 4
橡胶制品业	16	12 008.63	0.505 8	0.009 9
农副食品加工业	17	11 979.95	0.385 3	0.035 5
木材加工及木、竹、藤、棕、草制品业	18	11 952.77	0.380 4	0.055 2
非金属矿物制品业	19	11 698.82	0.563 4	0.002 2
化学纤维制造业	20	11 514.23	0.185 9	0.460 3
食品制造业	21	11 433.69	0.276 1	0.139 7
石油加工、炼焦及核燃料加工业	22	11 363.14	0.454 5	0.050 6
化学原料及化学制品制造业	23	10 752.07	0.460 5	0.010 4
黑色金属冶炼及压延加工业	24	10 282.66	0.331 7	0.078 8
医药制造业	25	9 348.493	0.446 8	0.015 1
饮料制造业	26	8 762.862	0.212 6	0.268 3
烟草制品业	27	8 612.947	0.171 7	0.444 8
有色金属冶炼及压延加工业	28	8 531.987	0.129 9	0.501 9

　　具体做法是,对 y_t 进行排序并找出其秩 $R(y_t)$,然后按照式(4.2)计算 Spearman 相关系数,如果该系数为正且具有统计的显著性,那么说明两个变量之间存在正相关关系。

$$\rho = \frac{\sum_{t=1}^{n} \{R(y_t) - [n+1]/2\} \{R(t) - [n+1]/2\}}{n(n^2 - 1)} \tag{3.72}$$

　　计算结果显示,地区契约执行效率与高复杂度行业出口之间的 Spearman 相关系数为 0.52,且其相伴概率 0.003,小于 1%,接受两者存在正相关关系的结论。

　　进一步地,为了更好地考察契约执行效率与行业出口之间的关系,我们按照式(3.73)的方法,计算 28 个制造行业的分行业 Spearman 相关系数 ρ_i 及其对应的相伴概率,并将其与行业的技术复杂一并列在表 3.5 中。行业的 Spearman 相关系数可以衡量地区契约执行效率与行业出口之间的相关关系,如果该系数越大,则表明该行业与契约执行效率的相关性越大。

　　为了便于比较,我们对所有行业按照复杂度进行升序排列,排名越靠前的行业,其契约密集度越高。例如,如果行业代码为 1,表明该行业的复杂度在所有行业中排名第一,说明该行业的技术复杂低最高。

　　由表 3.5 可知,复杂度最低的行业为有色金属冶炼及压延加工业,其所对应的 Spearman 系数为 0.129 9,在所有行业中系数取值最低,说明对于该行业而言,地区契约执行效率与该行业出口之间的相关性是最低的。复杂度最高的行业为通信设备、计算机及其他电子设备制造业,该行业所对应的为 Spearman 系数 0.537,该系数与行业复杂度排名是基本一致的。

　　最后,参考 Hausmann 等(2007),我们计算得到了地区的总体出口复杂度,然后比较地区契约执行效率与总体出口复杂度之间的关系,如果两者正相关,则之前的结论得到验证。具体而言,总体出口复杂度计算公式为:

$$EXPY_k = \sum_i \theta_{ik} prod y_i$$

　　其中,θ_{ik} 为地区 k 行业 i 出口在地区 k 出口中所占比重,$prod y_i$ 为行业的契约密集度。由 $EXPY_k$ 的计算公式可知,高复杂度行业出口所占比重越高,则 $EXPY_k$ 取值越大。在此基础上,图 3.4 给出了 $EXPY_k$ 与各地契约执行效率之间的散点图。

　　由图 3.4 所描绘的散点图可知,地区契约执行效率与地区出口复杂度之间高度正相关,而且除了青海省之外,其他所有的样本基本上都围绕在通过线性回归得到的拟合曲线的周围。这就进一步证实了契约执行效率高的地区能够在复杂度高的行业拥有出口比较优势,从而地区契约执行效率的提高有助于提升该地区出口产品的复杂度。

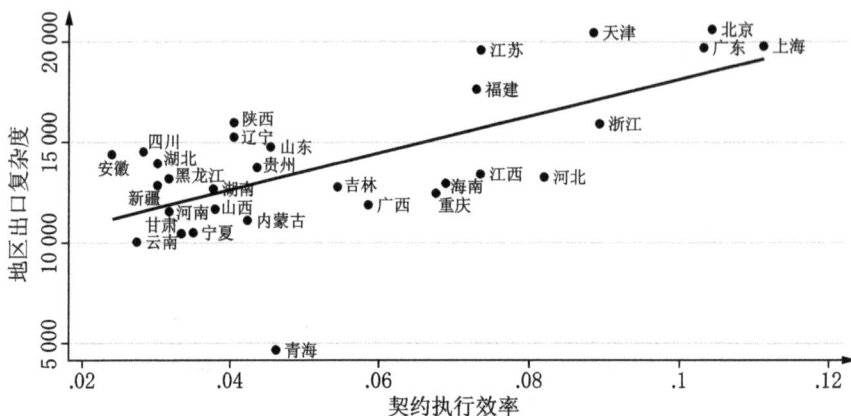

图3.4 契约执行效率与地区出口复杂度

2. 对假说2的初步经验观察

首先,我们按照 Nunn(2007)提供的契约密集度对行业进行排序。所谓契约密集度,是指不同行业对契约执行效率的敏感度,该指标取值越大,表明该行业受契约执行效率的影响程度越高。在此基础上,我们将行业分为两类:契约密集行业(高于中位数的行业)和非契约密集行业(低于中位数的行业)。然后,计算契约密集行业出口在各地区制造业出口中所占比重。

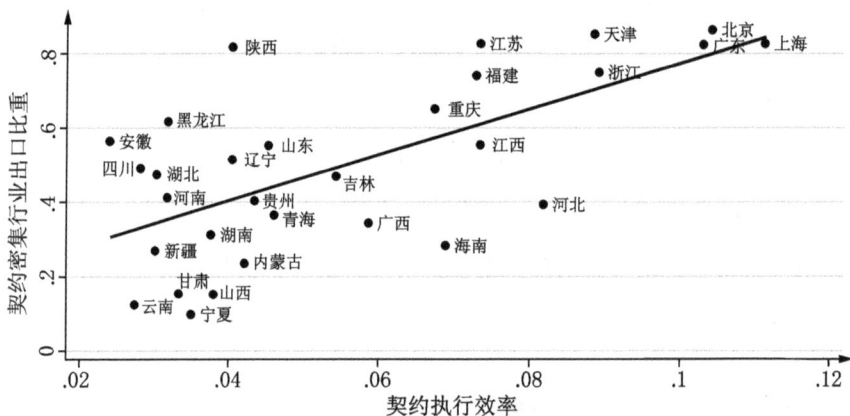

图3.5 契约执行效率与契约密集行业出口比重

在图 3.5 中,我们将该比重与各地区的契约执行效率的关系以散点图的形式呈现出来。图 3.5 表明,从总体上来看,契约执行效率与契约密集度行业的出口比重之间呈明显的正相关关系。契约密集行业出口较多的地区也大多是契约执行效率较高地区,如上海、北京、广州和浙江等地。这与理论模型的推断是相符合的。

其次,为了考察契约执行效率对地区出口结构的影响,我们先按照地区的契约执行效率对地区进行排序,并用 t 表示其序号,然后找到其对应的高契约密集度行业的出口比重 y_t。在这里,我们并不打算直接对 t 和 y_t 进行回归,而是采用 Daniels(1950) 所介绍的 Daniels 趋势检验判断两者的关系。因为前者要求回归的残差项服从正态分布,而对于很多样本来说这一条件并不能严格满足。具体做法是,对 y_t 进行排序并找出其秩 $R(y_t)$,然后按照式(3.72)计算 Spearman 相关系数,如果该系数为正且具有统计的显著性,那么说明两个变量之间存在正相关关系。

计算结果显示,地区契约执行效率与高契约密集度行业出口之间的 Spearman 相关系数为 0.57,且其相伴概率 0.001,小于 1%,接受两者存在正相关关系的结论。

进一步地,为了更好地考察契约执行效率与行业出口之间的关系,我们将算 28 个制造行业的分行业 Spearman 相关系数 ρ_i 及其对应的相伴概率与行业的契约密集度一并列在表 3.6 中。行业的 Spearman 相关系数可以衡量地区契约执行效率与行业出口之间的相关关系,如果该系数越大,则表明该行业与契约执行效率的相关性越大。

为了便于比较,我们对所有行业按照契约密集度进行排序,排名越靠前的行业,其契约密集度越高。比如如果行业代码为1,表明该行业的契约密集度在所有行业中排名第一。

表 3.6 行业契约密集度与"行业出口与地区契约执行效率的 Spearman 系数"

行业名称	行业代码（排序）	契约密集度	Spearman系数	p-value
印刷业和记录媒介的复制	1	0.995 3	0.672 2	0.003 1
塑料制品业	2	0.984 8	0.598 8	0.002 5
交通运输设备制造业	3	0.984 6	0.419 2	0.026 4
通信设备、计算机及其他电子设备制造业	4	0.983 2	0.537	0.002 7
专用设备制造业	5	0.980 8	0.521 4	0.003 7

行业名称	行业代码（排序）	契约密集度	Spearman 系数	p-value
仪器仪表及文化、办公用机械制造业	6	0.960 2	0.592 3	0.001 8
通用设备制造业	7	0.974 8	0.456 1	0.012 9
石油加工、炼焦及核燃料加工业	8	0.963 4	0.454 5	0.050 6
非金属矿物制品业	9	0.963 4	0.563 4	0.002 2
电气机械及器材制造业	10	0.960 2	0.402 7	0.030 3
饮料制造业	11	0.948 6	0.276 1	0.139 7
金属制品业	12	0.944 6	0.524 3	0.004 2
橡胶制品业	13	0.923	0.505 8	0.009 9
家具制造业	14	0.91	0.653 2	0.001 3
纺织服装、鞋、帽制造业	15	0.909 9	0.171 7	0.444 8
造纸及纸制品业	16	0.885 1	0.505 5	0.016 4
化学原料及化学制品制造业	17	0.883 7	0.460 5	0.010 4
医药制造业	18	0.883 7	0.446 8	0.015 1
化学纤维制造业	19	0.883 7	0.185 9	0.460 3
文教体育用品制造业	20	0.863 4	0.548 5	0.015
工艺品及其他制造业	21	0.863 4	0.430 1	0.022 3
皮革、毛皮、羽毛(绒)及其制品业	22	0.847 9	0.525 7	0.005 8
黑色金属冶炼及压延加工业	23	0.816 2	0.331 7	0.078 8
有色金属冶炼及压延加工业	24	0.816 2	0.129 9	0.501 9
木材加工及木、竹、藤、棕、草制品业	25	0.669 8	0.380 4	0.055 2
农副食品加工业	26	0.630 8	0.385 3	0.035 5
食品制造业	27	0.557 3	0.385 3	0.035 5
烟草制品业	28	0.483 2	0.212 6	0.268 3

由表 3.6 给出的结果可知,从总体上看,契约密集度较高的行业所对应的 Spearman 系数也越大。具体地,契约密集度最高的印刷业和记录媒介的复制业,该行业出口与契约执行效率的 Spearman 相关系数为 0.672 2,在所有行业中是最高的。契约密集度最低的行业是烟草制品业,该行业所对应的 Spearman 相关系数为 0.212 6,排名第 25 位,与其契约密集度排名基本吻合。

最后,参考 Nunn(2007),我们根据地区出口结构和行业契约密集度推断各地的契约质量(下文称为事后契约质量),然后比较地区契约执行效率与事后契约质量之间的关系,如果两者正相关,则之前的结论得到验证。具体地,地区契约密集度计算公式为:

$$Z_k = \sum_i \vartheta_{ik} z_i$$

其中,ϑ_{ik} 为地区 k 行业 i 出口在地区 k 出口中所占比重,z_i 为行业的契约密集度。由 Z_k 的计算公式可知,高契约密集度行业出口所占比重越高,则 Z_k 取值越大。在此基础上,图 3.6 给出了 Z_k 与各地契约执行效率之间的散点图。

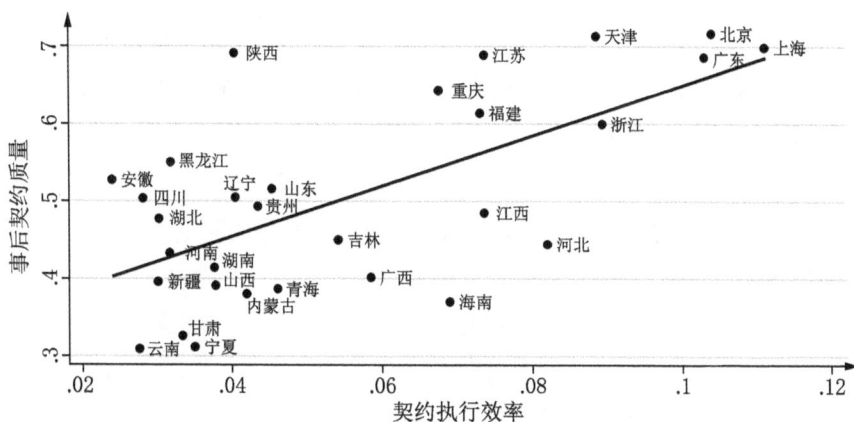

图 3.6　契约执行效率与事后契约质量

图 3.6 表明,Z_k 与事后契约质量之间呈明显正相关关系,契约执行效率最高的上海、北京和广东等地,其所对应的事后契约质量也是最高的。以上的观察初步验证了我们的结论,即倚重契约执行的行业将在契约执行效率较高的地区获得更快的发展。

3.3.3　计量模型设定与数据说明

通过上一节初步的经验分析,我们在一定程度上证实了地区契约执行效率对地区出口结构或出口比较优势的影响。接下来,我们将通过计量分析来进一步检验地区契约执行效率与出口比较优势之间的关系。

1. 计量模型设定

正如我们在前文中所指出的,地区出口差异是地区契约执行效率与行业契约密集度两方面因素共同作用的结果,使用普通的估计方法无法对其估计。我们在估计方程中引入了行业特征和地区特征的交互项,若行业契约密集度与地区契约执行效率变量的系数为正,则意味着地区契约执行效率的提高对契约密集度行业出口的作用更大。

本节的计量模型中引入交互项的方法源自 Nunn(2007),该文通过在计量模型中引入了行业特征和国家特征的交互项,研究了跨国契约制度差异对出口比较优势的影响,认为契约质量高的国家在高契约密集度行业的出口比较优势越大,如果该论断成立,则交互项系数为正。其研究框架与本节的分析思路一致。具体地,我们采用如下方程进行计量估计:

$$\ln ex_{ik} = \alpha_i + \alpha_k + \beta_1 id_i Q_k + \xi C_{ik} + \varepsilon_{ik} \tag{3.73}$$

其中,i 和 k 分别表示行业和地区,α_i 和 α_k 行业固定效应和地区固定效应,ε_{ik} 为误差项。ex_{ik} 为地区 k 行业 i 的出口值。id_i 为行业 i 制度依赖性。Q_k 是地区 k 的契约执行效率指标,即该地区执行契约成本与标的物价值比值的倒数。C_{ik} 为其他控制变量。若 $id_i Q_k$ 项的估计系数为正,则表明契约执行效率高的地区将会在制度依赖型强的行业拥有出口比较优势。反之则反是。

在下文中,我们首先以不包括控制变量的式(3.73)作为基准模型进行估计,然后不断加入控制变量,以检验结果的稳健性。

在稳健性检验中,我们进一步在式(3.73)中加入以下控制变量:外商投资的对数(fdi_{ik})、人力资源密度(h_i)和人力资源禀赋(H_k)交互项、物质资本密集度(k_i)与物质资本禀赋(K_R)交互项、自然资源密度(r_i)和自然资源禀赋(R_k)交互项、附加值率(VA_i)与人均 GDP 对数(GDP_k)的交互项、基础设施($infra_k$)与行业规模经济($scal_i$)交互项。

之所以选择上述控制变量,主要基于以下几方面的考虑:

首先,传统要素禀赋理论认为,某种要素丰裕的地区会专业化生产密集使用该要素的产品,因此我们引入了要素密集度与要素禀赋的交互项,具体为:人力资源禀赋和人力资源密度交互项($H_k * h_i$)、自然资源禀赋和自然资源密集度交互项($R_k * r_i$)和物质资本禀赋与物质资本密集度交互项($K_k * k_i$)。传统的 HO 理论认为,密集使用某种要素的产业倾向于在该要素相对丰富的地区生产,因此,按照该理论预测,这三项的估计系数预期符号为正。

值得指出的是,传统比较优势理论所讨论的对象基于各个国家,其基本假设是生产要素不能跨国流动,且国际分工仅限于产业间分工。但对于一国内部的各个地区而言,要素在报酬递减规律的作用下可以从丰裕地区流向稀缺地区。另外,一国内部各地区之间差异性较之国家之间要小得多,地区间信息交流和协调成本要显著低于跨国之间的专业化分工,这就便利了地区之间开展产品内分工。换言之,某个省份制造的产品可能使用了邻近省份的产品作为中间投入。因此,这三项的估计系数可能并不显著。

其次,通常而言,随着经济发展水平的提高,该地区会更多地生产增加值率较高的产品,即人均收入高的地区更多地生产附加值率高的产品,因此我们还将控制附加值率(VA_i)与人均 GDP 对数($\ln y_k$)的交互项的影响。

再次,基础设施与规模经济程度交互项($infra_k * scal_i$):Melitz(2003)指出,企业在从事对外贸易活动的过程中,不可避免地面临各种风险、不确定性和国际贸易的固定成本。因此,只有当企业的生产率水平足够高时才会有贸易发生。由于基础设施的改善降低了区域交易费用和运输成本,使得规模报酬递增的行业更可能发生产业集聚(Krugman,1991),而产业集聚对劳动生产率的影响已为大量经验研究所证实(Ciccone and Hall,1996)。由此,我们可以得出结论:基础设施水平较高的地区在规模经济程度较高的行业拥有相对较高的生产率,从而在这些行业拥有较强的出口比较优势。如果新经济地理学的假说成立,则该项估计系数预期符号为正。

最后,从对外贸易的微观主体来看,外商投资企业对中国对外贸易的贡献已超过 50%。以 2004 年出口贸易为例,全国出口贸易总额为 59 332 558 万美元,其中外商直接投资的出口总额则为 33 860 716 万美元,约占全部出口的 57%。对某些外向程度较高的省市而言,这一比重则更高。同样以 2004 年为例,福建和广东外资出口比重分别为 60% 和 63%,江苏和上海的外资出口比重则超过了 70%。

2. 数据说明

(1) 契约执行效率相关数据取自世界银行网站的《中国营商环境报告 2008》,由于西藏自治区、台湾省及香港和澳门特别行政区的数据缺少,因此本节的数据仅包括 30 个省(市/自治区/直辖市)。[①]其中,各省的契约执行效率根据相对应的省会城市执行契约成本相关数据计算得到。[②]各省高等教育在校人数数据取自《中国统计年鉴 2004》。1999 年各省市场化指数取自樊纲、王小鲁(2001)主编的《中国市场化指数:各地区市场化相对进程报告》,信任指数取自张维迎、柯荣住的《信任及其解释:来自中国的跨省调查分析》。三大改造前的私营经济所占比重采用非国有和集体经济占工业总产值的比重度量,相应数据来源于《新中国 50 年统计资料汇编》。

(2) 为了与行业契约密集度指数的分类标准保持一致。本节所使用的中国各省份分行业的出口交货、外商资本、采矿业的产出、科技人员数以及行业从业人员

---

① 报告中包含的 22 个省、4 个直辖市和 4 个自治区有基本相同(虽不完全相同)的政治地位。简便起见,全书将直辖市和自治区也都称为"省"。

② 《中国营商环境报告 2008》基于对法律法规的搜集,经过对 100 余名政府官员、律师和其他从事日常法律法规的管理和咨询服务的专业认识的问卷调查和验证,建立了各省会和直辖市的"营商环境"指标数据库。该报告收集采用相同的标准条件假设,收集过程透明且易于复制,所以该数据具有较高的可靠性和可比较性。

数数据均来自《中国经济普查年鉴 2004》,由于无法获得采矿业的部门间契约密集度的指标,本节经验分析选取我国 30 个省的 28 个制造业分行业数据进行分析。[1]其他行业特征数据取自《中国工业统计年鉴 2004》和 2002 年投入产出表。

3. 指标度量

我们用各地执行契约费用占标的物比重的倒数测度契约执行效率,用各地高等教育在校人数占人口的比重表示人力资本禀赋,用各地采矿业业的产出度量自然资源禀赋。产业自然资源投入密度用所有矿采业的总投入比例表示。[2]产业的人力资本密度用科技人员在全行业从业人数中的比重表示。

表 3.7 和表 3.8 分别报告了主要变量的描述统计以及行业特征变量的相关系数矩阵。

表 3.7　变量统计描述

变　量	观察值	均　值	标准差	最小值	最大值
ex_{ik}	722	51.197 16	268.912 6	0.01	5 615.43
fdi_{ik}	620	8.46	24.284 87	0	309.01
Q_k	30	0.055 088	0.025 444	0.023 923	0.111 111
$trust_k$	30	34.226 33	46.468 43	4.1	218.9
$market99_k$	30	5.599 667	1.368 451	2.34	8.1
$iv56_k$	30	5.076 333	10.682 63	0	60.1
H_k	30	45.976 94	76.090 9	2.061 762	356.361 7
K_k	30	31 372.07	26 126.6	0.065 706	107 410.8
R_k	30	348.019 7	407.972 6	2.34	1 873.3
y_k	30	2.131 94	0.452 563	1.202 572	3.387 213
$prody_i$	28	14 023.45	4 087.446	8 531.987	24 156.1
$complex_i$	28	0.010 819	0.004 379	0.004 407	0.020 536
z_i	28	0.499 524	0.202 498	0.240 284	0.858 74
h_i	28	0.031 381	0.023 091	0.004 147	0.086 481
k_i	28	1.248 033	0.476 201	0.382 877	2.582 185
r_i	28	0.186 014	0.643 123	0.000 8	3.475 381
VA_i	28	0.290 556	0.098 494	0.171 968	0.562 955

---

[1] 尽管契约执行效率采用的是 2007 年的数据,与其他数据有一定的时间间隔,但是,由于制度变迁的过程是漫长的,且具有路径依赖特征,且在制度变迁的漫长历史中,3 年的时间是短暂的,因此,各地契约执行效率不会发生显著变化。

[2] 具体为煤炭采选业、石油和天然气开采业、黑色金属矿采选业、有色金属矿采选业和其他矿采业的产出。

表 3.8　行业特征相关系数矩阵

	$prody_i$	$complex_i$	z_i	k_i	h_i	r_i	VA_i
$prody_i$	1						
$complex_i$	0.277 7	1					
z_i	**0.588 9**	0.415 6	1				
k_i	−0.290 1	−0.369 9	−0.442 9	1			
h_i	−0.124 7	**0.540 5**	0.108 5	0.005 9	1		
r_i	−0.179 6	0.007 5	−0.196 2	0.272 5	0.071 2	1	
VA_i	−0.076 6	−0.145 3	0.120 1	0.153 3	−0.297 4	0.077 4	1

3.3.4　计量估计结果

1. 初步回归结果

首先,对不包括控制变量的模型进行初步检验。为了控制各地区和行业的个体差异性,我们采用地区和行业固定效应方法进行估计,表 3.9 报告了该估计结果。

为检验结果的稳健性,我们在表 3.9 的回归组合中依次加入了一系列控制变量。由表 3.9 汇报的估计结果可知:

契约执行效率与行业复杂度交互项的估计系数都为正数,且各项系数均显著为正。这说明,契约执行效率的提高显著促进了复杂行业的出口贸易水平。

另外,人力资本禀赋与人力资本密集度交互项、物质资本禀赋与物质资本密集度交互项、自然资源禀赋与自然资源密集度交互项的估计系数均为正,但系数的统计显著性不高。这说明,地区要素禀赋对行业出口比较优势的影响效果并不显著。外商直接投资的估计系数也不显著,这说明,外商资本对中国行业出口具有比较重要的影响,这与已有研究的结论是相吻合的。人均 GDP 对数与行业增加值率的估计系数显著为负,这说明,随着经济发展水平的提高,增加者率较高行业反而出口相对较少;最后,基础设施水平与行业规模经济性交互项的估计系数也不显著,表明新经济地理所揭示的因素并没有得到体现。

当然,由于 $prody$ 指数包括一些噪音在内,可能无法确切地反应行业的复杂度。该指标能有效反映行业复杂度的一个暗含的理论前提是:经济发展水平较高的国家(地区)将会在技术复杂产品拥有出口比较优势。但现实中,影响一个地区出口比较优势的因素很多,因此采用该指标可能导致测量的偏差。因此,表 3.9 报

表 3.9 契约执行效率、复杂度与地区出口贸易结构 I

	(1)	(2)	(3)	(4)	(5)	(6)	(7)
$prod\,y_i Q_k$	.003 9***	.003 9***	.003 9***	.003 8***	.003 8***	.003 8***	.003 2***
	(8.46)	(8.44)	(8.31)	(8.23)	(8.22)	(8.06)	(5.75)
$h_i H_k$		−.004 337 4	−.005 957 9	−.005 698 2	−.005 435 6***	−.001 749 1	.028 645 2
		(−0.16)	(−0.22)	(−0.21)	(−0.20)	(−0.06)	(0.91)
$k_i K_k$			−.000 013 1	−.000 013 4	−.000 013	−.000 013 9	−.000 010 1
			(−1.40)	(−1.44)	(−1.40)	(−1.48)	(−1.08)
$r_i R_k$				.000 236 4	.000 237 8	.000 232	.000 220 4
				(1.22)	(1.22)	(1.19)	(1.11)
$va_i \ln y_k$					−1.206 705	−1.214 097	−3.876 542
					(−0.50)	(−0.50)	(−1.45)
$scal_i infra_k$						−.000 443 2	.000 123 7
						(−0.77)	(0.18)
$\ln fdi_{it}$							.281 104 5***
							(6.48)
产业固定效应	是	是	是	是	是	是	是
国家固定效应	是	是	是	是	是	是	是
R^2	0.701 8	0.701 3	0.701 8	0.702 0	0.761 6	0.701 5	0.713 6
观察值	721	721	721	721	721	721	454

注:括号内为回归系数的 t 值;***、** 和 * 分别为 1%、5%和 10%的显著性水平。

表3.10　契约执行效率、复杂度与地区出口贸易结构 Ⅱ

	(1)	(2)	(3)	(4)	(5)	(6)	(7)
$complex_i Q_k$	1 092.7**	1 320.2***	1 352.5***	1 351.8***	1 357.8***	1 273.9***	1 723.9***
	(2.43)	(2.78)	(2.85)	(2.85)	(2.86)	(2.67)	(3.26)
$h_i H_k$		−.043 424 7	−.046 299	−.045 7617	−.045 6***	−.036 723 8	.008 282 7
		(−1.47)	(−1.57)	(−1.56)	(−1.55)	(−1.22)	(0.25)
$k_i K_k$			−.000 01**	−.000 02**	−.000 01**	−.000 02**	−.000 01
			(−2.05)	(−2.09)	(−2.05)	(−2.19)	(−1.56)
$r_i R_k$				.000 3313	.000 3327	.000 3197	.000 283 4
				(1.64)	(1.65)	(1.58)	(1.39)
$va_i \ln y_k$					−1.205 706	−1.212 199	−2.959 362
					(−0.48)	(−0.48)	(−1.08)
$scal_i infra_k$						−.000 831 8	.000 143 7
						(−1.39)	(0.21)
$\ln fdi_{ik}$							.303 28***
							(6.85)
产业固定效应	是	是	是	是	是	是	是
国家固定效应	是	是	是	是	是	是	是
R^2	0.672 5	0.673 0	0.674 6	0.675 4	0.675 0	0.675 5	0.697 8
观察值	721	721	721	721	721	721	454

注:括号内为回归系数的 t 值;***、** 和 * 分别为 1%、5% 和 10% 的显著性水平。

表 3.11 契约执行效率、契约密集度与地区出口贸易结构

	(1)	(2)	(3)	(4)	(5)	(6)	(7)
$z_i Q_k$	47.86**	48.62***	47.02***	46.15***	46.16***	44.71***	29.39***
	(5.01)	(5.07)	(4.87)	(4.77)	(4.77)	(4.58)	(3.05)
$h_i H_k$		-.027 845	-.028 96	-.028 36	-.0281	-.021 91	.022 88
		(-1.01)	(-1.05)	(-1.03)	(-1.02)	(-0.78)	(0.70)
$k_i K_k$			-.000 01	-.000 01**	-.000 01**	-.000 014	-.000 01
			(-1.38)	(-1.42)	(-1.38)	(-1.52)	(-1.20)
$r_i R_k$				.000 268	.000 269 2	.000 260 5	.000 247 9
				(1.34)	(1.34)	(1.30)	(1.21)
$va_i \ln y_k$					-1.044 2	-1.058 3	-2.571 20
					(-0.42)	(-0.43)	(-0.94)
$scal_i infra_k$						-.000 682 8	.000 063 4
						(-1.15)	(0.09)
$\ln f di_{ik}$							.311***
							(7.04)
产业固定效应	是	是	是	是	是	是	是
国家固定效应	是	是	是	是	是	是	是
R^2	0.6816	0.6816	0.6820	0.6824	0.6820	0.6821	0.6968
观察值	721	721	721	721	721	721	454

注:括号内为回归系数的 t 值;****、*** 和 * 分别为 1%、5% 和 10%的显著性水平。

告结果的可靠性仍有待进一步的稳健性检验。

为了进一步检验前文计量结果的稳健性,我们以就业人员中技师和高级技师所占比重 complex 来测度行业复杂度,并对计量模型进行了重新估计,估计结果见表 3.10。在采用 complex 指标后,契约执行效率与行业复杂度交互项的估计系数仍然显著,这就再次表明,契约执行效率较高的地区在复杂度较高的行业出口较多,拥有比较优势。

为检验假说 2,即契约执行效率高的地区在资产专用性强的行业拥有出口比较优势,我们依然使用行业的契约密集度作为行业的资产专用性指标,并使用最小二乘法进行估计。我们依然采取逐步加入控制的变量的方法来验证结果的稳健性。由表 3.11 汇报的结果可知,契约执行效率与行业契约密集度交互项估计系数为正,而且随着我们逐步加入控制变量,其系数的显著性和估计值均未发生本质变化。这表明,契约执行效率对契约密集型行业出口比较优势的影响是显著的和稳健的。

2. 工具变量两阶段最小二乘估计结果

内生性问题是导致最小二乘估计有偏和不一致的重要原因。在这里,贸易量与契约执行效率之间可能存在双向因果关系,即贸易量的增加可能有助于提高契约执行效率。正如 Nunn(2007)指出的,专业化生产契约密集型产品提高了其对契约质量的需求,从而促进好的契约制度的建立和维持,因此契约执行效率有可能是内生变量。为了尽可能地降低估计的偏倚,在下文中我们使用工具变量克服契约执行效率的内生性问题。具体地,我们采用各省份的 1999 年市场化指数(market)和三大改造完成(1956 年)前中国私营经济比重(iv56)作为契约执行效率的工具变量,并采用工具变量两阶段最小二乘法(TSLS)来估计。[①]

一个好的工具变量需要满足两个必要条件:一是工具变量本身必须是外生的;二是工具变量本身必须与内生变量之间具有较强的相关关系。这两个条件缺一不可。

首先,从相关性来看,市场化指数以及私营经济比重都是与地区契约执行效率密切相关的变量。一方面,地方契约执行效率越高,则越有助于市场化和社会信任机制的建立维持,私营经济也越活跃。另一方面,市场化指数以及私营经济比重越

---

① 徐现祥、李郇(2005)最早采用三大改造前中国私营经济的重要性作为各省社会基础设施的工具变量。他们认为,中国当今的制度变迁与建国初期曾实行的新民主主义经济有内在的联系,私营工商业是新民主主义经济的重要组成部分,反映了各省区在历史上曾拥有的发展市场经济的软环境。因此,采用这一指标作为工具变量是合理的。

高也会有助于契约执行效率的提高。为了验证工具变量与内生变量之间的相关性，我们对其进行了识别不足和弱识别检验，并在表 3.12 到表 3.14 中分别报告了与之相对应的 Anderson 秩相关 LM 统计量和 Cragg-Donald Wald F 统计量，弱其相比概率为零，则拒绝工具变量识别不足和弱识别的原假设，说明工具变量与内生变量具有强相关性，是强工具变量。为了检验工具变量的内生性，我们还报告了Sargan 统计量，若该变量的相比概率为 0，则接受该变量通过过度识别检验，说明工具变量是外生的。

其次，从工具变量的外生性来看。我们选取的市场化指数以及私营经济比重都是历史上的数据，而契约执行效率的数据来自 2007 年的调查，中间的时间间隔较长，显然，当前的对外贸易和经济发展水平不会影响到历史上的制度变量。因此，我们选取工具变量与内生变量具有弱相关性。

在表 3.12 到表 3.14 中，我们在采用如上工具变量克服变量内生性的基础上，分别以 $prody$、$complex$ 和契约密集度 z 作为行业制度敏感度的度量指标，并逐一引入控制变量运用工具变量的两阶段最小二乘法进行估计。由表 3.12 到表 3.14 报告的估计结果可知，Anderson 秩相关 LM 统计量和 Cragg-Donald Wald F 统计量的相比概率均为零，说明工具变量与内生变量是强相关的，满足工具变量的第二个条件。针对工具变量内生性检验则表明，Sargan 统计量的相比概率基本上都在 0.01 以上，说明我们可以在 1‰ 的统计水平上接受工具变量通过过度识别检验的原假设，表明工具变量是外生的。

最后，在大样本条件下，增加工具变量通常会得到更有效的估计结果（Wooldbridge，2002）。本节样本满足大样本条件，因此，我们选择将市场化指数以及私营经济比重同时作为契约执行效率的工具变量。

由表 3.12 和表 3.13 中，我们分别汇报了以 $prody$ 和 $complex$ 作为行业复杂度测算指标的估计结果。由此可知，不论采用何种指标来测度行业的复杂度，契约执行效率与行业复杂度的交互项均显著为正，而且其估计系数均在 1‰ 的统计水平上保持显著。这说明，契约执行效率高的地区，在复杂度较高的行业出口相对较多，具有出口比较优势。

在表 3.14 中，我们使用契约执行效率作为行业特征，并使用工具变量两阶段最小二乘法进行估计。由表 3.14 汇报的估计结果可知，较之于表 3.11，契约执行效率与行业契约密集度交互项估计系数和 t 统计量均有大幅提升，表明契约执行效率的提高显著促进了契约密集型行业的技术创新水平。假说 2 的推论也得到证实。与表 3.9 和 3.11 相比，其他控制变量的估计系数和统计显著性未发生显著变

表 3.12　契约执行效率、复杂度与地区出口贸易结构的 2SLS 估计结果 I

	(1)	(2)	(3)	(4)	(5)	(6)	(7)
$prod_{yi}Q_k$	.006 26***	.006 27***	.006 24***	.006 23***	.006 21***	.006 21***	.004 74***
	(8.88)	(8.87)	(8.79)	(8.76)	(8.76)	(8.60)	(5.56)
h_iH_k		0.002 855 1	0.001 672 5	0.001 919 8	.002 158 4	0.002 842 2	0.023 487 5
		(0.11)	(0.06)	(0.07)	(0.08)	(.002 842 2)	(0.79)
k_iK_k			—9.61e—06	—9.83e—06	—9.46e—06	—9.62e—06	—7.52e—06
			(—1.05)	(—1.08)	(—1.04)	(—1.04)	(—0.85)
r_iR_k				.000 179 3	.000 181 1	.000 18	.000 186 7
				(0.95)	(0.96)	(0.95)	(0.99)
$va_i\ln y_k$					—1.319 97	—1.321 387	—4.561 036*
					(—0.56)	(—0.56)	(—1.79)
$scal_i infra_k$						—.000 081 8	.000 277
						(—0.14)	(0.43)
$\ln fdi_{ik}$							.265 487 6***
							(6.93)
Anderson canon. corr. LM statistic	305.686	304.744	303.542	303.754	304.538	298.908	172.521
Cragg-Donald Wald F statistic	243.628	241.962	239.949	239.875	240.582	232.630	121.662
Sargan statistic	6.329	6.319	6.637	6.672	6.606	6.668	2.273
	(0.011 9)	(0.011 9)	(0.010 0)	(0.009 8)	(0.010 2)	(0.009 8)	(0.131 6)
产业固定效应	是	是	是	是	是	是	是
国家固定效应	是	是	是	是	是	是	是
R^2	0.715 6	0.715 6	0.716 3	0.716 8	0.717 0	0.717 1	0.739 4
观察值	721	721	721	721	721	721	454

注:括号内为回归系数的 t 值;***、** 和 * 分别为 1%、5% 和 10% 的显著性水平。

表 3.13 契约执行效率、复杂度与地区出口贸易结构的 2SLS 估计结果 Ⅱ

	(1)	(2)	(3)	(4)	(5)	(6)	(7)
$complex_i Q_k$	2 416.***	3 073.***	3 115.2***	3 110.2***	3 100.1***	2 981.6***	2 970.***
	(3.61)	(4.04)	(4.10)	(4.11)	(4.10)	(3.87)	(3.55)
$h_i H_k$		-.078 76**	-.081 9***	-.081 40***	-.080 8***	-.073 56**	-.014 189
		(-2.54)	(-2.64)	(-2.63)	(-2.62)	(-2.30)	(-0.42)
$k_i K_k$			-.000 021*	-.000 021**	-.000 02**	-.000 02**	-.000 014 4
			(-2.24)	(-2.29)	(-2.24)	(-2.33)	(-1.61)
$r_i R_k$				.000 330 7*	.000 332 3*	.000 323 6*	.000 278 2
				(1.69)	(1.70)	(1.66)	(1.45)
$va_i \ln y_k$					-1.448 627	-1.444 393	-3.324 57
					(-0.60)	(-0.59)	(-1.28)
$scal_i infra_k$						-.000 561 8	.000 388 3
						(-0.96)	(0.58)
$\ln fdi_{ik}$							.295 8***
							(7.06)
Anderson canon. corr. LM statistic	303.635	263.262	262.996	262.996	264.052	257.442	161.603
Cragg-Donald Wald F statistic	240.805	190.083	189.494	189.206	190.116	182.436	109.708
Sargan statistic	0.171	1.422	1.607	1.603	1.615	1.459	0.003
	(0.679 6)	(0.233 1)	(0.205 0)	(0.205 5)	(0.203 8)	(0.227 2)	(0.956 9)
产业固定效应	是	是	是	是	是	是	是
国家固定效应	是	是	是	是	是	是	是
R^2	0.694 4	0.693 2	0.695 0	0.696 2	0.696 5	0.697 7	0.730 8
观察值	721	721	721	721	721	721	454

注:括号内为回归系数的 t 值;*** 、** 和 * 分别为 1%、5% 和 10% 的显著性水平。

表 3.14　契约执行效率、契约密集度与地区出口贸易结构的 2SLS 估计结果

	(1)	(2)	(3)	(4)	(5)	(6)	(7)
$z_i Q_k$	76.86***	78.58***	77.56***	77.25***	77.83***	76.22***	48.92***
	(5.42)	(5.50)	(5.37)	(5.35)	(5.40)	(5.20)	(3.35)
$h_i H_k$		-.034 643	-.035 48	-.035 063	-.034 96	-.030 839	.0119 3
		(-1.30)	(-1.33)	(-1.31)	(-1.31)	(-1.13)	(0.38)
$k_i K_k$			-9.60e-06	-9.90e-06	-9.52e-06	-.000 010 5	-8.87e-06
			(-1.02)	(-1.05)	(-1.01)	(-1.10)	(-0.96)
$r_i R_k$				.000 225	.000 225 4	.000 220 8	.000 219 6
				(1.16)	(1.16)	(1.14)	(1.14)
$va_i \ln y_k$					-1.063 35	-1.071 916	-2.648 887
					(-0.44)	(-0.45)	(-1.03)
$scal_i infra_k$						-.000 435 9	.000 234 9
						(-0.76)	(0.36)
$\ln fdi_{ik}$							.309 705 4***
							(7.44)
Anderson canon. corr. LM statistic	305.009	302.677	299.986	300.254	302.120	295.809	174.891
Cragg-Donald Wald F statistic	242.693	239.132	235.136	235.139	237.294	228.541	124.381
Sargan statistic	1.315	1.186	1.414	1.440	1.481	1.590	0.209
	(0.251 5)	(0.276 2)	(0.234 4)	(0.230 1)	(0.223 6)	(0.207 3)	(0.647 5)
产业固定效应	是	是	是	是	是	是	是
国家固定效应	是	是	是	是	是	是	是
R^2	0.702 7	0.702 9	0.703 6	0.704 3	0.704 2	0.704 9	0.730 9
观察值	721	721	721	721	721	721	454

注：括号内为回归系数的 t 值；***、** 和 * 分别为 1%、5% 和 10% 的显著性水平。

化,因此在此不再赘述。

另外,当我们把分析的视角有契约执行效率转向其他控制变量,则不难发现,人力资本禀赋与人力资本密集度交互项、物质资本禀赋与物质资本密集度交互项、人均 GDP 对数和行业增加值率交互项、基础设施与行业规模经济程度的系数并不显著甚至估计系数为负数。这就说明,传统要素禀赋理论对中国地区出口结构的影响并不显著,新经济地理学所强调的基础设施和规模报酬递增因素也不具解释力。但是,外商资本对中国行业出口具有显著的促进作用。这与现实情况是较为吻合的。

3.3.5　小结

在本节,我们运用我国 30 个省的细分产业数据,以契约执行效率为例检验了正式的契约实施制度对地区出口比较优势的影响,并着重分析了契约执行效率影响行业出口比较优势的渠道。本节研究表明,契约执行效率高地区在复杂度较高和契约密集度高的行业拥有较多的出口数,从而地区契约执行效率的提高有助于促进技术复杂和契约密集型行业的出口贸易。而且在引入其他控制变量和克服契约执行效率变量的内生性问题后,上述结论依然成立。这表明,契约执行效率对地区出口比较优势的影响是显著和稳健的。

本节利用我国 30 个省的 28 个行业数据分析了契约执行效率对地区出口绩效差异的影响。我们使用历史上的市场化指数、信任指数以及私营经济比重三个变量作为契约执行效率的工具变量,从而控制了变量的内生性问题。传统贸易理论强调技术差异与要素禀赋对专业分工和比较优势的决定作用,本节的研究则证实,契约执行效率是我国 30 个省出口比较优势的重要决定因素,在控制其他变量以及内生性问题之后,这一结果依然稳健。

具体而言,契约执行效率对出口的影响随行业契约密集度以及物质资产专用性的增大而增强。这表明,随着契约执行效率的改善,高契约密集度及高物质资产专用性行业在生产和出口中所占比重将会上升。由于这些行业产品质量和工资水平相对较高,这一方面解释了改革开放以后中国出口产品质量的大幅提升(Rodrik,2006);也说明我国这 30 个省契约执行效率的不平衡发展是地区差距不断拉大的重要原因。

3.4　契约执行效率与企业出口行为：来自中国工业企业的证据 *

本节考察了用司法体系的契约执行效率度量的司法质量对企业出口决策和出口量的影响。①更广义上讲，司法质量对出口的影响反映了制度对微观决策的影响。司法质量的核心即契约执行效率，会影响企业在出口契约密集型产品上的比较优势。较高的契约执行效率往往能够吸引更多的投资者和客户，尤其是密集使用专用性中间投入的企业参与到市场交易当中。因此，司法质量较高即契约执行效率较高的地区的企业在契约密集型产品的出口上具有比较优势——也就是说，契约执行效率是企业出口比较优势的一个重要来源。较高的契约执行效率降低了企业的成本，进而使得企业更有可能参与出口或提高出口量。这就是本节研究的核心问题。

本节的研究建立在那些考察契约执行效率对一国出口影响的文献的基础上。Grossman 和 Hart(1986)以及 Hart 和 Moore(1990)认为，如果契约不能有效执行，当投资具有专用性的特征时，投资不足就会发生。言外之意即契约执行效率较高的国家在出口契约密集型产品上具有比较优势。一些实证研究支持了这一假说，比如 Levchenko(2004)基于对美国 1998 年按行业和原产国分组的进口数据的研究指出，较高的制度质量能够提高一国对美国契约密集型产品的出口。类似地，Berkowitz，Moenius 和 Pistor(2006)及 Ranjan 和 Lee(2007)发现契约执行效率较高的国家在出口高度差异化的最终产品上具有比较优势。Nunn(2007)根据Rauch(1999)按契约密集度对行业的分类，构造了一个行业契约密集度的指标，并指出契约执行效率高的国家出口更多契约密集型产品。李坤望和王永进(2010)基于对中国行业层面数据的研究也得到了类似的证据。

本节从微观层面研究契约执行效率是如何通过影响企业对专用性中间投入的使用来影响企业出口的。自 Ma、Qu 和 Zhang(2010)以来，对司法质量(契约执行

---

*　本节由王永进、王艳玲与李坤望共同完成，以"Judicial Quality, Contract Intensity and Exports：Firm Level Evidence"《司法质量、契约密集度与出口：企业层面的证据》为题，发表于 China Economic Review，2014，31：32—42。原文作者为王永进、王艳灵和李坤望。感谢徐亚晨、高超将本节翻译为中文。

①　"司法质量"与"契约执行效率"将在文中互换使用。

效率)影响出口的分析由总体层面转向微观层面。这种转变提供了一个有趣的视角,因为企业是决定是否出口以及出口多少的最终决策者。虽然在贸易理论中比较优势的概念往往用于国家或行业的层面,但是理解司法质量对企业出口决策及出口量的影响并不困难,这种联系在于企业处理商业纠纷的成本效应。生产时密集使用专用性中间投入的企业更倾向于与(专用性)中间投入的供应商签订长期合同,以确保按时、保质交货。然而,实际情况要比这复杂:第一,为复杂的、差异化的产品撰写正式的合同并不是一件容易的事,因为这涉及复杂的术语和措辞(Berkowitz *et al.*, 2006);第二,即便有了正式的合同,相关机构也很难明确判定合同违反或履行的程度(Ma *et al.*, 2010)。这两点将导致契约的不完全性,进而提高契约的执行成本。因此,有效率的司法体系能够通过降低契约执行成本,使得密集使用专用性中间投入的企业具有比较优势。成本的降低一方面会使得一些原本不出口的企业进入出口市场(外延边际),另一方面使得现有的出口企业扩大出口规模(内延边际),这与国际贸易的企业异质性理论是一致的(Eaton and Kortum, 2002; Melitz, 2003)。

使用中国的出口数据将丰富现有的研究。中国出口经历了一个高速增长的过程,1980—2010 年的年均增长率达 17%。外资企业是中国出口的重要动力,贡献了一半以上的出口份额;其他所有制企业,尤其是民营企业的出口份额在这期间实现了稳定的增长。[①]不同所有制的企业对司法体系的依赖程度也是不同的:尽管国有企业效率较低,但是它们可以依赖政府干预来解决商业纠纷;民营企业和集体企业则十分熟悉中国的营商文化;然而,外资企业则不具备前述两类优势,因此在营商过程中只能更多地依赖于制度的质量。这种独特的所有制异质性使得我们可以从企业所有制结构的角度来考察司法质量是如何通过影响企业对专用性中间投入的使用来影响企业出口的。

值得注意的是,运用一国之内(中国)的数据来考察司法质量的影响能够尽可能地减小跨国数据研究中对司法质量的度量误差。运用跨国数据进行研究很难保证对各国司法质量的度量是可比的,因为很多因素会影响一国的司法质量,如文化、历史、法律传统及中央—地方关系等。因此,要得到一个司法质量的度量指标是很困难的。即便有了度量一国司法质量的合适指标,各国在其他方面的异质性

---

① 例如,2007 年中国出口总额为 1.218 万亿美元,其中外资企业出口占 57.10%,国有企业占 18.46%,民营企业占 20.32%,集体企业占 3.85%,其他所有制类型占 0.27%(以上出口份额由作者根据中国商务部网站的数据计算得出)。

也会影响一国的贸易量,如语言、文化等都会对所估计的关系产生干扰。[1]我们基于一国之内数据的研究则有效地避免了这些问题:中国的所有省份使用共同的官方语言即汉语;儒家文化是中国的主流文化,尽管在各地的影响略有不同。各省司法质量的差别来自各省对中央政府统一制定的法律法规的执行程度的差别。在中国,"虽然约束商业活动的是中央政府统一制定的法律法规,但是地方政府在经济政策和执法方面拥有很大的自主权。因此,地方政府的能力和视野能够在很大程度上影响当地的营商环境……并且中国各地法院在契约执行效率上也显著不同"(世界银行,《中国营商环境报告 2008》,第 2 页)。本节推进了 Ma 等(2010)基于企业层面跨国数据的研究,其以一组发展中国家为样本考察了一国的司法质量是如何影响企业出口的。同时本节也补充了 Feenstra、Hong,Ma 和 Spencer(2012)的研究。

通过对超过 77 000 家 2007 年在中国经营的企业的研究,我们得到了如下结论:司法质量能够通过影响企业对专用性中间投入的使用来影响企业的出口。较之于其他所有制企业,司法质量对外资企业的影响更大。经过一系列敏感性分析之后,上述结论依然稳健。

本节余下的部分结构如下:第一部分描述了主要变量;第二部分讨论了估计方法;第三部分报告了回归结果;最后是小结。

3.4.1　契约密集度和其他主要变量

1. 中间投入品契约密集度的度量

度量企业的契约密集度是本节的重要一步。企业的契约密集度取决于其从上游行业购买投入品的份额以及有关行业(Rauch,1999)的契约密集度。因此,我们希望得到企业从各个上游行业购买投入品的份额(企业投入表),再结合行业契约密集度,我们就能构造一个企业契约密集度的指标,这个指标是以投入品购买份额为权重的各行业契约密集度的加权平均值。然而,企业投入表不可得,我们用行业投入表替代,即假定同一行业内的所有企业从各上游行业购买投入品的份额是相同的。[2]

---

[1]　参见有关文化或语言对贸易量影响的近期研究,如 Cyrus(2012)、Kang(2012)、Sauter(2012)以及 Hutchinson(2005)等。

[2]　这个假定是合理的。这也是那些研究上、下游行业的 FDI 对企业生产率影响的文献的常见做法。例如,在估计行业层面的 FDI 对企业生产率或企业生存的影响时,研究者们一般假定同一行业内的各企业的投入—产出表是相同的,亦即与行业投入产出表相同(Javorcik,2004;Wang,2013)。

我们采用了 Nunn(2007)按照美国 NAICS 1997 年的行业说明为 342 个行业编制的契约密集度指标,这也意味着我们假定按照 NAICS 1997 年的行业说明,中国与美国在同一行业的投入产出表是相同的。[①]经济分析局 NAICS 1997 年的行业说明,行业契约密集度参照 Rauch(1999)的分类。Rauch 将 SITC 四分位码行业分为三个交易类型:主要在交易机构交易的商品,在交易杂志提供参考价格(但是不在交易机构交易)的商品,既没有参考价格又不在交易机构交易的商品。Nunn 指出,如果一种投入品是在交易机构出售的,那么这种投入品的市场就是比较"厚"的,从而"敲竹杠"的空间就会很有限,因为如果买者试图支付更低的价格,那么卖者可以很轻易地将商品卖给其他买者。也就是说,这种类型的投入品并不需要专用性契约。如果一种投入品不在交易机构出售,但在交易杂志上有参考价格,这种投入品可以视为具有中等程度的专用性。因为,正如 Nunn 所指出的,只有当一种投入品潜在的需求较大时,交易杂志才会提供这种投入品的参考价格。虽然这类投入品的交易会存在一定程度的"敲竹杠"问题,但是参考价格毕竟提供了一个有用的参照。那些既不在交易机构出售,交易杂志也不提供其参考价格的投入品更可能具有专用性,因此需要专用性契约。根据这种分类,Nunn 构造了一个狭义指标和一个广义指标,分别表示为 z_1 和 z_2,用来表示最终商品 i(或行业 i)的专用性中间投入的比例:

$$z_1 = \sum_j \theta_{ij} R_j^{neither}$$
$$z_2 = \sum_j \theta_{ij} (R_j^{neither} + R_j^{reference})$$

θ_{ij} 表示行业 i 使用投入 j 的比例,$R_j^{neither}$ 是(生产投入 j 的)行业 j 中既非机构交易产品也没有参考价格的产品所占比重,$R_j^{reference}$ 表示行业 j 中不是机构交易产品但是存在参考价格的产品所占比重。显然,z_1 是狭义指标,z_2 是广义指标,因为 z_2 表明具有参考价格的投入品也需要专用性契约。这些指标均可以在 Nunn 的网站上得到。[②]

2. 中国契约执行效率的度量

契约执行效率相关数据取自于世界银行网站的《中国营商环境报告 2008》。这份报告包含了有关中国 30 个省份(直辖市、自治区)[③]营商环境的四个广义指标:

---

① 我们把中国的行业分类先后与 Rauch(1999)使用的行业分类和 Nunn 使用的 NAICS 行业分类做了匹配。

② Nunn 的指标已被研究者们广泛采用,如 Ma 等(2010),Li 和 Wang(2010)和 Feenstra 等(2012)。

③ 同本书第 65 页①。

企业创建、财产登记、信贷获得及契约执行。关于契约执行,这份报告"根据当地法院对一个假想商业纠纷的处理效率来度量当地司法体系的契约执行效率"。这些数据是从一项有关民事诉讼法和其他诉讼法规的研究以及当地律师完成的一些调查中得到的。

这份报告采用两种指标来度量契约执行效率——时间和成本。"时间"指标具体是指"原告向法院提起诉讼到支付完成之间的天数"。"成本"是指"诉讼程序的成本,表示为索赔价值百分比",包括"诉讼费、强制执行契约的成本及律师费"。较长的诉讼时间并不一定导致较高的契约纠纷处理成本,而"成本"会直接影响企业的资产负债表,因此在实证分析中,我们采用成本指标来度量契约执行效率。

表 3.15　城市层面的契约执行效率

城　　市	调查的公司数量	JQ（与索赔价值的百分比成反比）
北　　京	6 397	0.104
长　　春	1 019	0.054
长　　沙	2 046	0.038
成　　都	3 166	0.028
重　　庆	3 916	0.068
福　　州	2 654	0.073
广　　州	4 987	0.103
贵　　阳	512	0.043
哈 尔 滨	952	0.069
海　　口	187	0.089
杭　　州	8 674	0.032
合　　肥	1 083	0.024
呼和浩特	295	0.042
济　　南	1 823	0.045
昆　　明	889	0.027
兰　　州	555	0.033
南　　昌	940	0.061
南　　京	2 096	0.074
南　　宁	807	0.058
上　　海	15 099	0.111
沈　　阳	4 383	0.040
石 家 庄	2 127	0.082
太　　原	519	0.038
天　　津	6 361	0.088
武　　汉	1 688	0.049
乌鲁木齐	362	0.030
西　　安	937	0.046
西　　宁	193	0.040
银　　川	282	0.035
郑　　州	2 079	0.032

资料来源:世界银行,《中国营商环境报告 2008》。

这份报告编制了我国 30 个省会城市的成本指标(具体由索赔价值的百分比来表示)。百分比越高,契约执行效率越低。为直观起见,我们用该百分比的倒数来度量契约执行效率,记为 JQ(即 judicial quality)。JQ 越大,表示契约执行效率越高,反之则反是。表 3.15 列出了 30 个省会城市的 JQ 值。显然,各省 JQ 差别很大。最早进行经济改革的城市司法体系的效率较高,如北京、上海和广州,而其他城市则相对较低,尤其像郑州、长沙、昆明和兰州这些中西部城市最低。

3. 企业层面的变量

除了契约密集度与司法质量之外,我们还引入了一系列能够直接影响企业出口能力和出口量的企业层面的变量,这种做法与国际贸易的企业异质性理论也是一致的,即不同企业参与出口的能力是不同的。我们所使用的企业层面的数据来源于中国国家统计局 2007 年所做的企业调查,这项调查涵盖了 77 028 家企业,其中国有企业 12 097 家(占 15.7%),集体企业 6 637 家(占 8.6%),民营企业 40 319 家(占 52.3%),港澳台资企业 6 526 家(占 8.5%),(非港澳台)外资企业 11 449 家(占 14.9%)。

表 3.16　描述统计

变　　量	Obs.	Mean	Std.Dev.	Min	Max
$\ln(exports)$	77 028	2.15	4.115	0	18.082
$\ln age$	75 445	1.923	0.847	0	7.499
$\ln wage$	76 100	2.912	0.65	−3.975	8.948
$\ln productivity$	74 581	−4.461	1.191	−15.828	6.08
$\ln K/L$	76 144	5.49	1.147	−5.903	13.392
$\ln K$	75 831	8.408	1.856	0	18.525
$\ln RD$	77 022	0.869	2.306	0	14.477
Vi	73 829	0.306	0.175	0	1

注:表中的变量是根据中国国家统计局的企业年度报告计算得出的,其中包括所有的国有企业和其他销售额超过 5 000 万元的企业。

国家统计局收集了企业年龄、员工数量、工资、增加值、产值、固定资产、研发支出及行业类别等数据。我们据此计算了企业的劳动生产率(增加值与员工数量之比),资本—劳动比率(总资产与员工数量之比),同时在实证分析中引入了企业年龄和工资等变量来控制企业异质性。表 3.16 列出了这些变量的统计描述。我们预计在其他条件相同时,成立更早、生产率更高、支付的工资更高的企业更可能成为出口企业并且出口更多。

　　同其他许多企业层面的研究得出的结论一样,在中国,只有一小部分(22%)企业是出口企业。在这些出口企业中,外资企业占 62%,港澳台资企业占 16%,国有企业占 13%,民营企业占 9%,集体企业占 1%。这与前述说明外资企业是中国出口重要推动力的贸易数据是一致的。

3.4.2　估计方法

　　我们所采用的估计方法是根据数据的特点而设计的。由于大多数企业是非出口企业(在我们的研究中,非出口企业占 78%),我们根据 Melitz(2003)的企业异质性理论将企业的出口刻画为一个两阶段的决策过程:第一阶段,企业决定是否出口(外延边际);第二阶段,在决定出口的条件下,企业进一步决定出口多少(内延边际)。因此,因此,企业出口的扩张受外延边际和内延边际两种因素的推动。我们采用了 Helpman、Melitz 和 Rubinstein(2008)修正的 Heckman 两阶段选择模型。[①]第一阶段包含所有企业并且刻画了其出口选择的决策,其中被解释变量为出口虚拟变量($Exporter$)。在第一阶段企业选择出口的条件下,第二阶段估计了出口的内延边际,仅估计出口企业。两阶段估计方程:

$$prob(Exporter_{fjc}=1)=\Phi(\theta W)=\Phi(z_j JQ_c, X_{fjc}, entry\_time_c, entry\_cost_c) \tag{3.74}$$

$$\ln(exports_{fjc}\mid Exporter_{fjc}=1)=\alpha+\beta z_j JQ_c+\delta X_{fjc}+\sum_j r_j\ln d_j$$
$$+\sum_j r_c City_c+\rho\mu(\tilde{\theta}Z_{fjc})+\varepsilon_{fjc} \tag{3.75}$$

　　方程(3.74)是第一阶段的出口选择方程,用来表示企业的出口决策,方程(3.75)代表出口的内延边际。根据方程(3.74),我们计算了逆米尔斯比率,记为 $\mu(\tilde{\theta}Z)$,其中 $\tilde{\theta}$ 为第一阶段 probit 模型的估计参数,Z 是包含回归中所有变量的向量。在第二阶段,我们引入逆米尔斯比率作为一个独立的变量来控制选择偏差。两阶段选择模型要求引入一些能够直接影响企业出口选择决策,但不影响出口量

---

① 　实质上,Helpman 等(2008)改造了 Heckman(1979)的估计过程以更好地适用于数据(他们所研究的双边贸易流量的数据有很多 0)。在第一阶段,他们使用了一个 probit 选择方程来模拟一国选择是否向其贸易伙伴国出口的决策;第二阶段,在该国决定向其贸易伙伴国出口的条件下,他们估计了出口的内延边际。

的排他性变量。因此我们参照 Helpman 等(2008)以及 Ma 等(2010)的做法选择了管制成本(同样取自世界银行报告)作为这类变量。世界银行报告将中国 30 个城市的市场进入成本编制为两个指标:"进入时间",记为 $entry\_timec$ 和"进入成本",记为 $entry\_costc$。我们在方程中引入了这两个指标。$exports_{fjc}$ 是在城市 c 和行业 j 经营的企业 f 的出口量,z 是行业 j 的契约密集度(z 可以是 z_1 或 z_2),JQc 是城市 c 的司法质量,X 是包含所有影响企业出口的企业层面变量的向量,$\ln d$ 是行业虚拟变量,$City$ 是城市虚拟变量,ε 是代表所有其他影响因素的误差项。

在上面的模型设定中,同 Ma 等(2010)一样,$exports_{fjc}$ 由契约密集度(zj)与司法质量(JQc)交互项 $zj * JQc$ 解释。这样,交互项就代表了企业所在城市的司法质量是如何通过影响企业对专用性中间投入的使用而影响企业出口的。这种做法的目的在于刻画特定"地区—行业"的司法质量,估计量 β 可以解释为司法质量的提高对特定地区和行业的企业平均出口量的影响程度。交互项系数为正表明所在城市的司法质量越高(契约执行效率越高),契约密集型企业出口越多。由于在同一城市且同一行业经营的企业有相同的 $z * JQ$,因此在回归中,我们通过按城市—行业聚类企业从而修正了标准误差,我们预计 β 为正。

城市和行业的虚拟变量能够部分代表城市和行业的绝对优势。比如,"广州"的系数为正,表示在其他条件相同的情况下,与基准城市相比,广州的企业出口更多。行业虚拟变量也与此类似。

在进行估计之前,我们应当指出司法质量可能是内生的。也就是说,出口企业可能会选择坐落在司法质量较高的城市。如果是这样,估计出来的司法质量对企业出口的影响就可能是不可靠的。因此我们用司法质量的一个工具变量来克服潜在的内生性。工具变量为 1919 年基督教小学的入学率。[1]20 世纪初西方传教士来到中国并建立学校。校址的选择受这些因素的影响:与中国香港的邻近程度、港口设施的使用机会以及中国当时的政治格局。基督教学校的建立对当时中国的政治

---

[1] 有关文献在不同背景下使用了各种不同的制度工具变量。例如,Mauro(1995)用"种族语言边缘化"作为分析腐败与行政效率的工具变量;Hall 和 Jones(1999)用一国距赤道的距离作为该国社会基础设施的工具变量;Acemoglu 等(2002)用欧洲移民的死亡率作为制度的工具变量。Fang 和 Zhao(2009)用"1919 年教会小学的入学率"作为"2002—2003 年中国产权保护状况"的工具变量。与本节直接相关的,Feenstra 等(2012)用中国各省殖民信息作为各省司法质量的工具变量。我们认为教会小学的入学率是比殖民信息更好的工具变量,因为其提供了更多变化。

精英产生了深刻影响并进而影响了中国的制度质量。而且,当时翻译过来的出版物也证明了基督教传教士不仅带来了现代科学,也带来了西方的管理经验以及"民主"和"义务"等理念,开启了思想启蒙运动进而导致了制度变迁(Dunch,2002;Fang and Zhao,2009)。[1]根据 Acemoglu、Johnson 和 Robinson(2002),假定制度质量是路径依赖的,那么用小学入学率作为当前司法质量的工具变量就是合理且有效的,特别是这一历史变量会直接影响统一的法规体系,而较小程度地影响地方一级的实际执行。在整个计量分析的过程中,我们用工具变量来控制潜在司法质量的内生性。由于司法质量是通过契约密集度来影响出口的,因此我们用基督教小学的入学率与契约密集度的交互项作为工具变量。为了检验工具变量的有效性,我们需要证明其与司法质量高度相关。为此,我们进行了弱识别检验在每个回归后报告了 Cragg-Donald Wald F 统计量。根据 Stock 和 Yogo(2005),在 5% 的最大相对偏差下,如果统计量 Cragg-Donald Wald F 的值大于 16.85,那么就要拒绝工具变量是弱工具变量的原假设。在这里,5% 最大相对偏差表示工具变量偏差至多为 OLS 偏差的 5%。事实上在所有回归中,Cragg-Donald Wald F 统计量都远远大于 16.85,表明基督教小学的入学率是司法质量的一个有效的工具变量。

表 3.17 主要结果

变量	z_1(狭义)		z_2(广义)	
	(1)第一阶段	(2)第二阶段	(3)第一阶段	(4)第二阶段
$z * JQ$	4.999**	30.659***	20.421***	88.841***
	(0.000)	(0.000)	(0.000)	(0.000)
$\ln age$	0.058***	0.152***	0.059***	0.155***
	(0.000)	(0.000)	(0.000)	(0.000)
$\ln wage$	0.342***	1.052***	0.341***	1.054***
	(0.000)	(0.000)	(0.000)	(0.000)
$\ln productity$	0.046***	−0.224***	0.047***	−0.223***
	(0.000)	(0.000)	(0.000)	(0.000)
$\ln K/L$	−0.203***	−0.932***	−0.203***	−0.939***
	(0.000)	(0.000)	(0.000)	(0.000)
$\ln K$	0.239***	1.159***	0.239***	1.161***
	(0.000)	(0.000)	(0.000)	(0.000)

---

[1] 基督教对中国当时政治精英的影响也可以在中华民国的开国者孙中山的身上看到。孙中山生长在广东,青年时期就开始信仰基督教。蒋介石则是所知的 20 世纪前半叶另一位信仰基督教的中国著名政治人物。

变　量	z_1（狭义）		z_2（广义）	
	(1)第一阶段	(2)第二阶段	(3)第一阶段	(4)第二阶段
$\ln RD$	0.046***	0.122***	0.045***	0.121***
	(0.000)	(0.000)	(0.000)	(0.000)
entry_time	−0.599***		−1.739***	
	(0.010)		(0.000)	
entry_cost	0.279***		0.926***	
	(0.014)		(0.000)	
Lamda		4.114***		4.131***
		(0.000)		(0.000)
Cragg-Donald Wald F statistic		16 000		10 000
no. of Obs.	66 812	16 223	66 812	16 223
R^2		0.284		0.284

注：由于空间所限，常数项、产业和城市的虚拟变量的估计结果没有在表中报告。 *** 和 ** 分别表示 1% 和 5% 的显著性水平。括号内的数字为 P 值。契约密集度指标取自 Nunn (2007)；司法质量指标(JQ)、entry_time 和 entry_cost 都是根据世界银行《中国营商环境报告 2008》计算得出。进入时间由进入市场所需的天数度量；进入成本由索赔值的百分比度量。关于数据来源和有关其他变量的定义，参见表 3.16。

3.4.3　回归结果

1. 初步回归结果

表 3.17 报告了分别使用契约密集度狭义和广义两种指标时第一阶段和第二阶段的主要回归结果。接下来，我们将简要讨论企业在第一阶段出口选择的回归结果，然后讨论第二阶段的回归结果。

对于企业的出口选择，我们得到了与主要文献（Roberts and Tybout，1997；Bernard and Jensen，1999；2004）一致的结论，即生产率高的企业更可能成为出口企业。类似地，成立更早、工资水平更高、资本存量更大、研发能力更强的企业也更可能成为出口企业。在其他条件相同的情况下，成立早的企业更有经验；工资高的企业在劳动市场上更有竞争力；生产率高的企业能够克服与出口相关的沉没成本；大企业（资本存量更大）拥有参与出口所必要的资源。唯一的例外是企业资本—劳动比率[($\ln K/L$)]的系数为负，这反映出中国是一个劳动力充裕的国家，许多在中国经营的企业都以出口劳动密集型产品为主(加工贸易占中国每年贸易总量的一半以上)。[1]即便是那些出口高技术产品的企业,在中国的生产阶段也往往只是低技术组装,并不需要较高的资本—劳动比率。

对于司法质量,回归结果表明契约密集型企业在司法质量较高的地区经营时更可能成为出口企业。当使用契约密集度的广义指标时,这种效应更加显著。这表明司法质量会影响企业参与出口的意向。

在第二阶段的回归中,司法质量的影响效应在 1% 的概率水平上显著。[2]当使用契约密集度的狭义指标时,所得系数为 30.659(表 3.17 第 2 列),使用广义指标时,系数为 88.841(表 3.17 第 4 列)。第 2 列中,系数表明司法质量(JQ)变化 1 单位标准差,将导致企业出口量变化 46.91%。[3]当使用广义指标时系数更大,表明司法质量对企业出口的影响更大。

我们的结果证实了先前 Nunn(2007)行业层面和 Ma 等(2010)企业层面的研究发现。Ma 等通过对跨国(样本中不包括中国)企业层面数据的研究发现司法质量指标提高 1 单位标准差,企业的出口相应提高 5.4%(见 Ma 等表 3.18 第 2 列)。这比我们这里所估计的影响效应要小很多,这主要是由样本的企业出口增长率差异和司法质量标准差差异导致的。

2. 垂直一体化与契约执行

这一小节将引入不同企业对司法质量应对能力的异质性和对契约密集型中间投入依赖程度的异质性。如果企业是在司法质量较差的环境中经营,它们很可能会通过垂直一体化的方式来减少对专用性中间投入的依赖。在这种情况下,契约执行效率对那些一体化程度较高的企业影响较小(Ferguson and Formai, 2011; Nunn, 2007)。下面我们正式检验这一假说。

我们参照 Levy(1985)以及 Lindstrom 和 Rozell(1993)的做法,用增加值占销售额的比率(记为 vi)来量化企业的垂直一体化程度。vi 越高,表示企业的垂直一体化程度越高。企业的垂直一体化程度越高(vi 越高),从其他企业购买的投入品越少,进而我们预计司法质量对这类企业出口的影响越小。我们引入 vi 和 JQ 的

---

[1]　由于中国的出口以低技术和劳动密集型产品为主,中国因而经常被称为"世界工厂"(如 Zhang, 2006)。

[2]　对于第二阶段的所有其他变量,除了生产率,我们得到了与第一阶段类似的结果。虽然生产率高的企业更可能成为出口企业,但是,在其他条件相同的情况下,更高的生产率并不导致更高的出口量。

[3]　具体计算如下:1 单位 JQ 标准差(0.03)乘 z_1 的均值(0.52)再乘系数(30.659),等于 47.8%。

交互项,交互项系数为负表明,给定行业的契约密集度,契约执行效率对企业出口的影响随企业垂直一体化程度的提高而减弱。表 3.18 的第 1 列和第 3 列报告了加入交互项 $vi * JQ$ 后分别使用契约密集度狭义和广义两种指标时的相关结果。表 3.18 中(除交互项外)所有其他项的系数都与初步回归结果(表 3.17)比较接近,但交互项 $vi * JQ$ 的系数显著为负,即司法质量在(使用狭义和广义指标)两种情形下对企业出口有较小的正效应。这个结果表明司法质量对那些可以通过垂直一体化来替代中间投入品外购的企业的影响较小。

表 3.18   其他方面的企业异质性

变　量	z_1(狭义)		z_2(广义)	
	(1)	(2)	(3)	(4)
$z * JQ$	30.019***	31.465***	85.263***	91.388***
	(0.000)	(0.000)	(0.000)	(0.000)
$vi * JQ$	−25.746***		−25.692***	
	(0.007)		(0.000)	
$\ln K * JQ$		2.743***		2.883***
		(0.000)		(0.000)
$\ln age$	0.186***	0.157***	0.187***	0.159***
	(0.000)	(0.000)	(0.000)	(0.000)
$\ln wage$	1.042***	1.038***	1.041***	1.030***
	(0.000)	(0.000)	(0.000)	(0.000)
$\ln productity$	−0.468***	−0.219***	−0.468***	−0.219***
	(0.000)	(0.000)	(0.000)	(0.000)
$\ln K/L$	−1.128***	−0.919***	−1.133***	−0.921***
	(0.000)	(0.000)	(0.000)	(0.000)
$\ln K$	1.208***	0.916***	1.209***	0.900***
	(0.000)	(0.000)	(0.000)	(0.000)
$\ln RD$	0.123***	0.124***	0.121***	0.121***
	(0.000)	(0.000)	(0.000)	(0.000)
Lamda	4.262***	4.100***	4.267***	4.078***
	(0.000)	(0.000)	(0.000)	(0.000)
Cragg-Donald Wald F statistic	8 085.473	6 987.238	5 031.066	4 929.401
no. of Obs.	16 223	16 223	16 223	16 223
R^2	0.329	0.284	0.328	0.284

注:空间所限,常数项、产业和城市的虚拟变量的估计结果没有在表中报告。*** 和 ** 分别表示 1% 和 5% 的显著性水平。括号内的数字为 P 值。契约密集度指标取自 Nunn (2007);司法质量指标(JQ)、$entry\_time$ 和 $entry\_cost$ 根据世界银行《中国营商环境报告 2008》计算得出。进入时间由进入市场所需的天数度量;进入成本由索赔值的百分比度量。关于数据来源和其他变量的定义,参见表 3.16。

3. 产品专用性与契约执行

与上述研究恰好相反的方面就是考察契约密集度对那些比较依赖购买中间投入品的企业的出口的影响。固定资产(资本存量)规模较大的企业往往资本专用性程度较高,进而比较依赖契约密集型中间投入。与上述垂直一体化的情形恰好相反,我们猜想契约密集度对这类企业出口的影响较大。为此,我们引入了资本存量与司法质量的交互项。表 3.18 的第 2 列与第 4 列报告了分别使用两种契约密集度指标时的相关结果。正如我们所预期的,资本存量与司法质量的交互项的系数为正且在 1% 的概率水平上显著。这表明契约密集度对企业出口的影响随企业对契约密集型投入品依赖的增加而增强。综上所述,我们已经证明司法质量对契约密集型企业的出口影响较大,并且如果企业能够通过内部垂直一体化来替代中间投入品的购买(对契约密集型的中间投入品有更低的需求),那么司法质量对出口的影响就会减弱。

4. 企业所有制结构与契约执行

这一小节我们将考察企业所有制的异质性及其与司法质量的交互影响。我们将在企业对中间投入品的依赖程度视为给定的条件下,着重考察所有制结构对企业应对司法质量的能力的影响。我们将考虑两个问题:一是所有权集中程度的问题;二是企业的来源地问题。虽然侧重不同,但二者是相关的。

所有权高度集中有助于企业缓解潜在的"敲竹杠"问题。La Porta, Lopez-de-Silanes, Shleifer 和 Vishny(1998;2000)运用跨国数据研究发现,法治不健全国家的企业的所有权高度集中。所有权的高度集中意味着两点:第一,企业通过建立高度集中的所有权结构来应对不健全的法治,在最极端的情况下,企业仅有一个所有者从而减少了处理利润分配等潜在纠纷的麻烦;第二,当买卖纠纷发生时,当事人较少,从而降低了法律案件的复杂程度。根据 La Porta 等的观点,其他条件相同的情况下,司法质量对所有权结构高度集中的企业的出口影响较小。在中国,企业按所有者可分为国有企业(SOE)、民营企业(private)、集体企业(collective)、港澳台资企业(HMT)和其他外资企业(foreign)。我们构造股份集中度指标 conc 如下:

$$conc_f = \sum_O share^2_{f,O},\text{其中 } O = \{SOE, collective, private, HMT, foreign\}$$

$$(3.76)$$

$share^2_{f,O}$ 表示企业 f 中所有制类型 O 的股权份额的平方项,O 代表所有制类型,分为 SOE, private, collective, HMT 和 foreign。当企业仅为一个投资者所有时，$conc$ 取得最大值 1。我们用 $conc$ 与 JQ 的交互项来刻画所有权集中度的异质性与司法质量的交互影响。表 3.19 的第 1 列与第 3 列报告了相应结果。

表 3.19　所有制结构与契约执行效率的影响

变　　量	z_1（狭义）		z_2（广义）	
	(1)	(2)	(3)	(4)
$z * JQ$	25.822***	21.803***	64.487***	52.557***
	(0.000)	(0.000)	(0.000)	(0.000)
$JQ * conc$	−11.050***		−11.020***	
	(0.000)		(0.000)	
$z * JQ * SOE$		1.232		1.382
		(0.380)		(0.331)
$z * JQ * private$		2.977***		3.040***
		(0.019)		(0.017)
$z * JQ * HMT$		15.891***		16.089***
		(0.000)		(0.000)
$z * JQ * Foreign$		18.613***		18.902***
		(0.000)		(0.000)
$\ln age$	0.0071***	0.137***	0.071***	0.139***
	(0.000)	(0.000)	(0.000)	(0.000)
$\ln wage$	0.599***	0.174***	0.597***	0.174***
	(0.000)	(0.000)	(0.000)	(0.000)
$\ln productity$	−0.286***	−0.319***	−0.287**	−0.319***
	(0.006)	(0.000)	(0.012)	(0.000)
$\ln K/L$	−0.684***	−0.566***	−0.689***	−0.574***
	(0.000)	(0.000)	(0.000)	(0.000)
$\ln K$	0.852***	0.659***	0.851***	0.662***
	(0.000)	(0.000)	(0.000)	(0.000)
$\ln RD$	0.063***	0.081***	0.061***	0.081***
	(0.000)	(0.000)	(0.000)	(0.000)
Lamda	2.300***	1.549***	2.295***	1.573***
	(0.000)	(0.000)	(0.000)	(0.000)
Cragg-Donald Wald F statistic	7 786.576	998.621	4 912.282	946.143
no. of Obs.	16 217	16 223	16 217	16 223
R^2	0.279	0.329	0.278	0.285

　　注：由于空间所限，常数项、产业和城市的虚拟变量的估计结果没有在表中报告。 *** 和 ** 分别表示 1% 和 5% 的显著性水平。括号内的数字为 P 值。契约密集度指标取自于 Nunn(2007)；司法质量指标(JQ)、$entry\_time$ 和 $entry\_cost$ 都是根据世界银行《中国营商环境报告 2008》计算得出。进入时间由进入市场所需的天数度量；进入成本由索赔值的百分比度量。关于数据来源和其他变量的定义，参见表 3.16。

（除 $JQ*conc$ 外的）所有其他变量的结果都与初步回归的结果相近，但是交互项 $JQ*conc$ 的系数（绝对值）很大且显著为负，这降低了司法质量对企业出口影响的净效应（仍显著为正）。这个结果与 La Porta 等（1998；2000）的结论相一致，同时反映了企业应对其所处司法环境的能力。

在中国，企业所有权结构问题中尤其有意思的一点是，不同来源地的企业与政府之间的关系非常不同，进而对司法质量的要求也不相同。国有企业由各级政府控股，其与政府之间的密切联系使得国有企业较少依赖契约执行效率来解决商业纠纷。然而，港澳台资企业和外资企业则几乎不得不完全依赖契约执行效率来解决商业纠纷。处在两者之间的是民营企业，它们不像国有企业那样享有"国有"地位，但是它们熟悉中国的营商文化，一定程度上可以依靠关系网来处理商业纠纷。集体企业处于国有企业与民营企业之间：它们同样熟悉中国的营商文化，同时还享有"集体所有"的地位，但是这些企业往往规模较小。我们预计契约执行效率对外资企业（包括港澳台资企业）的影响最大，其次是民营和集体企业，最后是国有企业。由于调查已经对每个企业的具体所有制类型进行了分类，于是我们将这些企业（按所有制类型）分为五组，并将集体企业作为回归中的基准组。我们用 $z*JQ$ 分别与每个所有制虚拟变量进行交互，并将这些交互项（$z*JQ*SOE$，$z*JQ*private$，$z*JQ*HMT$ 和 $z*JQ*foreign$）加入回归方程中。表 3.19 的第 2 列和第 4 列报告了分别使用两种 z 指标时的回归结果。

对于企业层面的变量，我们得到了类似的结果，这再次表明我们的结果是稳健的。其次，与基准企业（集体企业）相比，法律制度在民营企业、港澳台资企业和外资企业出口的影响更大（交互项的系数均显著为正），其中对外资企业和港澳台资企业影响最大。我们的结果证实了 Feenstra 等（2012）的发现：在省级层面，契约执行效率对外资企业的出口影响最大。

5. 使用殖民关系作为工具变量

最后，我们用 Feenstra 等（2012）使用过的一个工具变量，即 1949 年以前各省与西方国家的殖民关系。[①]然而，正如我们之前的论述，由于很多省份与同一个国家有殖民关系，这使得工具变量提供的变化太少。我们对主要结果进行了稳健性检验，表 3.20 报告了相关结果。显然，我们的主要结论仍然成立，这表明司法质量

① 英国的势力范围为贵州、四川、湖北、湖南、江西、安徽、江苏、河南、浙江和重庆；法国的势力范围为云南、海南、广西和广东；俄国的势力范围为新疆、内蒙古、黑龙江、辽宁和吉林；多国势力占据的地区为上海和天津；没有外国势力占据的地区为甘肃、北京、河北、宁夏、青海、山西和陕西。

是影响企业出口(内延和外延)边际调整的一个重要因素。

表 3.20　采用殖民关系作为工具变量

变　量	z_1(狭义)		z_2(广义)	
	(1) 第一阶段	(2) 第二阶段	(3) 第一阶段	(4) 第二阶段
$z * JQ$	2.681**	22.555***	8.917***	56.607***
	(0.032)	(0.000)	(0.009)	(0.000)
$\ln age$	0.056***	0.140***	0.056***	0.145***
	(0.000)	(0.000)	(0.000)	(0.000)
$\ln wage$	0.334***	1.009***	0.333***	1.031***
	(0.000)	(0.000)	(0.000)	(0.000)
$\ln productity$	0.046***	−0.227***	0.046***	−0.224***
	(0.000)	(0.000)	(0.000)	(0.000)
$\ln K/L$	−0.200***	−0.913***	−0.201***	−0.931***
	(0.000)	(0.000)	(0.000)	(0.000)
$\ln K$	0.238***	1.143***	0.238***	1.159***
	(0.000)	(0.000)	(0.000)	(0.000)
$\ln RD$	0.046***	0.123***	0.046***	0.124***
	(0.000)	(0.000)	(0.000)	(0.000)
$entry\_time$	0.006		−0.009	
	(0.808)		(0.731)	
$entry\_cost$	−0.037		0.046	
	(0.421)		(0.441)	
lamda		4.024***		4.122***
		(0.000)		(0.000)
Cragg-Donald Wald F statistic		2 669.943		3 116.834
no. of Obs.	69 746	16 490	69 746	16 490
R^2		0.284		0.284

注:表中的估计用殖民地位作为司法质量的工具变量,即 20 世纪早期英国、法国、俄国以及其他国家与中国各省的殖民关系。由于空间所限,常数项、产业和城市的虚拟变量的估计结果没有在表中报告。 *** 和 ** 分别表示 1% 和 5% 的显著性水平。括号内的数字为 P 值。契约密集度指标取自于 Nunn(2007);司法质量指标(JQ)、$entry\_time$ 和 $entry\_cost$ 根据世界银行《中国营商环境报告 2008》计算得出。进入时间由进入市场所需的天数度量;进入成本由索赔值的百分比度量。关于数据来源和其他变量的定义,参见表 3.16。

3.4.4　小结

近期的一些研究证明了司法质量在提高一国契约密集型产品的出口方面扮演着重要角色。本节在这类文献的基础上，运用中国企业层面的数据，分析了司法质量是如何影响企业出口的。运用一国内部数据进行的微观层面的研究有两个优势：第一，司法质量的影响在企业即出口决策者的层面得到了考察；第二，中国各省司法质量的差别来源于地方政府对中央政府统一制定的法规的执行程度的差别，而不像在跨国研究中，司法质量的差别来自多个方面。我们所选用的工具变量——1919 年基督教小学的入学率——提供了很好的变化。我们发现司法质量在提高企业契约密集型产品的出口方面发挥着重要作用。司法质量对那些能够通过垂直一体化来替代中间投入品购买的企业影响较小，而对资本存量较大（资本专用性较强）的企业影响较大。司法质量对外资企业影响最大，其次是民营企业，最后是国有企业。

第4章
企业间关系与国际贸易

    本章研究企业间关系对国际贸易的影响。在正式制度不完善的背景下,关系在民营企业发展过程中起到重要作用。本章首先采用跨国和跨地区数据检验社会信任对出口结构的影响,然后,基于声誉机制的视角构建理论模型考察了关系对企业出口行为的影响。最后,采用世界银行投资环境调查数据考察了双边和多边企业间关系对企业出口的影响。企业间"双边关系"和多边"关系网络"的发展有助于"甄别"企业的类型,使"不好"的企业淘汰出市场,从而提高企业投资效率,降低企业进行过度投资的可能性,并促进企业的出口参与,吸引更多的企业进行出口。然而,对于出口企业而言,"关系"也可能降低其投资规模,导致其出口数量的下降。因而,"关系"对企业出口数量的影响具有一定的不确定性。本章组织结构安排如下:第一节采用跨国数据检验社会信任对出口结构的影响;第二节基于中国地区层面数据考察社会信任对地区出口比较优势的作用;第三节构建企业间关系影响企业出口的理论模型,并采用世界银行的投资环境调查数据检验企业间关系对企业出口行为的影响;第四节检验企业间关系影响企业出口的作用机制,考察企业间关系是否缓解了企业的融资约束。

4.1　社会信任与出口结构：跨国证据[*]

    在上一章中我们考察了正式契约实施制度对一国出口比较优势的影响,并且

---

[*]　本节内容由王永进和盛丹完成,原文题目为《社会信任与出口比较优势》,发表于《国际贸易问题》2010 年第 10 期,第 64—71 页。

证实了正式的法律制度对一国契约制度依赖型行业的出口贸易具有显著的促进作用。然而,需要指出的是,在上一章的分析中,我们并没有考察非正式契约实施制度的作用。虽然对制度和比较优势关系的研究已经获得长足的进展,但是,现有文献仅将焦点集中在检验正式制度对比较优势的作用上,忽略了非正式制度,特别是社会信任的作用。而不管是作为非正式制度的组成部分,还是作为正式制度有效运行的影响因素,社会信任对经济绩效和经济结构等的影响已被大量经验研究所证实(Fukuyama,1995;Knack and Keefer,1997;Zak and Knack,2001;Beugelsdjik *et al.*,2004;La Porta *et al.*,1997;Putnam,2000;Guiso *et al.*,2004;Guiso *et al.*,2005)。在正式制度缺失的条件下,社会信任通过直接规范人们的行为,降低劳动分工的交易成本和促进生产率水平的提高,它不仅是对现有制度的有效替代,而且还在一定程度上影响正式制度效力的发挥,并有助于制度质量的改进。因此,部分学者指出,经济学家们关注的重点应该是那些制约人们行为的规则和结构,哪怕它只是非正式的制度(陆铭、李爽,2009)。虽然社会信任对人类经济行为的重要作用已经得到充分肯定,但是迄今为止,鲜有文献探讨社会信任在国际贸易中的作用,涉及社会信任与比较优势关系的文献更是寥寥。

鉴于此,在本节,我们利用 63 个国家 222 个行业的出口贸易数据,用一国的社会信任度来反映该国非正式契约制度的完善程度,采用工具变量两阶段最小二乘法和倾向得分匹配方法,实证考察了社会信任对比较优势的影响。本节的研究为考察一国的贸易结构提供了新的视角,为分析制度因素对国际贸易的影响提供了新的思路。

4.1.1　经验假说

根据前文的理论分析,在本节我们提出如下的经验假说:

假说 3:社会信任度高的国家在复杂度高的行业拥有比较优势。

假说 4:社会信任度高的国家在资产专用性强的行业拥有比较优势。

与本节所不同的是,在已有的研究中,尚没有文献考察社会信任对比较优势的影响。因此,在本节我们将分别对假说 3 和假说 4 进行经验检验。

4.1.2　计量模型

为了检验社会信任对契约密集行业比较优势的影响,我们借鉴 Rajan 和 Zingales(1998)、Nunn(2007)的计量方法,在回归模型中引入了社会信任与契约密集

度的交叉项,如果该项系数为正,则表明社会信任程度高的国家或地区将会更多地出口契约密集型产品,具体模型设定如下:

$$\ln ex_{ic} = \alpha_i + \alpha_c + \beta id_i trust_c + \xi C_{ic} + \varepsilon_{ic} \tag{4.1}$$

其中,ex_{ic} 为国家(地区)c 行业 i 的出口值,id_i 为行业 i 的制度依赖性指标,$trust$ 为国家 c 的信任指数,α_i 和 α_c 分别表示行业固定效应与国家固定效应,ε_{ic} 为随机误差项。与上一章相类似,我们分别采用契约密集度 z_i、复杂度指数 $prody_i$ 和 $1-hi_i$ 来度量行业的制度依赖程度,若 z_i 与社会信任交叉项系数为正,在说明社会信任度高的国家在契约密集度高或资产专用性强的行业拥有比较优势,在这里我们采用 Nunn(2007)的契约密集度指数来度量行业的资产专用性程度。若 $prody_i$ 和 $1-hi_i$ 与社会信任交叉项系数为正,则表明社会信任度高的国家在复杂度高的行业拥有比较优势。各国的社会信任指数来自 Bjørnskov(2009)。各国第一大宗教数据来自 Djankov 等(2007)。其他数据来源与上章相同。

4.1.3　计量估计结果

1. 普通最小二乘估计结果

为了便于比较,表 4.1 报告了用 $prody_i$ 度量产品复杂度并使用普通最小二乘法的估计结果。在表 4.1 中,我们逐步加入了一系列控制变量,以验证结果的稳健性。由表 4.1 汇报的结果可知:

表 4.1　社会信任与比较优势的 OLS 估计结果:使用 prody 度量产品复杂度

	(1)	(2)	(3)	(4)	(5)
$prody_i trust_c$	.304 ***	.255 ***	.255 ***	.209 ***	.20 ***
	(18.67)	(13.29)	(13.30)	(11.48)	(10.73)
$h_i H_c$		.140 ***	.143 ***		.118 ***
		(7.15)	(7.17)		(5.83) ***
$k_i K_c$			.0193		.058 9 *
			(0.77)		(1.80)
$va_i \ln y_c$				−.045 8	−.111
				(−0.63)	(−1.40)
$iit_i \ln y_c$				.519 ***	.456 2 ***
				(8.89)	(7.35)
$tfp_i \ln y_c$				.071 25	−.000 81
				(1.30)	(−0.01)

续表

	(1)	(2)	(3)	(4)	(5)
$(1-hi_i)\ln y_c$				.724*** (7.60)	.690*** (6.75)
k_iCR_c				−.029 7*** (−2.45)	−.018 8 (−1.19)
产业固定效应	是	是	是	是	是
国家固定效应	是	是	是	是	是
R^2	0.685 7	0.724 5	0.724 5	0.726 0	0.728 4
观察值	12 794	8 916	8 916	10 468	8 916

注:括号内为回归系数的 t 值;***、** 和 * 分别为 1%、5% 和 10% 的显著性水平。

行业复杂度与社会信任交叉项($prod y_i trust_c$)的估计系数显著为正,且在控制要素禀赋和经济发展水平等因素后,其统计显著性未发生根本变化。由此我们判断,对于复杂度较高的行业而言,一国社会信任度的提高可以缓解这些行业的由于不完全契约而导致的投资不足问题,从而促进该国在这些行业的出口。

此外,我们还发现传统的比较优势理论也具有较好的解释力,人力资本和物质资本禀赋均在 1% 的统计水平上通过显著性检验,且符号为正。行业增加值率与经济发展水平交叉项($va_i \ln y_c$)的系数显著为负,其原因可能是变量的多重共线性。其他反映经济发展水平特征的变量系数均为正,且具有一定的显著性,符合理论预期。金融发展与资本密集度的估计系数不仅不显著,甚至符合为负。

为了进一步验证估计结果的稳健性,我们采用行业使用的中间投入的多样性 $[1-(hi_i)]$ 测度行业复杂度,并在表 4.2 中报告了普通最小二乘估计结果。由表 4.2 报告的结果显然可知,$(1-hi_i)trust_c$ 的估计系数显著为正,表明若以 $(1-hi_i)$ 度量行业的复杂度,则社会信任程度高的国家在复杂度高的行业出口更多。另外,其他控制变量的估计系数也与表 4.1 所发现的结论基本吻合。

根据假说 2,社会信任程度高的国家在资产专用性强的行业拥有出口比较优势。在这里,我们采用 Nunn(2007)测算的行业契约密集度指数来度量行业的资产专用性程度,由于 Nunn(2007)将该指标称为契约密集度,我们在接下来的分析中沿用了这一称谓。采用契约密集度与社会信任交叉项的普通最小二乘估计结果报告在表 4.3 中,由表 4.3 的估计结果可知:

表 4.2 社会信任与比较优势的 OLS 估计结果：使用 1−hi 度量复杂度

	(1)	(2)	(3)	(4)	(5)
$(1-h_i)trust_c$	.365***	.395***	.401***	.165***	.151***
	(7.38)	(6.72)	(6.79)	(2.67)	(2.28)
h_iH_c		.152***	.156***		.134***
		(7.70)	(7.78)		(6.57)
k_iK_c			.028 6		.055*
			(1.13)		(1.69)
$va_i\ln y_c$				−.059 864 9	−.134*
				(−0.82)	(−1.67)
$iit_i\ln y_c$				.628***	.559***
				(10.83)	(9.05)
$tfp_i\ln y_c$				.071 291 3	−.008 534
				(1.29)	(−0.14)
$(1-hi_i)\ln y_c$				.730***	.701***
				(6.95)	(6.27)
k_iCR_c				−.032***	−.019
				(−2.66)	(−1.24)
产业固定效应	是	是	是	是	是
国家固定效应	是	是	是	是	是
R^2	0.678 4	0.720 3	0.720 3	0.722 7	0.725 0
观察值	12 794	8 916	8 916	10 468	8 916

注：括号内为回归系数的 t 值；***、** 和 * 分别为 1%、5% 和 10% 的显著性水平。

表 4.3 社会信任、资产专用性与比较优势：OLS 估计结果

	(1)	(2)	(3)	(4)	(5)
z_itrust_c	.143***	.065***	.070***	.064***	.061***
	(41.53)	(12.35)	(12.76)	(12.02)	(11.15)
h_iH_c		.645***	.695***		.530***
		(3.78)	(4.06)		(3.08)
k_iK_c			.151***		.141***
			(2.25)		(2.25)
$va_i\ln y_c$				−.506**	−.643***
				(−2.29)	(−2.67)
$iit_i\ln y_c$				1.105***	1.007***
				(11.30)	(9.74)

续表

	(1)	(2)	(3)	(4)	(5)
$tfp_i \ln y_c$				1.956 9	1.248 68
				(1.39)	(0.83)
$(1-hi_i)\ln y_c$				2.565***	2.332***
				(7.56)	(6.48)
$k_i CR_c$				.053 1	−.032 4
				(1.03)	(−0.47)
产业固定效应	是	是	是	是	是
国家固定效应	是	是	是	是	是
R^2	0.675 0	0.733 1	0.733 6	0.736 6	0.743 6
观察值	8 371	6 120	6 120	6 871	6 120

注:括号内为回归系数的 t 值;*** 、** 和 * 分别为 1%、5% 和 10% 的显著性水平。

契约密集度与社会信任交叉项($z_i trust_c$)的估计系数显著为正,且在控制要素禀赋和经济发展水平等因素后,其统计显著性未发生根本变化。由此我们判断,对于契约密集度较高的行业而言,社会信任度的提高确实可以缓解这些行业的不完全契约问题,从而增强该行业的比较优势。

此外,我们还发现传统的比较优势理论也具有较好的解释力,人力资本和物质资本禀赋均在 1% 的统计水平上通过显著性检验,且符号为正。行业增加值率与经济发展水平交叉项($va_i \ln y_c$)的系数显著为负,其原因可能是变量的多重共线性。其他反映经济发展水平特征的变量系数均为正,且具有一定的显著性,符合理论预期。

值得注意的是,在我们控制契约密集度与社会信任交叉项后,金融发展与资本密集度的估计系数不仅不显著,甚至符合为负,这与已有研究结论相左(Nunn,2007)。

当然,在控制变量内生性之前,我们尚且不能简单地接受上述结论。接下来,我们将重点对工具变量两阶段最小二乘法的估计结果进行解释和说明。

2. 工具变量两阶段最小二乘法估计结果

近年来,制度变量的内生性问题受到越来越多的关注,变量严重的内生性将导致估计结果是有偏的。在本节的分析中,重要解释变量的遗漏或社会信任与贸易之间的双向因果关系都可能导致社会信任变量的内生性问题。

首先,根据已有研究,社会信任会广泛影响着包括经济繁荣、减少犯罪、加强教育投资等,经济、政治和社会结构的诸多方面,这些又可能会影响到一国的对外贸易,虽然我们在模型中加入一系列控制变量,但是我们难以保证没有遗漏其他重要解释变量;其次,我们也不能排除国际贸易对社会信任的逆向影响。张维迎、柯荣住(2002)对中国省区社会信任的研究发现,教育发展、城市化与基础设施建设等因素都对社会信任具有一定的解释力,这些因素又无疑会受到国际贸易的影响。鉴于此,克服变量内生性的问题就成了本节接下来工作的重点。

解决变量内生性的通常做法是寻找合适的工具变量,工具变量的选择要考虑两方面因素:首先,工具变量必须与内生变量密切相关;其次,工具变量本身必须是外生的。我们选取各国第一大宗教的虚拟变量作为社会信任指数的工具变量,它们分别是:佛教(Buddhist)、天主教(Catholic)、伊斯兰教(Islam)、东正教(Ortho)和新教(Protestant)。举例来说,如果某国第一大宗教为佛教,则 $Buddhist=1$,否则 $Buddhist=0$。其他虚拟变量的设定与此类似。如果以上虚拟变量均取 0,则说明该国信仰本地宗教。

我们选取上述工具变量的依据在于:首先,社会信任深受一国宗教文化的影响。Weber(1958)最早指出新教伦理在资本主义的起源中发挥重要作用。Inglehart 和 Baker(2000)则发展了 Weber(1958)的观点,认为新教伦理加强了人们之间的社会信任和社会的多元化。因此宗教信仰与社会信任密切相关;其次,一国的宗教信仰是在长期的历史中积淀而成的,具有一定的稳定性,因此可以看作是外生的。已有研究也大多选择宗教信仰作为社会信任的工具变量(La Porta et al., 1997; Zak and Knack, 2001; Tabellini, 2007)。

表 4.4 至表 4.6 报告了工具变量两阶段最小二乘的估计结果。由表 4.4 至表 4.6 的估计结果可知:

(1) 在控制变量内生性之后,社会信任与复杂度交叉项[$prody_i trust_c$ 和 $(1-hi_i)trust_c$]的估计系数,以及契约密集度与社会信任交叉项($z_i trust_c$)系数均为正,且仍保持在 1% 的统计显著水平上。这说明,首先,控制社会信任变量的内生的问题是有必要的;其次,社会信任确实显著促进了复杂度和契约密集行业的出口,因此,在契约不完全的条件下,社会信任能够在一定程度上弥补正式制度的不足,降低契约的签订和执行成本,从而提高生产和投资效率,并促进对外贸易。这在以往关于比较优势决定因素的研究中是被忽略的。

(2) 人力资本密集度和人力资本禀赋交叉项($h_i H_c$)、物质资本密集度和物质资本禀赋交叉项($k_i K_c$)的估计系数均显著为正,且至少在 5% 的统计水平上通过显著性检验。这说明,传统的要素禀赋理论仍然对比较优势具有较强的解释力,物质(人力)资本禀赋丰裕的国家更倾向于生产和出口物质(人力)资本密集度更高的产品。

(3) 行业增加值率与人均收入对数交叉项($va_i \ln y_c$)估计系数为负,说明人均收入水平较高的国家并没有在行业增加值率较高的产品上拥有比较优势,与理论预期不符。出现该结果的一个原因是变量之间的多重共线性。[①]行业产业内贸易与人均收入对数交叉项($iit_i \ln y_c$)、TFP 增长率与人均收入对数交叉项($tfp_i \ln y_c$)和复杂度与人均收入对数交叉项$[(1-h_i)\ln y_c]$的估计系数均显著为正。说明经济发展水平较高的国家在产业内贸易密集、生产率增长迅速以及复杂度较高的产品上拥有比较优势,该结论与现有研究结果相吻合。

(4) 物质资本密集度与金融发展指数交叉项($k_i CR_c$)不显著,表明在控制了社会信任因素后,金融发展对比较优势的影响便不再显著。该结论背后的经济学解释是,金融发展水平与资本密集行业的发展并不存在单调关系。一方面,在金融发展程度较低的国家,物质资本密集行业由于面临融资约束,从而限制了企业对这些行业的投资,这就意味着该项系数应该为正;但另一方面,一旦企业进入了这些行业,由于这些行业的固定资产投资较多,从而可以通过固定资产抵押获得更多的贷款,这就导致这些行业投资水平的增加。当然,社会信任与金融发展之间的共线性问题也是导致该项系数不显著的另一可能原因。

表 4.4　社会信任、复杂度与比较优势的 2SLS 估计结果:用 prody 度量复杂度

	(1)	(2)	(3)	(4)	(5)
$prody_i trust_c$	5.57e−06 ***	5.01e−06 ***	5.02e−06 ***	3.65e−06 ***	3.96e−06 ***
	(10.68)	(8.83)	(8.85)	(6.22)	(6.75)
$h_i H_c$		1.009 ***	1.037 ***		.876 ***
		(6.75)	(6.84)		(5.69)
$k_i K_c$			.037 4		.080 *
			(1.11)		(1.83)
$va_i \ln y_c$				−.147 8	−.302 1
				(−0.83)	(−1.54)
$iit_i \ln y_c$				.727 ***	.618 ***
				(8.77)	(7.11)

①　把行业增加值率与人均收入对数交叉项($va_i \ln y_c$)作为单独的解释变量回归时,该项系数显著为正,与我们的理论预期相符合。考虑到本节考察的重点是社会信任与比较优势的关系,对此本节不再详细展开分析。

续表

	(1)	(2)	(3)	(4)	(5)
$tfp_i \ln y_c$				1.548 778	.150 074
				(1.41)	(0.13)
$(1-hi_i)\ln y_c$				2.13***	1.970***
				(7.62)	(6.68)
$k_i CR_c$				−.090***	−.052 6***
				(−2.21)	(−0.91)
R^2	0.690 5	0.730 1	0.730 2	0.732 5	0.734 7
观察值	12 489	8 652	8 652	10 204	8 652
Anderson 正则相关检验	3 048.340	2 211.105	2 209.610	2 396.574	2 135.495
Cragg-Donald Wald F 检验	787.863	577.691	577.098	610.975	551.070
Sargan 检验	212.805	151.253	151.489	103.804	112.133

注:括号内为回归系数的 t 值;***、** 和 * 分别为 1%、5% 和 10%的显著性水平。

表 4.5　社会信任、复杂度与比较优势 IV2SLS 估计结果:使用 1−hi 度量复杂度

	(1)	(2)	(3)	(4)	(5)
$(1-h_i)trust_c$	.096***	.143***	.145 3***	.067**	.105 1***
	(4.08)	(5.45)	(5.49)	(2.09)	(3.42)
$h_i H_c$		1.096***	1.140***		1.002***
		(7.24)	(7.46)		(6.52)
$k_i K_c$			.059 8		.068 4*
			(1.74)		(1.55)
$va_i \ln y_c$				−.184 7	−.370*
				(−1.03)	(−1.88)
$iit_i \ln y_c$				.892***	.795***
				(11.29)	(9.50)
$tfp_i \ln y_c$				1.552 66	−.006 021 3
				(1.40)	(−0.01)
$(1-hi_i)\ln y_c$				1.957***	1.481***
				(5.01)	(3.77)
$k_i CR_c$				−.099 2**	−.049 4
				(−2.39)	(−0.85)

续表

	(1)	(2)	(3)	(4)	(5)
产业固定效应	是	是	是	是	是
国家固定效应	是	是	是	是	是
R^2	0.682 9	0.725 6	0.725 7	0.728 9	0.730 6
观察值	12 489	8 916	8 652	10 204	8 652
Anderson 正则相关检验	3 141.013	2 224.080	2 207.530	2 172.137	2 053.322
Cragg-Donald Wald F 检验	819.863	582.254	576.369	538.284	523.266
Sargan 检验	59.821	70.320	70.452	65.508	67.482

注：括号内为回归系数的 t 值；***、** 和 * 分别为 1%、5% 和 10% 的显著性水平。

值得注意的是，一般而言，变量内生性的存在可能导致被解释变量估计系数的高估，因此，在克服变量内生性问题后，回归系数应该变小。但比较采用工具变量进行估计前后，发现契约密集度与社会信任交叉项（$z_i trust_c$）的回归系数不降反升。这说明，上述工具变量可能并非是有效的。

鉴于此，我们还同时针对工具变量进行了识别不足检验（underidentification test）、弱识别检验（weak identification test）和过度识别检验（overidentification test），并报告了其对应的 Anderson 正则相关检验的似然比统计量（Anderson canonical correlations LM statistic）、Cragg-Donald Wald F 统计量和 Sargan 统计量的统计值及其相伴概率。

表 4.6　社会信任、资产专用性与比较优势 2SLS 估计结果

	(1)	(2)	(3)	(4)	(5)
$z_i trust_c$	.087 ***	.072 ***	.073 ***	.060 ***	.065 ***
	(8.93)	(7.25)	(7.15)	(5.85)	(6.32)
$h_i H_c$		.827 ***	.910 ***		.716 ***
		(5.12)	(5.66)		(4.40)
$k_i K_c$			.112 **		.114 9 **
			(3.11)		(2.58)
$va_i \ln y_c$				−.273 9	−.363 ***
				(−1.52)	(−1.83)
$iit_i \ln y_c$				.883 ***	.785 ***
				(11.12)	(9.32)

续表

	(1)	(2)	(3)	(4)	(5)
$tfp_i \ln y_c$				1.333 7	.141 03
				(1.20)	(0.12)
$(1-hi_i) \ln y_c$				2.19***	2.057***
				(7.79)	(6.93)
$k_i CR_c$				−.012 7	.009 2
				(−0.29)	(0.16)
产业固定效应	是	是	是	是	是
国家固定效应	是	是	是	是	是
Anderson 正则相关检验	3 060.180	2 175.315	2 131.744	2 299.226	2 082.103
Cragg-Donald Wald F 检验	811.012	581.541	565.909	592.582	548.109
Sargan 检验	110.751	90.443	95.789	84.461	90.962
R^2	0.646 6	0.685 9	0.685 9	0.696 2	0.693 1
观察值	12 489	8 652	8 652	10 204	8 652

注:括号内为回归系数的 t 值;***、** 和 * 分别为 1%、5% 和 10% 的显著性水平。

检验结果表明,我们可以在 1% 的统计水平上拒绝工具变量弱识别和识别不足的原假设,这说明工具变量具有一定的合理性;但同时,过度识别检验的 Sargan 统计量相伴概率近乎零,因此我们无法接受工具变量是过度识别的原假设。显然,Sargan 统计量的检验结果与其他两类检验结果是相互矛盾的。根据已有研究,出现上述问题很可能的原因是,我们忽略了一些影响比较优势的国家特征变量(Nunn,2007)。为此,我们在下一节通过倾向得分匹配的方法解决这一难题。

3. 倾向得分匹配估计结果

在本节,我们依然选取各国第一大宗教作为社会信任的虚拟变量,但是,我们将着重考察两类宗教:天主教(Catholic)和新教(Protestant),并对以下回归方程进行估计:

$$\ln\left(\frac{ex_{iP}}{ex_{iC}}\right) = \alpha_{PC} + \beta z_i + \varepsilon_{iPC} \tag{4.2}$$

其中 ex_{iP} 为新教国家 P 在行业 i 的出口,ex_{iC} 为天主教国家 C 在行业 i 的出口,α_{PC} 为国家固定效应,ε_{iPC} 为随机误差项。正如我们在前文所指出的,给定其他条件相同,较之天主教国家,新教国家的社会信任度更高,因此 β 的系数应该为正,即较之于天主教国家,新教国家在契约密集行业的出口上拥有比较优势。

需要指出的是,上述结论成立具有很强的限制条件,即必须"给定其他条件相同",因此,只有当天主教国家与新教国家在其他各方面都相同时,我们才可以直接进行比较。为排除其他国家特征对结果的影响,我们采取倾向得分匹配的方法进行处理(Rosenbaum and Rubin,1983;1984)。该方法的基本思路是:给定某个新教国家(作为"处理组"),我们采用倾向得分匹配的方法,在所有的天主教国家中,选出与该国得分最接近的国家作为"对照组"。并在此基础上对式(4.1)进行估计。

具体的估计步骤是:首先,使用 Probit 模型对如下方程进行估计:

$$I_k = \Pr\{D_k = 1 \mid X_k\} = \Phi(X_k'\beta) \qquad (4.3)$$

其中 D_k 为虚拟变量,如果 $D_k = 1$,说明国家 k 的第一大宗教为新教,否则说明该国为天主教国家。$\Phi(\cdot)$ 为正态条件分布函数。X_k 为反映国家 k 特征的变量,包括人力资本禀赋、物质资本禀赋、人均 GDP 对数和金融发展指数。根据式(4.3)的估计结果,得到国家 k 的倾向得分值,即 I_k 的估计值 $\hat{I}_k$。

其次,对于每一个新教国家 P,选择一个天主教国家 $C(P)$ 作为 P 的"对照组",使得两国的倾向得分值尽可能接近,该方法也被称为最近邻居匹配法(nearest neighbor matching),具体地,$C(P)$ 需要符合如下条件:

$$C(P) = \arg\min_P \mid \hat{I}_P - \hat{I}_C \mid, \ \forall C$$

最后,利用匹配后的数据对式(4.1)进行估计,估计结果汇报在表 4.7 的第一列,也即回归组合(11)。为了稳健起见,我们进一步在回归方程基础上引入了人力资本密集度(h)、物质资本密集度(k)和行业 TFP 增长率(tfp)等控制变量。其结果报告在表 4.7 的回归方程(12)—(14)。在控制这些变量之后,我们发现行业契约密集度指数的回归系数依然显著为正,且通过了 1‰统计水平上的显著性检验,这就表明,社会信任度较高的新教国家,在契约密集度高的产品上出口了相对更多的产品,与理论预期相符。此外,行业人力资本密集度和物质资本密集度系数也显著为正,这就意味着,社会信任不仅降低了通过降低契约的完全性,促进了契约密集行业的出口,而且还加强了人力资本和物质资本密集行业的比较优势。这与既有关于社会信任与资本积累关系的研究是相吻合的(Papagapitos and Riley,2009)。行业 TFP 增长率(tfp)的回归系数为负,这说明,技术进步并不是社会信任影响比较优势的主要途径。

表 4.7 倾向得分匹配估计结果

	(11)	(12)	(13)	(14)
$prody_i$	.056 4***			.046 8***
	(5.78)			(4.07)
$1-h_i$		.622 1		−.012 11
		(1.31)		(−1.12)
z_i			.046 2***	.027 7**
			(4.67)	(2.37)
国家固定效应	是	是	是	是
调整的 R^2	0.785 5	0.784 5	0.786 4	0.788 1
观察值	2 184	2 184	2 184	2 184

注:括号内为回归系数的 t 值;***、** 和 * 分别为 1%、5% 和 10% 的显著性水平。

4.2 社会信任与地区出口比较优势

4.2.1 经验假说

华人社会被普遍认为是最缺乏信任的群体之一。"被经常提及的证据就是华人社会的企业普遍规模小,几乎所有的民营企业都由家族经营,而且他们之间的交易也带有或多或少的人格化色彩;甚至在政治领域,裙带资本主义也不少见。这些现象在市场体系发育较为完善的中国台湾、香港地区和新加坡以及在以欧洲、美国为宗主国的华侨群体里也许并没有成为经济发展的最大障碍,在中国内地问题则要严重得多,在这里,如此普遍和严重的低信任已经不仅仅是效率的高低问题,而是从根本上威胁市场和交易的存在。"(张维迎、柯荣住,2002)。张维迎和柯荣住(2002)对中国各省的调查研究表明,中国不同地区间的社会信任程度存在较大差异,这就为我们考察契约实施制度对比较优势的影响提供了研究素材。根据之前的理论分析,我们提出如下的经验假说:

假说 1:社会信任度高的地区在复杂度高的行业拥有出口比较优势。

假说 2:社会信任度高的地区在契约密集度高的行业拥有出口比较优势。

4.2.2　初步的经验观察

1. 对假说 1 的初步经验观察

首先,按照行业的复杂度对行业进行排序,并将行业分为两类:高复杂度(高于中位数的行业)和低复杂度行业(低于中位数的行业)。然后,计算高复杂度行业出口在各地区制造业出口中所占比重。在图 4.1 中,我们将该比重与各地区的社会信任的关系以散点图的形式呈现出来。图 4.1 表明,从总体上来看,社会信任与高复杂度行业的出口比重之间呈明显的正相关关系。这说明,社会信任度较高的地区在复杂度较高的行业拥有出口比较优势,并更多地出口复杂度较高的产品。

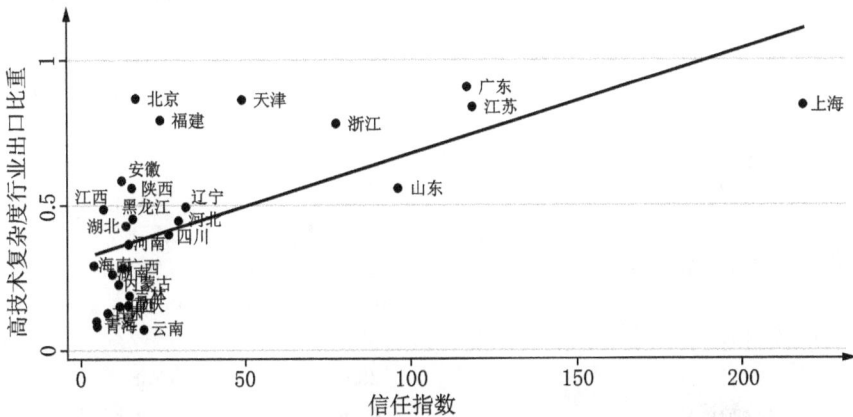

图 4.1　社会信任与高复杂度行业的出口比重

其次,为了考察社会信任对地区出口结构的影响,我们采用 Daniels(1950)所介绍的 Daniels 趋势检验判断两者的关系。计算结果显示,地区的社会信任度与高复杂度行业出口之间的 Spearman 相关系数高达 0.682 6,且其相伴概率 0.000 0,近乎为 0,因此,接受两者存在正相关关系的结论。

进一步地,为了更好地考察契约执行效率与行业出口之间的关系,我们按照式(4.2)的方法,计算 28 个制造行业的分行业 Spearman 相关系数 ρ_i 及其对应的相伴概率,并将其与行业的技术复杂列在表 4.1 中。行业的 Spearman 相关系数可以衡量地区契约执行效率与行业出口之间的相关关系,如果该系数越大,则表明该行业与契约执行效率的相关性越大。

为了便于比较,我们对所有行业按照复杂度进行升序排列,排名越靠前的行业,其契约密集度越高。例如,如果行业代码为1,表明该行业的复杂度在所有行业中排名第一,说明该行业的技术复杂低最高。

　　由表4.8可知,复杂度最低的行业为有色金属冶炼及压延加工业,其所对应

表 4.8　行业复杂度与"行业出口与地区社会信任的 Spearman 系数"

行业名称	prody 排序	prody	Spearman 系数排序	Spearman 系数	p-value
通信设备、计算机及其他电子设备制造业	1	24 156.1	17	0.674 5	0.000 1
印刷业和记录媒介的复制	2	22 864.8	4	0.795 1	0.000 1
文教体育用品制造业	3	20 426.8	1	0.833 3	0
仪器仪表及文化、办公用机械制造业	4	18 927.6	12	0.729	0
金属制品业	5	17 750.0	11	0.733 8	0
塑料制品业	6	17 568.2	18	0.673 9	0.000 4
电气机械及器材制造业	7	17 385.6	6	0.761 4	0
通用设备制造业	8	16 227.6	8	0.745 4	0
纺织服装、鞋、帽制造业	9	15 890.8	14	0.701	0.000 1
造纸及纸制品业	10	14 623.0	21	0.651 8	0.001
皮革、毛皮、羽毛(绒)及其制品业	11	14 563.8	10	0.737 7	0
家具制造业	12	14 451.5	2	0.829 9	0
专用设备制造业	13	13 703.4	13	0.717 8	0
工艺品及其他制造业	14	13 328.0	7	0.758 1	0
交通运输设备制造业	15	12 545.8	3	0.796 8	0
橡胶制品业	16	12 008.6	25	0.587 4	0.002
农副食品加工业	17	11 979.9	15	0.698 9	0
木材加工及木、竹、藤、棕、草制品业	18	11 952.7	20	0.667 8	0.000 2
非金属矿物制品业	19	11 698.8	16	0.680 5	0.000 1
化学纤维制造业	20	11 514.2	22	0.647 1	0.003 7
食品制造业	21	11 433.6	19	0.668 2	0.000 1
石油加工、炼焦及核燃料加工业	22	11 363.1	23	0.618 4	0.004 8
化学原料及化学制品制造业	23	10 752.0	9	0.741 8	0
黑色金属冶炼及压延加工业	24	10 282.6	27	0.528 1	0.003 2
医药制造业	25	9 348.49	5	0.779 9	0
饮料制造业	26	8 762.86	24	0.594	0.000 7
烟草制品业	27	8 612.94	26	0.552 7	0.007 6
有色金属冶炼及压延加工业	28	8 531.98	28	0.253 2	0.185

的 Spearman 系数排名也为 28,在所有行业中系数取值最低,说明对于该行业而言,地区社会信任度与该行业出口之间的相关性是最低的。另外,复杂度排名第二的文体教育用品制造业的 Spearman 系数是最高的,该行业的复杂度排名与Spearman 系数排名基本一致。

最后,参考 Hausmann 等(2007),我们计算得到了地区的总体出口复杂度,然后比较地区契约执行效率与总体出口复杂度之间的关系,如果两者正相关,则之前的结论得到验证。由图 4.2 所描绘的散点图可知,地区契约执行效率与地区出口复杂度之间高度正相关,而且除了青海省和北京市之外,其他所有的样本基本上都围绕在通过线性回归得到的拟合曲线的周围。这就进一步证实了社会信任度高的地区能够在复杂度高的行业拥有出口比较优势,从而地区社会信任度的提高有助于提升该地区出口产品的复杂度。

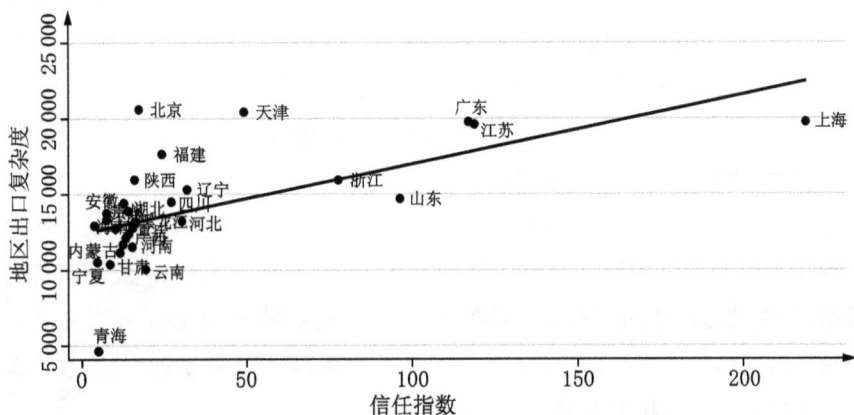

图 4.2　社会信任与地区出口复杂度

2. 对假说 2 的初步经验观察

首先,按照行业的契约密集度对行业进行排序,并将行业分为两类:高契约密集度(高于中位数的行业)和低契约密集度行业(低于中位数的行业)。然后,计算高契约密集度行业出口在各地区制造业出口中所占比重。在图 4.3 中,我们将该比重与各地区的社会信任的关系以散点图的形式呈现出来。

图 4.3 表明,从总体上看,社会信任与高契约密集度行业的出口比重之间呈明显的正相关关系。这说明,社会信任度较高的地区在契约密集度较高的行业拥有出口比较优势,并更多地出口契约密集型产品。

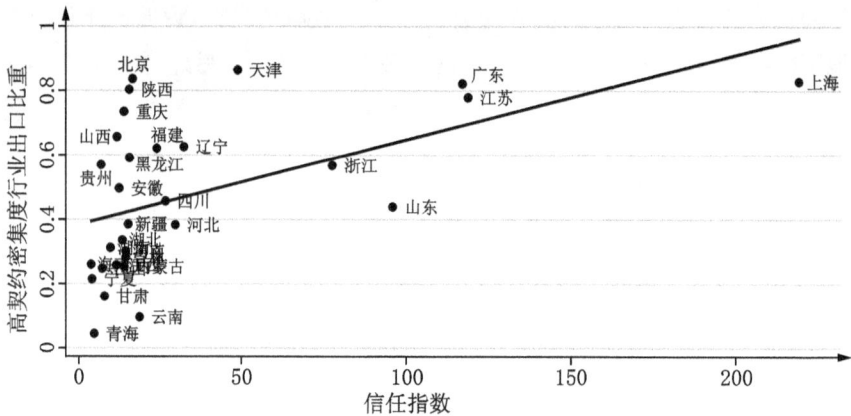

图 4.3 社会信任与高契约密集度行业出口比重

其次,为了考察社会信任对地区出口结构的影响,我们先按照式(4.2)计算了二者的 Spearman 相关系数,如果该系数为正且具有统计的显著性,那么说明两个变量之间存在正相关关系。计算结果显示,地区的社会信任度与高契约密集度行业出口之间的 Spearman 相关系数高达 0.632 1,且其相伴概率 0.000 0,近乎为 0,因此,接受两者存在正相关关系的结论。

进一步地,为了更好地考察契约执行效率与行业出口之间的关系,我们按照式(4.2)的方法,计算 28 个制造行业的分行业 Spearman 相关系数 ρ_i 及其对应的相伴概率,并将其与行业的技术复杂列在表 4.9 中。行业的 Spearman 相关系数可以衡量地区契约执行效率与行业出口之间的相关关系,如果该系数越大,则表明该行业与契约执行效率的相关性越大。

表 4.9 行业复杂度与"行业出口与地区社会信任的 Spearman 系数"

行业名称	Z 排序	契约密集度	Spearman 排序	Spearman 系数	p-value
印刷业和记录媒介的复制	1	0.995 253	4	0.795 1	0.000 1
塑料制品业	2	0.984 789	18	0.673 9	0.000 4
交通运输设备制造业	3	0.984 587	3	0.796 8	0
通信设备、计算机及其他电子设备制造业	4	0.983 246	17	0.674 5	0.000 1
专用设备制造业	5	0.980 761	13	0.717 8	0
仪器仪表及文化、办公用机械制造业	6	0.980 761	12	0.729	0
通用设备制造业	7	0.974 796	8	0.745 4	0

续表

行业名称	Z 排序	契约密集度	Spearman 排序	Spearman 系数	p-value
石油加工、炼焦及核燃料加工业	8	0.963 428	23	0.618 4	0.004 8
非金属矿物制品业	9	0.963 428	16	0.680 5	0.000 1
电气机械及器材制造业	10	0.960 169	6	0.761 4	0
饮料制造业	11	0.948 596	24	0.594	0.000 7
金属制品业	12	0.944 649	11	0.733 8	0
橡胶制品业	13	0.922 965	25	0.587 4	0.002
家具制造业	14	0.910 021	2	0.829 9	0
纺织服装、鞋、帽制造业	15	0.909 928	14	0.701	0.000 1
造纸及纸制品业	16	0.885 098	21	0.651 8	0.001
化学原料及化学制品制造业	17	0.883 699	9	0.741 8	0
医药制造业	18	0.883 699	5	0.779 9	0
化学纤维制造业	19	0.883 699	22	0.647 1	0.003 7
文教体育用品制造业	20	0.863 411	1	0.833 3	0
工艺品及其他制造业	21	0.863 411	7	0.758 1	0
皮革、毛皮、羽毛(绒)及其制品业	22	0.847 906	10	0.737 7	0
黑色金属冶炼及压延加工业	23	0.816 245	27	0.528 1	0.003 2
有色金属冶炼及压延加工业	24	0.816 245	28	0.253 2	0.185
木材加工及木、竹、藤、棕、草制品业	25	0.669 817	20	0.667 8	0.000 2
农副食品加工业	26	0.630 838	15	0.698 9	0
食品制造业	27	0.557 286	19	0.668 2	0.000 1
烟草制品业	28	0.483 153	26	0.552 7	0.007 6

　　为了便于比较，我们对所有行业按照复杂度进行升序排列，排名越靠前的行业，其契约密集度越高。例如，如果行业代码为1，表明该行业的复杂度在所有行业中排名第一，说明该行业的技术复杂低最高。

　　由表4.9可知，从整体上看，行业契约密集度排序与行业 Spearman 系数排序是基本一致的，这说明社会信任度高的地区在契约密集型行业拥有比较优势。

　　最后，参考 Nunn(2007)，图4.4给出了 Z_k 与各地社会信任度之间的散点图。图4.4表明，Z_k 与社会信任指数之间呈明显正相关关系。

　　以上的观察初步验证了我们的结论，即倚重契约执行的行业将在社会信任度较高的地区获得更快的发展。

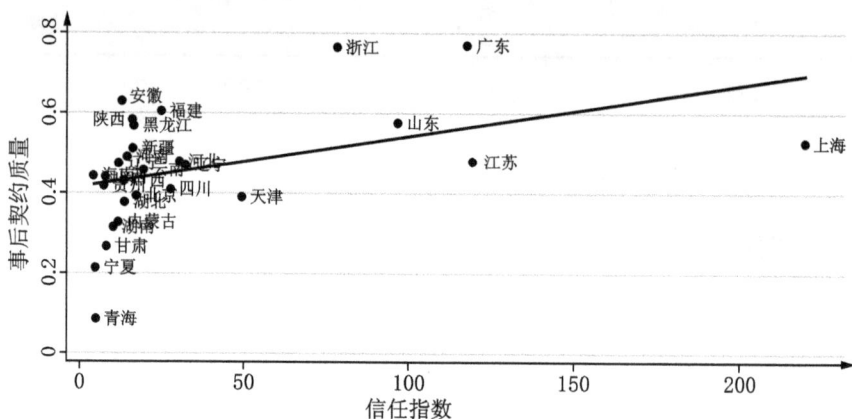

图 4.4 社会信任与事后契约质量

4.2.3 计量模型设定与数据说明

通过上一节初步的经验分析，我们在一定程度上证实了地区社会信任程度对地区出口结构或出口比较优势的影响。接下来，我们将通过计量分析来进一步检验地区社会信任程度与出口比较优势之间的关系。

与之前的分析相类似，我们采用如下方程进行计量估计：

$$\ln ex_{ik} = \alpha_i + \alpha_k + \beta_1 id_i trust_k + \xi C_{ik} + \varepsilon_{ik} \tag{4.4}$$

其中，i 和 k 分别表示行业和地区，α_i 和 α_k 行业固定效应和地区固定效应，ε_{ik} 为误差项。ex_{ik} 为地区 k 行业 i 的出口值。id_i 为行业 i 制度依赖性。$trust_k$ 是地区 k 的契约执行效率指标，即该地区执行契约成本与标的物价值比值的倒数。C_{ik} 为其他控制变量。若 $id_i trust_k$ 项的估计系数为正，则表明，契约执行效率高的地区将会在制度依赖型强的行业拥有出口比较优势。反之则反是。控制变量的选取与上一节相同，在此不再赘述。

4.2.4 计量估计结果

1. 初步回归结果

首先，对不包括控制变量的模型进行初步检验。为了控制各地区和行业的个体差异性，我们采用地区和行业固定效应方法进行估计，表 4.10 至表 4.12 报告了估计结果。为检验结果的稳健性，我们在表 4.10 至表 4.12 的回归组合中依次加入了一系列控制变量。

在表 4.10 和表 4.11 中,我们分别以 *prody* 以及 *complex* 度量行业复杂度。由表 4.10 至表 4.11 汇报的估计结果可知:社会信任与行业复杂度交叉项的估计系数都为正数,且各项系数均显著为正。这说明,社会信任的提高显著促进了复杂度行业的出口贸易,因此,社会信任较高的地区在复杂度较高的行业拥有出口比较优势,这就意味着通过提升信任指数,有助于我们在复杂度较高的行业形成出口比较优势。

另外,与上一节的回归结果相比,其他控制的变量的估计系数没有发生显著变化,在此我们不再赘述。

在表 4.12 中我们使用行业契约密集度指数 *z* 作为度量行业资产专用性的指标,并考察了社会信任指数对资产专用性行业出口比较优势的影响。由表 4.12 报告的估计结果可知,社会信任指数与行业契约密集度交叉项的估计系数显著为正,这表明社会信任度高地区在契约密集度高的行业拥有比较优势。

根据表 4.10 至表 4.12 的估计结果可知,社会信任对地区出口结构具有显著的影响,这与我们的理论分析是一致的,当然,这种影响是否显著和稳健还需要在克服变量内生性的基础上进行再审视。

2. 工具变量两阶段最小二乘估计结果

如前所述,在表 4.10 至 4.12 所汇报的估计结果中,我们并未控制非正式契约实施制度——社会信任的内生性问题。众所周知,变量的内生性问题会导致估计结果的有偏性和非一致性。在这里,贸易量与社会信任之间可能存在双向因果关系,即随着贸易量的增加,人们之间的交往更为频繁,同时,贸易的发展也会带来人们收入水平的提高,这些因素都可能有助于提高一个地区的社会信任程度。另外,重要变量的遗漏也可能导致内生性问题。从理论上讲,一个地区的社会信任水平与该地区的经济发展水平、交通和通讯基础设施、私营经济发展程度、外商直接投资、市场化程度、城市化水平以及各地的历史文化、风俗习惯和宗教信仰等诸多因素间都有着密切联系(张维迎、柯荣住,2002),而这些因素都可能与行业技术创新有关,但在实证中,我们无法将这些因素一一进行控制,因此,重要控制变量的遗漏也会导致社会信任变量的内生性问题。

鉴于此,我们依然采取工具变量两阶段最小二乘估计方法来解决变量的内生性问题。与上一节类似,我们采用各省份的 1999 年市场化指数(*market*)和三大改造完成(1956 年)前中国私营经济比重(*iv*56)作为契约执行效率的工具变量,并采用工具变量两阶段最小二乘法(TSLS)来估计。虽然在上一节我们曾采用相同的

表 4.10 社会信任、复杂度与地区出口贸易结构 I

	(1)	(2)	(3)	(4)	(5)	(6)	(7)
$prody*trust$	2e-06***	2e-06***	2e-06***	2e-06***	2e-06***	2e-06***	1e-06***
	(7.50)	(7.47)	(7.34)	(7.34)	(7.34)	(7.15)	(4.65)
$h_i H_k$		-.001 88	-.003 6	-.003 1	-.002 94***	.000 8	.026 331
		(-0.07)	(-0.13)	(-0.12)	(-0.11)	(0.03)	(0.82)
$k_i K_k$			-.000 0	-.000 01	-.000 013	-.000 014	-.000 011
			(-1.45)	(-1.49)	(-1.46)	(-1.54)	(-1.23)
$r_i R_k$				.000 327*	.000 328 2*	.000 321	.000 279 7
				(1.67)	(1.68)	(1.64)	(1.39)
$va_i \ln y_k$					-.867 156	-.879 4	-2.618 1
					(-0.36)	(-0.36)	(-0.97)
$scal_i infra_k$						-.000 45	.000 06
						(-0.79)	(0.09)
$\ln fdi_{ik}$							.276 6***
							(6.25)
产业固定效应	是	是	是	是	是	是	是
国家固定效应	是	是	是	是	是	是	是
R^2	0.695 4	0.694 9	0.695 4	0.696 2	0.695 8	0.695 7	0.713 6
观察值	721	721	721	721	721	721	454

注:括号内为回归系数的 t 值;*** 、** 和 * 分别为 1%、5%和 10%的显著性水平。

表 4.11　社会信任、复杂度与地区出口贸易结构 Ⅱ

	(1)	(2)	(3)	(4)	(5)	(6)	(7)
$complex * trust$	.75**	.97***	.99***	.99***	.99***	.94***	1.15***
	(3.11)	(3.69)	(3.78)	(3.78)	(3.77)	(3.55)	(3.93)
$h_i H_k$		-.062**	-.065**	-.065**	-.064**	-.056*	-.008 9
		(-2.06)	(-2.17)	(-2.15)	(-2.14)	(-1.82)	(-0.26)
$k_i K_k$			-.000 02**	-.000 02**	-.000 02**	-.000 02**	-.000 015
			(-2.11)	(-2.15)	(-2.11)	(-2.23)	(-1.59)
$r_i R_k$				.000 33	.000 332	.000 321	.000 303
				(1.65)	(1.65)	(1.59)	(1.50)
$va_i \ln y_k$					-.906 372	-.927 29	-2.478 9
					(-0.36)	(-0.37)	(-0.91)
$scal_i infra_k$						-.000 714	.000 23
						(-1.20)	(0.34)
$\ln fdi_{ik}$							.300***
							(6.83)
产业固定效应	是	是	是	是	是	是	是
国家固定效应	是	是	是	是	是	是	是
R^2	0.674 3	0.675 9	0.677 5	0.678 4	0.678 0	0.678 2	0.701 3
观察值	721	721	721	721	721	721	454

注：括号内为回归系数的 t 值；****，*** 和 * 分别为 1%、5% 和 10% 的显著性水平。

表 4.12 社会信任、契约密集度与地区出口贸易结构

	(1)	(2)	(3)	(4)	(5)	(6)	(7)
$z * trust$	.024 3***	.024 8***	.023 9***	.023 9***	.024 0***	.023 1***	.018 4***
	(4.69)	(4.77)	(4.57)	(4.56)	(4.58)	(4.37)	(3.52)
$h_i H_k$		−.029 6	−.030 6	−.030 143 4	−.029 89	−.023 83	.014 7
		(−1.07)	(−1.11)	(−1.09)	(−1.08)	(−0.84)	(0.45)
$k_i K_k$			−.000 013	−.000 013	−.000 013 4	−.000 014	−.000 01
			(−1.39)	(−1.43)	(−1.38)	(−1.51)	(−1.11)
$r_i R_k$				.000 327	.000 3	.000 3	.000 28
				(1.64)	(1.64)	(1.59)	(1.39)
$va_i \ln y_k$					−1.379	−1.380 7	−2.788
					(−0.55)	(−0.55)	(−1.02)
$scal_i infra_k$						−.000 65	.000 139
						(−1.10)	(0.20)
$\ln fdi_{it}$							.316 4***
							(7.18)
产业固定效应	是	是	是	是	是	是	是
国家固定效应	是	是	是	是	是	是	是
R^2	0.680 1	0.680 2	0.680 7	0.681 5	0.681 1	0.681 2	0.699 1
观察值	721	721	721	721	721	721	454

注:括号内为回归系数的 t 值;***、** 和 * 分别为 1%、5% 和 10% 的显著性水平。

变量作为契约执行效率的工具变量,但我们采用这两个变量作为社会信任的工具变量的依据并不相同。正如我们在之前的分析中所指出的,好的工具变量不仅需要满足外生性条件,而且还要求其与内生变量之间具有强相关性,否则就是弱工具变量。采用弱工具变量得到的估计结果可能是更加有偏和不一致的。我们认为,1999 年市场化指数($market$)和三大改造完成(1956 年)前中国私营经济比重($iv56$)与各地社会信任指数之间存在着密切的联系。

1999 年市场化指数($market$)和三大改造完成(1956 年)前中国私营经济比重($iv56$)与当时的社会信任程度有密切关联。首先,市场化指数与社会信任之间密切相关。张维迎、柯荣住(2002)的研究结果显示,一个地区的市场化程度越高,其受到的守信评价的可能性就越高,认为其守信的人就越多。假定一个地区的信任度为 10%,那么市场化程度增加一个百分点,信任度将增加 5% 也即达到 15% 左右。原因在于,市场化程度越高,交易就越发达,因而根据我们前面的理论分析,信任度也就可能越高。其次,私营经济比重也与当时的社会信任程度有着密切的联系。根据张维迎、柯荣住(2002)的论著,在信任度高的地区,每百万人口中拥有的私营企业数量明显较多(相关性为 0.89),而且私营企业户数、从业人员数量、投资者数量、私营企业户数增长等都和信任有一定的相关性,相关系数分别在 0.63 到 0.51 之间。如果按人均 GDP 将信任度标准化,则它与私营企业户数相关系数为 0.80。因而,历史上的市场化指数、私营经济比重与当时的社会信任具有较强的相关性。

总之,历史上的市场化和私营经济比重会影响当时的社会信任程度,而历史上的社会信任程度又会进一步影响当前的社会信任。从而历史上的市场化和私营经济比重与当前的社会信任程度之间有着密切联系。因此,从理论上讲,这两个变量与内生变量之间具有强相关性,属于强工具变量。

在表 4.13 到表 4.15 中,我们在采用如上工具变量克服变量内生性的基础上,分别以 $prody$、$complex$ 和契约密集度 z 作为行业制度敏感度的度量指标,并逐一引入控制变量运用工具变量的两阶段最小二乘法进行估计。

在本节,我们运用中国省份的细分产业数据,以社会信任为例检验了非正式的契约实施制度对地区出口比较优势的影响。本节研究表明,社会信任度高地区在复杂度较高和契约密集度高的行业出口较多,拥有出口比较优势。而且在引入其他控制变量和克服契约执行效率变量的内生性问题后,上述结论依然成立。这表明,社会信任对行业出口贸易的影响是显著和稳健的。从而地区社会信任度的提高有助于促进技术复杂和契约密集型行业出口贸易的发展,这就意味着,通过提高

表 4.13 社会信任、复杂度与地区出口贸易结构的 2SLS 估计结果 I

	(1)	(2)	(3)	(4)	(5)	(6)	(7)
$prody * trust$	2e-06***	2e-06***	2e-06***	2e-06***	2e-06***	2e-06***	1e-06***
	(7.37)	(7.34)	(7.23)	(7.21)	(7.21)	(7.01)	(4.53)
$h_i H_k$		-.000 5	-.002	-.001 77	-.001 6	.001 6	.025 3
		(-0.02)	(-0.09)	(-0.07)	(-0.06)	(0.06)	(0.85)
$k_i K_k$			-.000 01	-.000 01	-.000 01	-.000 01	-.000 01
			(-1.46)	(-1.50)	(-1.47)	(-1.55)	(-1.28)
$r_i R_k$				.000 3*	.000 3*	.000 3*	.000 2
				(1.75)	(1.75)	(1.72)	(1.48)
$va_i \ln y_k$					-.853 9	-.86	-2.630
					(-0.37)	(-0.37)	(-1.04)
$scal_i infra_k$						-.000 4	.000 08
						(-0.73)	(0.13)
$\ln fdi_{ik}$							.273***
							(6.56)
产业固定效应	是	是	是	是	是	是	是
国家固定效应	是	是	是	是	是	是	是
R^2	0.719 3	0.719 3	0.720 2	0.721 4	0.721 4	0.721 7	0.741 4
观察值	721	721	721	721	721	721	454

注:括号内为回归系数的 t 值;****、*** 和 * 分别为 1%、5% 和 10% 的显著性水平。

表 4.14 社会信任、复杂度与地区出口贸易结构的 2SLS 估计结果 Ⅱ

	(1)	(2)	(3)	(4)	(5)	(6)	(7)
$complex*trust$	.95***	1.28***	1.31***	1.31***	1.31***	1.25***	1.08***
	(3.53)	(4.20)	(4.30)	(4.30)	(4.29)	(4.05)	(3.28)
$h_i H_k$		−.077**	−.08***	−.080***	−.079 7***	−.071**	−.006
		(−2.55)	(−2.67)	(−2.6)	(−2.65)	(−2.31)	(−0.18)
$k_i K_k$			−.000 02**	−.000 02**	−.000 02**	−.000 02**	−.000 01*
			(−2.25)	(−2.29)	(−2.26)	(−2.36)	(−1.70)
$r_i R_k$				.000 33*	.000 33*	.000 32*	.000 3
				(1.72)	(1.72)	(1.67)	(1.60)
$va_i \ln y_k$					−.871	−.891 3	−2.477 4
					(−0.36)	(−0.37)	(−0.97)
$scal_i infra_k$						−.000 61	.000 21
						(−1.06)	(0.33)
$\ln fdi_{ik}$							.301 2***
							(7.30)
产业固定效应	是	是	是	是	是	是	是
国家固定效应	是	是	是	是	是	是	是
R^2	0.699 8	0.701 4	0.703 3	0.704 5	0.704 6	0.705 3	0.737 5
观察值	721	721	721	721	721	721	454

注:括号内为回归系数的 t 值;***、** 和 * 分别为 1%、5% 和 10% 的显著性水平。

表 4.15 社会信任、契约密集度与地区出口贸易结构的 2SLS 估计结果

	(1)	(2)	(3)	(4)	(5)	(6)	(7)
$Z * trust$	.026***	.027***	.026***	.707***	.026***	.025***	.0169***
	(4.62)	(4.71)	(4.53)	(4.50)	(4.55)	(4.31)	(2.91)
$h_i H_k$		−.030 95	−.031 9	−.031 34	−.031 16	−.025 37	.0167
		(−1.16)	(−1.20)	(−1.18)	(−1.18)	(−0.94)	(0.54)
$k_i K_k$			−.000 012	−.031	−.000 012	−.000 01	−.000 011
			(−1.38)	(−1.18)	(−1.38)	(−1.51)	(−1.22)
$r_i R_k$				.000 3	.000 328 6*	.000 319*	.000 28
				(1.71)	(1.72)	(1.67)	(1.49)
$va_i \ln y_k$					−1.418 6	−1.416	−2.760
					(−0.59)	(−0.59)	(−1.08)
$scal_i infra_k$						−.000 61	.000 11
						(−1.07)	(0.17)
$\ln fdi_{ik}$							.316 1***
							(7.66)
产业固定效应	是	是	是	是	是	是	是
国家固定效应	是	是	是	是	是	是	是
R^2	0.705 4	0.705 9	0.706 7	0.704 3	0.708 0	0.708 6	0.735 6
观察值	721	721	721	721	721	721	454

注:括号内为回归系数的 t 值;***、** 和 * 分别为 1%、5% 和 10% 的显著性水平。

社会信任指数,有助于提升中国的出口结构和出口绩效。

4.2.5　小结

不论是作为非正式制度的组成部分,还是作为影响正式制度有效实施的重要因素,社会信任对比较优势的影响不容忽视。由于契约的不完全性,进行专用性资产投资的一方将会由于事后的“敲竹杠”问题而投资不足,社会信任则可以在一定程度上消除契约不完全的影响,从而增强专用性资产的投资激励,进而影响到一国的比较优势。从本章第一节和第二节的结论我们可以看出:社会信任的加强有利于促进契约密集型行业的发展,而契约密集行业通常是一些研发、管理和技术密集型行业,这些行业的发展对推动中国技术进步、改善出口商品结构,加速产业结构升级具有重要作用。为此,中国在经济改革的过程中,应加强社会信任建设,提高社会信任程度,以改善中国的产业结构,提升在国际分工中的地位。具体而言,我们应该在如下几个方面做出努力:

第一,加强产权制度改革,形成良好的产权保护意识。稳定的产权制度是维持良好信任水平的制度保证。只有在产权得到明晰界定的条件下,企业的所有者才会有积极性维护自己的声誉,并设计激励机制和监督机制来约束员工的机会主义行为。在一个产权不明确、责任不明晰的世界中,由于人们的财产和未来收入都面临不确定性,个人缺乏建立信用的积极性,企业的所有者和经营者既没有能力也缺乏激励建立信用,因此,产权能否得到有效保护对于社会信任的建立至关重要。

第二,完善法律法规、提升政府治理效率。完善的法律法规和高效的司法体系能够提供稳定的政策环境,有利于形成稳定的预期,促进重复博弈机制的形成。只有当人们的交易关系有足够高的概率持续下去时,人们才会有可能去关注自己的信誉。如果政府执行效率低下、政府的政策无法被人们所信任时,契约将得不到公正的实施,这就会引发机会主义泛滥和市场经济体制的瘫痪。因此,我们要完善法律法规、提升政府治理效率,从而保证契约执行的公正性,使人们更加积极地执行契约和维护社会信任。

第三,健全和完善媒体监督、推动消费者协会和行业协会等中介组织的成长。中介组织的完善不仅方便了信息传递,而且有助于双边和多边惩罚机制的建立和维护。但值得注意的是,中介组织的建立不仅仅是简单的技术问题,很大程度上取决于社会制度结构。如果中介组织的建立不是由市场机制形成,而是受到政府的过多干预,那么即便中介组织建立起来,也可能无助于社会信任的形成。因此,在加强中介组织建设的同时，我们还应建立良好的市场机制，减少政府干预，为中介组织作用的发挥创造一个良好的社会制度环境，从而促进社会信任的形成。

4.3 企业间关系与企业出口 *

健全的法律和金融体系是促进经济增长的重要条件。然而，中国过去 30 多年间快速的经济增长恰恰是在缺乏这些基本条件的前提下取得的，这显然是传统理论所无法解释的。因为按照西方主流经济学的评判标准，中国的司法、金融、会计体系和政府治理等正式制度方面均位居大多数国家之后（La Porta *et al.*，1998，2000；Djankov *et al.*，2003）。而且中国的经济在很大程度上是由民营经济部门所推动的，而正是在这些部门，正式制度的作用很微弱。鉴于此，一些学者认为存在某些替代性的治理机制来支撑起民营经济的快速发展。在评价中国的经济绩效时，仅仅关注正式的法律和金融制度是不够的，"政企关系"与"企业间关系"等非正式制度在中国经济运行中发挥着更为重要的作用（Alford，2000；Allen *et al.*，2005）。但迄今为止，鲜有文献考察"关系"在中国对外贸易中的作用。所谓"关系"，是指在正式制度不完善的背景下形成的，有助于消除信息不对称，并引导人们进行合作以及进行互惠交易的一种非正式的治理方式（Poppo and Zenger，2002）。本节旨在考察"企业间关系"，包括双边和多边的企业间关系对民营企业出口贸易的影响。

自改革开放以来，中国对外贸易创造了令人惊叹的增长速度，并成为拉动中国经济增长的"三驾马车"之一，而民营经济在中国的对外贸易中则发挥着越来越重要的作用。据海关统计，2001 年中国民营企业进出口总值仅为 309.3 亿美元，至 2008 年进出口总值已达 5 360.4 亿美元，年均增长 50.3％。其在外贸进出口中所占的比重则由 2001 年的 6.1％增长至 2008 年的 20.9％。在 2008 年，即便全球金融危机爆发的背景下，民营企业对外经济贸易仍然实现了较快发展，进出口额增长 27.3％，出口额增长 27.9％，增速比全国外贸分别高 10 个和 10.7 个百分点。①那

* 本节原文题目为《关系与民营企业出口行为——基于声誉机制的分析》，发表于《世界经济》2012 年第 2 期，第 98—119 页。

① 数据来自商务部综合司，http：//zhs. mofcom. gov. cn/aarticle/Nocategory/200905/20090506218513.html。

么，为什么民营经济的对外贸易能够以如此强劲的速度增长？民营经济出口贸易的快速增长是否与"关系"存在一定的联系？如果是，其具体的作用机制是什么？现有文献对此语焉不详。

实际上，越来越多的跨国文献开始关注制度因素在国际贸易中的作用。一部分学者考察了契约制度对国际贸易的影响。Levchenko（2007）、Acemoglu 等（2007）、Vogel（2007）以及 Costinot（2009）从理论上论证了契约制度影响贸易结构的微观机制。他们认为，契约制度能够通过投资、技术引进和劳动分工等渠道作用于一国的生产率及贸易结构。Ranjan 和 Lee（2007）与 Nunn（2007）则为契约制度与出口结构之间的关系提供了有力的经验证据。另一部分学者则更为强调金融市场的作用。他们认为，健全的金融体系能够为制造业发展提供资金支持、分散风险，从而促进企业的出口（Kletzer and Bardhan，1987；Baldwin，1989；Beck，2002；Ju and Wei，2005；Manova，2008）。鉴于中国各地在法律、契约和金融等制度方面存在一定的差异性，一些学者试图从制度的角度来解释地区出口结构的差异。例如，金祥荣等（2008）、李坤望和王永进（2010）与张杰等（2010）分别考察了法律制度、契约执行效率与制度扭曲等对地区出口差异的影响。沈能等（2006）、朱彤等（2007）、包群和阳佳余（2008）与黄玖立和冼国明（2010）分别考察了金融发展对出口规模和出口结构的作用。毋庸置疑，这些研究为我们理解制度与对外贸易之间的关系提供了深刻的洞见，丰富了我们对中国对外贸易的理解和认识。但是，这些文献依然无法解释民营企业与非民营企业在出口绩效方面的差异。因此，我们有必要从"关系"的视角来深入研究中国企业的出口行为。

鉴于此，本节基于一个声誉模型考察了"关系"影响企业出口行为的微观机制。理论模型的核心思想是：企业间"双边关系"和多边"关系网络"的发展有助于"甄别"企业的类型，使"不好"的企业被淘汰出市场，从而提高企业投资效率，降低企业进行过度投资的可能性，并促进企业的出口参与，吸引更多的企业进行出口。然而，对于出口企业而言，"关系"也可能降低其投资规模，导致其出口数量的下降。因而，"关系"对企业出口数量的影响具有一定的不确定性。在此基础上，基于微观企业数据的经验研究也对理论模型的核心结论提供了有力的支撑。

与已有研究相比，本节的贡献主要体现在以下方面：第一，虽然已有文献也曾注意到非正式制度对国际贸易的影响，但是这些研究均忽略了企业间的双边关系和多边关系的作用，更未对此建立明确的理论模型。例如，Milgrom 等（1990）、Grief 等（1994）和 Greif（2004）分别考察了"商人行会"和"集体责任制度"在促进贸易扩张中的作用。Casella 和 Rauch（1998）以及 Rauch 和 Trindade（2002）则研究了华人网络对国际贸易的影响。本节则具体考察了各类双边关系和多边关系对企业出口的影响,从而弥补已有研究的不足。第二,已有研究大多基于跨国分行业样本,鲜有研究从企业层面研究"关系"对企业出口行为的影响,从而无法回答"关系"对企业出口贸易的影响。Melitz(2003)等人开创的异质性企业贸易模型为我们分析该问题提供了分析框架,本节通过将"声誉机制"引入该模型,刻画了关系影响企业出口行为的微观机制。第三,本节的研究不仅证实了"关系"对企业出口的积极作用,而且还发现,"关系"与正式的法律制度之间在企业的出口决策中存在显著的"互补效应",对企业出口密集度的影响则呈现"替代效应",从而发展了关于正式制度与非正式制度关系的研究。

本节余下部分结构安排如下:第一部分通过建立理论模型分析了关系对企业出口的影响机制;第二部分介绍计量模型和变量选择,并对数据进行说明;第三部分汇报计量回归结果及分析;最后是小结。

4.3.1 理论模型

本节通过一个声誉模型考察关系在企业出口中的作用:现实中有两种类型的企业,高生产效率企业(高能者)和低生产效率企业(低能者)。由于"信息不对称",低能者有强烈的动机去模仿高能者,因此,为了与低能者相区分,高能者不得不提高投资水平,甚至进行过度投资。企业间良好的双边关系和多边关系网络有助于"甄别"企业家的类型,从而提高了低能者模仿高能者的成本,抑制企业的"过度投资"行为,促进企业的出口参与。但与此同时,高能者投资水平的下降也在一定程度上降低了企业的投资规模和出口数量。因而,关系对企业出口数量的影响具有一定的不确定性。

1. 基本设定

假定需求函数为常数替代弹性形式,则企业进行出口的总收益 r 可以表示为产出 x 的函数:

$$r = A^{1-\alpha}x^\alpha \tag{4.5}$$

其中,α 衡量产品的需求弹性,α 越大,说明产品的需求弹性越高。A 为常数项,代表出口市场规模的大小。

企业家拥有某种产品的生产技术,但必须与其代理人合作进行生产。借鉴聂辉华(2008)的观点,假定企业家有两种类型:高能者(H)和低能者(L)。每个行为人只存在两期,且折现因子为 $\delta \in [0, 1]$。 高能者和低能者的数量相当,各占 50%。其对应的生产效率 γ_i,$i \in \{L, H\}$,$\gamma_L < \gamma_H$。若企业的生产效率为 γ_i,则由最终产品为次品的概率为 $1 - \gamma_i$,此时交易双方只能获得零收益。

由于交易过程中的风险和不确定性,事前有效的合同在事后可能是无效的。在事后合同无效的情况下,双方按照对称的纳什讨价还价解(Nash bargaining solution)划分总收益。在纳什讨价还价的过程中,双方的谈判实力取决于各自的外部选择(outside option),外部选择越大,企业家能够获得的剩余就越多,其投资的激励也越强。为简化分析,假定代理人的外部选择为 0。

在第一期,企业家的类型是私人信息。在这里,代理人了解企业家类型的一条渠道是与企业家过去的业务往来,即"双边关系"。另外一条渠道是朋友关系或商业网络,或"关系网络"。显然,双边关系和关系网络的发展程度越高,则代理人越能更为准确地判断企业家的类型。我们将代理人成功判断企业家类型的概率用 $\upsilon \in [0, 1]$ 来表示,υ 取值越大,则代理人越能了解企业的真实类型。于是,代理人对企业家生产能力的猜测为:$\tilde{\gamma}_{1i} = \upsilon \gamma_i + (1 - \upsilon)(\gamma_L + \gamma_H)/2$,$i \in \{L, H\}$。即代理人能够成功猜测企业家类型的概率为 υ。此时,代理人对企业家生产能力的猜测与企业家真实的生产能力有关。即:

$$\tilde{\gamma}_{1i} = \begin{cases} \upsilon \dfrac{\gamma_H - \gamma_L}{2} + \dfrac{\gamma_L + \gamma_H}{2}, & \text{当 } i = H \text{ 时} \\[3mm] \upsilon \dfrac{\gamma_L - \gamma_H}{2} + \dfrac{\gamma_L + \gamma_H}{2}, & \text{当 } i = L \text{ 时} \end{cases} \tag{4.6}$$

在第二期,代理人通过观察企业家在第一期的行为,按照贝叶斯概率推断企业家的类型(聂辉华,2008)。若企业家为低能者,则代理人将离开企业家,并在市场上寻找新的企业家。

我们首先考虑只有一期的情况。由于只有一期,企业家不会关心第一期的投资对第二期"声誉"的影响,因此,低能者没有激励去模仿高能者的投资。此时,低能者和高能者均按照各自最优的水平进行投资。企业家的外部选择完全取决于市场对其生产能力的判断。如果市场上其他代理人认为企业家的能力越高,则企业家的外部选择也越大,于是企业家的外部选择为 $\tilde{\gamma}_1 r$,其中,r 表示潜在的出口收益,r 与 x 的关系由式(4.5)给定。根据纳什讨价还价解,企业家从谈判中划分的剩余为:

$$b_{1i} = \tilde{\gamma}_{1i} r + \frac{\gamma_i r - \tilde{\gamma}_{1i} r}{2} = s(\tilde{\gamma}_{1i}) r \tag{4.7}$$

其中，$s(\tilde{\gamma}_{1i}) \equiv (\gamma_i + \tilde{\gamma}_{1i})/2$。显然，$s(\tilde{\gamma}_{1i})$ 与 $\tilde{\gamma}_{1i}$ 正相关。由式（4.6）和式（4.7）可得，$\partial s(\tilde{\gamma}_{1H})/\partial v > 0$，$\partial s(\tilde{\gamma}_{1L})/\partial v < 0$，即"关系"发展越完善，高能者从讨价还价中划分的收益越高，低能者从讨价还价中划分的收益则越低。

若生产一单位的 x 需要投入一单位劳动，且劳动者工资水平为 w，则企业家的预期净收益可以表示为：

$$v_{1i} = \max_x \gamma_i s(\tilde{\gamma}_{1i}) A^{1-\alpha} x^\alpha - wx \tag{4.8}$$

由式（4.8）可得一阶条件为：$\alpha \gamma_i s(\tilde{\gamma}_{1i}) A^{1-\alpha} x^\alpha = wx$。由此得到企业家的最优投资 x_{1i}^B 及对应的收益水平 $v_i(x_{1i}^B)$ 为：

$$x_{1i}^B = A\left(\frac{\alpha\gamma_i}{w} s(\tilde{\gamma}_{1i})\right)^{1/(1-\alpha)} \tag{4.9}$$

$$v_i(x_{1i}^B) = \gamma_i s(\tilde{\gamma}_{1i}) A^{1-\alpha} x_i^{B\alpha} - wx_i^B = (1-\alpha)A\left(\frac{\alpha}{w}\right)^{\frac{\alpha}{(1-\alpha)}} (\gamma_i s(\tilde{\gamma}_{1i}))^{\frac{1}{(1-\alpha)}}$$

$$\tag{4.10}$$

由式（4.9）可得，$\partial x_{1H}^B/\partial v > 0$，$\partial x_{1L}^B/\partial v < 0$，即"关系"的发展程度越完善，则高能者的投资水平越高，而低能者的投资水平则越低。其经济学解释是：随着"关系"的不断完善，企业家与代理人之间的信息就越透明，从而提高高能者的收益，并降低低能者的收益，进而影响其投资水平。

2. 均衡

下面考虑两期的情况。在两期模型中，由于企业在第一期的投资会影响第二期的收益水平，因此，从理论上，第一期存在两类可能的均衡：混同完美贝叶斯均衡（pooling SPE）和分离完美贝叶斯均衡（separating SPE）。

首先来看混同均衡。

命题 1：存在一个混同完美贝叶斯均衡，在均衡状态下，低能者会在第一期模仿高能者的投资行为，即两类企业家在第一期的投资水平相同，即 $x_{1L} = x_{1H} = x^P$；在第二期，两类企业家各自做出对彼此最优的投资水平，投资水平为 x_{1i}^B，$i = \{L, H\}$。

证明：首先规定非均衡路径上的信念：$\Pr_{t=2}(i = H \mid x_1 \neq x^P) = 0$。

在均衡路径下，代理人在两期中对企业家生产能力的预期相同，即 $\tilde{\gamma}_{2i} = \tilde{\gamma}_{1i}$。反之，若没有观察到企业家在第一期投资 x^P，则认为其是低能者。从而第二期企业家的收益为 $v_{i2} = 0$。由此得到企业家的激励相容约束条件：

$$v_i(x^P) - v_i(x_{1i}^B) + \delta v_i(x_{1i}^B) \geqslant 0 \tag{4.11}$$

令 $F_i \equiv v_i(x^P) - v_i(x_{1i}^B)$，$F_i$ 表示遵从混同策略给第一期带来的损失，

$\delta v_i(x_{1i}^B)$ 表示遵从混同策略给第二期带来的净收益折现。由式(4.11)知,给定 $x^P > x_{1H}^B > x_{1L}^B$,有 $0 > F_H > F_L$。显然,"高能者"更容易满足激励相容条件式(4.12)。因此,我们只须保证 $F_L + \delta v_L(x_{1L}^B) \geqslant 0$ 即可。若 $\delta = 1$,则对于任意的 x^P 而言,式(4.12)必然成立。对于 $\delta \in (0, 1)$,由于 v_L 为凹函数,因此,总是存在某个 $\bar{x}_L^P$,满足 $F_L(\bar{x}_L^P) + \delta v_L(x_{1L}^B) = 0$,使得对于所有 $x^P \in [x_{1L}^B, \bar{x}_L^P]$,式(4.12)成立。证毕。

实际上,我们可以根据"直观标准"(intuitive criterion)对非均衡路径上的信念进行"理性化"(rationalization)处理,从而可以将上述命题中的混同均衡"剔除"。由于混同均衡 $x^P \in [x_{1L}^B, \bar{x}_L^P]$,对于非均衡路径上的投资水平 $x > \bar{x}_L^P$,L 的收益永远低于均衡路径。则在非均衡路径 $x > \bar{x}_L^P$ 上,代理人的信念为 $\mathrm{Pr}_{t=2}(i = L \mid x > \bar{x}_L^P) = 0$。若在该信念下 H 选择 $x > \bar{x}_L^P$ 的收益大于选择混同均衡 x^P 的收益。则我们就说,混同均衡违背了"直观标准"。

对于混同均衡 $x_L = x_H = \bar{x}_L^P$,只要 H 的投资水平增加至 $x_H' = \bar{x}_L^P + \varepsilon$,我们就可以将混同均衡剔除。因为,在投资水平 x_H' 下,L 的收益永远低于均衡路径,从而代理人的信念为 $\mathrm{Pr}_{t=2}(i = H \mid x = x_H') = 1$。从而代理人对 H 生产能力的预期为 $\gamma_{2H}' = \gamma_H$,对低能者生产能力的预期为 $\gamma_{2L}' = \gamma_L$。因此,在第二期,低能者被淘汰。低能者的收益为 0。接下来,我们只需要证明,H 选择 x_H' 的收益大于选择 x^P 的收益。

H 在第二期的收益为 $v_H(x_{2H}^S)$,其中:

$$x_{2H}^S = \arg \max_{x} \gamma_H s(\gamma_H) A^{1-\alpha} x^\alpha - wx \tag{4.12}$$

由包络定理以及 $\gamma_{2H}' > \tilde{\gamma}_1$ 知 $v_H(x_{2H}^S) > v_H(x_{1H}^B) > (1-\delta) v_L(x_{1L}^B)$。通过将产量提高 ε,第一期的违背混同策略的损失为无穷小量。因此,只要 ε 充分小,高能者选择投资水平 x_H' 的收益就一定高于混同策略 $\bar{x}_L^P$ 下的收益水平。

而对于低于 $\bar{x}_L^P$ 的混同均衡 x^P 而言,为了避免低能者的模仿,高能者会一直提高投资水平,直到可以与低能者区分开来。

命题 2: 存在一个分离完美贝叶斯均衡,在第一期,高能者的投资水平大于低能者的投资水平($x_{1H} > x_{1L}$),代理人可以区分两类企业家。在第二期,低能者被淘汰,高能者的投资水平为 x_{2H}^S。

证明:在分离均衡下,低能者的博弈只剩下一个阶段,其只关心当期的收益,而不在乎未来的声誉。于是,低能者最优的投资水平满足 $x_{1L} = x_{1L}^B$ [见式(4.9)]。

再来看高能者的投资水平,事实上,在使用"直观标准"剔除混同均衡的过程中，我们已经知道分离均衡下 H 的最优投资水平高于 $\bar{x}_L^P$。

若 $\bar{x}_L^P < x_{1H}^B$，则高能者可以将投资水平提高至 $x_{1H} = x_{1H}^B$。若 $\bar{x}_L^P > x_{1H}^B$，$x_{1H} = \bar{x}_L^P + \varepsilon$，由于 ε 为无穷小量，于是，我们近似地认为 $x_{1H} = \bar{x}_L^P$。于是得到高能者在第一期的投资水平为：

$$x_{1H} = \begin{cases} x_{1H}^B, \text{当} \ \bar{x}_L^P < x_{1H}^B \ \text{时} \\ \bar{x}_L^P, \text{当} \ \bar{x}_L^P \geqslant x_{1H}^B \ \text{时} \end{cases} \tag{4.13}$$

证毕。

由式(4.13)我们可以得到如下结论：

引理 1：对高能者而言，当 $\bar{x}_L^P < x_{1H}^B$，$x_{1H} = x_{1H}^B$，企业的投资水平是(个人)最优的；当 $\bar{x}_L^P \geqslant x_{1H}^B$，$x_{1H} = \bar{x}_L^P$，此时企业存在"过度投资"。

由引理 1 可知，高能者是否进行"过度投资"取决于 $\bar{x}_L^P$ 与 x_{1H}^B 的相对取值。由 $\partial v_L(x_{1L}^B)/\partial v < 0$ 以及 $v_L(\bar{x}_L^P) = (1-\delta)v_L(x_{1L}^B)$ 可知，$\partial \bar{x}_L^P/\partial v < 0$。同时由于 $\partial x_{1H}^B/\partial v > 0$，因此，随着双边关系和关系网络的发展，$\bar{x}_L^P < x_{1H}^B$ 会更为容易满足。即高能者进行"过度投资"可能性随着关系发展的完善程度而降低，由此我们得到：

引理 2：双边关系和关系网络的发展程度越高，则高能者越有可能选择个人最优的投资水平 x_{1H}^B，高能者的收益因之而增加。

根据 Melitz(2003)可知，只有当企业的出口收益足够高时，企业才会进行出口。由引理 2 可知，"关系"的发展能够促进企业的出口决策。但另一方面，对于已经选择进行出口的企业而言，"关系"的发展则可能降低企业的投资水平，即从企业的投资水平由 $\bar{x}_L^P$ 降为 x_{1H}^B，因此，企业的出口规模可能下降。当然，如果在初始状态有 $\bar{x}_L^P < x_{1H}^B$ 成立，那么，"关系"对企业出口规模的影响也为正。由此，我们得到如下结论：

命题 3：双边关系和关系网络对企业出口决策的影响显著为正，对企业出口数量的影响则不确定。

4.3.2 计量模型、变量选择及数据说明

由上一节命题 3 可知，关系对企业出口决策具有显著的促进作用，但对企业出口数量的影响则具有一定的不确定性，在接下来的经验分析中，本节将对命题 3 进行计量检验。

1. 计量模型

本节考察的对象是关系对企业出口行为的影响,我们不仅关心其是否影响了出口,而且更希望进一步找出其影响出口的具体方式,即通过影响企业的出口参与(扩展的边际),还是影响企业的出口数量(集约的边际)。对于前者,我们采用企业是否出口的虚拟变量($dmex$)作为被解释变量;对于后者,被解释变量为企业的出口密集度($expi$),即出口占销售额的比重。由于出口虚拟变量为 0—1 变量,因此,采用普通最小二乘法对出口参与方程进行估计所得到的估计结果是有偏的。为此,我们采用 Probit 模型对企业的出口参与方程进行估计,采用普通最小二乘法对第二阶段进行回归。[①]

2. 变量选择

(1) 主要变量。

① 双边关系。我们采用与中间供应商业务关系持续时间($duration$)以及原材料和中间投入中非现金支付的使用比重($noncash$)来衡量双边关系的发展状况。非现金支付的比重越高,则说明企业间信任程度越高,即双边关系越完善(Raiser et al.,2003)。

企业之间持续的业务关系有助于合约的履行,促进双边声誉机制作用的发挥,从而促进企业出口(Macaulay,1963;Araujo and Ornelas,2007)。一方面,通过长时间的业务交往,买卖双方能够相互了解对方,从而区分开高生产率企业和地生产率企业、提供高质量产品的企业和提供低质量产品的企业以及值得信任的企业和不值得信任的企业(Ghosh and Ray,1996;Watson,2002;Tadelis,2003)。另一方面,长时间的业务交往,不仅能够对破坏合作的机会主义形成有效惩罚(张维迎,2002),而且还可以促进中间产品供应商加强资产专用性投资、提高中间产品质量和劳动生产率,以此来形成和维持良好的声誉(Bar-Isaac and Tadelis,2008)。

② 多边关系网络。我们采用两项指标来刻画企业的多边关系网络:一个变量企业是"企业否是商业协会会员"($network$)。若企业为商业协会成员,则 $network$ =1,否则 $network$ =0;另外一个变量是"企业是否通过员工的私人关系来获得出口和进口信息"($connection$),如果企业能够通过员工的私人关系来获得出口市场和进口来源信息,则 $connection$ =1,否则 $connection$ =0。

[①] 另外一种克服选择性偏差的方法是 Heckman 模型,但基于 Heckman 模型的估计结果显示,"逆米尔斯比率"(Inverse Mills Ratio)的估计系数并不显著,因此,采用 Heckman 模型对于本节的研究来说并不合适。为此,我们参照匿名审稿人的建议,没有采用 Heckman 模型估计。

一方面,强有力的商业和社会关系网络能够帮助企业收集和传播业务信息,有利于企业建立销售和采购渠道(Casella and Rauch,1998;Rauch and Trindade,2002)。另一方面,商业和社会关系网络还可以加强企业之间的信息沟通,帮助企业寻找商业伙伴并提供有关其可靠性的信息(Johnson et al.,2002),并传播或收集有关客户的商业纠纷信息,从而惩罚了那些破坏合作的行为(McMillan and Woodruff,1999)。此外,商业和社会关系网络也可以直接调解和处理成员企业间的业务纠纷,从而有助于多边声誉机制作用的发挥(Greif et al.,1994;余晖等,2002)。

(2)控制变量。

① 企业规模(size)、年龄(age)和全员劳动生产率(prod)。异质性贸易理论研究表明,企业规模、年龄和劳动生产率是企业异质性的重要表现,也是影响企业出口决策和出口数量的重要解释变量。参照 Mark and Tybout(1997),我们采用企业的固定资产净值来来计算企业规模,采用增加值与年平均雇佣人数之比衡量全员劳动生产率。

② 中间投入供应商中海外供应商所占比重(oversea_supplier)。由于国外对出口产品的质量和品质要求较为苛刻,同时,与国外同行业先进水平相比,中国本土装备制造业技术水平相对落后,其提供的机器设备难以产出外国需求所对应的高质量消费品,为此沿海地区消费品厂商只能采取"为出口而进口"策略(巫强、刘志彪,2009)。因此,海外供应商所占比重越高,则企业越有可能选择出口。

③ 总经理是否为年薪制(annual_salary)。年薪制即以年度为考核周期,把管理者的收入与企业经营业绩挂钩的一种薪酬激励机制。由于所有权与经营权的分离,导致企业所有制和企业经营者的目标产生冲突,因此,企业的管理者可能不是以所有制和企业利润最大化为基本目标。通过将企业的经营绩效与管理者受益相挂钩,年薪制能够较好地解决所有者和经营者之间的利益冲突,从而激励公司管理人员努力工作,有利于企业生产率水平的提高和促进企业出口。但另一方面,由于年薪制仅仅依赖年度经营绩效对管理者进行考核,这也在一定程度上导致管理者投资行为短期化,不利于调动管理者的长期行为和技术创新,从而对企业的出口产生不利影响。

④ 总经理任期(tenure)。总经理任期越长,则企业出口的可能性越大:一方面,总经理任期反映了总经理的管理才能和过去的经营绩效,即任期越长的经理往往能力较强;另一方面,随着任期的延长,总经理能够更好地熟悉企业的业务流程、经营范围和公司文化,从而有助于其管理者才能的发挥,提高企业经营绩效。

⑤ 总经理是否具有海外教育背景(abroad_edu)。若总经理曾在国外取得本

科或研究生学位,则 $abroad\_edu = 1$,否则 $abroad\_edu = 0$。具有海外背景的管理者,可以更有效地学习国外的先进技术,从而促进技术扩散和技术进步,进而影响出口决策和出口数量。张杰、刘志彪和郑江淮(2007)在对江苏省制造业企业创新活动的研究中指出,企业创新活动是与企业决策层的战略导向密不可分的,作为企业最高决策层的学习和工作背景有可能会影响到其对企业发展战略的认识和创新决策的把握。有过国外工作或学习背景的企业决策者,可能更倾向于选择创新战略导向的企业发展战略,从而提高企业的创新水平。此外,管理者的海外背景也有助于其与国外的中间产品供应商建立供应链联系,从而能够对企业的出口起到积极作用。

⑥ 研发密集度(rd_sh)、资本密集度(kl)。研发密集度采用研发支出/总销售额表示,资本密集度用固定资产净值与企业就业人数之比表示。这两个变量对企业出口决策的影响不确定:一方面,按照新新贸易理论,相比于非出口企业,出口企业一般具有较高的研发水平和资本密集度(Melitz, 2003);另一方面,作为发展中国家,中国具有丰裕的劳动力资源,物质资本和人力资本水平则相对匮乏。这就意味着,中国在研发和资本密集型行业,以及研发和资本密集型生产阶段并不具备比较优势。因此,这两项估计系数的符号并不确定。另外,我们还控制了企业年龄(age)以及行业和地区固定效应。

3. 数据说明

本节实证研究所采用的数据来自世界银行 2003 年所做的投资环境调查($investment\ climate\ surveys$)。在中国这个项目的具体调研是由国家统计局(National Bureau of Statistics)执行的,2003 年调研中样本分布是 15 省(自治区或直辖市)18 个城市 14 个行业,企业的数目为 2 400 个。由于该调研所涉及的省份既有东部地区,也有中西部地区,涉及的行业既有制造业也有服务业,涉及的企业既包括民营企业也包括国有和外资企业,在民营企业中既有上市公司也有非上市公司,因此,样本具有一定的广泛性和代表性。

该调查数据中的 15 个省的 18 个城市为:辽宁省(本溪、大连)、黑龙江省(哈尔滨)、吉林省(长春)、河北省(石家庄)、河南省(郑州)、湖北省(武汉)、湖南省(长沙)、浙江省(杭州、温州)、江西省(南昌)、云南省(昆明)、陕西省(西安)、甘肃省(兰州)和广西省(南宁)、广东省(深圳、江门)、重庆市。调研样本中的 14 个行业分别为:汽车和汽车零部件、服装、电子部件制造、交通运输与邮政服务、信息技术服务、电子设备、冶金制品、非银行金融服务、广告和营销、食品、化学产品和药品、家用电器、运输设备和生物产品和中药。

在本节计量模型中,与中间供应商的业务关系持续时间($duration$)、原材料和中间投入中非现金支付的使用比重($noncash$)、企业否是商业协会会员($network$)、企业是否通过员工的私人关系来获得出口和进口信息($connection$)、总经理是否为年薪制($annual\_salary$)、总经理任期($tenure$)、总经理是否具有海外教育背景($abroad\_edu$)和"能否获得法律服务"(law)等变量均直接取自该调查数据。企业规模($size$)、年龄(age)、全员劳动生产率($prod$)、研发密集度(rd_sh)和资本密集度(kl)则是根据相关指标计算得到。

4.3.3 估计结果分析

本节首先汇报基于整体样本的回归结果,进而检验双边关系和多边关系对出口的影响是否具有稳健性。然后重点考察关系对民营企业出口行为的影响,由此揭示各类关系对民营企业和非民营企业影响的差异性。为了便于比较,本节所报告的回归系数均为标准化系数(Beta 系数)。

1. 基于整体样本的初步回归结果

表 4.16 汇报了基于整体样本的估计结果。考虑到各类关系变量之间可能存在多重共线性问题,我们选择将各类关系变量依次单独放入回归模型。

由表 4.16 我们发现如下结论:

(1)主要变量。

企业与供应商业务关系的持续时间($duration$)、中间供应商对企业的信任($noncash$)以及企业的关系网络($network$)均在 5% 的显著水平上促进了企业的出口参与决策,但对出口密集度的影响则不显著,甚至起到负向的作用。其可能的原因在于,关系主要通过如下的渠道来影响企业的出口行为:

首先,"关系"是企业在启动和发展阶段获得金融资源的重要来源。根据 Allen 等(2005)对江苏和浙江 17 位民营企业家和管理人员的调查研究,在企业的启动阶段,国有银行、私人信贷机构以及亲戚和朋友都是企业资金来源的重要渠道;而在企业的成长时期,"血缘意义上的华人"(ethnic Chinese investors)的投资以及商业合作伙伴的贸易信贷(trade credit)成为企业资金的最重要两个的来源。根据 Chaney(2005)和 Manova(2008),只有那些克服这些流动性约束的企业才能够进行出口,因此,企业可以通过关系网络来获得流动资金,从而进入国际市场。显然,融资约束的克服能够帮助企业进入出口市场,但对企业能够出口多少则更多地依赖于自身产品的国际竞争力。

表 4.16　基于整体样本的估计结果

因变量 估计方法	(1) dmex Probit	(2) expi OLS	(3) dmex Probit	(4) expi OLS	(5) dmex Probit	(6) expi OLS	(7) dmex Probit	(8) expi OLS
duration	0.244** (2.06)	−0.051 (−0.79)						
nomcash			0.531*** (4.02)	−0.010 (−0.16)				
network					0.274** (2.30)	−0.127* (−1.84)		
connection							0.329*** (2.76)	0.132** (1.98)
size	0.502*** (3.61)	−0.020 (−0.28)	0.517*** (3.84)	−0.025 (−0.35)	0.471*** (3.39)	−0.027 (−0.38)	0.506*** (3.62)	−0.039 (−0.55)
age	−0.263** (−2.24)	0.000 (0.00)	−0.250** (−2.14)	0.000 (0.00)	−0.276** (−2.34)	0.000 (0.00)	−0.243** (−2.08)	0.000 (0.00)
prod	0.133 (0.66)	−0.009 (−0.15)	0.116 (0.65)	−0.013 (−0.21)	0.150 (0.76)	−0.022 (−0.36)	0.142 (0.67)	−0.017 (−0.27)
oversea_supplier	0.665*** (5.59)	0.037 (0.49)	0.660*** (5.57)	0.025 (0.33)	0.709*** (6.00)	0.010 (0.13)	0.696*** (5.92)	0.040 (0.54)
annual_salary	0.191* (1.79)	−0.050 (−0.79)	0.187* (1.73)	−0.046 (−0.71)	0.185* (1.73)	−0.055 (−0.86)	0.191* (1.79)	−0.050 (−0.78)

续表

因变量 估计方法	(1) dmex Probit	(2) expi OLS	(3) dmex Probit	(4) expi OLS	(5) dmex Probit	(6) expi OLS	(7) dmex Probit	(8) expi OLS
tenure	0.142	0.075	0.146	0.076	0.146	0.070	0.132	0.077
	(1.30)	(1.18)	(1.28)	(1.18)	(1.31)	(1.10)	(1.19)	(1.22)
abroad_edu	0.324***	−0.017	0.351***	−0.019	0.353***	−0.043	0.329***	−0.015
	(2.97)	(−0.24)	(3.17)	(−0.26)	(3.22)	(−0.60)	(3.02)	(−0.21)
rd_sh	−0.068	0.075	−0.089	0.081	−0.103	0.090	−0.099	0.069
	(−0.55)	(1.07)	(−0.70)	(1.16)	(−0.79)	(1.29)	(−0.79)	(0.99)
kl	−0.429	−0.060	−0.295	−0.056	−0.376	−0.034	−0.392	−0.063
	(−0.62)	(−0.80)	(−0.79)	(−0.74)	(−0.54)	(−0.45)	(−0.60)	(−0.84)
样本	1 052	284	1 046	282	1 051	282	1 056	284

注:括号中为变量估计系数的 t 统计量;***、** 和 * 分别为 1%、5% 和 10% 的显著性水平。

　　其次,关系能够降低企业之间的信息不对称,从而有助于甄别企业类型,并使得声誉机制得以发挥作用。①在关系不健全的情况下,由于企业间的信息不对称,供应商无法确定制造商的类型,此时低效率的制造商存在动机去模仿高效率制造商的行为,为了与低效率制造商相区别,高效率制造商不得不进行"过度投资",从而降低企业的出口利润。因而企业间双边关系和多边关系网络的发展,有助于降低低效率企业进行模仿的激励,从而促进企业的出口决策;②由于信息不对称,交易双方无法确定对方是否为机会主义者,制造商需要时间来甄别中间产品供应商的类型,供应商也需要时间来确定制造商是否值得信赖(Tadelis,2003)。当制造商无法确定供应商的类型时,其不会贸然进行出口,因为一旦声誉受损,企业可能很难在激烈的国际市场竞争中占有一席之地。只有当制造商与供应商维持了足够长时间的业务往来,从而制造商对供应商充分信赖时,制造商才会决定进行出口。从中间产品供应商的角度来看,当其与制造商的交易时间较短,或其对制造商不太信任时,供应商不会选择提供高质量的中间投入,因为高质量意味着高成本(Bar-Isaac and Tadelis,2008)。如果这一点能够为制造商所预料,那么其将不会进行出口。即便其希望进行出口,也无法满足国外的质量要求并绕过严格的管制措施。另外,正如我们在前文理论模型中所指出的,从声誉机制的角度来看,随着关系的完善,企业进行"过度投资"的激励得以缓解,这就有可能起到降低企业出口密集度的积极作用。

　　最后,多边关系网络也是信息集散和惩罚机会主义行为一条重要渠道:通过商业圈熟人和朋友网络,企业可以了解更多的商务和市场信息,这就大大降低了企业出口的交易成本,促进其进行出口。综合分析可知,关系能够显著提高了企业进行出口参与的可能性,但对企业出口密集度的影响则具有一定的不确定性。

　　(2) 控制变量。

　　在各组回归组合中,企业规模对出口参与作用显著为正,而且在 1% 的统计水平上显著,该结果与已有研究吻合。企业年龄(age)对出口参与影响为负,对企业出口数量的影响并不显著。这说明尽管新企业可能拥有新知识和新技术,但出口数量的增加需要依赖于经验的积累和声誉或品牌的形成,而这些都需要时间。因此,年龄与企业出口行为的关系并非单调的线性关系。

　　劳动生产率(prod)对企业出口决策有一定的积极作用,不过效果并不显著。其对企业出口数量的影响则为负数。根据异质性企业贸易理论,由于企业出口需要付出一定的沉没成本,因此,出口企业的生产率会高于非出口企业(Melitz,2003;Bernard et al.,2003)。本节的结论似乎与异质性贸易理论并不一致。其原因可以从两个方面进行解释:一方面,由于本节采用全员劳动生产率,即增加值与雇用人数之比来度量生产率,而中国又是一个劳动密集型国家,出口企业的劳动密集度较高,于是产生了全员劳动生产率与出口负相关的现象;另一方面,异质性贸易理论的基本假定是企业出口的固定成本高于内销的固定成本。而实际上,由于地方保护主义和市场分割等方面的原因,企业内销的成本可能很高,从而很有可能得到出口企业生产率低于国内企业的结论。此外,样本选择也可能是导致这一结论的重要原因。由于世界银行调查中的样本只有 2 400 家企业,样本数据较小,因此,该结论可能不具备一定的代表性。

海外供应商比重($oversea\_supplier$)对企业出口参与均具有显著的促进作用。其原因在于,加工贸易在中国出口贸易中占据重要位置。加工贸易的显著特点是"两头在外",海外供应商比重越高意味着企业更多的融入到全球价值链的分工体系中,而且,与海外供应商的联系还能够帮助企业学习国外的先进技术,降低企业与海外市场之间的信息壁垒,从而促进企业出口。

年薪制($annual\_salary$)对企业的出口参与有一定程度正面的影响,但统计显著性不高,对企业出口密集度的影响则为负数。这说明年薪制虽然能够激励公司管理人员为了当年的经营绩效而努力工作,但这也不可避免地在一定程度上削弱了管理层进行技术创新的长期激励,从而对企业的技术进步和出口起到一定的负面作用。总经理任期($tenure$)对企业出数量具有一定的积极作用,但显著性都不高。

总经理的国外教育背景($abroad\_edu$)对企业参与出口的概率具有显著影响,这与前文的论述是一致的。该项对企业出口密集度的影响不显著,可能是因为总经理的国外教育背景虽然能够帮助企业进入国际市场,但并没不一定能带来企业的技术进步和产品竞争力的提升。

最后,不论是从出口参与还是出口数量来看,研发密集度(rd_sh)对企业出口决策影响为负,对出口数量的影响影响为正,不过二者的统计显著性均不高。资本密集度(kl)对企业出口决策和出口数量的影响均为负数,这与要素禀赋理论的预测是一致的。由于中国劳动力相对丰裕,资本和人力资本则相对稀缺,因此,出口结构仍然以劳动密集型产品为主,而即便参与高新技术产品的出口,中国企业也往往从事的是一些低端生产环节,其参与国际分工的仍然依靠的是廉价的劳动力资源。

2. 异常值及稳健性检验

异常值的存在是导致回归结果不稳健的重要因素。在之前的分析中,我们并没有对样本中的异常值进行处理,那么,在对异常值问题进行处理之后,之前的结论是否依然成立?为克服异常值对回归结果的影响,我们去掉了残差项的前 5% 分位点和后 5% 分位点的样本,并重新进行了 Probit 和 OLS 估计。回归结果见表 4.17。

表 4.17　去掉异常值的估计结果

因变量 估计方法	(1) dmex Probit	(2) expi OLS	(3) dmex Probit	(4) expi OLS	(5) dmex Probit	(6) expi OLS	(7) dmex Probit	(8) expi OLS
duration	0.271** (2.01)	−0.044 (−0.61)						
nomcash			0.737*** (4.82)	−0.017 (−0.23)				
network					0.507*** (3.51)	−0.135* (−1.71)		
connection							0.498*** (3.60)	0.128* (1.74)
size	0.787*** (5.35)	−0.006 (−0.07)	0.774*** (5.26)	−0.009 (−0.12)	0.817*** (5.11)	−0.013 (−0.16)	1.323*** (5.87)	−0.020 (−0.25)
age	−0.377*** (−2.79)	0.000 (0.00)	−0.448*** (−3.23)	0.000 (0.00)	−0.535*** (−3.71)	0.000 (0.00)	−0.495*** (−3.47)	0.000 (0.00)
prod	−0.082 (−0.43)	−0.016 (−0.23)	−0.051 (−0.35)	−0.021 (−0.29)	−0.001 (−0.01)	−0.028 (−0.39)	0.011 (0.07)	−0.026 (−0.38)
oversea_supplier	0.976*** (7.04)	0.051 (0.62)	0.932*** (6.78)	0.042 (0.52)	0.948*** (6.99)	0.032 (0.40)	0.935*** (6.86)	0.057 (0.71)
annual_salary	0.257** (2.12)	−0.049 (−0.67)	0.217* (1.77)	−0.043 (−0.59)	0.244** (1.98)	−0.049 (−0.68)	0.202 (1.60)	−0.050 (−0.70)

续表

因变量 估计方法	(1) dmex Probit	(2) expi OLS	(3) dmex Probit	(4) expi OLS	(5) dmex Probit	(6) expi OLS	(7) dmex Probit	(8) expi OLS
tenure	0.183	0.080	0.213*	0.082	0.234*	0.073	0.209*	0.085
	(1.52)	(1.10)	(1.68)	(1.11)	(1.84)	(1.00)	(1.67)	(1.17)
abroad_edu	0.367***	−0.015	0.503***	−0.017	0.483***	−0.039	0.441***	−0.011
	(3.08)	(−0.19)	(4.12)	(−0.22)	(4.05)	(−0.50)	(3.67)	(−0.14)
rd_sh	−0.058	0.064	−0.083	0.069	−0.068	0.080	−0.101	0.057
	(−0.42)	(0.81)	(−0.55)	(0.87)	(−0.48)	(1.01)	(−0.69)	(0.72)
kl	−0.255	−0.076	−0.187	−0.072	−0.197	−0.051	−0.336*	−0.079
	(−1.61)	(−0.89)	(−1.02)	(−0.84)	(−1.26)	(−0.59)	(−1.84)	(−0.93)
样本	856	232	845	230	853	230	857	232

注：括号中为变量估计系数的 t 统计量；***，** 和 * 分别为 1%、5% 和 10% 的显著性水平。

　　由表 4.17 可知,表 4.16 的回归结果仍然稳健,各变量回归系数的符号和统计显著性为发生根本变化。具体而言,从统计显著性来看,企业间业务关系持续的时间(*duration*)对企业出口决策的影响未发生显著变化,仍在 5% 的统计水平上促进了企业的出口决策,对出口数量的影响依然不显著。中间投入中非现金支出的比重(*noncash*)、商业协会变量(*network*)对企业出口决策的影响增强,对企业出口密集度的作用仍然为负。*connection*(企业是否通过员工的私人关系获得出口与进口信息)变量对企业出口决策影响才显著性有所增强,对企业出口密集度的影响虽有所减弱,但仍在 10% 的统计水平上显著为正。

　　由此我们得到结论:在剔除样本异常值后,双边关系和多边关系因素均对企业的出口决策启动了积极的促进作用,但除了 *connection* 变量外,其他关系因素均不利于企业出口密集度的增加。与本节理论模型的结论一致。

3. 子样本回归

　　在经济转型的过程中,中国的民营企业无法得到有效的保护,在此背景之下,民营企业的发展在很大程度上依赖的是双边关系和多边关系网络等非正式制度的作用。因而,从理论上讲,关系对民营企业出口的影响可能更为显著。鉴于此,在接下来的分析中,我们将重点考察"关系"对民营企业出口的影响,回归结果见表 4.18。

　　与表 4.16 的回归结果相比,由表 4.18 可得如下结论:首先,从总体上看,关系因素对企业出口决策的影响仍然为正。其中,企业间业务关系的持续时间(*duration*)以及企业的私人关系网(*connection*)对企业出口参与的影响有所降低,而非现金支付比重(*noncash*)和商业协会对企业出口参与决策的影响则显著增强。从出口密集度来看,*noncash* 变量对企业出口密集度的影响依然不显著。企业的私人关系网(*connection*)对出口密集度的影响则显著降低。*duration* 和 *network* 这两类因素均在 1% 的显著水平上降低了企业的出口密集度。对此的解释可能有两个方面的原因:一方面,与中间商持续的业务关系以及加入商业协会可以帮助企业开拓国内市场,提高国内销售在其销售总额中所占的比重,从而降低企业的出口密集度;另一方面,随着关系网络的发展,企业之间的信息不对称程度有所降低,这就可以抑制低效率企业的模仿行为,并减少高效率企业的投资水平和出口数量,从而起到降低企业出口密集度的作用。

4. 关系与法律制度:替代还是互补?

　　关系对企业出口的影响会随着法律制度的完善增强还是减弱? 合同的执行主要基于两种方式:一种方式是由第三方(法院)执行,即正式实施;另外一种方式是通过"关系契约"。在理论上,关系与正式的法律制度之间既可能呈替代关系,也可能相互补充。

表 4.18 基于民营企业样本的回归结果

因变量 估计方法	(1) dmex Probit	(2) expi OLS	(3) dmex Probit	(4) expi OLS	(5) dmex Probit	(6) expi OLS	(7) dmex Probit	(8) expi OLS
duration	0.241 (1.41)	−0.318*** (−3.73)						
noncash			0.666*** (3.24)	0.011 (0.12)				
network					0.508*** (2.74)	−0.406*** (−4.12)		
connection							0.286 (1.58)	0.041 (0.44)
size	1.253*** (4.38)	0.007 (0.08)	1.410*** (4.66)	−0.034 (−0.36)	1.275*** (4.40)	−0.026 (−0.30)	1.307*** (4.56)	−0.039 (−0.41)
age	−0.231 (−1.34)	0.000 (0.00)	−0.263 (−1.52)	0.000 (0.00)	−0.287 (−1.64)	0.000 (0.00)	−0.218 (−1.27)	0.000 (0.00)
prod	0.322 (0.58)	0.015 (0.19)	0.284 (0.65)	−0.027 (−0.32)	0.358 (0.64)	−0.073 (−0.93)	0.344 (0.52)	−0.032 (−0.38)
oversea_supplier	0.429*** (2.69)	0.114 (1.22)	0.392** (2.39)	0.048 (0.48)	0.504*** (3.13)	0.015 (0.17)	0.445*** (2.82)	0.058 (0.59)
annual_salary	0.237 (1.50)	−0.017 (−0.21)	0.191 (1.17)	0.021 (0.23)	0.240 (1.51)	−0.024 (−0.31)	0.220 (1.39)	0.019 (0.22)

续表

因变量 估计方法	(1) dmex Probit	(2) expi OLS	(3) dmex Probit	(4) expi OLS	(5) dmex Probit	(6) expi OLS	(7) dmex Probit	(8) expi OLS
tenure	0.090 (0.59)	0.111 (1.41)	0.100 (0.63)	0.137 (1.62)	0.104 (0.67)	0.109 (1.40)	0.078 (0.51)	0.143* (1.70)
abroad_edu	0.248 (1.61)	0.006 (0.07)	0.230 (1.47)	0.023 (0.24)	0.239 (1.58)	−0.038 (−0.44)	0.250 (1.63)	0.020 (0.22)
rd_sh	−0.223 (−0.74)	−0.065 (−0.70)	−0.226 (−0.75)	−0.060 (−0.60)	−0.277 (−0.87)	−0.038 (−0.41)	−0.227 (−0.81)	−0.053 (−0.53)
kl	−1.238* (−1.82)	−0.021 (−0.23)	−1.699** (−2.28)	−0.046 (−0.48)	−1.319* (−1.89)	−0.027 (−0.30)	−1.288* (−1.87)	−0.045 (−0.47)
样本	605	136	599	134	604	136	606	136

注：括号中为变量估计系数的 t 统计量；***、** 和 * 分别为 1%、5%和 10%的显著性水平。

一部分学者认为,法庭和法律制度的完善能够加强关系的作用。Macaulay(1963)最早对该问题进行了研究,他发现即便在法律制度相对完善的经济体而言,关系也能够促进市场交易。对这意味着,法律制度可能无法替代关系的作用。Johnson 等(2002)对转型国家的不完全契约问题进行了研究,发现关系契约非常重要,而且在某些情况下,法庭的参与能够增强关系契约的作用。他们同时还发现,当法律制度不完善时,交易可能更加依赖于关系契约。不过他们并没有明确对二者的关系做出判断。Sobel(2006)则认为,正式制度的引入能够降低建立"关系"的成本,从而增加产出。

另一部分学者则持相反观点,Kranton(1996)指出,当市场交易与互惠关系同时存在时,交易可能是无效率的。换句话说,关系与法律制度之间可能并非简单的替代或互补关系,这就促使我们通过经验研究对此进行验证。

鉴于此,我们借鉴 Rajan 和 Zingales(1998)的方法,在初始的计量模型中引入了"关系"与法律制度的交互项。该文研究的对象是金融发展与产业增长的关系,其基本思路是,一个行业的外部融资依赖度越高,则金融发展对产业增长的影响越明显。该思路与本节所要研究的问题吻合,使用该方法有助于我们研究"关系"与法律制度的关系,如果交互项的符号为正,则说明随着法律制度的完善,关系对企业出口的影响会增强,从而意味着二者是互补关系。反之,如果交互项的符号为负,则说明二者为替代关系。其中,我们用企业"能否获得法律服务"(law)来衡量法律制度的完善程度,若 $law=1$,说明企业可以获得法律服务,若 $law=0$,则表明企业无法获得法律服务。例如,若 $duration\_law$ 估计系数为正,则表明,随着法律制度的完善,企业间业务关系往来的时间对企业出口的影响会增强。[1]

在表 4.19 中,我们报告了加入"关系"与法律制度交互项的回归结果。回归结果表明,从出口选择方程来看,各类关系与法律制度交互项系数的符号均为正,说明在企业的出口参与决策过程中,关系与法律制度的影响是互补性的,即随着法律制度的完善,关系能够促进更多的企业进入国际市场。但从出口密集度来看,关系与法律制度之间的关系则是替代性的,即随着法律制度的完善,关系对企业出口数量的正面影响会随之而减弱。这是因为,在法律制度较差的背景下,企业进行投资的激励不足,此时关系在企业出口数量中的作用就显得格外重要;而随着法律制度的逐步完善,关系对企业出口数量的作用就会逐步淡化。

---

[1] 需要指出的,由于 $duration\_law$ 与 $duration$ 之间可能具有较强的相关性,为避免多重共线性的影响,我们没有将这两个变量同时放入回归方程。

表 4.19 引入"关系与法律交互项"的回归结果

因变量 估计方法	(1) dmex Probit	(2) expi OLS	(3) dmex Probit	(4) expi OLS	(5) dmex Probit	(6) expi OLS	(7) dmex Probit	(8) expi OLS
duration_law	0.378***	−0.193***						
	(3.14)	(−3.28)						
noncash_law			0.448***	−0.160***				
			(3.79)	(−2.69)				
network_law					0.316***	−0.270***		
					(2.75)	(−4.54)		
connection_law							0.293***	0.003
							(2.59)	(0.04)
size	0.348***	−0.010	0.353***	−0.032	0.335***	−0.017	0.366***	−0.022
	(3.19)	(−0.15)	(3.28)	(−0.47)	(3.07)	(−0.26)	(3.34)	(−0.33)
age	−0.225*	0.000	−0.221*	0.000	−0.248**	0.000	−0.223*	0.000
	(−1.91)	(0.00)	(−1.88)	(0.00)	(−2.10)	(0.00)	(−1.89)	(0.00)
prod	−0.044	−0.056	−0.053	−0.047	−0.055	−0.060	−0.057	−0.053
	(−0.27)	(−0.93)	(−0.32)	(−0.77)	(−0.34)	(−1.02)	(−0.35)	(−0.86)
oversea_supplier	0.655***	0.027	0.647***	0.012	0.681***	−0.005	0.676***	0.033
	(5.44)	(0.40)	(5.35)	(0.18)	(5.65)	(−0.08)	(5.63)	(0.47)
annual_salary	0.167	−0.006	0.169	0.011	0.166	−0.011	0.179	0.004
	(1.53)	(−0.09)	(1.54)	(0.18)	(1.51)	(−0.19)	(1.64)	(0.07)

续表

因变量 估计方法	(1) dmex Probit	(2) expi OLS	(3) dmex Probit	(4) expi OLS	(5) dmex Probit	(6) expi OLS	(7) dmex Probit	(8) expi OLS
tenure	0.144	0.043	0.144	0.055	0.127	0.055	0.128	0.067
	(1.27)	(0.74)	(1.25)	(0.93)	(1.12)	(0.95)	(1.13)	(1.12)
abroad_edu	0.328***	−0.004	0.351***	−0.006	0.357***	−0.062	0.326***	−0.005
	(2.93)	(−0.07)	(3.09)	(−0.10)	(3.19)	(−0.95)	(2.92)	(−0.07)
rd_sh	−0.091	0.191***	−0.108	0.198***	−0.101	0.223***	−0.103	0.189***
	(−0.69)	(2.99)	(−0.80)	(3.07)	(−0.74)	(3.53)	(−0.78)	(2.87)
kl	−0.223	−0.081	−0.220	−0.070	−0.213	−0.039	−0.217	−0.081
	(−0.79)	(−1.17)	(−0.73)	(−1.00)	(−0.78)	(−0.57)	(−0.84)	(−1.15)
样本	985	272	982	270	984	270	988	272

注：括号中为变量估计系数的 t 统计量；***、** 和 * 分别为 1%、5% 和 10% 的显著性水平。

4.3.4　小结

本节首先构建理论模型考察了"关系"影响企业出口行为的微观机制,分析结果表明,由于信息的不对称,为了赢得好的"声誉",高效率企业有可能进行"过度投资"。而企业间持续的业务往来和良好的关系网络能够起到良好的信息集散和信号甄别功能,有助于增强企业间信任,提高企业投资效率,从而促进企业的出口参与。但与此同时,由于"关系"的发展会降低企业进行过度投资的倾向,这就有可能减少企业的出口数量。因此,"关系"对企业出口数量的影响存在一定的不确定性。

在理论分析的基础上,本节采用微观企业数据对理论模型的核心结论进行了经验分析。研究发现:①企业的双边关系以及多边关系网络对民营企业的出口参与起到了积极的促进作用,这表明"关系"在民营企业出口中发挥着重要的作用,并在一定程度上解释了为什么在正式制度不完善的条件下,民营企业依然保持着强劲的增长态势。②关系对企业出口密集度的影响并不显著,而且某些类型的关系还对企业的出口密集度起到了一定的负面作用。这说明,在正式制度不完善的条件下,关系对企业出口行为的影响主要是通过促进更多的企业进入出口市场来实现出口增长,对单个企业出口密集度的作用并不显著。③随着法律制度的完善,双边关系和多边关系网络对企业出口决策的影响会增强,这意味着"关系"与法律制度在中国企业参与出口的中存在显著的"互补效应",对企业出口密集度的影响则呈"替代效应"。因此,法律制度的完善能够更好地发挥"关系"对企业出口参与决策的积极作用,从而能够促进更多的企业进入国际市场。

上述分析的政策含义在于:首先,建立信息扩散的通畅渠道,促进企业间持续的业务往来和行业协会的发展,有助于加强企业间的了解和信任,从而帮助更多的企业进入国际市场,保持外需的稳定增长;其次,加强法律和执法体系的建设,促进法律服务的发展,同时,还要为行业协会和其他民间组织的快速发展,推动法律制度与非正式制度的良性互动;再次,清理和修订限制非公有制经济发展的法律法规和政策,消除对民营企业的歧视性待遇,促使国内形成公平透明的竞争环境,进一步推动民营企业在中国对外贸易中的拉动作用。最后需要指出的是,虽然本节研究的对象是"关系"对企业出口行为的影响,但其逻辑同样适用于企业在国内市场的进入问题。由于地方保护主义所导致的人为的贸易壁垒,企业进入国内市场的成本非常高,这就导致中国企业更倾向于以"代工"的方式进入国际市场,而不愿意在国内进行销售。因此,加强企业间业务关系和关系网络的发展、健全和完善法律和执法体系与中国扩大内需的目标之间并不矛盾。相反,"关系"和法律制度的完善能够提高企业的投资效率,帮助其克服在国内销售的成本,从而使其能够更好地利用国内市场,促进内需和外需的协调发展。

4.4　作用机制:企业间关系与企业融资约束[*]

在经济发展过程中,一国经济的真正强大不仅表现为经济总量的增加,而且更为重要的体现在企业的成长。2010 年中国经济规模超过了日本,成为仅次于美国的世界第二大国,然而相比于中国经济总量的快速增长,企业的发展却依然差强人意。虽然在中国经济增长过程中涌现出了一批具有国际竞争力的小企业,但是,这些企业却始终尚未成为真正具有核心竞争力的跨国公司。因此,探讨企业成长的原因和制约因素以及如何实现企业成长就成为一项重要的研究课题,也成为中国能否继续保持持续增长的关键。

在企业成长过程中,融资约束是制约企业持续发展的关键因素,尤其是随着企业规模的扩大,仅仅依靠企业自有资金的支持是远远不够的,外源融资的作用将日益凸显(Rajan and Zingales, 1998; Johnson *et al.*, 2002; Cull and Xu, 2005)。然而,作为一个发展中国家,中国的金融体系尚不完善,企业面临严重的融资约束。Claessens 和 Tzioumis(2006)依据 1999—2002 年世界银行投资环境调查的研究发现:中国有 75% 的企业面临着融资约束。既然如此,为何在普遍面临融资约束的背景下,中国仍然取得了举世瞩目的经济成就? Allen 等(2005)与 Long 和 Zhang(2011)强调,在评价中国经济绩效时,仅仅关注正式制度的作用是不够的,包括关系和声誉机制等非正式制度的存在可能是影响中国企业生存和发展的重要条件。为了探寻中国企业的未来发展之路,一个首先需要解决的问题是要评价和回答这些非正式因素是否缓解了中国企业的融资约束,并在中国企业发展过程中起到了关键性作用,其作用的局限性何在以及能否进一步起到支持中国企业发展的作用?已有研究在考察"关系"因素对民营企业融资约束的影响时,更多地关注"政企关系",对企业间关系作用的研究仍十分匮乏,本节将从企业间关系的视角对这一问

---

[*]　本节由盛丹和王永进共同完成,原文以《"企业间关系"会缓解企业的融资约束吗?》为标题发表于《世界经济》2014 年第 10 期,第 106—124 页。

题进行考察。

现有的文献大多从正式制度的角度,考察产权保护、司法制度和金融发展程度对企业获得外部融资的重要作用。Claessens 和 Laeven(2003)运用跨国数据,发现良好的产权保护和完善的金融体系有利于企业获得外部融资。此外,Beck 等(2005)采用跨国层面的企业调查数据,指出除了法律和金融制度之外,政府的廉洁程度也会对企业的融资产生重要的影响。他们的研究表明:国家腐败程度的降低会提高企业外部融资的可得性。卢峰和姚洋(2004)采用 20 世纪 90 年代中国省级数据,发现加强法治有助于提高私人部门获得的银行信贷份额。

也有部分学者关注了非正式制度中"关系"的作用。所谓"关系",是指企业可以与经济领域的各个方面发生种种联系,并且能够通过这些联系而获取稀缺资源的一种能力。实际上,企业所建立的"关系"可以分为三类:纵向联系、横向联系和社会联系。其中,纵向联系是指"企业与上级领导机关、当地政府部门以及下属企业部门的联系";横向联系指的是"企业与其他企业的联系";社会联系是指"企业的非经济的社会交往和联系"(边燕杰和丘海雄,2000)。张军(1995)指出"关系"作为一种非正式的经济手段在转轨经济中起到了极其重要的作用。作为非正式制度的一种替代,"关系"会降低交易成本和减少经济中的不确定性(Li,2006)。

大多数研究探讨的关系主要是纵向关系,即企业的政治关联对于缓解企业融资约束的作用。Khwaja 和 Mian(2005)研究了巴基斯坦的企业信贷情况,他发现那些与政府有联系的企业可以获得两次以上的贷款,并且比其他企业多 50% 的利率优惠,这些企业能从国有银行获得专项贷款。随后,Charumilind 等(2006)对泰国的研究发现:与银行关系好的企业只需提供较少的抵押资产,就能够获得较多的长期贷款。而 Faccio(2006)采用跨国数据的研究表明:政治关联企业能够获得更多的银行贷款,并不是政府的直接干预,而是企业可以通过政治关联,获得政府的隐性担保。近年来,国内学者也开始探讨政治关联对于中国民营企业融资的影响。胡旭阳(2006)认为在中国金融业进入受到政府管制的情况下,民营企业家的政治身份通过传递民营企业质量信号降低了民营企业进入金融业的壁垒,提高了民营企业的资本获得能力,促进了民营企业的发展。他以浙江省 2004 年民营百强企业为样本,研究了民企创始人政治身份与民营企业进入金融业可能性之间的关系,并证实了上述假说。在此基础上,余明桂和潘红波(2008)以中国 1993—2005 年在沪深交易所上市的民营企业为样本,考察了政治关系是否有利于民营企业获得银行贷款。研究结果发现,有政治关系的企业比无政治关系的企业能获得更多的银行贷款和更长的贷款期限,而且,在金融发展越落后、法治水平越低和政府侵害产权越严重的地区,政治关系的这种贷款效应越显著。冯天丽等(2010)则运用 2006 年"全国私营企业调查"数据,研究了私营企业政治资本对私营企业借贷能力的影响。发现私营企业主的政治身份和党政国企经历有利于私营企业从国有银行获得借贷。同时,改制收购而来的私营企业相对于非改制收购而来的企业更易于获得国有银行的借贷。此外,邓建平和曾勇(2011)以中国 2004—2008 年 800 个民营企业上市公司为样本,研究了金融关联与民营企业融资约束的关系。他们发现 47.8% 的民营企业存在金融关联,并且金融关联能够有效缓解民营企业的融资约束。

诚然,政企关系是一条缓解民营企业融资约束的重要渠道,但对于广大中小企业而言,政企关联的获得并非易事,而且也不是缓解融资约束的唯一渠道。然而,已有关于民营企业融资约束的文献更多的关注政企关联,对"企业间关系"的研究仍十分匮乏。鉴于此,在前期研究的基础上,本节将运用世界银行投资环境调查数据,考察企业间关系能否缓解中国企业的融资约束,以及其作用的机制和渠道。

与已有研究相比,本节的贡献主要体现在以下几个方面:第一,从研究视角来看,本节首次从企业间关系的角度,考察关系对于缓解中国企业融资约束的作用。虽然这一问题已经得到前期学者的关注,但大多集中在企业的政治关联对融资的影响,忽视了企业间关系的重要作用。本节的研究弥补了前期研究的不足,为考察中国企业的融资约束问题,提供了新的视角,具有重要的理论价值和现实意义。第二,从研究思路上,研究思路更为细致和微观。本节不仅通过分析"投资—负债"敏感度考察了企业间关系对企业融资约束的作用,而且还直接考察了企业间关系对企业融资环境的影响。不仅考察双边企业间关系的作用,还检验了多边企业间关系的影响,这将有利于中国更为全面和清楚地认识企业间关系在缓解融资约束方面的重要作用。第三,在结论上,我们发现政企关系并不总是能够改善企业的融资缓解,而在诸多企业间关系变量中,企业间的双边关系网络可以通过促进企业获得银行贷款、增加银行贷款期限和促进商业信贷等方式来缓解企业的融资约束,多边关系网络则主要通过银行贷款途径来改善企业融资环境。本节的研究不仅丰富了缓解企业融资约束的相关文献,而且加深了我们对企业间关系重要性的认识,对于我们改善国内企业的融资状况,针对不同企业采取不同的融资策略,具有重要的政策参考价值。

本节余下部分安排如下:第一部分,借鉴 Harrison 和 McMillan(2003)修正的欧拉投资方程的方法,构建计量模型,并对主要变量的统计性进行了分析;第二部分利用 2000—2002 年世界银行的投资环境调查数据,一方面采用前文构建的融资约束指标考察企业间关系能否缓解中国企业的融资约束,另一方面直接考察企业间关系对企业融资环境的影响；最后一部分是文章主要结论。

4.4.1 企业间关系对融资约束的影响

企业间关系对于缓解企业融资约束发挥着不容忽视的重要作用。首先，企业通过与中间产品供货商、原材料供应商、最终产品客户，建立双边的企业间关系，有助于促进双边声誉机制作用的发挥（王永进，2012）。同时，长时间的业务交往，可以消除不确定性和信息不对称性，使交易双方建立良好的信用关系。当企业需要资金融通时，一方面，中间产品供货商和最终产品客户可以为企业获得银行贷款提供担保和抵押品，有利于提高企业的信用评级，帮助其获得银行贷款；另一方面，在无法获得银行贷款的情况下，中间产品供货商和最终产品客户可以为企业提供商业信贷，从而缓解企业的融资约束。

其次，企业通过加入商业协会建立的多边企业间关系，有利于企业与同行业的多家企业建立强有力的商业和社会关系网络。这种商业和社会关系网络能够加强企业之间的信息沟通，为企业获得商业伙伴提供可靠的信息（Johnson *et al.*，2002），并能够传播和收集有关客户的商业纠纷信息（McMillan and Woodruff，1999），或者直接调解和处理成员企业间的业务纠纷，从而有助于多边声誉机制作用的发挥（Greif *et al.*，1994）。企业在融通资金时，可以采取协会内部多家企业联保的形式，获得无需抵押的银行贷款。同时，协会内部的企业之间也可以相互提供商业信贷来解决融资问题。此外，多边的企业间关系还有利于同政府建立联系。陈剩勇和马斌（2004）指出中国民营企业自发组织的民间商会发挥了政治组织的作用，便利了民营企业家与政府的沟通与协调。这也在一定程度上有利于企业的资金融通。

为考察企业间关系对改善企业融资约束的作用和微观机制，我们将采用世界银行的数据，构建计量模型进行经验分析和检验。

1. 计量模型的构建

本节首先考察企业间关系是否能够缓解企业的融资约束。现有对企业融资约束的经验研究，大多采用托宾 Q 模型或者欧拉投资方程来对分析企业的融资约束问题。虽然这两种方法均来自相同的最优化问题，但是，托宾 Q 模型的估计假设要求股票市场的价格要与管理者对资本的边际收益的估计相一致，这一假设更强，并且存在较多的争议和问题（Bond and Cummins，2001）。为此，我们将采用 Harrison 和 McMillan（2003）修正的欧拉投资方程的方法考察企业的融资约束。

根据 Harrison 和 McMillan（2003）的研究，以最大化净现金流贴现值为目标

的,融资约束的企业最优投资路径应满足:

$$(1-\delta)\beta_{t+1}^{t}E_{t}[(1-\Psi_{t})(\partial R/\partial I)_{t+1}] = (\partial R/\partial I)_{t} + (\partial R/\partial K)_{t} \quad (4.14)$$

其中,R_t 为企业的利润函数,I_t 为企业的投资,K_t 为企业的资本存量,资本折旧率 δ,β_{t+1}^{t} 为 t 期和 $t+1$ 期之间的贴现因子,Ψ_t 为企业的融资约束。该等式表示企业未来投资的边际调整成本的净现值(左边),等于当期投资的净边际成本。Harrison 和 McMillan(2003)假设企业调整成本方程为:$G(K_t,\ I_t) = \frac{1}{2}bK_t\left[\left(\frac{I}{K}\right)_t - c\right]^2$,是投资和资本的线性齐次函数,其中 b 和 c 均为常数,b 表示调整成本的大小;c 衡量投资的规模经济程度,c 越大,意味着投资的规模经济越强,从而扩大投资规模成本越低。

根据 Bond 和 Meghir(1994)的方法,利润函数设定为:

$$R_t = p_t F(K_t,\ L_t) - p_t G(K_t,\ I_t) - w_t L_t - p_t^I I_t \quad (4.15)$$

其中,$F(K_t,\ I_t)$ 为产出,其扣除调整成本 $G(K_t,\ I_t)$ 后为净产出 Y;p_t 和 p_t^I 为产品和投资品的价格。如果企业不存在信贷约束($\Psi_t = 0$),由式(4.14)、式(4.15)联立得到:

$$\left(\frac{I}{K}\right)_{t+1} = C + \beta_1\left(\frac{I}{K}\right)_t + \beta_2\left(\frac{I}{K}\right)_t^2 + \beta_3\left(\frac{Y}{K}\right)_t + \beta_4\left(\frac{CF}{K}\right)_t + \vartheta_t \quad (4.16)$$

其中,C 表示常数项;$CF = p_t F(K_t,\ L_t) - p_t G(K_t,\ I_t) - w_t L_t$,用现金流表示;$\vartheta_t$ 表示时间固定效应。如果企业存在信贷约束($\Psi_t \neq 0$),则需要对模型式(4.16)进行过拓展,参照罗长远和陈琳(2011)的作法,我们加入了负债资产比 $Debt$,该项表示企业的融资约束,为此我们得到检验企业融资的基准模型为:

$$\left(\frac{I}{K}\right)_{t+1} = C + \beta_1\left(\frac{I}{K}\right)_t + \beta_2\left(\frac{I}{K}\right)_t^2 + \beta_3\left(\frac{Y}{K}\right)_t + \beta_4\left(\frac{CF}{K}\right)_t + \beta_5(Debt)_t + \vartheta_t$$

$$(4.17)$$

其中,如果 $Debt$ 的系数 β_5 为正并且是显著的,即企业负债与下期投资正相关,这说明企业是面临融资约束的。罗长远和陈琳(2011)指出:"债务负担较重的企业,其偿债能力下降,进一步融资的空间有限,在这种情况下,它倾向于推迟投资。"

为进一步考察企业间关系对融资约束的影响,我们在方程式(4.17)中加入了企业间关系 relation、企业间关系和企业负债比率的交叉项 relation_Debt。其中 relation 为企业间关系,主要包括:与主要中间产品供货商来往的时间长度(supplier)、最大原材料供货商供货的比重(input_r)、企业是否为商业协会的会员(association)以及允许客户逾期付款的时间长度(account_t)。如果 Debt 的回归系数为正,并且 relation_Debt 系数为负,就说明企业存在融资约束,并且企业间关系能够缓解这一问题。

2. 数据的描述及变量的度量

本节数据来自世界银行 2003 年的"投资环境调查"。该项调查时间跨度为 2000—2002 年,涉及对象为 15 个省区 18 个城市的 2 400 家企业,其中制造业行业 1 566 家。根据数据的可获得性,我们选取了 2000—2002 年的 1 090 家制造业企业作为本节主要考察的样本。该数据样本包括了本溪、大连、哈尔滨、长春、石家庄、郑州、武汉、长沙、杭州、温州、南昌、昆明、西安、兰州、南宁、深圳、江门和重庆等 18 个城市。行业涉及服装皮革产品、电子部件制造、家用电器、交通运输与邮政服务、冶金制品和食品加工、电子设备、汽车和汽车零件、化学产品和药品、生物产品和中药、运输设备等 10 大行业。

当期投资资本比(i_k)为企业投资和资本存量的比值、销售资本比(y_k)为企业的销售总值与资本存量的比值、现金资本比(cf)为利润总额与资本存量之比、负债资本比(debt)为企业总负债与资本存量的比值。其余企业关系、政企关系等变量均为问卷调查所得。

表 4.20 主要变量的统计性特征

变量含义	变量名称	观测值	均 值	方 差	最小值	最大值
下期投资资本比	f_i_k	2 091	0.148	0.513	0	15.911
当期投资资本比	i_k	3 085	0.143	0.426	0	15.911
当期投资资本比平方	i_k_s	3 085	0.202	5.015	0	253.145
销售资本比	y_k	3 079	7.885	95.18	0	5 099.345
现金资本比	cf	3 076	0.378	2.211	0	83.640
负债资本比	debt	3 062	2.972	13.051	0	509.143
企业规模	lnsize	3 088	9.049	2.255	1.098	16.203
企业经营年限	age	3 190	12.906	12.747	0	52
与主要中间产品供货商交往时间(年)	supplier	3 014	5.662	4.649	0	53
从主要原材料供货商购买的比重(%)	input_r	2 585	56.736	26.72	0.5	100
是否为商业协会的会员	association	3 161	0.602	0.489	0	1
允许客户逾期付款的时间长度(天)	account_t	1 372	70.575	83.344	1	960

说明:上述数据除企业间关系变量外,其余数据为作者计算所得,数据来源于世界银行投资环境调查。

3. 企业间关系缓解融资约束的经验检验

我们运用 2000—2002 年世界银行的投资环境调查数据,对式(4.16)和式(4.17)分别进行了回归检验,回归结果见表 4.21。为克服企业间变量的内生性问题,我们分别采用企业所在行业和地区其他企业的"企业间关系"的均值(即 $n-1$ 工具变量)、三大改造前(1955 年)企业所在省份的民营经济比重以及 1937 年的公路网密度(中国公路交通史编审委员会,1990)作为企业间关系的工具变量。在理论上,导致变量内生性的主要原因是"遗漏变量"和"双向因果关系"。为了克服"遗漏变量"所导致的内生性问题,我们在回归模型中控制了行业和年份固定效应,并采用 $n-1$ 变量进行回归。但这一工具变量并不能很好地处理由"双向因果关系"所导致的内生性问题,为此,我们采用三大改造前企业所在省份的民营经济比重和 1937 年的公路网密度,作为企业间关系的工具变量。

表 4.21　企业间关系与融资约束

	(1) 初始	(2) supplier	(3) input_r	(4) association	(5) account_t
i_k	0.278 ***	−0.427 **	−0.352 ***	−0.083	−1.733 ***
	(3.834)	(−2.493)	(−2.910)	(−0.387)	(−14.180)
i_k_s	0.127 ***	1.366 ***	1.094 ***	1.058 ***	3.188 ***
	(2.917)	(9.044)	(10.591)	(5.837)	(28.855)
y_k	0.000	0.004 *	0.006 ***	−0.032 ***	0.004 ***
	(0.697)	(1.884)	(3.214)	(−4.702)	(2.645)
cf	−0.005	0.017	−0.024	−0.031	0.048 ***
	(−0.678)	(0.638)	(−1.230)	(−0.950)	(2.954)
$debt$	0.004 ***	0.149 ***	0.090 ***	0.212 ***	0.014 ***
	(2.801)	(5.854)	(3.276)	(5.623)	(2.964)
$relation\_debt$		−0.029 ***	−0.001 ***	−0.219 ***	−0.000 ***
		(−5.724)	(−3.215)	(−5.536)	(−3.057)
con	0.041 *	0.170 ***	0.064 **	0.056	0.210 ***
	(1.664)	(3.911)	(2.083)	(1.087)	(7.230)
弱识别检验		60.771	59.699	39.165	62.075
第一阶段 F 值		21.369	21.151	13.385	23.473
过度识别检验		2.484	4.210	6.933	1.200
		(0.288)	(0.121)	(0.031)	(0.548)
样本数	2 031	840	723	876	390
R^2	0.076	−0.436	0.250	−1.300	0.773

注:括号内值为 t 值;***、** 和 * 分别为1%、5%和10%的显著性水平。回归控制了年度和行业固定效应。下表同。

采用上述变量的主要考虑是：企业间关系在本质上属于一种"社会资本"，往往具有一定的延续性。历史上民营经济发展程度较高的地区，企业间关系网络发展比较完善。1937 年的公路网密度则一定程度上反映了当时的商业繁荣程度和社会资本水平，而历史上的社会资本又进一步影响当前的企业间关系。更为重要的是，由于这两个变量是地区层面的历史数据，因此，单个企业关系的发展程度不会对地区层面的历史变量产生影响。可以较好地满足"相关性"和"外生性"两个条件，符合工具变量的基本要求。

从表 4.21 的结果可以看出：①回归组合（1）显示中国企业的融资约束是普遍存在的。在没有加入企业间关系前，$debt$ 的回归系数为正，并且在统计上是显著的，由前文的分析可知，这说明企业的负债率与下期的投资呈正相关关系，即融资约束确实存在。②加入企业间关系的影响后，我们发现，多边关系网络以及各类双边关系变量——与中间产品供应商的业务往来时间（$supplier$）、从主要原材料供货商购买的比重（$input\_r$）和允许客户逾期付款的时间长度（$account\_t$），均在 1% 的统计水平上缓解了企业的融资约束。

为检验工具变量两阶段最小二乘法估计结果的有效性，我们对工具变量进行了识别不足检验、弱识别检验和过度识别检验，并汇报了对应的统计值，分别是 Anderson LM 统计量、第一阶段 F 值和 Sargan 统计量。如果识别不足检验的原假设被拒绝，意味着工具变量与内生变量是相关的。第二个统计量检验工具变量与内生变量之间是否强相关，根据 Staiger 和 Stock（1997），在运用两阶段最小二乘法进行估计时，第一阶段的 F 值在 16.85 以上就说明工具变量回归导致的偏差不超过普通最小二乘估计结果估计偏差的 5%，即工具变量和内生变量之间具有强的相关性。Sargan 统计量主要是检验工具变量的外生性，接受原假设表明工具变量是外生的。由表 4.22 汇报的检验结果可知，在所有回归组合中，弱识别检验的原假设均在 1% 的统计水平上被拒绝，表明工具变量具有较强的外生性，过度识别检验的相伴概率也都高于 1%，意味着在 1% 的统计水平上接受工具变量外生性的原假设。此外，在所有回归组合中，第一阶段 F 值均在 16.85 以上，说明工具变量与内生变量之间具有较强的相关性，是强工具变量。

不过需要注意的是，上述回归结果并没有区分企业的所有制类型。不同所有制企业对企业间关系的依赖程度是有差异的：一方面，由于国有企业受到预算软约束的保护，因此不需要发展企业间关系也可以获得资金来源。这就使得民营企业可能更容易受到企业间关系的影响。但另一方面，由于民营企业资金实力较弱，因此，单纯依靠企业间关系可能难以为企业发展提供必要的资金支持。尤其是当企业规模较小时,企业资金来源只能更多地依靠自有资金的积累。为此,我们根据所有制的不同,将样本进行进一步的划分,单独考察企业间关系对民营企业融资约束的作用,具体回归结果如表 4.22 所示。

表 4.22　企业间关系与民营企业融资约束

	(1) 初始	(2) *supplier*	(3) *input_r*	(4) *association*	(5) *account_t*
i_k	0.281***	−0.577***	−0.404***	−0.018	−1.855***
	(3.099)	(−3.171)	(−2.749)	(−0.090)	(−11.775)
i_k_s	0.127**	1.480***	1.213***	1.029***	3.308***
	(2.440)	(9.903)	(10.541)	(6.432)	(23.969)
y_k	−0.000*	0.002***	−0.002**	−0.016***	0.003
	(−1.753)	(4.486)	(−2.354)	(−5.533)	(1.491)
cf	−0.002	0.029	0.042**	−0.057**	0.053**
	(−0.305)	(1.452)	(2.075)	(−2.332)	(2.454)
debt	0.003**	0.119***	0.071**	0.133***	0.020
	(2.302)	(7.231)	(2.181)	(5.517)	(1.466)
relation_debt		−0.023***	−0.001**	−0.134***	−0.000
		(−7.044)	(−2.125)	(−5.378)	(−1.498)
con	0.041	0.151***	0.092**	0.042	0.215***
	(1.234)	(3.235)	(2.428)	(0.830)	(5.252)
弱识别检验		152.077	45.966	37.558	264.145
		(0.000)	(0.000)	(0.000)	(0.000)
第一阶段 *F* 值		65.535	16.207	19.426	1 916.234
过度识别检验		0.905	3.695	38.252	3.363
		(0.636)	(0.158)	(0.000)	(0.186)
样本数	1 505	610	530	634	264
R^2	0.073	0.038	0.320	−0.180	0.812

从表 4.22 的回归结果可知:首先,除允许客户逾期付款的时间长度(*account_t*)变量外,其他企业间关系变量均显著降低了民营企业的融资约束。其中,与中间产品供应商的业务往来时间(*supplier*)和多边关系网络(*association*)交互项系数仍在 1% 统计水平上显著,从主要原材料供货商购买的比重(*input_r*)交互项变量也在 5% 的统计水平上显著。这表明供应链机制是缓解企业融资约束的重要渠道,相对于银行企业的关系而言,上下游企业间的信息不对称程度越低,尤其是随着企业间业务往来的增加,企业的信誉不断增强,这不仅有助于企业间通过商业信用为彼此提供资金,而且也可以通过企业间联保等方式来帮助企业获得银行贷款,并缓

解企业的融资约束。这与中国的现实情况相吻合。中国的企业,特别是规模较小的民营企业,在进行银行贷款时,往往受到企业规模的限制,同时也无法提供有效的抵押品和担保单位,从而难以从银行获得资金融通。而中国的杭州、泉州和长春等地的银行采取的"小企业联保贷款"政策,缓解了小企业的融资约束。所谓小企业"联保贷款",是指由同一专业市场、同一协会、企业家俱乐部和工业园区内,无关联关系及直系亲属关系的 3—5 家企业在自愿基础上组成联合担保小组,相互提供贷款担保,银行以此向小企业发放一定额度的贷款,而无需提供抵押品。

允许客户逾期付款的时间长度($account\_t$)交互项的估计系数不显著。其原因是允许客户逾期付款的时间越长,表明企业为其他企业提供的商业信用越多,从而部分地抵消其积极作用。此外,在控制 $account\_t$ 交互项后,$debt$ 变量本身的估计系数也不再显著,这说明多重共线性也是导致结果不显著的一个重要原因。

此外,与表 4.21 类似,为检验工具变量的有效性,我们报告了工具变量的识别不足检验、弱识别检验和过度识别检验的相关统计量,其检验结果与表 4.21 基本类似,表明工具变量两阶段最小二乘法得到的估计结果是有效的,此处不再赘述。

4.4.2　企业间关系对融资环境的作用

前文通过欧拉方程考察了企业间关系对融资约束的影响。实际上,关系对企业融资的影响是多维度的,不仅体现为企业融资约束的缓解,而且还表现为企业融资环境的改善。本节将通过细分企业获得融通资金的来源,从而更为直接地探讨企业间关系对其融资的具体作用,从而检验企业间关系对融资环境的影响。

1. 模型设定

目前,中国企业获得资金融通的来源主要有两条渠道:一类是通过正式的金融机构获得;另一类是通过企业之间的商业信贷来获得。为探讨企业间关系缓解企业融资约束的渠道,我们分别考察了企业间关系对企业获得不同融通资金渠道的影响。具体而言,我们采用如下的回归方程形式:

$$Fin_i = \alpha_1 relation_i + \gamma Z_i + \theta G_i + \varepsilon_i \tag{4.18}$$

其中,Fin_i 表示企业获得融通资金的来源,包括:企业是否获得银行贷款、长期贷款的时间长度、企业是否获得商业信贷以及商业信贷的时间长度。Z_i 和 G_i 均为控制变量,Z_i 表示企业特征的控制变量,包括:企业的劳动生产率(prd),用企业的人均产出来测度;企业长期负债的比重($debt\_r$),为企业长期负债占固定资产的比重;企业的经营年限(age),为企业所在年份与其成立年份之差;经营绩效(roa),为利润总额与总资产之比;企业的规模($size$),为企业总资产的对数。G_i为企业与政府的关联变量,包括企业用于与政府处理关系的时间(gov_t)、企业交往的主管官员的比重($official\_s$)、主管官员帮助该企业的概率($official\_t$)、总经理在党中的职位($position$)(该值越小表明职位越大)、总经理是否为政府任命($appoint$),这些企业与政府的关联变量均为问卷调查所得。此外,ε_i为残差,i代表企业。

2. 回归结果

我们采用2000—2002年世界银行针对中国15个省区的投资环境调查数据,进一步考察企业间关系缓解企业融资约束的微观机制。根据企业融资渠道的不同,我们运用总体样本和民营企业样本分别检验了企业间关系的不同作用,回归结果如表4.23—4.24所示。其中,表4.23主要是检验企业间关系是否有利于企业获得银行贷款。表4.25是考察企业间关系是否有利于企业获得商业信贷。由于两表中的被解释变量都是0、1变量,为此,我们采用工具变量$probit$模型进行估计。表4.24和表4.26是检验企业间关系对于长期贷款时间和商业信贷时间长度的影响,主要采用工具变量两阶段最小二乘法方法进行回归。

(1)企业间关系与银行贷款。表4.23报告了企业间关系对企业贷款获得的影响,从表4.23回归结果可以看出:首先,从本节关注的企业间关系变量来看,允许客户逾期付款的时间长度($account\_t$)对总体样本和民营企业样本获得贷款的概率都起到了积极的促进作用,而且在5%的统计水平上显著。而对于其他企业间关系变量,除第(7)列外,对企业获得贷款的影响并不显著。其原因在于:企业间关系对企业贷款的作用表现在两个方面,一是提高企业贷款的概率,二是提高企业间贷款的期限。因此,只从贷款概率来看,企业间关系的作用可能并不明显。

从控制变量来看,企业的劳动生产率(prd)对企业贷款获得的影响并不明显,尤其是对于民营企业样本而言,这一作用甚至符号为负。这进一步证实了中国存在要素配置扭曲这一客观事实。聂辉华(2011)研究发现,中国存在普遍的资源配置错误,即"优秀"的企业没有得到"优秀"的资源。上述结果为中国普遍存在资源配置错误这一现象提供了进一步的经验证据。企业的年龄(age)对企业贷款获得的影响显著为正,尤其对于整体样本而言更是如此,这表明,银行更愿意将资金贷款给那些历史悠久的老企业,在某种程度上,经营年限越长意味着企业信誉越好,资金实力越强。企业经营绩效(roa)对银行贷款获得的影响为负,进一步证实了银行贷款存在资源配置扭曲现象。从整体样本来看,规模($size$)仅在第(2)和第(6)

表 4.23　是否获得银行贷款

	总体样本				民营企业			
	(1)	(2)	(3)	(4)	(5)	(6)	(7)	(8)
	supplier	input_r	association	account_t	supplier	input_r	association	account_t
relation	0.062	-0.004	-0.271	0.005**	0.096	0.008	1.062*	0.056**
	(1.091)	(-1.117)	(-0.135)	(2.182)	(1.177)	(0.456)	(1.696)	(2.075)
prd	-0.000	-0.000	-0.000	-0.000	-0.000*	-0.000*	-0.000	-0.000
	(-0.948)	(-0.958)	(-0.655)	(-0.730)	(-1.778)	(-1.804)	(-1.302)	(-1.320)
debt_r	0.141	0.282	0.138	0.046	0.249	0.274	0.207	-2.602*
	(0.969)	(1.347)	(0.807)	(0.186)	(1.100)	(1.189)	(0.882)	(-1.950)
age	0.013*	0.014**	0.016***	0.060***	0.010	0.005	0.006	0.493*
	(1.926)	(2.271)	(2.630)	(3.107)	(0.941)	(0.538)	(0.698)	(2.515)
roa	-0.044	-0.030	-0.076	-0.289***	-0.115**	-0.108*	-0.122**	-1.661**
	(-1.099)	(-0.746)	(-1.517)	(-2.995)	(-1.996)	(-1.811)	(-2.223)	(-2.323)
size	0.011	0.072**	0.054	-0.025	0.076	0.093**	-0.004	-0.860**
	(0.261)	(2.097)	(0.409)	(-0.491)	(1.400)	(2.020)	(-0.072)	(-2.264)
gov_t	0.001	0.003	0.002	-0.006	0.012	0.014	0.016	-0.454**
	(0.337)	(0.734)	(0.605)	(-1.180)	(0.812)	(0.974)	(0.944)	(-2.131)
official_s	0.003	0.007**	0.003	0.012***	0.005	0.007	0.003	0.017
	(1.171)	(2.317)	(0.494)	(2.578)	(1.330)	(1.612)	(0.770)	(1.295)

续表

| | 总体样本 | | | | 民营企业 | | | |
	(1)	(2)	(3)	(4)	(5)	(6)	(7)	(8)
	$supplier$	$input\_r$	$association$	$account\_t$	$supplier$	$input\_r$	$association$	$account\_t$
$official\_t$	0.000	−0.001	0.001	−0.001	−0.001	−0.000	0.002	0.057*
	(0.019)	(−0.442)	(0.419)	(−0.249)	(−0.503)	(−0.255)	(0.577)	(1.814)
$position$	−0.097*	−0.134***	−0.102	−0.045	−0.037	−0.054	0.019	0.464
	(−1.944)	(−2.797)	(−1.134)	(−0.658)	(−0.611)	(−0.785)	(0.283)	(1.518)
$appoint$	0.095*	0.092	0.078	0.111	0.071	0.066	0.101	0.186
	(1.744)	(1.622)	(1.008)	(1.106)	(1.031)	(0.906)	(1.401)	(0.407)
con	0.428	0.395	0.596	−0.042	0.003	−0.341	0.253	5.298
	(0.902)	(0.730)	(1.038)	(−0.056)	(0.005)	(−0.270)	(0.396)	(1.559)
样本数	844	741	850	399	594	533	599	189

列对企业贷款获得的概率产生了显著为正的影响。但在其他回归组合中，该变量的估计系数并不稳定，其中，多重共线性是导致这一结果的主要原因。长期负债比重($debt\_r$)对企业贷款获得的影响不明显。

最后，在政企关系类变量中，与企业交往的主管官员的比重($official\_s$)以及总经理被政府任命($appoint$)能够在一定程度上增加获得银行贷款的概率，并且对总体样本企业的作用要明显高于民营企业。主管官员帮助该企业的概率($official\_t$)对民营企业贷款获得有一定的积极作用，但作用效果较弱。从企业间关系与政企关系的比较来看，民营企业更多的是依靠企业间关系来获得银行贷款，政企关系虽然也起到积极作用，但作用效果相对较弱。

如前所述，企业间关系不仅会影响企业是否能得到银行贷款，而且会影响贷款的期限。那么，企业间关系会对企业长期贷款的时间长度有何影响，我们进一步回归得到了表 4.24。

由表 4.24 可知：就总体样本而言，多边关系网络($association$)与允许客户逾期付款的时间长度($account\_t$)均在 5% 的统计水平上显著，表明这两个变量显著延长了企业贷款的长度。其他关系变量的作用也不明显。与总体样本相比，对于民营企业而言，只有允许客户逾期付款的时间长度($account\_t$)对企业长期贷款期限的影响有显著影响。

政企关系变量对企业长期贷款期限的影响较为模糊，其中，与企业交往的主管官员的比重($official\_s$)显著增加了企业银行贷款的长度，但其他政企关系变量对企业长期贷款长度的影响则为负数。这表明，政企关系对企业的银行贷款而言是一把"双刃剑"，虽然与官员建立联系在某些情况下可以帮助企业获得贷款、并增加贷款期限，但在另外一些情况下也有可能被政府官员的"掠夺之手"所俘获，成为官员控制企业的方式。

（2）企业间关系与商业信贷。表 4.23 和表 4.22 主要是考察企业间关系如何影响企业获得正式金融机构贷款，而企业在融通资金过程中还可以通过商业信贷获得，并且商业信贷是企业获得融通资金的重要渠道。为此，我们在表 4.25 和表 4.26 将进一步探讨企业间关系对企业获得商业信贷的影响。

由表 4.25 的回归结果可知：

① 就总体样本而言，从主要原材料供货商购买的比重($input\_r$)对企业获得商业信贷起到了显著的促进作用，即企业从主要原材料供货商购买比重越高，就越可能获得商业信贷。实际上，企业的商业信贷指卖方给予买方在商品交易中的延期支付，分为应收账款与应付账款（张杰等，2007）。为此，企业从主要原材料供货

表 4.24 企业长期货款的时间长度

| | 总体样本 | | | | 民营企业 | | | |
	(1)	(2)	(3)	(4)	(5)	(6)	(7)	(8)
	supplier	input_r	association	account_t	supplier	input_r	association	account_t
relation	0.133	0.032	2.150**	0.043***	0.507	−0.013	0.763	0.093***
	(0.206)	(0.975)	(1.961)	(3.085)	(0.906)	(−0.157)	(0.666)	(4.253)
prd	0.001***	0.001**	0.001***	0.001	0.001***	0.002***	0.001***	0.001*
	(2.775)	(2.384)	(2.952)	(1.326)	(3.608)	(3.342)	(3.650)	(1.760)
debt_r	1.467***	1.357***	0.275***	0.188*	1.253***	1.096***	1.255***	0.523
	(4.440)	(3.926)	(2.826)	(1.946)	(4.057)	(3.365)	(4.114)	(0.787)
age	0.076	0.051	0.088**	0.137**	0.097*	0.114**	0.129***	0.225***
	(1.076)	(1.180)	(2.264)	(2.572)	(1.701)	(2.182)	(2.857)	(3.330)
roa	1.694***	1.490**	1.707***	1.004	1.707***	1.429**	1.658***	0.663
	(3.054)	(2.345)	(3.068)	(0.626)	(3.154)	(2.271)	(3.100)	(0.397)
size	2.779***	2.822***	2.621***	2.187***	2.557***	2.715***	2.606***	1.308***
	(8.637)	(9.959)	(10.429)	(6.379)	(7.988)	(8.539)	(9.598)	(2.993)
gov_t	−0.040	−0.013	−0.044	−0.010	−0.029	−0.013	−0.041	−0.000
	(−1.117)	(−0.360)	(−1.385)	(−0.163)	(−0.862)	(−0.311)	(−1.313)	(−0.002)
official_s	0.073***	0.080***	0.071***	0.076***	0.092***	0.092***	0.088***	0.153***
	(3.331)	(3.515)	(3.572)	(2.595)	(4.314)	(3.574)	(4.236)	(4.481)
official_t	−0.028	−0.034	−0.026	−0.075***	−0.052**	−0.060**	−0.043**	−0.131***
	(−1.240)	(−1.549)	(−1.297)	(−2.731)	(−2.343)	(−2.441)	(−2.044)	(−4.212)
position	−0.049	−0.443	−0.157	−0.463	0.626*	0.407	0.526	−1.005*
	(−0.142)	(−1.141)	(−0.463)	(−0.960)	(1.678)	(0.928)	(1.462)	(−1.824)

续表

| | 总体样本 | | | | 民营企业 | | | |
	(1)	(2)	(3)	(4)	(5)	(6)	(7)	(8)
	supplier	input_r	association	account_t	supplier	input_r	association	account_t
appoint	-0.717**	-0.586	-0.667*	-0.252	-0.213	-0.133	-0.323	-0.256
	(-2.056)	(-1.453)	(-1.923)	(-0.495)	(-0.580)	(-0.284)	(-0.898)	(-0.436)
con	-4.814	-4.888	-3.198	2.466	-11.396***	-7.172	-8.890**	2.119
	(-1.219)	(-1.031)	(-0.905)	(0.512)	(-2.727)	(-1.025)	(-2.390)	(0.392)
弱识别检验	32.123	433.932	1 184.347	322.511	45.971	61.208	889.731	107.888
	(0.000)	(0.000)	(0.000)	(0.000)	(0.000)	(0.000)	(0.000)	(0.000)
第一阶段 F 值	16.172	368.209	13 000	179.550	23.573	32.320	9 701.453	46.810
过度识别检验	0.908	0.073	4.256	7.968	1.613	3.481	3.479	3.723
	(0.340)	(0.786)	(0.119)	(0.046)	(0.204)	(0.062)	(0.175)	(0.155)
样本数	1 210	1 022	1 221	565	906	725	917	386
R^2	0.199	0.184	0.195	0.219	0.184	0.183	0.204	0.297

表 4.25 是否获得商业信贷

| | 总体样本 | | | | 民营企业 | | | |
| | (1) | (2) | (3) | (4) | (5) | (6) | (7) | (8) |
	supplier	input_r	association	account_t	supplier	input_r	association	account_t
relation	0.149	0.048**	−4.373	0.011**	0.900*	0.007	0.696	0.014***
	(0.988)	(2.148)	(−1.513)	(2.257)	(1.696)	(0.459)	(0.345)	(2.754)
prd	0.000	0.000	−0.000	0.000	0.000	0.000	0.000	0.000
	(1.374)	(1.276)	(−0.122)	(1.367)	(0.558)	(1.048)	(0.639)	(0.078)
debt_r	−0.010	0.009	0.013	0.169**	0.005	−0.009	−0.006	0.086
	(−0.920)	(0.505)	(0.991)	(2.398)	(0.183)	(−0.648)	(−0.450)	(0.921)
age	−0.014	−0.002	0.011	−0.001	−0.060*	−0.006**	−0.004	0.000
	(−1.304)	(−0.843)	(1.080)	(−0.238)	(−1.766)	(−2.229)	(−0.670)	(0.059)
roa	0.027	−0.002	0.045	0.108*	−0.033	0.026	0.001	0.151*
	(1.029)	(−0.052)	(1.022)	(1.832)	(−0.416)	(0.864)	(0.023)	(1.825)
size	0.035	0.067***	0.301*	0.057**	−0.089	0.106***	0.033	0.104***
	(0.865)	(3.522)	(1.859)	(2.304)	(−0.751)	(6.018)	(0.244)	(2.773)
gov_t	−0.002	−0.006	−0.001	0.002	−0.002	0.001	0.000	0.009
	(−0.712)	(−1.534)	(−0.483)	(0.545)	(−0.427)	(0.295)	(0.190)	(1.411)
official_s	0.002*	0.000	0.007*	0.005*	0.005	0.000	0.001	0.004
	(1.747)	(0.063)	(1.769)	(1.952)	(1.321)	(0.366)	(0.521)	(1.298)
official_t	−0.003	−0.000	−0.003	−0.005**	−0.010*	−0.000	−0.001	−0.007***
	(−1.384)	(−0.088)	(−1.345)	(−2.518)	(−1.692)	(−0.353)	(−0.625)	(−2.833)

续表

	总体样本				民营企业			
	(1)	(2)	(3)	(4)	(5)	(6)	(7)	(8)
	$supplier$	$input\_r$	$association$	$account\_t$	$supplier$	$input\_r$	$association$	$account\_t$
$position$	−0.005	−0.001	−0.151	−0.021	0.018	−0.028	−0.004	−0.043
	(−0.225)	(−0.037)	(−1.564)	(−0.653)	(0.290)	(−0.970)	(−0.085)	(−0.967)
$appoint$	0.007	0.073*	−0.063	−0.048	0.214	0.026	−0.001	−0.032
	(0.281)	(1.834)	(−1.434)	(−1.430)	(1.498)	(0.768)	(−0.031)	(−0.690)
con	−1.529***	−4.154***	−0.562	−1.063**	−4.983**	−1.714	−0.985***	−1.468**
	(−2.608)	(−2.698)	(−1.359)	(−2.160)	(−2.160)	(−1.485)	(−3.731)	(−2.522)
样本数	2 532	2 200	2 599	1 194	1 908	1 663	1 956	860

表 4.26 获得商业信贷的时间长度

	总体样本				民营企业			
	(1)	(2)	(3)	(4)	(5)	(6)	(7)	(8)
	$supplier$	$input\_r$	$association$	$account\_t$	$supplier$	$input\_r$	$association$	$account\_t$
$relation$	1.441	0.046	−75.385	0.179***	0.485	0.355	8.028	0.203***
	(0.668)	(0.476)	(−1.474)	(5.265)	(0.231)	(1.541)	(0.766)	(3.563)
prd	−0.001	−0.001	−0.003*	−0.001	−0.001	−0.001	−0.001	−0.001
	(−0.977)	(−0.837)	(−1.733)	(−1.077)	(−1.497)	(−1.161)	(−1.369)	(−0.960)
$debt\_r$	−0.518	−0.695	1.114***	1.177***	−0.418	−0.176	−0.322	−4.579
	(−0.427)	(−0.541)	(2.867)	(3.263)	(−0.376)	(−0.145)	(−0.292)	(−0.698)
age	0.002	0.012	0.427	0.425**	−0.169	−0.321	−0.160	−0.024
	(0.014)	(0.079)	(1.440)	(2.050)	(−0.947)	(−1.512)	(−0.894)	(−0.084)
roa	0.583	0.581	0.683	5.486	1.505	0.669	1.130	3.923
	(0.409)	(0.377)	(0.386)	(1.255)	(0.779)	(0.316)	(0.587)	(0.937)
$size$	3.113***	3.054***	7.034***	5.908***	5.597***	5.380***	4.899***	9.821***
	(3.051)	(3.468)	(2.741)	(4.901)	(5.775)	(5.616)	(5.002)	(7.292)
gov_t	−0.120	−0.083	−0.179	−0.268	−0.030	−0.051	−0.041	−0.295
	(−1.007)	(−0.719)	(−1.345)	(−1.301)	(−0.302)	(−0.404)	(−0.431)	(−0.962)
$official\_s$	0.202***	0.254***	0.287***	0.548***	0.188***	0.233***	0.186***	0.493***
	(3.132)	(3.356)	(3.062)	(4.891)	(2.675)	(2.729)	(2.782)	(3.871)
$official\_t$	−0.117*	−0.170**	−0.139*	−0.442***	−0.085	−0.121	−0.078	−0.445***
	(−1.827)	(−2.320)	(−1.738)	(−4.193)	(−1.178)	(−1.497)	(−1.173)	(−3.732)
$position$	−1.800*	−2.628**	−3.320**	0.546	−1.458	−2.219*	−1.360	2.644
	(−1.706)	(−2.203)	(−2.010)	(0.316)	(−1.294)	(−1.692)	(−1.212)	(1.401)

续表

	总体样本				民营企业			
	(1)	(2)	(3)	(4)	(5)	(6)	(7)	(8)
	supplier	input_r	association	account_t	supplier	input_r	association	account_t
appoint	1.083	0.861	−2.128	1.941	2.004*	2.359*	2.042*	3.377*
	(1.009)	(0.692)	(−0.893)	(1.077)	(1.774)	(1.734)	(1.758)	(1.716)
_con	0.782	11.591	24.488	−42.807**	−19.981	−34.206*	−14.764	−82.461***
	(0.065)	(0.831)	(1.343)	(−2.462)	(−1.454)	(−1.760)	(−1.310)	(−4.301)
弱识别检验	40.185	469.991	632.633	461.316	49.032	69.712	81.966	95.679
	(0.000)	(0.000)	(0.000)	(0.000)	(0.000)	(0.000)	(0.000)	(0.000)
第一阶段 F 值	10.182	229.685	240.976	715.640	16.846	18.693	29.367	39.687
过度识别检验	9.097	10.789	11.222	0.284	5.707	10.380	6.972	0.009
	(0.028)	(0.012)	(0.047)	(0.867)	(0.057)	(0.015)	(0.030)	(0.995)
样本数	1 093	935	1 103	581	799	672	810	389
R^2	0.040	0.042	−0.474	0.152	0.095	0.060	0.097	0.246

商购买比重越高,说明企业对供货商的信赖程度越高、依赖程度也越大,就越可能采用商业信贷的形式融通资金,无论是在应收账款还是应付账款上。允许客户逾期付款的时间长度($account\_t$)项的系数也为正,并且在统计上是显著的。允许客户逾期付款的时间越长,一方面,表明客户的信誉越好,因此,与企业间的商业信用往来越多;另一方面,也意味着企业本身的资金实力较强,从而更容易从其他企业获得商业信贷。这说明,企业加入协会所建立的多边企业关系,不仅能够有利于企业获得银行的贷款,还有利于企业采用商业信贷的形式融通资金。通过商业协会建立的与中间产品和最终产品的联系,企业间的信用程度有所保证,商业往来多是长期活动,使企业更容易通过商业信用来缓解融资约束。与中间产品供应商的业务往来时间($supplier$)、企业加入协会所建立的多边企业关系($association$)的回归系数并不显著。此外,政企关系对企业能否获得商业的影响非常小,其中,除$official\_s$在第(1)、(3)和(4)列在10%统计显著性上促进了企业商业信贷外,其他政企关系的影响基本为不显著或作用为负。

② 对于民营企业而言,与中间产品供应商的业务往来时间($supplier$)在10%的统计水平上显著促进了企业的商业信贷获得,而允许客户逾期付款的时间长度($account\_t$)则在1%的统计水平上显著增加了企业获得商业信贷的概率。但从主要原材料供货商购买的比重($input\_r$)以及企业加入协会所建立的多边企业关系($association$)对企业商业信贷获得的作用并不显著。

从表4.26的回归结果可以看出:允许客户逾期付款的时间长度($account\_t$)与商业信贷呈正相关关系。这说明与客户间关系虽然没有对企业获得商业信贷起到显著的促进作用,但是,对于已经采用商业信贷的企业而言,与客户的关系有利于企业获得较长时间的商业信用。并且企业允许逾期付款的时间较长,在企业在资金短缺时,其能够获得较长时间的商业信贷。与主要中间产品供货商来往的时间长度($supplier$)和从主要原材料供货商购买的比重($input\_r$)的回归系数为正,但是在统计上并不显著,这说明与供货商建立的双边企业间关系对于企业延长商业信贷时间的作用并不明显。企业是否为商业协会会员($association$)也没有对各类企业商业信贷的期限产生影响。

4.4.3 小结

"关系"在缓解民营企业融资约束中发挥了重要作用,但已有研究更多地关注"政企关系"对民营企业融资约束的缓解作用,忽略了"企业间关系"对企业融资约束的影响。实际上,对民营企业而言,政企关系的建立是非常困难的,因此,企业间关系对于缓解民营企业的融资约束具有更为重要的意义。本节基于 2000—2002 年世界银行的投资环境调查数据,分别从"投资—债务"敏感度和融资环境两个方面刻画了企业间关系对企业融资约束的作用。

具体而言,本节采用与主要中间产品供货商来往的时间长度、从主要原材料供货商购买的比重、企业是否为商业协会的会员、允许客户逾期付款的时间长度等变量,从不同纬度对"企业间关系"进行度量,并在此基础上考察企业间关系对于缓解融资约束的作用。研究结果表明:从"投资—债务"敏感度来看,双边关系和多边关系均在不同程度上缓解了企业的融资约束,这表明,对于中国企业而言,企业间关系是缓解企业融资约束的重要渠道。

从企业的融资环境来看:与中间产品供应商的业务往来时间以及从主要原材料供货商购买的比重通过商业信用渠道改善了民营企业融资环境,但对其他融资渠道而言,其效果并不明显。加入行业协会的主要作用渠道是延长企业的贷款期限。允许客户逾期付款的时间长度则通过增加企业银行贷款获得概率、银行长期贷款期限、商业信贷时间长度,并促进企业商业信贷等多个渠道来影响企业的融资环境。

第 5 章

地理、契约与贸易

如前文所述,企业间关系是保证契约有效实施的重要条件。企业间关系或信任往往植根于并深深地受到地理距离、地理环境的影响。地理距离的降低不仅降低了企业间业务往来的运输成本,而且能够缓解由于契约不完全所导致的"敲竹杠"问题,从而促进契约的有效履行,并提高投资效率。本章将系统考察不完全契约条件下的地理对国际贸易的影响。在第一节,我们通过构建理论模型阐述产业集群或产业集聚影响贸易模式的渠道,并检验产业集群对出口结构和贸易模式的影响;第二节以商业信用作为衡量企业间关系的指标,进而检验地理集聚对企业间关系的影响;第三节转而考察契约执行效率的地区差异对产业集聚的影响。在本章我们将证实:一方面地理集聚会通过避免或缓解"敲竹杠"问题所导致的投资不足,从而影响出口比较优势;另一方面,地区层面契约执行效率的改善也会促进产业集聚的形成,进而加强契约密集型行业的比较优势。

5.1 产业集聚与贸易模式

经过 30 多年的改革开放,中国的工业部门实现了欧洲经过两个世纪所达到的工业化水平(Summers,2007),并被誉为"世界工厂"(Economist,2006)。[①]作为中国快速工业化的标志性特征,产业集群已成为中国出口和经济增长的引擎(Sonobe

---

① 以 2011 年为例,中国制造业出口额达到 18 986 亿美元,连续三年排名全球第一位,占世界出口总额的比重达到 10.4%。请参见 WTO 网站:http://stat.wto.org/CountryProfile/WSDBCountryPFView.aspx?Country=CN&。

and Hu，2006；Long and Zhang，2011；Zeng，2011）。①事实上，从跨国经验来看，产业集群在很多发展中国家和发达国家的工业化阶段都发挥了至关重要的作用（Akoten and Otsuka，2005；Akoten *et al.*，2006）。然而遗憾的是，迄今为止，已有文献虽然注意到集聚、分工与企业出口绩效间的密切联系，但对三者关系的认识仍然停留在"以现象解释现象"的层面，将其视为既定的事实来解释中国制造业的增长奇迹。从现实来看，在财政分权和政治集中的制度安排下，各级地方官员纷纷建立工业园和产业集群以促进辖区的经济增长，但是对于产业集群影响经济增长的机制则缺乏充分的认识，这种认识的不足也迫切需要我们予以理论上的解释。那么，产业集群到底如何促进了分工，又如何影响了出口结构升级？

对上述问题的研究具有重要理论和政策涵义。近年来，随着人口红利的消失以及资源环境约束的日益凸显，如何实现出口结构升级，并形成参与国际经济合作和竞争新优势，成为中国经济能否保持快速增长的关键。新结构经济学则强调指出，产业结构的变迁既是经济增长的核心内容，也是发展中国家实现经济赶超的必要条件（林毅夫，2010）。在此背景下，对产业集群和出口结构升级之间的关系进行严谨的理论和实证分析，直接关系到中国经济增长方式转变，成为一项亟待解决的重要课题。

为此，本节拟从分工的视角，并以"不完全契约"为切入点探讨产业集群影响比较优势和出口结构的微观机制，并采用城市层面的分行业出口数据为此提供有力的经验证据。

在理论上，对分工的论述最早可以追溯到斯密（Smith，1776）。斯密认为，分工可以提高效率，同时分工又受到市场范围的限制。Young（1928）则进一步论证了分工与市场规模的正反馈机制。然而，正如 Stigler（1951）所指出的，如果分工确实受到市场规模的限制，那么，典型的产业结构应该是垄断，这一推论与现实中竞争性市场的广泛存在形成了鲜明对比。为此，Becker 和 Murphy（1992）指出，真正制约分工的并非市场规模，而是由于信息沟通、委托代理以及"敲竹杠"问题所导致的"交易费用"。Yang（2001）则强调交易效率对分工的影响。尽管对于分工的决定因素存在广泛争议，但是一个普遍的共识是，在产业集群内部，分工更为深化（Marshall，1920；Duranton，1998；Sonobe and Otsuka，2006）。Huang 等

---

①　根据房地产公司仲量联行 2006 年对 138 家国外和国内物流公司进行的调查，这些公司的货仓有 85％设在长江三角洲、珠江三角洲以及大渤海湾这三大产业集群区域：http://www.knowledgeatwharton.com.cn/index.cfm?fa＝viewArticle&articleID＝2066。

(2008)、阮建青等(2007)、Ruan 和 Zhang(2009)以及 Long 和 Zhang(2011)指出，中国的制造业(尤其是中小企业)之所以能够在缺乏正规金融的背景下发展起来，其关键就在于产业集群。[①]在产业集群内部，分工的深化降低了企业的资金壁垒，从而使得众多不具备大额资金的企业也能够进入工业化生产过程。这些文献为我们理解中国的经济奇迹提供了一个令人信服的解释，但是在产业集群为何能促进分工这一更为基本的问题上却语焉不详，更没有深入探讨产业集群影响分工的作用机制以及其对出口结构的影响。

鉴于此，本节尝试建立了一个理论模型以考察产业集群如何通过影响分工进而影响制造业出口结构。文章发现，地区的比较优势和出口结构取决于分工的深化程度，而分工水平则受到产业集群的影响。具体地，产业集群通过两条渠道影响分工以及出口：一是"规模效应"，产业集群地区的市场规模较大，从而可以扩大分工的收益，并提高企业的出口竞争力；二是"敲竹杠效应"或"交易成本效应"，在产业集群内部，产品市场上的竞争较为激烈，而且供应商也能够更容易找到客户，这就使其在面临客户的"敲竹杠"行为时处于更加有利的地位，并缓解"敲竹杠"所导致的投资不足问题，从而影响出口结构和贸易模式。

与已有文献相比，本节的贡献主要有如下几个方面：第一，本节的研究为我们理解国家和地区贸易模式决定因素提供了新的视角。传统贸易理论强调生产率和要素禀赋的作用，但并未指明国家间生产率差异的根源(Grossman and Helpman，1995)。更为重要的是，只有控制国家之间的生产率差异后，要素禀赋理论才能发挥其解释力(Trefler，1995)。因此，探寻国家间生产率差异的源泉就成为解释贸易模式关键因素。本节的研究意味着，产业集群构成了国家间生产率差异的重要来源，从而成为决定贸易模式的重要影响因素。第二，在理论上，本节首次通过构建数理模型阐述了产业集群对分工的影响及作用机制。自斯密(Smith，1776)以来，大量文献均证实了产业集群与分工深化共同存在的现象(Levy，1991；Whittaker，1997；Akoten and Otsuka，2005；Sonobe and Otsuka，2003；Akoten *et al.*，2006)，但是，这些文献大多是进行案例分析，并没有考察产业集群影响分工的微观机制，更没有就此提出明确的理论模型。第三，通过将交易费用内生化，本节发展了对企业间分工的研究。与 Becker 和 Murphy(1992)、Yang(2001)以及

---

① Allen 等(2005)试图从非正式金融的角度来解释中小企业的发展，但是，非正式金融虽然可以解释温州民营企业的发展，但却难以解释为何非正式金融发展水平接近的河南和福建等地没有经历类似的增长(Tsai，2002)。

Costinot(2009a)类似,本节也强调交易费用对分工的制约作用。所不同的是,在本节的理论模型中,交易费用并非外生给定的,而是内生地决定于制造商的"敲竹杠"行为以及当地产业集群的发展程度。此外,已有研究主要侧重于企业内分工(Becker and Murphy, 1992；Costinot, 2009a)或个体的专业化决策(Yang, 2001),却忽略了对企业间分工的考察,本节在一定程度上弥补了这一不足。第四,实证方面,本节在 Long 和 Zhang(2011, 2012)基础上,采用 1998—2007 年微观企业数据库构造了城市层面的产业集群指标,并运用该指标探讨产业集群对中国制造业出口绩效的影响。已有文献大多采用产业集聚指标来描述产业集群(Fujita et al., 2001),但产业集群与产业集聚的内涵并不相同。产业集聚泛指经济活动在地理空间上的集中,而产业集群则是特指"一系列具有密切联系的企业在地理空间上进行集中的现象"(Porter, 1998；2000)。正如 Long 和 Zhang(2011；2012)所指出的,产业集群必须具备三方面的特征:地理上集中、专业化和经济活动间联系密切。为此,他们构造了一个综合反映专业化和相互联系的产业集群指标。不过,该指标并没有考虑地理面积因素,从而无法准确刻画各地产业集群的真实发展程度。本节所构造的产业集群指标则能够同时反映上述三个基本特征。此外,通过严谨的理论和经验分析,本节也为理解中国制造业的出口奇迹提供了新的解释和证据。

　　本节余下部分组织结构如下:第一部分构建理论模型阐述了产业集群通过分工对贸易模式和出口绩效的影响;第二部分构建产业集群指标,并对数据和计量模型进行说明;第三部分汇报经验分析和计量模型的估计结果;最后是结论及政策涵义。

5.1.1　产业集群与贸易模式分析

　　本节构建理论模型从分工的角度考察产业集群对贸易模式的影响。我们首先建立了一个决定最优分工的基本框架,并运用该框架阐述了产业集群对贸易模式和出口结构的影响。

1. 最优分工水平的决定:基本框架

　　本小节建立一个基本的分析框架,以阐述最优分工水平的决定:一方面,分工的深化会带来生产效率的提升;另一方面,分工的深化将供应商所生产的产品锁定在较窄的范围,这就使得其在与最终产品制造商的谈判中处于不利的地位,并导致投资水平的下降,从而提高分工的协调成本(交易费用)。最优的分工水平取决于这二者的权衡。

（1）需求。

地区的集合为 C，地区 $c \in C$ 的劳动力数量为 L_c，劳动力无弹性供给。在区间 $[0,1]$ 内存在无限多种连续的产品（或产业），代表性消费者的效用函数为如下形式：

$$u = \left[\int_0^1 q(z)^\beta \mathrm{d}z \right]^{\frac{1}{\beta}}, \, 0 < \beta < 1 \tag{5.1}$$

其中，β 与产品的替代弹性 $\varepsilon = 1/(1-\beta)$ 正相关。由上述需求函数可以得到消费者对产业 z 的产品的需求函数为：

$$q(z) = \left[\frac{p(z)}{P} \right]^{\beta-1} \frac{I}{P}, \, P \equiv \left[\int_0^1 p(z)^{1-\varepsilon} \mathrm{d}z \right]^{\frac{1}{1-\varepsilon}} \tag{5.2}$$

其中，$p(z)$ 表示产品 z 的价格，I 为总支出水平，将价格指数标准化为 1，即 $P = 1$，则对产品 z 的需求函数可以表示为：

$$q(z) = I p(z)^{-\frac{1}{1-\beta}} \tag{5.3}$$

由式（5.3）不难得到对产品 z 的收益函数为：

$$R(z) = I p(z)^{-\frac{\beta}{1-\beta}} \text{ 或 } R(z) = I^{1-\beta} q(z)^\beta \tag{5.4}$$

（2）生产。

根据 Costinot（2009a），假定生产产品 z 需要完成 z 个生产环节，z 衡量产品的技术复杂程度或质量水平，生产环节越多，价值链越长，表明产品的技术复杂度或产品质量越高。

最终产品 z 的生产函数采用如下形式：

$$q(z) = \left(\int_0^z X(z, j)^\alpha \mathrm{d}j \right)^{1/\alpha}, \, 0 < \alpha < \beta \tag{5.5}$$

其中，$X(z, j)$ 表示产品 z 的第 j 个生产环节的中间投入供应数量，$\alpha \in (0, 1)$ 决定了中间投入的替代弹性，$1/(1-\alpha)$，α 越大，说明中间投入的替代性越大。参照 Becker 和 Murphy（1992），Costinot（2009a），Kremer（1993）以及 Jones（2011）的观点，假定不同生产工序（生产任务）之间的替代性较弱，$\alpha < \beta$。

为表述方便，将中间投入 (z, j) 的提供者称为供应商，将最终产品 z 的生产者称为制造商。制造商可以将生产的工序数或任务数分为 M 组，M 越大表明分工越精细。给定分工水平 M，令 $X(z, m)$ 表示供应商 $m \in [0, M]$ 所控制的生产工序中，每一个工序所提供的中间投入数量。则生产函数可以重新表述如下：

$$q(z) = \left(\frac{z}{M}\int_0^M X(z, m)^\alpha \mathrm{d}m\right)^{1/\alpha} \tag{5.6}$$

根据式(5.4)和式(5.6),最终产品 z 的制造商的收益函数可以重新整理为:

$$\begin{aligned} R(z) &= I^{1-\beta}\left(\frac{z}{M}\int_0^M X(z, m)^\alpha \mathrm{d}m\right)^{\beta/\alpha} \\ &= I^{1-\beta}\left(\frac{z}{M}\right)^{\beta/\alpha}\left(\int_0^M X(z, m)^\alpha \mathrm{d}m\right)^{\beta/\alpha} \end{aligned} \tag{5.7}$$

借鉴 Antras 和 Chor(2012)的观点,假定所有的生产工序是序贯进行的,即供应商 m 位于供应商 $m-1$ 的下游。如果只有前 m 个供应商提供中间投入品,则对应的收益水平为:

$$R(m) = I^{1-\beta}\left(\frac{z}{M}\right)^{\beta/\alpha}\left(\int_0^m X(z, k)^\alpha \mathrm{d}k\right)^{\beta/\alpha} \tag{5.8}$$

于是供应商 m 的边际贡献为:

$$R'(m) = \frac{\beta}{\alpha}\frac{z}{M}I^{\frac{\alpha(1-\beta)}{\beta}}R(m)^{\frac{\beta-\alpha}{\beta}}X(z, m)^\alpha \tag{5.9}$$

博弈进行的时序如下:

阶段 1　制造商决定将所有的生产工序分为 M 部分,并将其外包给 M 个供应商,制造商提出合约,规定制造商对供应商进行一定的事前转移支付 $\tau(z, m)$。

阶段 2　潜在的供应商决定是否接受上述契约。制造商将 M 组生产工序分配给 M 个供应商。

阶段 3　生产序贯进行,中间投入供应商选择中间投入的供应商数量。

阶段 4　在每一个生产阶段,供应商和制造商通过讨价还价划分 $R'(m)$。

阶段 5　生产最终产品并销售。

我们首先来考察供应商与制造商讨价还价的解。在签订合同之前,存在大量的中间投入供应商。一旦供应商与制造商签订合同,则供应商与制造商之间则被锁定在"双边垄断"的状态。此时,临时更换制造商或供应商都是有成本的。与 Antras 和 Chor(2012)类似,每个供应商与制造商进行双边谈判。假定供应商的谈判能力为 $\theta \in (0, 1)$,于是根据纳什讨价还价解,供应商从讨价还价中获得的收益为: $s_x(m) = \theta R'(m)$。

供应商 m 所从事的生产环节为 $\omega \in [i, i+z/M]$。对于生产成本,与 Chaney 和 Ossa(2012)类似,假定在完成上述生产环节之前,供应商需要确定自身的核心竞争力,若供应商 m 的核心竞争力位于生产环节 $c(m) \in [i, i+z/M]$,则供应商的单位劳动投入为：

$$l(M) = 2^{\gamma} \int_{i}^{i+z/M} | c(m) - \omega |^{\gamma} d\omega \tag{5.10}$$

上式(5.10)表明，给定企业的核心竞争力，企业从事的生产任务数目越多，则生产成本越高，生产效率越低。对于这一假说的解释，斯密(Smith，1776)将其总结为三个方面：第一，生产任务的减少提高了每个任务的生产频率，进而提高生产效率，即所谓的"干中学效应"；第二，降低在不同生产任务之间的转换成本，例如更换工具、地理位置移动等；第三，生产任务的简单化有助于机械化，从而节约劳动投入。Rosen(1983)和Costinot(2009a)则进一步指出，获得生产技能需要企业和工人付出一定的固定成本，将投资集中于范围较窄的技能更为有效。

由成本最小化可得，供应商 m 的核心竞争力在于环节 $c(m) = i + \frac{1}{2}\frac{z}{M}$，将其带入式(5.10)，并整理得到供应商提供一单位中间投入的劳动投入数量为：

$$l(M) = \frac{1}{1+\gamma}\left(\frac{z}{M}\right)^{1+\gamma} \tag{5.11}$$

综合式(5.6)和式(5.11)不难发现，生产成本则随分工水平的增加而递减，即分工越深化，生产效率越高。

对于中间投入供应商 m，提供的中间投入的数量 $X(z, m)$ 需要满足利润最大化：

$$\pi_s(z, m) = \max_{X(z, m)} \left(\frac{z}{M}\right)\left[\theta\frac{\beta}{\alpha}I^{\frac{\alpha(1-\beta)}{\beta}}R(m)^{\frac{\beta-\alpha}{\beta}}X(z, m)^{\alpha} - \frac{w}{1+\gamma}\left(\frac{z}{M}\right)^{1+\gamma}X(z, m)\right] \tag{5.12}$$

对上式(5.12)求一阶偏导数，不难得到中间供应商 m 的中间投入数量：

$$X(z, m) = \left[\left(\frac{z}{M}\right)^{-(1+\gamma)}\frac{(1+\gamma)\theta\beta}{w}I^{\frac{\alpha(1-\beta)}{\beta}}\right]^{\frac{1}{1-\alpha}}R(m)^{\frac{\beta-\alpha}{\beta(1-\alpha)}} \tag{5.13}$$

将式(5.13)代入式(5.9)可以得到，中间供应商 m 对总收益的边际贡献为：

$$R'(m) = \frac{\beta}{\alpha}\left(\frac{z}{M}\right)^{1-\frac{\alpha(1+\gamma)}{1-\alpha}}I^{\frac{\alpha(1-\beta)}{\beta(1-\alpha)}}\left[\frac{(1+\gamma)\theta\beta}{w}\right]^{\frac{\alpha}{1-\alpha}}R(m)^{\frac{\beta-\alpha}{\beta(1-\alpha)}} \tag{5.14}$$

由初始条件 $R(0) = 0$ 可以得到上述微分方程的解为：

$$R(m) = I\left(\frac{1-\beta}{1-\alpha}\right)^{\frac{\beta(1-\alpha)}{\alpha(1-\beta)}}\left(\frac{z}{M}\right)^{\frac{[1-\alpha(2+\gamma)]\beta}{\alpha(1-\beta)}}\left[\frac{(1+\gamma)\theta\beta}{w}\right]^{\frac{\beta}{(1-\beta)}}m^{\frac{\beta(1-\alpha)}{\alpha(1-\beta)}} \tag{5.15}$$

将式(5.13)代入式(5.12)，可以得到供应商 m 的(事后)利润水平为：

$$\pi_s(z, m) = \frac{1}{1+\gamma}\left(\frac{1-\alpha}{\alpha}\right)\left(\frac{z}{M}\right)^{\frac{1-\alpha(2+\gamma)}{1-\alpha}} I^{\frac{\alpha(1-\beta)}{\beta(1-\alpha)}} w^{-\frac{\alpha}{1-\alpha}}\left[(1+\gamma)\theta\beta\right]^{\frac{1}{1-\alpha}} R(m)^{\frac{(\beta-\alpha)}{\beta(1-\alpha)}}$$

$$= \frac{1}{1+\gamma}\left(\frac{1-\alpha}{\alpha}\right)\left[\left(\frac{z}{M}\right)^{1-\alpha(2+\gamma)} I^{\frac{\alpha(1-\beta)}{\beta}} w^{-\alpha}\left[(1+\gamma)\theta\beta\right] R(m)^{\frac{(\beta-\alpha)}{\beta}}\right]^{\frac{1}{1-\alpha}} \tag{5.16}$$

进一步将式(5.15)代入式(5.16)不难得到，供应商 m 的利润为：

$$\pi_s(z, m) = \frac{1}{1+\gamma}\left(\frac{1-\alpha}{\alpha}\right)\left(\frac{1-\beta}{1-\alpha}\right)^{\frac{(\beta-\alpha)}{\alpha(1-\beta)}}\left(\frac{z}{M}\right)^{\frac{\beta[1-\alpha(2+\gamma)]}{\alpha(1-\beta)}} \tag{5.17}$$

$$\left[(1+\gamma)\theta\beta\right]^{\frac{1}{(1-\beta)}} w^{-\frac{\beta}{(1-\beta)}} I m^{\frac{(\beta-\alpha)}{\alpha(1-\beta)}}$$

对式(5.17)求一阶偏导数则不难发现，给定 $\alpha < \beta < 1/(2+\gamma)$ 以及 m 不变①，则供应商的利润水平与分工水平(M)负相关，与产品的技术复杂度(价值链长度)(z)正相关，与供应商的讨价还价能力(θ)正相关，与工资水平负相关。此外，供应商的利润水平还与 m 正相关，即下游生产环节供应商的利润水平更高。

供应商的参与约束要求均衡的转移支付水平满足如下条件：

$$\tau(z, m) + \pi_s(z, m) = w \text{ 或 } \tau(z, m) = w - \pi_s(z, m) \tag{5.18}$$

综合式(5.17)和式(5.18)，可以得到制造商的利润为：

$$\pi_q(M) = (1-\theta)R(M) - \int_0^M \tau(z, m)\mathrm{d}m$$

$$= (1-\theta)R(M) + \int_0^M \pi_s(z, m)\mathrm{d}m - wM \tag{5.19}$$

其中，$R(M)$ 的表达式由式(5.15)给出。将式(5.17)代入式(5.19)得到：

$$\pi_q(M) = \zeta\left[1+\theta\left(\frac{1-2\alpha}{\alpha}\right)\right] z^{\frac{\beta[1-\alpha(2+\gamma)]}{\alpha(1-\beta)}} M^{\frac{\beta(1+\gamma)}{(1-\beta)}}\left[\frac{(1+\gamma)\theta\beta}{w}\right]^{\frac{\beta}{(1-\beta)}} I - wM \tag{5.20}$$

其中 $\zeta = \left(\frac{1-\beta}{1-\alpha}\right)^{\frac{\beta(1-\alpha)}{\alpha(1-\beta)}}$。

将式(5.15)代入式(5.13)可以得到产品 z 最优的分工水平为：

---

① 接下来，我们会看到，为了保证利润最大化的二阶条件，我们需要将参数范围限制在 $\beta < 1/(2+\gamma)$。

$$M(z) = \Lambda \left[\frac{(1+\gamma)\beta}{w} \right]^{\frac{1}{1-\beta(2+\gamma)}} I^{\frac{(1-\beta)}{1-\beta(2+\gamma)}} z^{\frac{\beta[1-\alpha(2+\gamma)]}{\alpha[1-\beta(2+\gamma)]}} \left[1 + \theta \left(\frac{1-2\alpha}{\alpha} \right) \right] \theta^{\frac{\beta}{1-\beta(2+\gamma)}}$$

$$(5.21)$$

其中，$\Lambda = \left(\frac{1-\beta}{1-\alpha} \right)^{\frac{\beta(1-\alpha)}{\alpha(1-\beta)}} (1-\beta)^{\frac{(1-\beta)}{\beta(2+\gamma)-1}}$，利润最大化的二阶条件要求 $\beta < 1/(2+\gamma)$。由于 $\alpha < \beta$，即中间投入比最终产品的互补性更强，则此时显然有 $1-\alpha(2+\gamma) > 0$，$\alpha < 1/2$。由式(5.21)可以得到如下结论：

命题 1： $\frac{\partial M(z)}{\partial z} > 0$，$\frac{\partial M(z)}{\partial I} > 0$，$\frac{\partial M(z)}{\partial \theta} > 0$，$\frac{\partial M(z)}{\partial w} < 0$。而且分工水平与产品的复杂程度、市场规模、供应商的谈判能力正相关，与工资成本负相关。

对命题1的经济学解释为：技术复杂度越高的产业，生产链条越长，分工带来的效率改进就越大，该结论与 Costinot(2009a)类似。与 Costinot(2009a)所不同的是，在 Costinot(2009a)中，分工水平与市场规模无关，而在命题 1 中，分工水平不仅与产业的技术复杂度有关，而且还取决于市场规模、讨价还价能力以及工资水平等因素。虽然分工可以带来生产效率的提升，但是分工也带来协调成本的增加，在这里，分工带来的协调成本表现为由于契约不完全所导致的"敲竹杠"成本，面对契约不完全和"敲竹杠"问题，供应商无法获得其投资的全部收益，从而导致其投资激励降低和投资效率的下降。

由式(5.13)式(5.15)可知，产品 z 中间供应商 m 提供的中间投入的数量为：

$$X(z, m) = I \left[\frac{(1+\gamma)\theta\beta}{w} \right]^{\frac{1}{1-\beta}} \left(\frac{1-\beta}{1-\alpha} \right)^{\frac{\beta(1-\alpha)}{\alpha(1-\beta)}} \left(\frac{z}{M} \right)^{\frac{\beta-\alpha(2+\gamma)}{\alpha(1-\beta)}} m^{\frac{\beta-\alpha}{\alpha(1-\beta)}} \quad (5.22)$$

由此可以得到，生产产品 z 的总劳动投入为：

$$l(z, M) = \frac{1}{1+\gamma} \left(\frac{z}{M} \right)^{2+\gamma} \int_0^M X(z, m) \mathrm{d}m$$

$$= \frac{\alpha}{\beta} \frac{1}{1+\gamma} \left(\frac{1-\beta}{1-\alpha} \right)^{\frac{\alpha+\beta-2\alpha\beta}{\alpha(1-\beta)}} \left[\frac{(1+\gamma)\theta\beta}{w} \right]^{\frac{1}{(1-\beta)}} z^{\frac{\beta(1-\alpha)(2+\gamma)}{\alpha(1-\beta)}} M^{-\frac{\beta(1-\alpha)(1+\gamma)}{\alpha(1-\beta)}} I$$

$$(5.23)$$

上式(5.23)表明，总劳动投入与产品技术复杂度、供应商的谈判能力以及市场规模正相关，与分工的深化程度以及工资成本负相关。

由 $R(z) = I^{1-\beta} q(z)^\beta$ 以及式(5.15)可以将产品 z 的总产出表示为：

$$q(z) = R(z)^{\frac{1}{\beta}} I^{\frac{\beta-1}{\beta}}$$

$$= I \left(\frac{1-\beta}{1-\alpha} \right)^{\frac{1-\alpha}{\alpha(1-\beta)}} z^{\frac{1-\alpha(2+\gamma)}{\alpha(1-\beta)}} \left[\frac{(1+\gamma)\theta\beta}{w} \right]^{\frac{1}{1-\beta}} M^{\frac{2+\gamma}{1-\beta}}$$

$$(5.24)$$

由式(5.24)可知,产品的产值与主要参数的关系为:

命题 2: $\dfrac{\partial q(z)}{\partial z}>0,\ \dfrac{\partial q(z)}{\partial I}>0,\ \dfrac{\partial q(z)}{\partial \theta}>0,\ \dfrac{\partial q(z)}{\partial w}<0$。 *产品的产量与技术复杂度、市场规模和供应商的谈判能力正相关,与工资成本负相关。*

由式(5.29)和式(5.30)容易得到最终产品 z 的生产率水平为:

$$\varphi(z)=\frac{\beta}{\alpha}(1+\gamma)\left(\frac{1-\beta}{1-\alpha}\right)^{\frac{(1-2\alpha)}{\alpha}}z^{\frac{1-(\alpha+\beta(1-\alpha))(2+\gamma)}{\alpha(1-\beta)}}M^{\frac{\alpha+(\alpha+\beta(1-\alpha))(1+\gamma)}{\alpha(1-\beta)}} \tag{5.25}$$

由式(5.25)显然可知,产品 z 的生产效率与其技术复杂度以及分工程度正相关,由命题 1 不难得到如下结论:

命题 3: $\dfrac{\partial \varphi(z)}{\partial z}>0,\ \dfrac{\partial \varphi(z)}{\partial I}>0,\ \dfrac{\partial \varphi(z)}{\partial \theta}>0,\ \dfrac{\partial \varphi(z)}{\partial w}<0$。 *即产品技术复杂度的提高、市场规模的扩大和供应商谈判能力的增加均有助于提高企业的生产效率,而生产成本的上升则不利于分工和生产效率的提升。*

对式(5.15)整理可得,均衡条件下产品 z 的销售额与分工水平满足如下关系:

$$R(z)=I\left(\frac{1-\beta}{1-\alpha}\right)^{\frac{\beta(1-\alpha)}{\alpha(1-\beta)}}z^{\frac{1-\alpha(2+\gamma)\beta}{\alpha(1-\beta)}}\left[\frac{(1+\gamma)\theta\beta}{w}\right]^{\frac{\beta}{1-\beta}}M(z)^{\frac{\beta(1+\gamma)}{1-\beta}} \tag{5.26}$$

则由上式(5.26)以及命题 1 不难得到如下结论:

命题 4: $\dfrac{\partial R(z)}{\partial z}>0,\ \dfrac{\partial R(z)}{\partial I}>0,\ \dfrac{\partial R(z)}{\partial \theta}>0,\ \dfrac{\partial R(z)}{\partial w}<0$。 *产品的产值与技术复杂度、市场规模以及供应商的讨价还价能力正相关,与工资成本负相关。*

将式(5.21)代入式(5.26)可知,产品 z 的总收益为:

$$R(z)=\Lambda I^{\frac{1-\beta}{1-\beta(2+\gamma)}}z^{\frac{\beta[1-\alpha(2+\gamma)]}{\alpha[1-\beta(2+\gamma)]}}\left[\frac{(1+\gamma)\beta}{w}\right]^{\frac{\beta(2+\gamma)}{1-\beta(2+\gamma)}}\left[1+\theta\left(\frac{1-2\alpha}{\alpha}\right)\right]^{\frac{\beta(1+\gamma)}{1-\beta}}\theta^{\frac{\beta}{1-\beta(2+\gamma)}} \tag{5.27}$$

其中, $\Lambda=\left(\dfrac{1-\beta}{1-\alpha}\right)^{\frac{\beta(1-\alpha)}{\alpha(1-\beta)}\frac{(1+\beta\gamma)}{(1-\beta)}}(1-\beta)^{\frac{\beta(1+\gamma)}{\beta(2+\gamma)-1}}$。

一般均衡要求总支出与总收入相等,在封闭条件下该条件为: $\int_0^1 R(z)\mathrm{d}z=I=wL$,由式(5.26)可以得到工资水平与收入水平之间满足如下关系:

$$\begin{aligned}w&=\Delta I^{\frac{(1+\gamma)}{(2+\gamma)}}\left[(1+\gamma)\beta\right]\left[1+\theta(1-2\alpha)/\alpha\right]^{\frac{(1+\gamma)}{(2+\gamma)}\frac{[1-\beta(2+\gamma)]}{(1-\beta)}}\theta^{\frac{1}{(2+\gamma)}}\\&=\theta\Delta^{(2+\gamma)}\left[(1+\gamma)\beta\right]^{(2+\gamma)}\left[1+\theta(1-2\alpha)/\alpha\right]^{\frac{(1+\gamma)[1-\beta(2+\gamma)]}{(1-\beta)}}L^{(1+\gamma)}\end{aligned} \tag{5.28}$$

其中 $\Delta = \left[\dfrac{\alpha(1-\beta(2+\gamma))}{\alpha+\beta-2\alpha\beta(2+\gamma)}\Theta\right]^{\frac{1-\beta(2+\gamma)}{\beta(2+\gamma)}}$。

由式(5.28)可知,工资水平与市场规模正相关,与供应商的谈判能力正相关。需要注意的是,式(5.28)给出的工资水平为不存在封闭经济的情况,在存在国际贸易或区域间贸易的情况下,一般均衡条件为 $\int_{\underline{z}_c}^{\bar{z}_c} R(z)\mathrm{d}z = w_c L_c$,其中,$(\underline{z}_c, \bar{z}_c)$ 为地区 c 所生产的产品的集合。由式(5.27)以及命题3可知,一个地区所生产的产品的技术复杂度越高,则该地区的工资水平也就越高。

将式(5.28)代入式(5.21)可得一般均衡条件下最优的分工水平:

$$M^*(z) = \Theta z^{\frac{\beta[1-\alpha(2+\gamma)]}{\alpha[1-\beta(2+\gamma)]}}\left[1+\theta\left(\frac{1-2\alpha}{\alpha}\right)\right]^{\frac{1-\beta(2+\gamma)}{(1-\beta)}} L \qquad (5.29)$$

其中,$\Theta = \Lambda\Delta^{\frac{-\beta(2+\gamma)}{1-\beta(2+\gamma)}}[(1+\gamma)\beta]$。 由式(5.29)以及式(5.25),可以得到如下结论:

命题5: $\dfrac{\partial M^*(z)}{\partial z}>0,\ \dfrac{\partial M^*(z)}{\partial L}>0,\ \dfrac{\partial M^*(z)}{\partial \theta}>0,\ \dfrac{\partial \varphi(z)}{\partial z}>0,\ \dfrac{\partial \varphi(z)}{\partial I}>0,$

$\dfrac{\partial \varphi(z)}{\partial \theta}>0$。 即产品技术复杂度的提高、市场规模的扩大和供应商谈判能力的增加均有助于提高分工水平和企业的生产效率。

上述的命题表明,最优的分工水平受到市场规模和供应商谈判能力的影响,即市场规模和供应商的谈判能力越高,则由此导致的效率损失或交易费用也就越低。虽然分工可以提高效率,但是受到协调成本(交易费用)的影响。在这里,交易费用并不是外生给定的,而是内生地决定于供应商与制造商的讨价还价过程,交易费用的大小则是市场均衡与帕累托最优结果之间的差别。

2. 产业集群、劳动分工与贸易模式

通过前述分析可知,最优的分工水平取决于产品的技术复杂度、市场规模、供应商的讨价还价能力以及最终产品需求弹性等变量。而产业集群对劳动分工的作用也通过上述渠道来实现。通过接下来的分析,我们将说明,产业集群对分工和出口的影响可以归纳为:规模效应和"敲竹杠"效应。

(1)产业集群、分工与贸易:规模效应。

人口规模是产业集群影响劳动分工的一个最为直接的方式。一般而言,产业集群地区的人口规模较大,为此,分工水平和生产效率也就更高。不过,如果产业集群地区仅仅是人口规模较大,那么地区之间的产业结构和出口结构并无差异。

对于任意两个地区 c 和 c' 而言,产品 z 的相对生产率为:

$$a(c, c') = \frac{\varphi_c(z)}{\varphi_{c'}(z)} = \frac{L_c}{L_{c'}} \tag{5.30}$$

显然,人口规模只会影响一国的生产率和经济规模,国家间的相对生产率水平并不存在行业差异,因而也就不会影响一国的比较优势和贸易结构,地区间的产业结构也是趋同的。不过,尽管如此,产业集群地区的企业仍然会比非产业集群地区的企业拥有更好的经营绩效,其出口规模也会更大。

对于这一点,我们可以通过引入企业异质性来实现。参照 Eaton 和 Kortum (2002),假设每一种产品 z 的生产都有无数潜在的企业,且企业的生产率为 $\varphi_c(z)\varphi_f$,其中 $\varphi_c(z)$ 为取决于生产率中的地区特定因素,φ_f 为企业特定的,且服从 Frechet 分布,即累计概率分布为:$F_c(\varphi_f, z) = e^{-T_c \varphi_f^{-\kappa}}$,$\kappa > 1$,其中 T_c 表示地区 c 的知识存量。则地区 c 企业的出口依存度(同时也是该地区的出口依存度以及地区 c 的出口占世界出口的比重)为:

$$\pi_c(z) = \frac{T_c \varphi_c(z)^{\kappa} (w_c d_c)^{-\kappa}}{\sum_{c=1}^{C} T_c \varphi_c(z)^{\kappa} (w_c d_c)^{-\kappa}} \tag{5.31}$$

其中,d_c 表示从地区 c 的运输成本。显然,一个地区的人口规模越大,则该地区的出口规模也就越高。由于人口规模较大的地区往往也具有较高的产业集群发展程度,为此,产业集群地区的出口占比更高。这一结论得到了裴长洪和郑文 (2012)的支持。我们把上述结论总结如下:

命题 6:产业集群发展程度较高的地区出口规模较大。

(2) 产业集群、分工与贸易:"敲竹杠"效应。

Becker 和 Murphy(1992)认为,与市场规模相比,"敲竹杠"和信息沟通等交易费用是限制分工的更为重要的因素。在本节的基本理论框架中,交易费用并不是外生给定的,而是内生地决定于敲竹杠行为所导致的投资扭曲。本节拟从"敲竹杠"的视角分析产业集群对分工和贸易的影响。"敲竹杠"问题是导致协调成本增加的重要原因,而产业集群的发展可以在一定程度上缓解"敲竹杠"问题对分工的不利影响,并促进分工的深化。具体来讲,产业集群对分工的"敲竹杠"效应又可以分为两种作用机制:一是产品替代效应,即通过增加最终产品的替代弹性和需求弹性,来缓解"敲竹杠"的影响;二是讨价还价效应,即通过改变中间供应商的讨价还价能力 θ,进而影响供应商的投资激励。

① "敲竹杠"效应 I：产品替代效应。

为了分析简便，我们假定产品的需求弹性 β 为常数。实际上，产品的替代弹性并非恒定不变的，而是与产品的种类、企业数目以及竞争程度有关。产品种类和企业数目越多，竞争越激烈，则产品的替代弹性越大。因此，在产业集群发展程度较高的地区，产品的替代弹性也较大。借鉴 Blanchard 和 Giavazzi(2003)，假定产品的替代弹性 β 为产业集群的增函数，令 $\beta_c = \beta(\mu_c)$，其中 μ_c 表示地区 c 的产业集群的发展程度，于是 $\beta'(\mu_c) > 0$。对于任意两种产品 z 和 z'，我们将地区 c 产品 z 与 z' 的相对生产率定义为：

$$a_c(z, z') = \frac{\varphi_c(z)}{\varphi_c(z')} = \left(\frac{z}{z'}\right)^{\frac{a[1-\alpha(2+\gamma)]+\beta(1-\alpha)(\beta-\alpha)(1+\gamma)}{a^z(1-\beta)[1-\beta(2+\gamma)]}} \quad (5.32)$$

由式(5.32)可知，$z > z'$ 则 $a_c(z, z')$ 是 β_c 的增函数，即一个地区产品的需求和替代弹性越高，则该地区在高技术复杂度产品上的生产率优势也就越明显，从而在高技术复杂度产品上的比较优势也将越大。对由式(5.25)求二阶偏导数可知：$\frac{\partial^2 \ln \varphi(z)}{\partial z \partial \beta} > 0$，即表明生产率是技术复杂度和产品替代弹性的"对数超模"函数，根据 Costinot(2009b)的证明可知：

命题7：①产业集群发展越完善，产品的需求弹性和替代弹性也就越大，则高技术复杂度产品的相对生产率也就越高；②产业集群发展较为完善的地区专业生产技术复杂度较高(价值链较长)的产品。

其经济学涵义是：最终产品的需求弹性越高，则供应商从讨价还价中划分的收益也就越大[见公式(5.32)]。其原因在于，供应商增加一单位投入对产出的贡献可以分为两部分，一方面，中间投入供应数量的增加会引起产出的增加，从而提高总收益；但另一方面，产出的增加则会带来产品价格的下降，这就在一定程度上降低了总收益。当产品的需求弹性较高时，增加一单位产出对价格的影响较小，即企业能够在价格相对稳定的情况下销售更多的产品。因此，产品的需求弹性越高，供应商对总收益的边际贡献也就越大，其从讨价还价中得到的收益也就越高。

除了从产品价值链长度来探讨集群对分工和比较优势的影响，另一思路是引入产品资产专用性的差异。中间投入的资产专用性越强，则供应商的讨价还价能力 θ 也就越弱。假定产品 i 的资产专用程度为 r_i，则 $\theta_i = \theta(r_i)$，且 $\theta'(r_i) < 0$，对生产效率式(5.25)取对数，并求偏导数可知，$\frac{\partial \ln \varphi}{\partial r_i} < 0$ 且 $\frac{\partial |\partial \ln \varphi / \partial r_i|}{\partial \beta} < 0$，即资产专用性会降低分工和生产效率，但其负面作用会随着产业集群的发展(产品替代

弹性的增大)而减弱。由此得到：

命题 8：产业集群发展程度较高的地区专业化生产和出口密集使用专用性投入的产品。

② "敲竹杠"效应Ⅱ：讨价还价效应。

如前所述，由于"敲竹杠"问题的存在，供应商只能从讨价还价中获得一部分的价值增值。而产业集群的一个重要作用在于提高供应商的讨价还价能力，从而促进分工和生产效率的改进。例如，Rotemberg 和 Saloner(2000)认为企业之间的竞争会缓解雇主的"敲竹杠"行为。Helsley 和 Strange(2004)也认为，企业在空间上的集聚能够缓解"敲竹杠"问题对中间供应商的影响，并促进企业的外包活动。为此，我们假定供应商的讨价还价能力 θ 是产业集群的增函数，此外，讨价还价能力还与产品特征有关。

与 Nunn(2005)类似，假定地区 c 产品 i 的供应商的谈判能力 $\theta_{c,i}=(1-r_i)+r_i\mu_c$，其中 r_i 为中间投入中差异化产品的比重，或专用性资产投资的比重。差异化产品与专用性资产的价值与产业集群的发展正相关，产业集群发展越完善，则供应商越容易找到新的客户，专用性资产的价值则会随之增加(Rotemberg and Saloner，2000；Duranton and Puga，2004)。此外，大量生产相似的企业集聚在一起，还可以降低资产的专用程度，从而提高供应商的外部选择和有效谈判能力。显然，$\dfrac{\partial^2\theta_{c,i}}{\partial r_i\partial\mu_c}>0$。由此可知命题 8 依然成立。

高技术复杂度产品的另一重要特征是生产任务具有较强的"非常规性"(non-rutineness)。根据 Costinot 等(2011)，生产的任务可以分为常规(rutine)任务和非常规(non-rutine)任务，非常规任务所需要付出的协调成本更高。若非常规任务所占的比重为 n_i，常规任务的比重为 $(1-n_i)$，当发生"敲竹杠"问题时，非常规任务和常规任务的协调和信息沟通成本是有差异的，非常规任务所占的比重越高，则协调和沟通成本也就越大。参照 Costinot 等(2011)，令供应商谈判能力为 $\theta_{c,i}=1-[(1-n_i)\rho+n_i(1-\mu_c)]$，$\rho<1$，其中，非常规任务所需要付出的成本为 $(1-\mu_c)$，是产业集群的减函数，常规任务所需要付出的协调成本为 $\rho<1$，总的协调成本为 $(1-n_i)\rho+n_i(1-\mu_c)$。显然，产业集群发展程度越高，则沟通和谈判成本也就越低，从而供应商的谈判能力也就越强。

对 $\theta_{c,i}$ 进行重新整理可得：$\theta_{c,i}=(1-\rho)(1-n_i)+n_i\mu_c$。通过求二阶偏导数不难发现，$\dfrac{\partial^2\theta_{ci}}{\partial n_i\partial\mu_c}>0$，即非常规任务的使用越密集，则产业集群对供应商的谈判

能力的影响越大。

命题 9：*产业集群发展较为完善的地区专业化生产"非常规"生产任务比重较高的产品。*

命题 7 至命题 9 表明，产业集群对不同行业企业的出口是有差异的，产业集群的发展将促进那些拥有比较优势的行业的出口，但对于其他行业出口的作用则是负向的。因此，从总体上来看，命题 6 的结论是成立的，但从行业和企业的视角来看，则未必成立。

5.1.2　计量模型与指标

1. 计量模型

根据前文的理论分析，产业集群发展程度较高的地区在技术复杂度较高、密集使用专用性资产和非常规任务的行业拥有比较优势。即产业集群对出口绩效的影响存在明显的行业差异性，行业的技术复杂度越高、专用性资产和非常规任务的使用越密集，则产业集群对该行业出口的积极作用越大。我们根据 Romalis（2004）和 Nunn（2007）的标准做法，采用如下计量模型：

$$\ln x_{cit} = \alpha_c + \alpha_i + \alpha_t + \beta_1 cluster_{ct} + \beta_2 cluster_{ct} \times Indc_i + \gamma X_{cit} + \varepsilon_{cit}$$

$$(5.33)$$

其中，$\ln x_{cit}$ 表示城市 c 行业 i 时间 t 出口额的对数值，$cluster_{ct}$ 表示城市 c 的集群程度，$Indc_i$ 为行业特征，包括行业技术复杂度（$prody$）、契约密集度（z）、非常规任务的比重（$n'r$）。根据前文的理论分析，交互项的估计系数预期为正。例如，$cluster_{ct} \times prody_i$ 估计系数为正，则表明产业集群发展较为完善的城市在技术复杂度相对较高的行业拥有出口比较优势。α_c 为城市固定效应，α_i 为行业固定效应，α_t 为时间固定效应。

X_{fci} 为其他控制变量，包括专业化指数（$spec_{cit}$）、多样化指数（div_{cit}）、竞争程度指标（com_{cit}）和赫芬达尔指数（hi_{cit}）和全要素生产率（tfp_{cit}）。

2. 指标构造

（1）产业集群。

"产业集群"内企业的关键特征是：空间上集中、经济活动上联系紧密（Porter，2000），企业空间集中度可以由非农人口的就业密度来衡量（Ciccone and Hall，1996）。但困难在于，如何衡量企业间经济活动的密切程度呢？也正是由于这一难点,使得对产业集群的研究一直难以取得突破。一个简单的方案是采用投入产出表来衡量不同产业企业间的联系程度。但这一方法的不足在于,投入产出表对行业的分类过于粗糙。为此,Long 和 Zhang(2011,2012)根据 Hausmann 和 Klinger(2007)构造的产品相近度指数,提出了一个替代性的解决方案,即根据产品的相近度来衡量企业间业务往来的密切程度。其基本的思路是,如果产业或企业生产的产品接近,那么,他们就更有可能利用共同的技术和生产要素,从而经济往来就更为密切。该指标的最大优点在于,由于产品分类比二分位行业分类要精细很多,因此可以更为确切地反映企业间业务往来的密切程度。

但美中不足的是,该指标忽略了产业集群的第一个特点:空间上集中。这就导致其夸大了某些面积较大但经济发展却较为落后的地区的集群程度。例如,根据 Long 和 Zhang(2012),内蒙古的集群指数(2004 年为 0.214)竟然高居全国第 5 位,远远超过了上海、江苏和浙江等沿海省市的集群指数(取值分别为 0.219、0.210 和 0.220;排名分别为第 9、第 10 和第 11 位),而经济较为发达的广东,集群指数(取值为 0.215)则排名 19(Long and Zhang,2012),这显然与这些地区现实的经济发展水平不符。为了更为准确地反映地区集群程度,本节仍参考 Long 和 Zhang(2011,2012)的思路,以产品相似度指数来刻画企业间联系的密切程度,但与之不同的是,借鉴 Ciccone 和 Hall(1996)的思路,充分考虑到不同地区间地理面积的差异性,对其进行改进。具体地,产业集群指数的计算公式为:

$$cluster_c = \sum_i \left[sh_{ci} \times \sum_j \left(p_{ij} \times \frac{l_{ci}}{area_c} \right) \right]$$

其中,l_{ci} 表示城市 c、行业 i 的就业人数,$sh_{ci} = l_{ci} / \sum_i l_{ci}$ 为城市 c 行业 i 的就业人数在城市 c 就业人数总的比重,$area_c$ 表示城市 c 的面积。$p_{ij} \in [0,1]$ 表示行业 i 与行业 j 之间产品的相似度,该数据取自 Hausmann 和 Klinger(2007)。由于 Hausmann 和 Klinger(2007)的产品相似度数据为 SITC 四位数,我们首先将中国工业行业分类标准(CIC)四分位行业与国际标准产业分类(ISIC)四分位行业进行对接,然后根据 Eurostat 和联合国提供的产业分类名称,将 ISIC 转换为 SITC,从而实现 CIC 与 SITC 的转换和对接。

(2) 行业特征。

① 技术复杂度(PROD)。

参照 Hausmann 等(2007),各产业的技术复杂度计算公式为:

$$PRODY_i = \sum_{c=1}^{C} s_{c,i} \cdot y_c$$

其中,y_c 是国家 $c(c=1,\cdots,C)$ 的实际人均收入水平,$s_{ci}=RCA_{ci}/\sum_c RCA_{ci}$ 为国家 c 产业 i 的 Balassa 显性比较优势指数,计算公式为 $RCA_{ci}=x_{ci}/\sum_i x_{ci}$,$x_{ci}$ 为国家 c 产业 i 的出口额。我们采用跨国分行业数据计算各个行业各年的技术复杂度,然后对 1998—2004 年每个行业的技术复杂度进行平均,最后得到每个行业的平均技术复杂度。

② 资产专用性(z)。

对于行业的资产专用性程度,我们参照 Nunn(2007)以及 Feenstra 等(2012)的方法,并根据 Rauch(1999)对差异化产品和同质产品的分类标准,采用中间投入中差异化产品的比重来度量中间投入的资产专用性程度,差异化产品所占的比重越高,则表明中间投入的资产专用性越强。计算公式如下:

$$z_{1i}=\sum_j \theta_{ij}S_j^{neither}$$
$$z_{2i}=\sum_j \theta_{ij}(S_j^{neither}+S_j^{refprice})$$

其中,θ_{ij} 表示行业 i 使用的中间投入中,行业 j 所占的比重。其中 $S_j^{neither}$ 表示既不存在交易机构,又不具有参考价格的产品的销售比重,$S_j^{refprice}$ 表示具有参考价格,但不存在交易机构的产品在行业 j 的销售中所占的比重。$S_j^{neither}$ 和 $S_j^{refprice}$ 系采用 2007 年工业企业数据库计算得到,θ_{ij} 则是根据 2007 年 135 部门中国投入产出表计算得到。

③ 非常规任务密集度。

行业生产中非常规任务数所占比重根据 Costinot 等(2011)计算得到。Costinot 等(2011)计算了各个行业的常规任务比重,我们用"1—常规任务比重"度量非常规任务比重。由于 Costinot 等(2011)行业特征的分类比中国工业行业 2 分位行业的分类不完全一致,为此,对于每个 2 分位行业,存在多个数值与之对应,我们分别计算了其均值(nr_mean)和中位数(nr_median)来度量行业非常规任务密集度。

(3) 控制变量。

① 专业化指数。依据 Gao(2004),专业化指数具体计算公式为:$spec_{ci}=\dfrac{y_{ci}/y_c}{y_i/y}$。其中,$y_c\equiv\sum_i y_{ci}$ 为城市 c 所有产业的产出总和,$y_i\equiv\sum_c y_{ic}$ 为产业 i 的全国总产出,$y\equiv\sum_c\sum_i y_{ci}$ 为全国所有产业的总产出。

② 多样化指数。根据 Combes(2000),我们将之定义为相对全国各产业,各城

市各产业的份额平方和的倒数: $div_{ci} = \dfrac{\sum_{j\neq i}[y_{cj}/(y_c - y_{ci})]^2}{\sum_{j\neq i}[y_j/(y - y_i)]^2}$ 。

③ 竞争性指标。竞争性指标的计算公式为: $com_{ci} = \dfrac{n_{ci}/y_{ci}}{n_i/y}$ 。其中, n_{ci} 和 n_i 表示省城市 c 和 i 产业的企业数量。该式表示在产量给定的情况下, 厂商的数目越多, 则产业的竞争程度也就越高。

④ 赫芬达尔指数 (hi_{ci}) 指数的构造为: $hi_{ci} = \sum_f (y_{cif}/y_{ci})^2$, 其中 y_{cif} 表示城市 c 行业 i 中的企业 f 的总产出。

⑤ 全要素生产率 (tfp_{cit}) 。对于各城市分行业的全要素生产率, 具体计算公式为 $tfp_{cit} = \sum_f q_{fcit} \cdot tfp_{fcit}$, 其中, tfp_{fcit} 表示城市 c 行业 i 时间 t 企业 f 的全要素生产率, q_{fcit} 为企业 f 的产值在其所在城市所在产业产值中的比重。企业的全要素生产率采用 Olley-Pakes 方法计算得到, 并参照 Brandt 等(2011)的处理方法进行了价格指数平减, 其中, 总产出采用四分位的行业的产出价格指数进行折算, 资本存量 K_{it} 为固定资产净值年平均余额, 采用年度投资价格指数进行平减。投资 $I_{it} = K_{it} - (1-\delta)K_{it-1}$, 折旧率 δ 首先根据企业本年折旧与上一年的固定资产净值相除得到企业折旧率, 在剔除大于 1 和小于 0 的数值后, 再进行行业平均, 最后得到四分位行业的折旧率。

3. 数据说明

本节所使用的数据为 1998—2007 年城市层面的制造业分行业数据(行业代码 13—42), 该数据系由国家统计局公布的工业经济统计数据库通过在城市和行业层面加总得到。[①]2003 年中国采用了新的行业分类代码, 本节根据 Brandt 等(2011)将行业代码按照 2003 年后的标准进行重新统一。参照一般的会计准则, 本节删除了产出、销售额、出口、就业以及总资产为负的样本。城市面积数据来自《中国城市统计年鉴 2006》。

行业技术复杂度的计算所采用的跨国数据为世界银行 2007 年开发的 "Trade, Production and Protection 1976—2004"(下文简称 TPP)数据, 该数据库涵盖了 100 个国家 28 个制造业行业的生产和贸易数据。各国人均收入水平来自宾夕法尼亚大学 "Pen World Table 6.3"(PWT 6.3)数据库, 数据网站为 https://pwt.sas. upenn.edu/php_site/pwt_index.php。

---

① 考虑到本节所考察的对象是产业集群对贸易模式之影响, 我们选择采用加总后的数据, 而不是直接用企业数据进行分析。这样做的好处在于可以避免城市和行业层面企业数目的不同所带来的估计偏差。

5.1.3 经验分析

本节采用 1998—2007 年各城市的制造业分行业数据对理论模型的核心结论进行经验分析。我们首先进行初步的经验观察，并以散点图的方式展示各城市产业集群与制造业出口之间的关系；然后，分别从水平效应和增长效应两个维度考察产业集群对城市出口结构和出口增长的影响。

1. 初步的经验观察

我们首先以散点图的形式来描述产业集群与城市制造业出口的关系，并为接下来的计量分析奠定基础。图 5.1 绘制了城市产业集群与出口规模和出口技术复杂度的散点图（fitted values 为拟合值）。图 5.1(a) 展示了产业集群与出口规模（对数值）（$\ln export$）之间 1998、2003 和 2007 三年的散点图，由图 5.1(a) 可知，产业集群与城市出口规模之间存在显著的正相关关系，而且这种正相关关系在所有年份均成立。这与本节理论模型的命题 6 是吻合的。

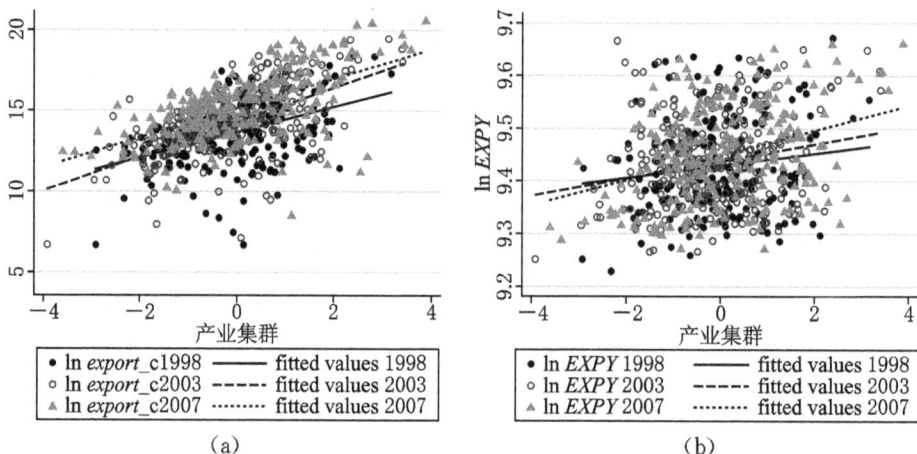

图 5.1　产业集群与城市出口

图 5.1(b) 则展示了产业集群与城市出口技术复杂度（对数值）（$\ln EXPY$）之间的关系。其中，出口技术复杂度的计算公式为：$EXPY_c = \sum_i s_{c,i} \cdot PRODY_i$。其中，$PRODY_i$ 为行业 i 的技术复杂度，$s_{c,i}$ 为城市 c 行业 i 的出口占制造业出口中的比重。由图 5.1(b) 可知，从总体上看，产业集群与出口技术复杂度的正相关关系较为明显，表明产业集群发展程度的不同会导致出口结构的不同。当然，图 5.1 的结果是非常初步的，并未控制其他变量的影响，我们接下来将通过更为严谨的计量

分析来检验产业集群对城市出口结构的影响。

2. 产业集群与出口比较优势：水平效应

(1) 所有年份样本。

表 5.1 汇报了采用 1998—2007 年 283 个城市的制造业分行业数据对式(5.33)的估计结果。由于本节的解释变量为城市行业层面，为此我们采用聚类方法对 t 统计量进行调整。同时，为了便于比较，我们报告了估计系数的标准化系数(beta 系数)。

表 5.1　产业集群与出口比较优势：1998—2007 年总体样本

因变量 行业特征	(1) log $export$ $prody$	(2) log $export$ zc_1	(3) log $export$ zc_2	(4) log $export$ nr_mean	(5) log $export$ nr_median
cluster	−0.331***	−0.205***	−0.152***	−0.145	−0.056
	(−3.14)	(−3.31)	(−2.97)	(−1.58)	(−0.71)
cluster ln dc	0.439***	0.336***	0.260***	0.254**	0.164*
	(3.39)	(3.64)	(3.60)	(2.27)	(1.74)
spec	−0.203**	−0.204**	−0.206**	−0.215**	−0.215**
	(−2.42)	(−2.45)	(−2.43)	(−2.43)	(−2.44)
div	0.007	0.007	0.007	0.010	0.010
	(0.80)	(0.86)	(0.78)	(0.98)	(0.98)
com	0.002*	0.002*	0.002**	0.002*	0.002*
	(1.90)	(1.91)	(2.01)	(1.93)	(1.93)
hi	0.014*	0.024**	0.015**	0.009	0.009
	(1.89)	(2.51)	(1.98)	(1.13)	(1.08)
tfp	0.395***	0.383***	0.394***	0.418***	0.419***
	(2.87)	(2.87)	(2.85)	(2.87)	(2.87)
N	57 625	57 625	57 625	49 399	49 399
R^2	0.164	0.176	0.162	0.174	0.174

注：回归系数下括号内为回归系数的 t 值，上标 ***、** 和 * 分别表示 1%、5% 和 10% 的统计显著性；所有回归组合控制了城市固定效应、行业固定效应和时间固定效应；回归系数的 t 值根据城市—行业层面聚类标准差进行调整得到；估计系数为 beta 系数。

由表 5.1 可知，产业集群与行业特征交互项的估计系数均显著为正，而且前三列估计系数均在 1% 的统计水平显著，后两列也分别在 5% 和 10% 的统计水平上显著。这表明，城市产业集群的发展有助于该城市在高技术复杂度、密集使用专用性投资和非常规性任务的行业形成比较优势，并更多地出口这些行业的产品。从估计系数的标准差来看,产业集群×行业技术复杂度增加一个标准差会促进出口增加0.44个标准差。类似地,产业集群与专用性资产使用的密集度、非常规任务密集度交互项也具有显著的解释力。

从控制变量来看,专业化程度($spec$)不利于行业的出口,表明并不存在"马歇尔外部性",多样化(div)对出口的作用虽然符号为正,但统计显著性不高,说明"雅克比外部性"的作用不明显。这与产业增长相关研究的结论并不相同,其原因主要是变量的多重共线性所导致的。从简单相关系数来看,专业化指数与全要素的生产率达到了0.66。进一步观察可知,在所有回归组合中,全要素生产率的估计系数均在1%的统计水平上显著,而一旦扣除全要素生产率变量,则专业化对产业出口的作用则转负为正。[①]由此,说明"马歇尔外部性"主要通过全要素生产率来促进企业的出口。

竞争程度指标(com)在5%统计水平上对出口有促进作用,证实了"波特外部性"的存在性,即竞争程度有利于提高企业的竞争力,也符合本节理论模型的结果。如前所述,产品市场上竞争的加剧会增加企业生产的产品的需求弹性,这就增加了中间供应商从讨价还价中获得的收益,从而降低了分工成本,并提高企业的生产效率。赫芬达尔指数(hi)估计系数虽然在5%的统计水平上显著为正,不过赫芬达尔指数对出口的作用并不稳健。实际上,如果解释变量中单独放赫芬达尔指数则发现,其估计系数在1%的统计水平上显著为负。赫芬达尔指数与全要素生产率之间的共线性问题也是导致其影响不稳健的原因之一。

(2)分年份估计。

在不同的时间段,产业集群对城市出口比较优势的影响有何差异?表5.2对1998—2007年的分城市分行业数据进行了逐年估计。表5.2所有回归组合均控制了专业化指数、多样化指数、竞争程度、赫芬达尔指数和全要素生产率等变量,限于篇幅,表5.2仅报告了核心变量的估计结果。由表5.2可知,在所有年份,产业集群与行业技术复杂度交互项均在10%的统计水平上显著,而且从2003年开始,统计显著性保持在1%的水平上。而且标准化估计系数也较为稳定,在大部分年份维持在0.4以上,表明从技术复杂度的角度来看,产业集群对中国技术复杂度的提升发挥了重要作用。从行业的专用性资产密集度来看,产业集群与该变量的交互项在所有年份的回归系数均在1%的统计水平上显著为正,而且估计系数也非常稳定。

---

① 限于篇幅,我们没有报告去掉 tfp 变量后的估计结果。

表 5.2　产业集群与出口比较优势：1998—2007 分年份估计结果

		(1)	(2)	(3)	(4)	(5)	(6)	(7)	(8)	(9)	(10)
		1998	1999	2000	2001	2002	2003	2004	2005	2006	2007
行业特征	$prody$	0.492*	0.227*	0.560**	0.724**	0.664**	0.436***	0.321***	0.481***	0.471***	0.439***
		(1.72)	(1.81)	(2.18)	(2.45)	(2.31)	(2.89)	(2.82)	(3.53)	(2.91)	(3.08)
	zc_1	0.347***	0.248***	0.342***	0.387***	0.314***	0.393***	0.344***	0.426***	0.414***	0.380***
		(4.24)	(3.88)	(4.48)	(4.32)	(3.99)	(3.54)	(3.42)	(3.92)	(3.11)	(3.27)
	zc_2	0.271***	0.125***	0.239***	0.269***	0.198***	0.282***	0.241***	0.303***	0.298***	0.279***
		(3.62)	(3.08)	(3.80)	(3.77)	(3.13)	(3.26)	(3.23)	(3.71)	(3.10)	(3.26)
	nr_mean	0.211	0.039	0.285	0.534*	0.404	0.190	0.129	0.239**	0.254*	0.230*
		(0.77)	(0.69)	(1.17)	(1.86)	(1.59)	(1.34)	(1.45)	(2.02)	(1.86)	(1.95)
	nr_median	0.103	0.021	0.216	0.495	0.403	0.081	0.064	0.154	0.162	0.145
		(0.35)	(0.35)	(0.81)	(1.59)	(1.42)	(0.65)	(0.84)	(1.48)	(1.39)	(1.44)

注：回归系数下括号内为回归系数的 t 值，上标 ***、** 和 * 分别表示 1%、5% 和 10% 的统计显著性；所有回归组合控制了城市固定效应、行业固定效应和时间固定效应，以及专业化指数、多样化指数、竞争程度、赫芬达尔指数和全要素生产率等变量；回归系数的 t 值根据城市—行业层面聚类标准差进行调整得到；估计系数为 beta 系数。

产业集群与非常规任务密集度的交互项的估计系数为正，不过估计结果不如前两类变量显著。其中，若采用非常规密集度的均值作为行业特征，该变量与产业集群的交互项仅在 2001 年和 2005—2007 年在 5% 的统计水平上显著为正，其他年份的统计显著性则不到 10%。而如果采取非常规密集度的中位数作为度量指标，其交互项在所有年份的估计系数均不具备统计显著性。其原因有二：其一，就目前中国的产业结构而言，即使是相同的行业，中国的产业对沟通和信息交流的依赖度仍较美国为低；其二，产业集群对密集使用非常规任务行业的影响具有一定的滞后效应，因此在短期效果不明显。

（3）内生性问题。

内生性问题是经验分析中不可回避的问题，严重的内生性会导致估计结果的有偏和非一致性。产业集群变量也可能存在内生性的问题：一方面，产业集群可能与出口贸易之间存在双向因果关系，即出口贸易的发展会反过来影响产业集群的发展；另一方面，遗漏变量也是导致内生性问题。例如，可能存在与同时与产业集群和出口相关的遗漏变量。虽然我们在前文分析中已经控制了城市、行业和时间固定效应，并尽可能加入了一系列的控制变量，但仍然不能保证不存在内生性问题。

克服内生性问题的通常做法是工具变量法，我们选取 1937 年各省的公路网密度（公路里程/面积）作为产业集群的工具变量，该变量来自《中国公路史（第一册）》

(1990)。好的工具变量需要满足两个基本条件,一是与内生解释变量之间具有较强的相关性,否则就是弱工具变量;二是要求该变量是外生的,公路网密度作为工具变量,满足这两个基本条件。

首先看相关性。新经济地理学研究表明,经济活动的密集程度受运输费用的影响(Fujita and Thisse, 2002),而且由于基础设施投资具有明显的公共物品特性,随着产业集群的发展,建设交通基础设施的平均成本也会进一步降低(Duranton and Puga, 2004)。为此,1937年的公路网密度与当时的产业集群之间有着紧密的联系。同时,产业集群所产生的市场规模效应、专业化效应、"敲竹杠"效应、中间产品多样化效应以及价格指数下降效应,会使得集群程度高的地区进一步自我加强。因此,历史上的公路网密度与现在的集群水平具有密切的关系。

其次,从外生性来看,1937年的公路网密度与1998年之后的出口结构之间并没有直接的关联。为此,也符合外生性条件。为了对工具变量的外生性进行Sargan检验,我们采用1937年的公路网密度和产业集群的滞后项共同作为产业集群的工具变量。

表5.3汇报了工具变量两阶段最小二乘法的估计结果。由表5.3可知,在所有各列中,产业集群交互项的标准化系数均比表5.1的结果有不同程度的提高。以第一列为例,产业集群与行业技术复杂度交互项的系数由0.439提高至0.514,提升的幅度为17%。这说明,普通最小二乘估计导致估计结果发生了向下偏倚。此外,竞争程度对产业出口的作用明显增强,均在1%的统计水平上显著,其他变量的估计系数和统计显著性未发生本质变化,此处不再赘述。

表5.3 产业集群与比较优势:工具变量估计结果

因变量	(1) $\log export$	(2) $\log export$	(3) $\log export$	(4) $\log export$	(5) $\log export$
行业特征	$prody$	zc_1	zc_2	nr_mean	nr_median
$cluster$	0.057	0.612***	0.697***	0.301**	0.923***
	(0.43)	(2.90)	(2.97)	(1.99)	(3.28)
$cluster \ln dc$	0.514***	0.399***	0.302***	0.288**	0.179
	(3.38)	(3.63)	(3.57)	(2.22)	(1.64)
$spec$	−0.211**	−0.214**	−0.216**	−0.222**	−0.225**
	(−2.45)	(−2.49)	(−2.46)	(−2.46)	(−2.47)
div	0.006	0.006	0.005	0.009	0.008
	(0.65)	(0.67)	(0.55)	(0.81)	(0.74)

续表

因变量	(1) log $export$	(2) log $export$	(3) log $export$	(4) log $export$	(5) log $export$
行业特征	$prody$	zc_1	zc_2	nr_mean	nr_median
com	0.003*** (3.62)	0.004*** (3.58)	0.004*** (3.45)	0.003*** (3.41)	0.004*** (3.06)
hi	0.017** (2.18)	0.029*** (2.75)	0.018** (2.26)	0.010 (1.23)	0.010 (1.19)
tfp	0.409*** (2.88)	0.395*** (2.90)	0.410*** (2.87)	0.430*** (2.89)	0.434*** (2.90)
Anderson LM 统计量	206.226 (0.000)	175.061 (0.000)	174.480 (0.000)	166.764 (0.000)	134.47 (0.000)
第一阶段 F 值	13 000.000	65.741	65.289	12 000.000	49.75
Sargan 统计量	6.527 (0.038)	2.597 (0.107)	0.590 (0.442)	4.598 (0.100)	0.13 (0.718)
N	50 158	50 158	50 158	43 154	43 154
R^2	0.148	0.095	0.076	0.155	0.063

注：回归系数下括号内为回归系数的 t 值，上标 ***、** 和 * 分别表示 1%、5% 和 10% 的统计显著性；所有回归组合控制了城市固定效应、行业固定效应和时间固定效应；回归系数的 t 值根据城市—行业层面聚类标准差进行调整得到；估计系数为 beta 系数。

表 5.3 还对工具变量的有效性进行了识别不足检验、弱识别检验和过度识别检验，并汇报了对应的统计值，分别是 Anderson LM 统计量、第一阶段 F 值和 Sargan 统计量。其中前两个统计量都是为了检验工具变量与内生变量之间的相关性，如果识别不足检验的原假设被拒绝，意味着工具变量与内生变量是相关的。第二个统计量检验工具变量与内生变量之间是否强相关，根据 Staiger 和 Stock (2005)，在运用两阶段最小二乘法进行估计时，第一阶段的 F 值在 10 以上就说明工具变量和内生变量之间才具有强的相关性。Sargan 统计量主要是检验工具变量的外生性，接受原假设表明工具变量是外生的。

由表 5.3 可知，在所有回归组合中，识别不足检验均在 1% 的显著水平上被拒绝，而且第一阶段 F 值都在 10 以上，说明工具变量与产业集聚之间不仅是相关的，而且是强工具变量。此外，除第一列 Sargan 统计量的相伴概率为 0.038 外，其他各列过度识别检验（Sargan 统计量）相伴概率均在 0.1 以上，这表明，我们无法在 10% 的显著水平上拒绝工具变量是过度识别的原假设，表明工具变量是外生的。

上述检验表明,表5.3所采用的工具变量是有效的。

3. 产业集群与出口比较优势:增长效应

以上证实了产业集群与城市当期出口比较优势的关系,那么,产业集群对比较优势是否具有长期的持续影响? 换言之,产业集群是否能够影响出口增长,即促使高技术复杂度和密集使用专用性资产和非常规任务的行业获得更快的增长? 本节将着重对产业集群的长期动态效应进行考察。为此,我们借鉴 Rajan 和 Zingales (1998)的方法,将具体的回归方程设定如下:

$$g_{ci} = a_c + a_i + b_0 \cdot \ln x_{0ci} + b_1 \cdot cluster_{ci} \times Indc_i + \gamma \mathbf{X}_{ci} + e_{ci} \quad (5.34)$$

其中,g_{ci} 为城市 c 产业 i 的出口增长率,计算公式为 $g_{ci} = [\ln(x_{cit}) - \ln(x_{cis})]/(t-s)$,$x_{cit}$ 表示年份 t 城市 c 中 i 产业的出口额。a_c 和 a_i 分别表城市固定效应和行业固定效应,$\ln x_{0ci}$ 表示城市 c 行业 i 的期初出口额的对数值,$\mathbf{X}_{ci}$ 表示其他控制变量,包括专业化指数($spec_{ci}$)、多样化指数(div_{ci})、竞争程度指标(com_{ci})和赫芬达尔指数(hi_{ci})。从形式上看,式(5.34)和式(5.33)非常接近,其中的一个不同在于引入了期初出口额的对数,该变量的引入主要是为了控制"收敛效应"。另外一个不同之处在于没有时间固定效应,这是因为产业增长数据为城市—行业维度。

(1) 1999—2007 年城市—行业的出口增长。

表5.4运用工具变量两阶段最小二乘法并采用式(5.34)对1999—2007年城市层面的产业增长进行了估计,其中工具变量为1937年公路网密度和滞后一期的产业集群指数。由于对工具变量有效性的检验结果与表5.3非常类似,我们在表5.4中省略了对工具变量的检验结果。表5.4中所有估计结果均对采用聚类标准差对估计变量的 t 值进行调整,估计系数为标准化系数($beta$ 系数)。

表5.4 产业集群与出口增长:动态效应估计结果

	(1)	(2)	(3)	(4)	(5)
估计方法	2SLS	2SLS	2SLS	2SLS	2SLS
因变量	$g99\_07$	$g99\_07$	$g99\_07$	$g99\_07$	$g99\_07$
行业特征	$prody$	zc_1	zc_2	nr_mean	nr_median
$cluster \ln dc$	0.178***	0.186***	0.186***	0.181***	0.180***
	(7.85)	(8.07)	(8.53)	(7.82)	(7.78)
$\ln x_0$	−0.430***	−0.432***	−0.432***	−0.431***	−0.430***
	(−16.19)	(−16.36)	(−16.34)	(−16.12)	(−16.10)
$spec$	−0.015	−0.019	−0.017	−0.032	−0.032
	(−0.42)	(−0.52)	(−0.47)	(−0.74)	(−0.74)

续表

	(1)	(2)	(3)	(4)	(5)
估计方法	2SLS	2SLS	2SLS	2SLS	2SLS
因变量	$g99\_07$	$g99\_07$	$g99\_07$	$g99\_07$	$g99\_07$
行业特征	$prody$	zc_1	zc_2	nr_mean	nr_median
div	0.024	0.027	0.026	0.021	0.021
	(0.60)	(0.68)	(0.64)	(0.56)	(0.55)
com	0.065***	0.062***	0.063***	0.078***	0.078***
	(2.82)	(2.67)	(2.73)	(2.92)	(2.92)
hi	−0.106***	−0.102***	−0.103***	−0.116***	−0.116***
	(−4.55)	(−4.35)	(−4.43)	(−4.76)	(−4.78)
tfp	0.088**	0.080**	0.086**	0.107***	0.107***
	(2.49)	(2.27)	(2.42)	(2.73)	(2.73)
N	2 560	2 560	2 560	2 326	2 326
R^2	0.235	0.239	0.238	0.238	0.238

注：回归系数下括号内为回归系数的 t 值，上标 ***、** 和 * 分别表示 1%、5% 和 10% 的统计显著性；所有回归组合控制了城市固定效应、行业固定效应和时间固定效应；回归系数的 t 值根据城市—行业层面聚类标准差进行调整得到；估计系数为 beta 系数。

由表 5.4 可知，产业集群各类交互项均对 1999—2007 年的产业增长起到了显著的促进作用，而且从标准化系数来看，其作用仅次于期初出口额，超过了专业化指数、多样化指数、竞争程度与全要素生产率等变量的解释力。这表明，在产业集群发展较为完善的城市，高技术复杂度行业和密集使用专用性资产和非常规任务的行业具有更快的增长速度。在宏观上，该结论意味着，产业集群的发展将推动产业结构向高技术复杂度和密集使用专用性资产和非常规任务的产业转移，从而推动产业结构转型。

从控制变量来看，期初出口额对产业增长的影响显著为负，该结论与产业增长的文献吻合，证实了期初出口额较大的行业产业增长速度较慢，即存在一定的收敛效应。与表 5.3 的结果类似，专业化指数的作用不明显，多样化指数对产业增长的作用虽然为正，但效果不显著。竞争程度对产业增长的作用显著为正，而赫芬达尔指数的估计系数则显著为负，二者符号完全一致。证实了"波特外部性"对产业增长的重要性。结合之前的分析可知，竞争对产业的影响主要表现为长期效应，虽然短期竞争的效果不稳健，但从长期来看，竞争是促进产业增长的重要动力。全要素生产率依然是影响产业增长的重要因素，其标准化系数仅次于产业集群交互项。

（2）分时间段估计。

为检验产业集群对出口增长作用的稳健性，并考察产业集群对产业出口短期增长和长期增长的差异化影响，表 5.5 采用工具变量两阶段最小二乘法，分别对 2000—2007 年、2001—2007 年、2002—2007 年、2003—2007 年、2004—2007 年、2005—2007 年和 2006—2007 年城市—产业的出口增长进行了估计。表 5.5 所有回归组合均控制了期初出口额（对数）、城市固定效应、行业固定效应，以及专业化指数、多样化指数、竞争程度、赫芬达尔指数和全要素生产率等控制变量，但限于篇幅，表 5.5 仅汇报了核心变量的估计结果。

表 5.5　产业集群与出口增长：分时间段估计结果

	(1)	(2)	(3)	(4)	(5)	(6)	(7)
估计方法	2SLS	2SLS	2SLS	2SLS	2SLS	2SLS	2SLS
时间跨度（年） 因变量	7 $g00\_07$	6 $g01\_07$	5 $g02\_07$	4 $g03\_07$	3 $g04\_07$	2 $g05\_07$	1 $g06\_07$
$cluster\_prody$	0.181 *** (7.75)	0.181 *** (7.41)	**0.208 ***** **(8.08)**	0.168 *** (7.28)	0.169 *** (6.25)	0.107 *** (4.08)	0.086 *** (3.39)
$cluster\_zc_1$	0.198 *** (8.15)	0.193 *** (7.78)	**0.221 ***** **(8.44)**	0.173 *** (7.83)	0.159 *** (5.86)	0.106 *** (4.16)	0.088 *** (3.51)
$cluster\_zc_2$	0.194 *** (8.57)	0.186 *** (7.83)	**0.215 ***** **(8.70)**	0.176 *** (7.90)	0.169 *** (6.33)	0.112 *** (4.37)	0.095 *** (3.76)
$cluster\_nr\_mean$	0.184 *** (7.71)	0.186 *** (7.50)	**0.220 ***** **(8.28)**	0.173 *** (7.38)	0.161 *** (5.86)	0.119 *** (4.35)	0.101 *** (3.79)
$cluster\_nr\_median$	0.183 *** (7.66)	0.185 *** (7.45)	**0.219 ***** **(8.24)**	0.172 *** (7.35)	0.160 *** (5.85)	0.118 *** (4.33)	0.100 *** (3.75)

注：回归系数下括号内为回归系数的 t 值，上标 ***、** 和 * 分别表示 1%、5% 和 10% 的统计显著性；所有回归组合控制了城市固定效应和行业固定效应，以及专业化指数、多样化指数、竞争程度、赫芬达尔指数和全要素生产率等变量；回归系数的 t 值根据城市—行业层面聚类标准差进行调整得到；估计系数为 beta 系数。

由表 5.5 可知，在所有回归组合中，产业集群交互项均对行业出口增长均在 1% 的统计水平上显著为正。而且不论以估计系数大小还是统计显著性来判断，产业集群对出口增长的影响均在第 5 年达到峰值，标准化系数在 0.2 以上，表明产业集群交互项增加 1 个标准差，可以使行业出口增长速度至少提高 0.2 个标准差。从第 6 年开始，虽然产业集群对出口增长的影响有所回落，但仍然高于前 4 期的增长速度。

5.1.4　小结

长期以来,人们一直将产业集群地区分工深化与高出口绩效共存的现象视为既定事实,很少有研究试图揭示三者间的内在逻辑关系。本节从"不完全契约"的视角构建理论框架,并分析了产业集群对分工和制造业出口结构升级的影响。研究发现,产业集群不仅会增强一国的竞争优势,而且还会影响其比较优势。从竞争优势来看,产业集群能够促进价值链分工体系的形成,并扩大出口规模;从比较优势来看,产业集群有助于降低"机会主义行为"所带来的交易成本,促进高技术复杂度、密集使用专用性资产和非常规任务的产品的出口,从而推动产业结构升级。

在理论分析的基础上,本节构造了 1998—2007 年城市层面的产业集群指数,并使用该指数和城市的制造业分行业数据,检验了产业集群对制造业出口结构的影响。研究发现:①产业集群发展较为完善的地区,不仅出口规模较大,而且出口结构也更为高级化,表现为更多地出口技术复杂度较高、密集使用专用性资产和非常规任务的产品;②从出口增长的动态来看,产业集群的发展有助于出口高技术复杂度、密集使用专用性资产和非常规任务以相对较快的速度增长。在宏观上则表现为出口结构不断地调整和优化升级。

上述结论具有重要的政策启示:①产业集群对于保持和增强企业的竞争力,改变企业的竞争方式具有重要意义。长期以来,中国企业在国际市场上的竞争方式主要依靠单打独斗和低价策略取胜。在生产要素成本上升、人民币升值以及贸易摩擦频繁等不利条件下,上述贸易方式的弊端日益凸显。外贸发展方式的转变势必要求企业的竞争方式由单打独斗向分工协作转变,而价值链分工体系的建立则离不开产业集群的土壤。本节为我们通过培育产业集群来增强企业的出口竞争力提供了理论依据。②本节对中国的出口结构转型和出口质量升级也提供了重要的政策参考。经验表明,在产业集群发展的初级阶段,企业的出口主要是数量扩张为主,而当企业发展到一定阶段时,则必然会走向质量升级和产业结构升级(Otsuka and Sonobe,2006)。由于高质量产品的生产对分工协作的要求更高,在中国未来的发展阶段,产业集群还将发挥更为重要的作用,大力推动产业集群发展对于中国的出口结构转型的作用不容忽视。因此,应尽可能取消限制产业集群发展的各种制度障碍,并在流通领域提供物流、资金、通关、结算等环节的高效率服务,从而为产业集群的发展创造良好的政策环境。

当然,本节的研究还有诸多不足:首先,由于本节考察的重点的是产业集群对制造业出口的影响,因此对产业集群的形成机制和决定因素则未进行深入探讨;其次,除"规模效应"和"敲竹杠效应"外,产业集群对出口结构可能还存在其他的作用机制,如信息传播、声誉机制等。此外,限于篇幅,本节对产业集群发挥作用的条件和限制因素则没有给予太多的关注。上述问题的重要性是毋庸置疑的,但更为深入的讨论显然超过了本节的范畴,我们将留待未来进一步研究。

5.2 产业集聚的作用 *

经济活动在地理分布上的不平衡性是现代经济增长的一个重要特征。研究表明,各国工业化进程普遍伴随着地理集聚程度的不断提高,例如美国南加州的印刷电路产业区(Scott and Kwok,1989)、底特律的汽车工业城、欧洲的蓝橡胶产业地带(Delamide,1984)以及日本的太平洋海岸工业带(Kitamura and Yada,1977)。自1978年以来,中国的改革开放从沿海到内地呈梯度展开,经济活动向沿海地区集中的趋势日益明显(白重恩等,2004;路江涌和陶志刚,2006;Lu and Tao,2009)。以工业园和产业群为特色的地理集聚,不仅成为中国的经济增长一个重要标志,也是导致中国地区经济发展不平衡的重要因素(范剑勇,2006)。虽然已有文献对地理集聚重要性的研究已经取得了丰硕的成果,但对于地理集聚影响经济绩效的作用渠道仍缺乏深入的认识,尤其是缺乏对"技术外部性"之外的作用渠道的检验。本节试图从商业信用的视角对地理集聚的外部效应进行探索,并弥补已有研究在这方面的不足。

实际上,Marshall早在1920年就认识到产业集聚的重要性,并指出了产业集聚外部性的三个基本来源:投入产出关联、劳动市场共享和知识外溢。Duranton和Puga(2004)则将外部效应归纳为三大类:①分享效应,包括公共物品效应、专业化效应、多样化效应和风险分散效应;②匹配效应,包括匹配质量提高、匹配概率增加和"敲竹杠"问题的缓解;③学习效应,包括知识创造、知识扩散和知识积累。在经验研究方面,对地理集聚外部性的检验取得了丰硕成果。对中国的研究也发现,地理集聚对地区间生产率(范剑勇,2006)、技术创新(彭向、蒋传海,2011)以及企业

---

　*　本节由王永进和盛丹共同完成,原文以《地理集聚会促进企业间商业信用吗》为题发表于《管理世界》2013年第1期,第101—114页。

规模和组织模式(陆毅等,2011；Li and Lu, 2009)有显著影响。

　　然而,已有研究更加侧重对地理集聚的外部效应,尤其是"技术外部性"进行验证,不仅忽略了地理集聚外部效应的作用机制,而且对金融发展、非正规金融、交易成本等"制度外部性"的探索仍十分匮乏。一些意大利学者通过案例研究发现,地理集聚还能扩大企业的外部融资供给,并缓解企业融资约束。Ottati(1994)认为产业集聚所形成的企业网络和关联交易推动了商业信用的发展,商业信用成为产业区内企业营运资金的重要来源之一。Fabiani 等(2000)的实证研究表明,产业集聚在信息、监督等方面的优势使得集聚企业的融资条件要优于非集聚企业。Russo和 Rossi(2001)则发现,在集聚程度较低的意大利南部,企业在融资过程中要比北、中部产业区内企业支付更高的利息和面临更为严重的信贷约束。这些松散的案例研究启示我们,除了技术外部性之外,地理集聚的"制度外部性",尤其是对商业信用和企业融资的影响也同样十分重要。但是,遗憾的是,对地理集聚与商业信用的经验研究主要是针对意大利,这些文献不仅缺乏系统性,而且这种关系是否在中国成立仍然是一个未解之谜。那么,地理集聚是否会影响企业商业信用行为呢?对此,我们拟采用中国的微观企业数据对此进行探索。

　　采用中国的数据研究该问题具有无可比拟的优势:首先,由于中国的法律体系和金融制度并不完善,导致非国有企业无法从正式部门获得融资。这就促使企业更加依赖于关系网络、声誉机制和商业信用等非正式金融的作用(Allen *et al.*, 2005)。更有学者认为,商业信用对国民经济(尤其是非国有经济)的支持,可能会超过银行贷款(Allen *et al.*, 2005；Ge and Qiu, 2007)。根据 Hale 和 Long(2010),民营企业商业信贷占每日运营资本的比重高达 93%,商业信用在中国非国有部门中融资的重要性由此可见一斑。其次,作为一个发展中大国,中国的经济发展存在显著的地区不平衡性,地区间集聚程度差异很大,这就为我们研究地理集聚问题提供了丰富的样本(范剑勇,2006)。

　　那么,地理集聚是如何影响企业的商业信用呢? 理论上,地理集聚对商业信用的影响渠道主要有三个方面:一是竞争效应。大量企业在空间上的聚集加剧了企业的竞争压力,从供应商的角度来看,为了使产品尽快销售,供应商之间的竞争促使其通过应收账款为买方提供商业信用。买方之间的竞争则减少了其采用应付账款进行融资的可能性(Fisman and Love, 2003；Fabbri and Menichini, 2010；Giannetti *et al.*, 2011)。二是供应链效应。地理上的接近使得交通运输成本大大降低,这就增加了交易双方的业务往来,并加强企业对供应链的控制,从而增加商业信用的使用(Petersen and Rajan, 1997)。三是声誉机制。金融合约本质上是以信任为基础的,企业是否愿意为对方提供商业信用取决于彼此的信任程度和对方的声誉(Rajan *et al*., 2004)。而企业声誉的形成一方面依赖于交易双方业务往来的历史或时间长短,另一方面还取决于纠纷信息传播的速度以及监督成本的高低(李涛、李红,2004)。地理集聚不仅可以加强交易双方业务的往来程度,增加彼此之间的信任和商业信用活动,而且还通过加速信息扩散,促进声誉机制的发挥。事实上,Marshall(1920)早就指出,集聚能够加速信息的传播。只不过 Marshall 更为强调知识外溢,而实际上其他信息的扩散也同样重要。违约信息的迅速扩散使得交易双方更加重视自身的信誉,这就降低了违约的可能性,使得买卖双方愿意为彼此提供商业信用。

与已有研究相比,本节在以下几个方面有所创新:第一,从研究视角来看,本节首次系统考察了地理集聚对商业信用的影响。已有文献更多地考察地理集聚的"技术外部性",即着重检验其对劳动生产率和技术创新的影响,却在很大程度上忽略了地理集聚在降低交易成本、促进商业信用等方面作用,即地理集聚的"制度外部性"。第二,在地理集聚指标方面,已有文献往往侧重强调地理集聚某个方面的特征,不能全面反映各地的地理集聚程度。例如,传统的 EG 指数虽然能够反映地理集聚地区经济活动高度集中的特点,却忽略了产业之间的关联性。Long 和 Zhang(2011)指标虽然克服了 EG 指数的上述缺陷,却容易受到不同地理单元之间地理面积差异的影响。上述缺陷的存在,使得该指标无法准确测度各地真实的集聚程度。鉴于此,本节在 Long 和 Zhang(2011)基础上构造了一个新的地理集聚指标,该指标充分考虑了地理集聚的三个基本特征,使其能够更为准确地反映各地的集聚程度。第三,在研究方法上,已有文献大多采用普通最小二乘法进行回归,无法对地理集聚的融资效应进行准确的识别,从而大大降低了估计结果的可信度。本节根据企业变更经营城市的信息,巧妙地运用"双重差分法"考察了地理集聚对商业信用的影响,得到的结论更为可信。第四,在研究内容上,本节不仅考察了地理集聚对商业信用的平均效应,而且还探讨了其对不同规模和不同所有制企业影响的差异性,从而对地理集聚与商业信用的关系给出了更为确切和全面的回答。最后,在样本方面,本节采用 1998—2007 年中国工业企业数据库,该数据涵盖了所有国有企业以及规模以上的非国有企业,是目前能够得到的研究该问题观测值最大的样本,因此,得到的结论更具有一般性。

本节组织结构安排如下:第一部分介绍指标构造、数据说明与计量模型设定;第二部分报告计量分析结果;第三部分对文章进行总结。

5.2.1　指标构造与数据说明

1. 指标构造

（1）地理集聚指数。

所谓的集聚，指的是"具有经济关联的一类企业在地理上集中的现象"（Porter，2000）。地理集聚三个重要特征是：地理上集中、经济上往来密切和专业分工细化。

已有测算地理集聚的指数主要强调这三个特征的某个方面，概括起来，已有测算地理集聚的指标可以大致归为三类：①传统的测算产业集聚的指标主要是某个地区或产业采用市场份额前几位企业的市场份额来测度，该指标虽然计算简单易行，却忽略了其他企业的信息。为克服该问题，Krugman（1991）将 Gini 系数修改为空间 Gini 系数，并将其用于测度产业的集中程度。该指标虽然能较好地衡量产业的集聚程度，但是容易受地区和企业经济规模的影响，于是 Ellison and Glaeser（1997）利用赫芬达尔指数对该指数做了进一步修正，简称为 EG 指数。EG 指数虽然能够较好反映集中程度，但由于没有考虑地理面积因素，以及集聚地区专业化程度较高的特点。②第二类测算产业集聚的指标主要是基于区位商（Holmes，1999；Holmes and Stevens，2002）。该指标虽然能够较好地反映该地区的专业化程度，但其既无法反映产业之间的关联程度，也不能准确测度地理集中程度或经济活动的地理密度。③Ciccone 和 Hall（1996）建议采用人口密集度（人口/面积）来测度经济的集聚程度，该指标可以消除由于不同地区之间地理面积的不同所导致的测算误差，却无法反映产业之间的关联性以及专业化程度。

正如 Porter（2000）所指出的，产业集聚的一个重要特征是，存在大量的提供中间投入、机器设备和服务的专业的供应商。如果产业或企业生产的产品类似，那么，他们就更有可能利用共同的技术和生产要素，从而他们之间的经济往来就更为密切（Long and Zhang，2011）。鉴于此，Long 和 Zhang（2011；2012）根据 Hausmann 和 Klinger（2007）构造的产品相似度指标，构造了一个能够同时反映地区内经济往来密切程度以及专业化程度的地理集聚指标。但是，由于其忽略了不同地区地理面积的差异，从而导致其夸大了某些面积较大但经济发展却较为落后的地区的集聚程度。为了更为准确地反映地区集聚程度，本节借鉴 Ciccone 和 Hall（1996）的思路，充分考虑到不同地区间地理面积的差异性，对 Long 和 Zhang（2011）的指数进行改进。具体地，本节采用的地理集聚指数的构造步骤如下：

第一，由于 Hausmann 和 Klinger(2007)构造的产品相似度指数是 SITC—4 分位行业的，我们将中国工业行业分类标准(CIC)四分位行业与国际标准产业分类(ISIC)四分位行业进行对接，然后根据 Eurostat 和联合国提供的产业分类名称，将 ISIC 转换为 SITC。从而实现 CIC 与 SITC 的转换和对接。

第二，将中国工业企业数据库提供的企业的就业、资产和产出加总到城市×行业层面，并计算将其与地理面积相除，得到城市 c 行业 i 的地理密集度：

$$de_{ci} = \sum_f employment_{fci}/area \text{、} da_{ci} = \sum_f asset_{fci}/area \text{ 和 } do_{ci}$$
$$= \sum_f output_{fci}/area$$

其中，$employment_{fci}$、$asset_{fci}$ 和 $output_{fci}$ 分别表示城市 c、行业 i 的企业 f 的就业、总资产和总产出。

第三，参照 Long 和 Zhang(2011)，根据产业之间的相似程度，对城市 c 行业 i 的地理密集度进行调整得到：$ade_{ci} = \sum_j (de_{ci} \times p_{ij})$、$ada_{ci} = \sum_j (da_{ci} \times p_{ij})$ 和 $ado_{ci} = \sum_j (do_{ci} \times p_{ij})$，其中 $p_{ij} \in [0, 1]$ 表示产业 i 与产业 j 之间产品的相似度，该数据取自 Hausmann 和 Klinger(2007)。

第四，计算每个城市平均的地理集聚程度。首先计算城市 c 行业 i 的就业、资产和产出份额：$se_{ci} = \dfrac{\sum_f employment_{fci}}{\sum_i \sum_f employment_{fci}}$、$sa_{ci} = \dfrac{\sum_f asset_{fci}}{\sum_i \sum_f asset_{fci}}$ 和 $so_{ci} = \dfrac{\sum_f output_{fci}}{\sum_i \sum_f output_{fci}}$。

最后计算每个城市的资本集聚($density\_asset_c$)、劳动集聚($density\_employment_c$)和产出集聚指数($density\_output_c$)，计算公式为：

$$density\_asset_c = \sum_i (ada_{ci} \times sa_{ci})$$
$$density\_employment_c = \sum_i (ade_{ci} \times se_{ci})$$
$$density\_ouput_c = \sum_i (ado_{ci} \times so_{ci})_{\circ}$$

表 5.6 中汇报了分别采用资产、就业和产出得到不同省份地理集聚指数的平均值和省份集聚指数排序。由表 5.6 的第 2 和第 3 列可知，根据总资产计算得到的集聚指数 $density\_asset$，排在前 5 位的省(市/自治区)分别为：上海、广东、天津、福建和浙江。排在最后五位的省份为甘肃、广西、内蒙古、黑龙江和云南。从排名

表 5.6　省(市/自治区)的平均地理集聚指数

省(市/自治区)	density_asset		density_employment		density_output	
	均值	排序	均值	排序	均值	排序
上　海	11 880.32	1	13.756 1	1	13 410.12	1
广　东	1 827.388	2	9.981 66	2	2 298.448	3
天　津	1 724.539	3	2.625 551	6	3 543.336	2
福　建	1 088.638	4	4.823 333	3	1 130.13	4
浙　江	1 007.776	5	3.685 457	4	1 011.441	5
山　东	874.565 5	6	2.596 243	7	999.511 8	6
北　京	548.753 8	7	2.899 57	5	556.458 1	7
山　西	482.002 3	8	2.523 679	8	127.486 7	16
陕　西	431.645 2	9	1.153 4 56	14	242.688 8	12
河　北	420.776 9	10	1.187 323	13	519.087 1	8
湖　北	379.325 9	11	0.898 854	16	399.765 4	9
辽　宁	343.499 4	12	1.099 291	15	275.328 6	11
江　苏	307.209 4	13	1.258 91	12	326.333 8	10
四　川	291.550 3	14	0.849 943	17	202.410 6	13
河　南	265.911 9	15	1.446 025	10	184.565 8	14
安　徽	260.451 6	16	1.756 075	9	123.805 2	17
海　南	216.469 7	17	0.444 104	23	94.019 63	19
宁　夏	168.865 9	18	0.648 075	20	64.462 65	22
重　庆	144.989 8	19	0.736 598	19	61.206 26	23
江　西	136.878 9	20	1.310 214	11	75.042 54	20
湖　南	119.438 7	21	0.553 866	21	151.615 8	15
新　疆	103.020 3	22	0.103 095	29	102.531 9	18
贵　州	85.578 77	23	0.309 691	24	18.682 49	28
吉　林	83.839 81	24	0.444 427	22	22.261 24	26
青　海	76.989 83	25	0.056 295	30	15.812 65	29
甘　肃	76.871 72	26	0.780 446	18	69.999 04	21
广　西	64.686 58	27	0.290 343	25	38.111 93	24
内蒙古	60.734 62	28	0.246 357	27	25.967 59	25
黑龙江	49.062 32	29	0.253 16	26	20.006 1	27
云　南	26.632 97	30	0.108 73	28	13.943 63	30

注:各指标均值系通过对各个省所有城市各年份的集聚指数简单算术平均得到。

来看,本节构造的地理集聚指数与各省经济发展水平和实际集聚程度基本符合,与 Long 和 Zhang(2011)相比,本节的指数更为合理。例如,按照 Long 和 Zhang (2011)所构造的集聚度指数,宁夏回族自治区排名全国第 5,而根据本节的指标, 其排名为 18。采用就业和产出所计算的集聚指数排名与采用资产计算得到的指数排名基本一致,除天津市外,排在前 5 位的省(市/自治区)没有变化。

为了展示地理集聚的分布特征及动态变化,图 5.2 绘制了 $\log(density\_asset)$ 的核密度图,为了便于区分,图 5.2 分别给出了 1998 年、2001 年、2004 年和 2007 年 $\log(density\_asset)$ 的核密度图。由图 5.2 可知,在中国加入 WTO 之前的 1998—2001 年之间,城市的平均集聚程度呈稳中下降的趋势,而在加入 WTO 之后,城市地理集聚水平大幅提高。从地理集聚的角度来看,中等城市的数目显著增加。而到了 2007 年,平均的集聚程度进一步提高,与其他年份地理集聚的核密度图相比,2007 年的核密度图明显右偏,而且呈现出双峰分布的特点。这说明不仅城市的平均集聚水平提高,而且大城市的数目也有了快速增长。

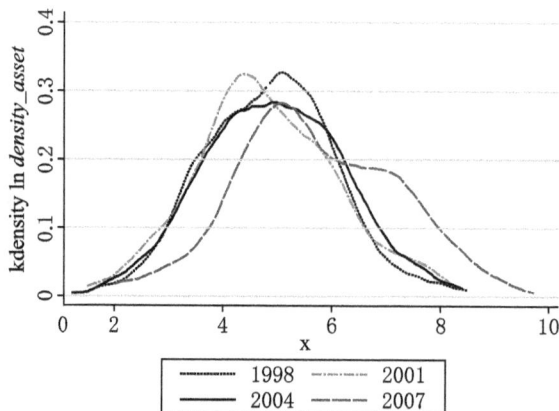

图 5.2 $\log(density\_asset)$ 的核密度图

(2) 其他控制变量。

负债资产比、销售额对数、固定资产占总资产的比重、出口、固定资产的对数值数据直接根据中国工业企业数据库相关变量计算得到。企业的全要素生产率 (tfp) 采用 Olley-Pakes 方法计算得到,并参照 Brandt 等(2011)的处理方法进行了价格指数平减,其中,总产出采用四分位的行业的产出价格指数进行折算,资本存量 K_{it} 为固定资产净值年平均余额,采用年度投资价格指数进行平减。投资 $I_{it} = K_{it} - (1-\delta)K_{it-1}$,折旧率 δ 首先根据企业本年折旧与上一年的固定资产净值相除得到企业折旧率,在剔除大于 1 和小于 0 的数值后,再进行行业平均,最后得到四分位行业的折旧率。

2. 数据说明

本节所使用的数据为 1998—2007 年国家统计局公布的工业经济统计数据库,该数据库涵盖了所有国有企业和规模以上的非国有企业。2003 年中国采用了新的行业分类代码,本节根据 Brandt 等(2011)将行业代码按照 2003 年后的标准进行重新统一。参照一般的会计准则,本节删除了产出、销售额、出口、就业以及总资产为负的样本。

3. 计量模型

(1)基准模型。

本节的主旨在于考察地理集聚对企业间商业信用的影响,采用的基准计量模型如下:

$$trade\_credit_{fct} = \alpha_f + \alpha_t + \beta density_{ct} + \gamma \mathbf{Z}_{fct} + \varepsilon_{ict} \tag{5.35}$$

其中,因变量 $trade\_credit_{fct}$ 为衡量商业信用的指标,参照 Long 和 Zhang (2011),本节分别采用应收账款/总资产($accountr\_asset$)和应付债款/总负债($accountp\_debt$)两个指标来衡量商业信用的使用程度。应收账款占总资产的比重越高,表明该企业为其他企业提供商业信用越多,应付债款/总负债取值越高,则表明该企业从其他企业获得的商业信用越多。$density_{ct}$ 为地理集聚指标,由于企业的融资和商业信用可能存在于生产的各个环节,我们分别采用 $density\_asset$、$density\_employment$ 和 $density\_ouput$ 这三个指标来进行衡量,α_f 和 α_t 分别表示企业固定效应和时间固定效应,ε_{ict} 为误差项。$\mathbf{Z}_{fct}$ 为企业层面控制变量,包括:负债资产比($debt\_asset$)、销售额对数($\log sale$)、固定资产占总资产的比重($fixedasset\_sh$)、(企业出口+1)的对数[$\log(1+export)$]、全要素生产率(tfp_op)、利润率($profit\_rate$)、企业规模 $sizea$(总资产对数值)、竞争程度指标(com_{ci})以及所有制类型和企业的年龄(age)。

选用这些指标主要是基于如下考虑:

① 负债资产比($debt\_asset$)。企业的财务状况是影响企业商业信用行为的基本因素。高的负债资产比意味着企业能够从银行和证券等金融机构获得外部融资,因此,负债资产比高的企业更倾向于向其他企业提供商业信用。也就是说,负债资产比对应收账款/总资产($accountr\_asset$)变量影响的预期符号为正,对应付债款/总负债($accountp\_debt$)的影响预期符号为负。

② 销售额($\log sale$)。一方面,销售额大的企业越倾向于为其他企业提供商业信用。另一方面,销售额较高的企业的规模较大、信用状况良好,而且处于卖方垄断的地位,因此,也更容易使用商业信用。

③ 固定资产占总资产的比重($fixedasset\_sh$)。固定资产占总资产的比重越高,一方面说明企业拥有更多的抵押物,从而易于从银行获得抵押贷款,因此,有条

件为其他企业提供商业信用。但另一方面,较高的固定资产比重也会降低企业的资金流动性,反而不利于企业的商业信用提供。为此,固定资产比重对企业商业信用的影响具有一定的不确定性。

④ 与企业经营绩效相关的变量。这些变量包括出口额对数($\ln ex_1$)、全要素生产率(tfp_op)、企业规模($sizea$)以及利润率($profit\_rate$)。从商业信用提供的角度来看,经营绩效较好的企业有资金实力为其他企业提供商业信用,因此对商业信用提供的影响为正。以出口为例,由于中国国内信用环境较差,与在国内销售相比,由于出口有信用证、托收等方式的保证,出口企业资金的流动性更强,因此,这些企业有资金实力为其他企业提供商业信用。但是,从商业信用使用的角度来看,一方面,经营绩效较好、具有较高偿债能力的企业,其他企业也更愿意为这些企业提供商业信用,从而增加商业信用的使用。但另一方面,如果企业自身经营绩效较好,则可以通过金融机构获得融资,因此对商业信用的需求反而下降。为此,此类变量对企业商业信用使用的影响是不确定的。

⑤ 竞争程度指标(com_{ci})。从商业信用提供来看,产品市场上竞争越激烈,那么,根据"买方市场假说",企业越有可能为其客户提供商业信用,因此,对应收账款/总资产($accountr\_asset$)变量影响的预期符号为正。从商业信用使用来看,竞争的加剧削弱了企业在要素市场上的买方势力,从而导致商业信用使用的减少。因此,对应付债款/总负债($accountp\_debt$)的影响预期符号为负。参考 Henderson 等(1995)的方法,竞争程度的具体构造方式为:$com_{ci} = (n_{ci}/y_{ci})/(n_i/y)$。其中,$n_{ci}$ 和 n_i 表示省城市 c 和 i 产业的企业数量。该式表示在产量给定的情况下,厂商的数目越多,则产业的竞争程度也就越高。

(2)Rubin 因果模型与"双重差分法"估计。

为了更为准确地推断不同城市不同企业商业信用的差异是否受城市间集聚程度差异的影响,我们在稳健性检验中采取 Rubin 因果模型进行估计。若在时间 t,企业 f 位于城市 c,且城市 c 的集聚程度为 a($density_{ct}=a$),且城市 c' 的集聚水平为 b($density_{c't}=b$),则集聚对企业商业信用的真实影响为:

$$\gamma = E[trade\_credit_{fct}(density_{ct}=a) - trade\_credit_{fc't}(density_{ct}=b)]$$

$$(5.36)$$

如果 $a>b$,且 $\gamma>0$,那就表明,地理集聚提高了企业 f 的商业信用活动。由于我们无法同时观测到 $trade\_credit_{fct}(density_{ct}=a)$ 和 $trade\_credit_{fc't}(density_{c't}=b)$,从而使得我们无法对式(5.36)的统计量进行准确估计。

为了更为精确地估计地理集聚对商业信用的影响,本节参照 Lu 等(2012)的思路,采用"双重差分法"(difference-in-difference)的方法进行计量估计。具体地,通过对不同年份企业的区位信息进行分析,我们发现在各个年份都有一定数量的企业从一个城市跳到另一个城市经营,这样的样本为我们准确估计式(5.36)的统计量提供了可能。不过,并非所有的这样的企业都适用于本节的研究,有些企业在某一年进入某个城市,在下一年又退出了该城市,这样的样本会给估计带来偏差。只有那些在某一年进入某个城市,且下一年仍然留在该城市的企业才适合进行分析。

表 5.7 报告了 1999—2006 年间每一年改变城市且下一年继续在该城市经营的样本。由表 5.7 可知,在 2001 年,有 241 家企业改变了经营城市,并在 2002 年继续在这些城市经营,其他年份虽然有一些这样的样本,但样本数均不及 2001 年。我们将这些企业定义为"处理组"(treatment group),把其他未改变经营城市的企业作为"对照组"(control group),并用变量 $du01$ 对处理组和对照组进行区分,若 $du01_f = 1$,表示企业 f 属于处理组,若 $du01_f = 0$,表明企业 f 属于对照组。

表 5.7　1999—2006 年改变城市且下一年继续在该城市的样本

年份	1999	2000	2001	2002	2003	2004	2005	2006
企业数	48	239	241	97	25	51	52	93

参照 Nunn 和 Qian(2011)以及 Lu 等(2012)的模型设定,本部分所采用的计量模型为如下形式:

$$trade\_credit_{fct} = \mu \cdot dt01_t \times density_{fct} + \eta \cdot du01_f \times dt01_t + \alpha_f + \alpha_t + \varepsilon_{fct}$$

$$(5.37)$$

其中,$dt01_t$ 为虚拟变量,若 $t \geqslant 2001$, $dt01_t = 1$;若 $t = 2\,000$, $dt01_t = 0$。$du01_f \times dt01_t$ 以及企业固定效应 α_f 和时间固定效应 α_t 系传统的"双重差分法"变量。该变量的估计系数 η 测度了在集聚程度不变的情况下,企业更换经营城市对商业信用带来的影响,即

$$\mathrm{E}[trade\_credit_{fct}(density_{ct} = b) - trade\_credit_{fc't}(density_{c't} = b)]$$

在理论上,由于企业间的商业信用建立在长期交往和相互信任的基础上,企业更换经营城市可能使与企业之前的业务往来中断,而在新城市客户关系以及与供应链关系的建立则可能需要一定的时间,从而会给企业的商业信用(使用)带来不利影响,即 η 的预期符号为负。$dt01_t \times density_{fct}$ 为 Nunn 和 Qian(2011)以及 Lu

等(2012)对标准 DID 方法的扩展,也是本节的核心变量,若 $\mu > 0$,则说明地理集聚显著影响了企业的商业信用活动。为克服潜在的异方差与序列相关问题,本节根据 Bertrand 等(2004)的建议,采用企业层面的聚类稳健标准差来计算 t 值和对应的相伴概率。

5.2.2 计量结果

1. 基准模型估计结果

表5.8 报告了采用基准模型式(5.35)进行的计量估计结果。其中,回归组合(1)—(3)分别采用 $density\_asset$、$density\_employment$ 和 $density\_ouput$ 这三个指标对 $accountr\_asset$,主要考察地理集聚对企业商业信用提供的影响。回归组合(4)—(6)则分别采用这三个集聚指标考察了地理集聚对企业所接受的商业信用($accountp\_debt$)的影响。为了便于比较,所有回归组合报告的系数均为标准化系数($beta$ 系数)。

表5.8　地理集聚与商业信用:基准模型估计结果

因变量 集聚指标	(1) $accountr\_$ $asset$ 资本集聚	(2) $accountr\_$ $asset$ 就业集聚	(3) $accountr\_$ $asset$ 产出集聚	(4) $accountp\_$ $debt$ 资本集聚	(5) $accountp\_$ $debt$ 就业集聚	(6) $accountp\_$ $debt$ 产出集聚
集聚	0.019***	0.007	0.015***	0.008***	0.006	0.004*
	(0.000)	(0.361)	(0.000)	(0.000)	(0.222)	(0.051)
$debt\_asset$	0.052***	0.052***	0.052***	−0.048***	−0.048***	−0.048***
	(0.000)	(0.000)	(0.000)	(0.000)	(0.000)	(0.000)
age	0.001	0.001	0.001	−0.001	−0.001	−0.001
	(0.377)	(0.351)	(0.375)	(0.621)	(0.622)	(0.616)
$\log sale$	0.096***	0.095***	0.095***	0.026***	0.025***	0.025***
	(0.000)	(0.000)	(0.000)	(0.000)	(0.000)	(0.000)
$fixedasset\_sh$	−0.131***	−0.131***	−0.131***	0.007	0.007	0.007
	(0.000)	(0.000)	(0.000)	(0.123)	(0.117)	(0.119)
$\ln ex_1$	0.008**	0.007**	0.008**	0.007**	0.007**	0.007**
	(0.019)	(0.022)	(0.018)	(0.024)	(0.026)	(0.025)
tfp_op	0.002	0.002	0.002	−0.006***	−0.006***	−0.006***
	(0.374)	(0.364)	(0.353)	(0.000)	(0.000)	(0.000)
$sizea$	−0.114***	−0.114***	−0.114***	−0.054***	−0.054***	−0.054***
	(0.000)	(0.000)	(0.000)	(0.000)	(0.000)	(0.000)

续表

因变量 集聚指标	(1) *accountr_* *asset* 资本集聚	(2) *accountr_* *asset* 就业集聚	(3) *accountr_* *asset* 产出集聚	(4) *accountp_* *debt* 资本集聚	(5) *accountp_* *debt* 就业集聚	(6) *accountp_* *debt* 产出集聚
profit_rate	0.000 (0.142)	0.000 (0.137)	0.000 (0.138)	−0.004 ** (0.021)	−0.004 ** (0.018)	−0.004 ** (0.019)
com	0.000 ** (0.021)	0.000 ** (0.022)	0.000 ** (0.022)	−0.001 (0.619)	−0.001 (0.613)	−0.001 (0.617)
collective	0.004 (0.102)	0.004 (0.110)	0.004 * (0.091)	0.003 (0.364)	0.003 (0.414)	0.003 (0.395)
private	−0.006 ** (0.021)	−0.006 ** (0.017)	−0.006 ** (0.023)	0.006 (0.393)	0.006 (0.405)	0.006 (0.400)
hmt	−0.001 (0.854)	−0.001 (0.776)	−0.001 (0.844)	0.007 (0.120)	0.007 (0.122)	0.007 (0.121)
foreign	0.001 (0.708)	0.001 (0.779)	0.001 (0.728)	0.011 ** (0.019)	0.011 ** (0.018)	0.011 ** (0.019)
N	181 668 7	181 668 7	181 668 7	103 203 6	103 203 6	103 203 6
adj.R^2	0.651	0.651	0.651	0.181	0.181	0.181

注:回归系数下括号内为回归系数的相伴概率,上标 ***、** 和 * 分别表示 1%、5% 和 10% 的统计显著性;所有回归组合控制了企业固定效应和时间固定效应;回归系数的相伴概率根据城市层面聚类标准差进行调整得到;估计系数为 beta 系数。

由回归组合(1)—(3)不难发现,资本集聚对企业应收账款的影响为 0.019,是劳动集聚的 2.375 倍,同时也高于产出集聚的作用。从回归结果(4)—(6)也不难得到类似结论。这说明,地理集聚高的地区,企业间的商业信用更为普遍,而且资本集聚的作用要超过劳动力和产出集聚的作用效果。其经济学解释为:企业能否提供商业信用取决于其自身所拥有的资金数目,而与企业的就业人数不存在直接关系,这就解释了为什么 *density_employment* 的估计系数不显著。

进一步对企业提供商业信用和采用商业信用的影响因素则发现,地理集聚虽然同时促使企业更多的提供和采用商业信用,但就单个企业而言,地理集聚对商业信用提供的影响超过其对商业信用采用的影响。

对此的解释有二:其一,地理集聚对商业信用的影响表现在两个方面:一是使用商业信用的企业数目增加,二是单个企业使用商业信用的强度增加。如果地理集聚对商业信用提供的影响主要表现为后者(强度增加),而对商业信用采用的影响主要表现为企业数目的增加,那么,从单个企业的角度来看,就可能产生地理集聚对商业信用供给的影响高于地理集聚对商业信用需求的影响。其二,地理集聚可能使更多的中小企业接触到商业信用,但在非国有企业样本中,本节采用的数据并没有包括规模以下的企业,这就可能低估地理集聚对企业商业信用需求的实际影响(Long and Zhang,2011)。

就控制变量而言,负债资产比($debt\_asset$)与企业商业信用提供正相关,与商业信用使用负相关。其原因在于负债率高的企业很难获得其他企业的信任,从而使得其商业信用的使用较少。年龄与企业商业信用的关系不显著,说明企业的声誉和信用不是取决于企业的历史长短,而是要看企业的经济绩效。销售额($\log sale$)与出口额($\ln ex_1$)的回归系数均为正,表明销售和出口额越大,应收账款和应付账款也就越多。企业全要素生产率(tfp)对商业信用提供的影响不显著,但对企业商业信用使用的影响则显著为负。其原因在于,生产率高的企业由于本身经营绩效较好,而且也容易从银行贷款,从而不需要通过其他企业的商业信用来进行融资。企业规模($sizea$)对商业信用的影响为负,这是由于大企业能够通过银行和股票市场融资,从而对商业信用的需求较少。利润率($profit$)对企业商业信用提供的影响不显著,但对 $accountp\_debt$ 的影响在5%的统计水平上显著为负,表明利润率显著降低了企业的商业信用需求。

此外,竞争程度指标(com)在1%的统计水平上显著增加了企业的商业信用,这一结论证实了"买方市场理论"假说,表明激烈的市场竞争增强了买方的垄断力量,从而促使企业为其客户提供商业信用。在控制竞争程度后,地理集聚对商业信用提供的影响依然为正。这说明,地理集聚不仅会通过"竞争效应"影响商业信用,而且会通过"竞争效应"之外的其他方式(供应链效应和声誉机制)来影响商业信用。

从所有制类型来看,民营企业商业信用的提供显著低于其他类型的企业,其原因在于,民营企业由于规模较小,而且在发展过程中受到融资约束的影响,这就使得这些企业没有足够的资金实力来提供商业信用。而从商业信用的使用来看,外资企业商业信用的使用显著地高于其他类型的企业,对该结论的解释是,外资企业的信用较好,偿债能力较强,从而使得其他企业愿意为其提供商业信用。

2. 地理集聚对商业信用影响:所有制差异

由于中国特殊的转型背景,市场化进程尚不完善,国有企业在金融市场上处于主导地位,他们可以以低利率甚至零利率或负利率获得银行贷款,而广大民营企业却无法通过正规渠道获得银行贷款(Fan et al.,2006;胡旭阳,2006)。在此背景之下,关系、声誉机制等非正式制度在民营企业融资和成长过程中发挥了重要作用(Allen et al.,2005)。因此,地理集聚对民营企业商业信用的影响会超过其对国有企业的影响:一方面,随着地理集聚程度的提高,民营企业可以更方便地通过商业信用来获得资金;另一方面,随着资金的获得,民营企业得以发展壮大,从而有可能为其他企业提供商业信用。为此,我们以国有企业作为比较的基准,分别引入了集体企业、民营企业、港澳台资企业和其他外资企业与地理集聚的交互项。其回归结果报告于表 5.9 中。

表 5.9　地理集聚对商业信用影响:所有制差异

因变量 集聚指标	(1) $accountr\_$ $asset$ 资本集聚	(2) $accountr\_$ $asset$ 就业集聚	(3) $accountr\_$ $asset$ 产出集聚	(4) $accountp\_$ $debt$ 资本集聚	(5) $accountp\_$ $debt$ 就业集聚	(6) $accountp\_$ $debt$ 产出集聚
集聚	0.006 (0.133)	−0.002 (0.752)	0.005 (0.280)	0.009 *** (0.001)	0.005 (0.203)	0.005 ** (0.024)
集聚×集体	0.006 *** (0.000)	0.004 *** (0.006)	0.005 *** (0.000)	−0.001 ** (0.027)	−0.000 (0.596)	−0.001 ** (0.024)
集聚×民营	0.001 (0.613)	−0.001 (0.581)	−0.002 (0.442)	−0.002 (0.305)	0.003 (0.139)	−0.001 (0.496)
集聚×港澳台	0.009 *** (0.000)	0.008 * (0.092)	0.008 *** (0.002)	0.001 (0.769)	−0.002 (0.684)	−0.000 (0.971)
集聚×外资	0.015 *** (0.000)	0.011 * (0.055)	0.014 *** (0.000)	0.000 (0.923)	0.000 (0.896)	0.000 (0.813)
$debt\_asset$	0.052 *** (0.000)	0.052 *** (0.000)	0.052 *** (0.000)	−0.048 *** (0.000)	−0.048 *** (0.000)	−0.048 *** (0.000)
age	0.001 (0.371)	0.001 (0.341)	0.001 (0.371)	−0.001 (0.605)	−0.001 (0.609)	−0.001 (0.602)
$\log sale$	0.096 *** (0.000)	0.095 *** (0.000)	0.095 *** (0.000)	0.026 *** (0.000)	0.025 *** (0.000)	0.025 *** (0.000)
$fixedasset\_sh$	−0.131 *** (0.000)	−0.131 *** (0.000)	−0.131 *** (0.000)	0.007 (0.125)	0.007 (0.118)	0.007 (0.121)
$\ln ex_1$	0.007 ** (0.019)	0.007 ** (0.021)	0.007 ** (0.018)	0.007 ** (0.024)	0.007 ** (0.025)	0.007 ** (0.025)
tfp_op	0.002 (0.377)	0.002 (0.364)	0.002 (0.361)	−0.006 *** (0.000)	−0.006 *** (0.000)	−0.006 *** (0.000)
$sizea$	−0.113 *** (0.000)	−0.114 *** (0.000)	−0.114 *** (0.000)	−0.054 *** (0.000)	−0.054 *** (0.000)	−0.054 *** (0.000)
$profit\_rate$	0.000 (0.145)	0.000 (0.139)	0.000 (0.142)	−0.004 ** (0.021)	−0.004 ** (0.018)	−0.004 ** (0.019)
com	0.000 ** (0.020)	0.000 ** (0.020)	0.000 ** (0.020)	−0.001 (0.615)	−0.001 (0.610)	−0.001 (0.613)
N	181 668 7	181 668 7	181 668 7	103 203 6	103 203 6	103 203 6
adj.R^2	0.651	0.651	0.651	0.181	0.181	0.181

注:同表 5.8。

表 5.9 的第(1)至(3)列分别汇报了地理集聚对不同所有制企业商业信用提供的影响。由此不难发现,地理集聚对商业信用提供的影响存在明显的所有制差异,具体地,其对国有地理集聚对集体、港澳台和外资企业商业信用提供均有显著影响。而从地理集聚的(标准化 beta)回归系数来看,地理集聚对外资企业商业信用提供的影响最大,其次是集体企业,最后是民营企业。

其经济学解释是:由于国有企业受到政府的支持和保护,使得其在商业信用提供方面缺乏激励,而由于外资企业拥有先进的技术、成熟的管理体系和良好的品牌效应,使得外资在与其他企业的业务往来中处于较为有利的位置,其商业信用的建立更为容易,与其进行业务往来的企业也会更为重视自身的声誉。另外,外资企业的客户往往是经营历史较旧、经营绩效更为优质的企业。上述原因使得地理集聚对外资企业商业信用提供的影响最为明显。

表 5.9 的第(4)—(6)列分别报告了地理集聚对不同所有制企业商业信用使用的影响:地理集聚对商业信用采用的影响并不存在明显的所有制差异。从平均意义上看,地理集聚对所有企业商业信用的采用都起到了一定的积极作用。不过,这种正面作用对集体企业来说最为微弱,对其他类型的企业的影响略为占优。其他控制变量的回归系数与表 5.8 基本一致,此处不再赘述。

3. 地理集聚与商业信用:异质性影响

在前文分析中,我们重点考察了地理集聚的平均效应。最近兴起的异质性企业贸易理论表明,企业是异质性的,而且不同企业的经营绩效和经营方式也存在差异(Melitz,2003)。地理集聚对不同企业的影响也存在一定的差异性,在资源有限的约束下,一部分企业资源的获得意味着另外一些企业资源使用成本的提高。为此,如果忽视了企业的异质性特征,只从平均效应来看地理集聚对商业信用的影响,得到的结论是不确切的。为考察地理集聚对不同企业影响的差异性,本节在基准计量模型式(5.35)中引入了地理集聚与企业特征(规模、全要素生产率和资本劳动比)的交互项,对商业信用提供和商业信用需求的回归结果分布呈现在表 5.10 的第(1)—(3)列和第(4)—(6)列中。

由表 5.10 可知,从商业信用的提供来看[回归组合(1)—(3)],集聚×规模的回归系数为正,表明虽然从平均效应上来看,资本在地理空间上的集聚显著提高了企业的商业信贷提供,但其影响存在显著的企业差异。地理集聚显著促进了大企业的商业信用供给,并减少了小企业的商业信贷供给。集聚×生产率和集聚×资本劳动比的回归系数均显著为正,表明地理集聚对高生产率企业和资本密集型企业商业信用提供的影响更大,因为这些企业更有能力为其他企业提供商业信用。

表 5.10　地理集聚对商业信用影响的企业异质性

因变量 企业特征	(1) accountr_ asset 规模	(2) accountr_ asset 生产率	(3) accountr_ asset 资本劳动比	(4) accountp_ debt 规模	(5) accountp_ debt 生产率	(6) accountp_ debt 资本劳动比
集聚	−0.027 ***	0.011 **	0.018 ***	−0.015 **	0.008 ***	0.008 ***
	(0.000)	(0.032)	(0.000)	(0.015)	(0.003)	(0.000)
集聚×企业 特征	0.046 ***	0.010 ***	0.005 ***	0.023 ***	−0.000	−0.000
	(0.000)	(0.000)	(0.000)	(0.000)	(0.791)	(0.717)
$debt\_asset$	0.052 ***	0.052 ***	0.052 ***	−0.048 ***	−0.048 ***	−0.048 ***
	(0.000)	(0.000)	(0.000)	(0.000)	(0.000)	(0.000)
age	0.001	0.001	0.001	−0.001	−0.001	−0.001
	(0.380)	(0.379)	(0.376)	(0.618)	(0.621)	(0.621)
$\log sale$	0.096 ***	0.096 ***	0.096 ***	0.025 ***	0.026 ***	0.026 ***
	(0.000)	(0.000)	(0.000)	(0.000)	(0.000)	(0.000)
$fixedasset\_sh$	−0.131 ***	−0.131 ***	−0.132 ***	0.008	0.007	0.007
	(0.000)	(0.000)	(0.000)	(0.116)	(0.123)	(0.123)
$\ln ex_1$	0.007 **	0.007 **	0.007 **	0.007 **	0.007 **	0.007 **
	(0.021)	(0.019)	(0.019)	(0.025)	(0.024)	(0.024)
tfp_op	0.002	−0.000	0.002	−0.006 ***	−0.006 ***	−0.006 ***
	(0.369)	(0.804)	(0.377)	(0.000)	(0.002)	(0.000)
$sizea$	−0.119 ***	−0.114 ***	−0.114 ***	−0.056 ***	−0.054 ***	−0.054 ***
	(0.000)	(0.000)	(0.000)	(0.000)	(0.000)	(0.000)
$profit\_rate$	0.000	0.000	0.000	−0.004 **	−0.004 **	−0.004 **
	(0.116)	(0.144)	(0.139)	(0.020)	(0.021)	(0.021)
com	0.000 **	0.000 **	0.000 **	−0.001	−0.001	−0.001
	(0.021)	(0.022)	(0.021)	(0.617)	(0.619)	(0.619)
所有制	控制	控制	控制	控制	控制	控制
N	181 668 7	181 668 7	181 668 7	103 203 6	103 203 6	103 203 6
adj.R^2	0.651	0.651	0.651	0.181	0.181	0.181

注:同表 5.8。

从商业信用的需求来看[回归组合(4)—(6)],集聚×规模的回归系数为正,说明资本集聚不仅提高了大企业的商业信贷供给,而且也为这些企业提供了资金来源,增加了其商业信用,但对小企业而言,在资本集聚则显著抑制了中小企业的商业信贷获得。集聚×生产率和集聚×资本劳动比的回归系数均不显著,说明商业信用不同企业商业信用使用的影响主要取决于企业的规模,与企业生产率和资本劳动比无关。

4."双重差分"估计

如前所述,在基准模型估计中,我们实际上是根据不同城市的集聚程度以及这些城市不同企业商业信用的信息来估计地理集聚的影响,但是由于我们无法观测到"如果企业不迁移的情况下"企业商业信用的"反事实结果"(counterfactual out-come),使得我们难以准确估计地理集聚的影响。为更为准确地检验地理集聚对商业信用的影响,并考察估计结果的稳健性,本节将采用 Nunn 和 Qian(2011)以及 Lu 等(2012)的方法,利用 2001 年变更经营城市的企业样本,采用"双重差分"(DID)方法对式(5.37)进行估计。

运用"双重差分法"进行估计的一个理论前提是,企业变更经营城市的选择必须是随机的。换言之,"双重差分法"估计结果有效的前提是,处理组与对照组企业特征的分布必须是相同的,即需要满足条件独立假设(CIA),或平衡条件(balanced condition)。因此,如果对照组也从城市 c 迁移到城市 c',那么其商业信用的变化与处理组企业相同。为了控制该偏差的影响,我们采取如下策略:①本节选用 Becker 和 Ichino(2002)、Leuven 和 Sianesi(2003)提出的最近邻居算法进行倾向得分匹配,并从对照组企业中选择与处理组企业最为接近的样本作为回归样本。②在计量模型式(5.37)的基础上引入 $du01$ 与时间 t 的交互项 $du01 \times t$,允许处理组与对照组之间存在不同的时间趋势。为了进一步控制企业异质性的影响,在基准模型基础上引入企业固定效应 α_f 与时间 t 的交互项 $\alpha_f \times t$。③如果处理组和对照组样本满足平衡假设,那么引入企业层面的其他控制变量不会对估计结果产生根本影响,为此,我们进一步引入了企业特征向量 $\mathbf{Z}_{fct}$。

(1)倾向得分匹配估计。

我们首先采用倾向得分匹配对样本进行挑选,并使用匹配后的样本重新进行"双重差分法估计"。同时,为了进一步减少处理组与对照组之间的异质性,我们仅采用倾向得分介于 0 到 1 之间的企业进行回归,这样可以保证找到与处理组企业最为接近的样本,从而使样本满足重叠条件(overlapping conditions)。

为检验匹配后的样本是否满足平衡条件,我们对匹配前后的样本进行了匹配平衡检验。匹配平衡检验主要进行两方面的检验,首先是考察匹配前后的标准偏差,通过计算配对前后匹配变量的标准偏差,来判断匹配效果的好坏。标准偏差的绝对值越小,表明匹配效果越好(Smith and Todd,2005),根据 Rosenbaum 和

Rubin(1985)的研究,好的匹配标准偏差在匹配后其绝对值应小于 5%。其次是检验在匹配前后,处理组和非处理组均值是否相等,在这里采用的是 t 检验。如果满足平衡条件,那么在匹配之后处理组与对照组匹配变量之间的均值应不存在显著差异,即 t 检验不显著。

表 5.11 汇报了匹配平衡检验结果,我们根据 2000 年(企业变更城市前)的负债资产比(*debt_asset*)、全要素生产率(*tfp*)、销售额对数值(log *sale*)以及企业年龄(*age*)四个变量作为匹配变量。受"维度的诅咒"(curse of dimensionality)影响,选择变量并非越多越好,而且一般来说,要求所有变量都能够通过检验也是比较困难的。根据表 5.11 汇报的结果可知,四个变量中,除 *debt_asset* 外,其他三个变量的标准偏差均下降到 5% 以下。而从 t 检验结果来看,所有四个变量均通过 t 检验,表明匹配后的处理组与对照组之间总体上满足平衡条件。

表 5.11　匹配平衡检验结果

变　量	样　本	均　值		标准偏差(%)	标准偏差降低幅度(%)	t 检验	
		处理组	对照组			T 统计量	相伴概率 $p>t$
debt_asset	匹配前	0.627 26	0.642 5	−5.2		−0.71	0.481
	匹配后	0.627 26	0.643 76	−13.9	−8.3	−0.6	0.547
tfp	匹配前	0.621 7	0.678 4	−16		−2.26	0.024
	匹配后	0.621 7	0.650 08	−8.0	49.9	−0.95	0.344
log *sale*	匹配前	9.934 4	9.779 3	12.4		1.72	0.086
	匹配后	9.934 4	9.896 3	3.0	75.4	0.28	0.777
age	匹配前	155.17	21.43	36.1		16.65	0.000
	匹配后	155.17	149	1.7	95.4	0.13	0.896

为检验估计结果的稳健性,表 5.12 分别采用匹配前后的样本进行了双重差分估计。通过比较匹配前后估计结果不难发现,匹配前后的估计结果存在显著差异。从统计显著性以及标准化系数来看,资本集聚对企业商业信贷的影响超过劳动集聚和产出集聚。在匹配前,资本集聚、劳动集聚和产出集聚对商业信用的影响均在 1% 的统计水平上通过显著性检验。而在匹配后,只有资本集聚和产出集聚仍然显著影响企业的商业信用,劳动集聚对企业商业信用的估计系数虽然为正,但在统计上不再显著,标准化系数也小于资本集聚和产出集聚。

表 5.12　双重差分法估计结果 I

因变量 集聚指标	DID:匹配前估计结果			DID:匹配后估计结果		
	(1)	(2)	(3)	(4)	(5)	(6)
	accountr_ asset	accountr_ asset	accountr_ asset	accountr_ asset	accountr_ asset	accountr_ asset
	资本集聚	就业集聚	产出集聚	资本集聚	就业集聚	产出集聚
$dt01 \times$ 集聚	0.023***	0.021***	0.023***	0.059**	0.038	0.057*
	(0.000)	(0.000)	(0.000)	(0.039)	(0.280)	(0.063)
$du01\_dt01$	−0.004	−0.004	−0.004	−0.027	−0.025	−0.025
	(0.122)	(0.130)	(0.126)	(0.510)	(0.545)	(0.547)
N	425 898	425 898	425 898	2 374	2 374	2 374
adj.R^2	0.620	0.619	0.620	0.610	0.609	0.610

注:回归系数下括号内为回归系数的相伴概率,上标 ***、** 和 * 分别表示 1%、5% 和 10% 的统计显著性;所有回归组合控制了企业固定效应和时间固定效应;回归系数的相伴概率根据企业层面聚类标准差进行调整得到;估计系数为 beta 系数。

（2）引入时间趋势项。

表 5.13 报告了引入处理组虚拟变量时间趋势项（$du01\_dt01$）[回归组合（1）—（3）]，以及引入企业特定时间趋势项的估计结果[回归组合（4）—（6）]。由表 5.13 可知,在所有回归组合中,三类地理集聚指标均对企业的商业信用具有显著积极作

表 5.13　双重差分法估计结果 II:引入时间趋势项

因变量 集聚指标	引入处理组的时间趋势项			引入企业时间趋势项		
	(1)	(2)	(3)	(4)	(5)	(6)
	accountr_ asset	accountr_ asset	accountr_ asset	accountr_ asset	accountr_ asset	accountr_ asset
	资本集聚	就业集聚	产出集聚	资本集聚	就业集聚	产出集聚
$dt01 \times$ 集聚	0.023***	0.021***	0.022***	0.023***	0.021***	0.023***
	(0.000)	(0.000)	(0.000)	(0.000)	(0.000)	(0.000)
$du01\_dt01$	−0.002	−0.002	−0.002	−0.004	−0.004	−0.004
	(0.478)	(0.526)	(0.549)	(0.122)	(0.130)	(0.126)
$du01\_t$	−0.004	−0.005	−0.005			
	(0.295)	(0.264)	(0.234)			
N	425 898	425 898	425 898	425 898	425 898	425 898
adj.R^2	0.620	0.619	0.620	0.620	0.619	0.620

注:同表 5.12。

用,与表 5.12 前三列回归组合的标准化系数基本相同,而与表 5.8 的估计结果相比,三类地理集聚指标对企业商业信用的影响则有所提高。以第一列估计结果为例,在表 5.8 回归结果中,资本集聚的标准化系数为 0.019,而在表 5.13 中,资本集聚的标准化系数达到 0.023,提高了 21%。从回归系数大小来看,资本集聚的作用超过了产出集聚和劳动集聚。

(3) 引入企业控制变量。

表 5.14 中的第(1)—(3)列在式(5.37)的基础上引入了企业特征变量,并分别报告了三类地理集聚指标的回归结果。由表 5.14 可知,$dt01\_density\_asset$、$dt01\_density\_employment$ 和 $dt01\_density\_output$ 的标准化数略有降低,但仍在 1% 的统计水平上显著为正。

表 5.14　双重差分法估计结果 Ⅲ:引入企业控制变量

被解释变量 集聚指标	(1) accountr_ asset 资本集聚	(2) accountr_ asset 就业集聚	(3) accountr_ asset 产出集聚	(4) accountr_ asset 资本集聚	(5) accountr_ asset 就业集聚	(6) accountr_ asset 产出集聚
$dt01\times$集聚	0.021***	0.014***	0.020***			
	(0.000)	(0.000)	(0.000)			
$dd\times dt01$				0.026***	0.007	0.006
				(0.000)	(0.113)	(0.159)
$du01\times dt01$	−0.001	−0.001	−0.001			
	(0.653)	(0.662)	(0.662)			
$debt\_asset$	0.034**	0.034**	0.034**	0.034**	0.034**	0.034**
	(0.021)	(0.021)	(0.021)	(0.021)	(0.021)	(0.021)
age	0.002	0.002	0.002	0.002	0.002	0.002
	(0.229)	(0.210)	(0.227)	(0.219)	(0.171)	(0.165)
$\log sale$	0.109***	0.108***	0.108***	0.106***	0.107***	0.107***
	(0.000)	(0.000)	(0.000)	(0.000)	(0.000)	(0.000)
$fixedasset\_sh$	−0.131***	−0.131***	−0.131***	−0.131***	−0.131***	−0.131***
	(0.000)	(0.000)	(0.000)	(0.000)	(0.000)	(0.000)
$\ln ex_1$	0.006*	0.006*	0.006*	0.006*	0.006*	0.006*
	(0.067)	(0.077)	(0.064)	(0.075)	(0.076)	(0.075)
tfp	0.003*	0.003*	0.003*	0.003*	0.003*	0.003*
	(0.096)	(0.083)	(0.083)	(0.071)	(0.078)	(0.077)
$sizea$	−0.112***	−0.113***	−0.112***	−0.113***	−0.113***	−0.113***
	(0.000)	(0.000)	(0.000)	(0.000)	(0.000)	(0.000)
N	419 736	419 736	419 736	420 934	420 934	420 934
$adj.R^2$	0.635	0.634	0.634	0.634	0.634	0.634

注:同表 5.12。

为进一步考察估计结果的稳健性,我们借鉴 Trefler(2004)的思路,对标准的双重差分法做如下变形:

$$trade\_credit_{fct} = \rho \cdot dd_f \times dt01_t + \alpha_f + \alpha_t + \varepsilon_{fct} \tag{5.38}$$

在原始的双重差分回归方程中,$du01$ 为二元离散变量。但在实际中,不同企业新进入的城市的集聚程度并不相同,为此,我们用连续变量 dd(分别用 dd_asset、$dd\_employment$ 和 dd_output 进行测度)代替 $du01$。

其中,dd_asset 表示企业新进入城市 2001—2007 年资本集聚程度与 2000 年其所在城市集聚程度差额的平均值,$dd\_employment$ 表示企业新进入城市 2001—2007 年劳动集聚程度与 2000 年其所在城市集聚程度差额的平均值,dd_output 表示企业新进入城市 2001—2007 年劳动集聚程度与 2000 年其所在城市集聚程度差额的平均值。如果企业新进入城市地理集聚提高幅度越大,则企业商业信用比重越高,那就意味着 ρ 的估计符号为正。

表 5.14 中的第(4)—(6)汇报了采用式(5.38)进行估计的回归结果,由表 5.14可知,与计量模型(5.37)的估计结果不同,资本集聚显著提高了企业的商业信用,但劳动集聚和产出集聚的作用并不显著,该结果与倾向得分匹配的估计结果较为接近。这一结果也是比较容易理解的,地理集聚能否显著提高商业信用活动,更多地取决于邻近企业的资产状况,与邻近企业的雇佣人数和产值相关性较低。

5. 更多的稳健性分析

为了进一步估计结果的稳健性,我们借鉴 Henderson(2003)的方法构造了如下三个企业层面的地理集聚指标:H_asset_{cif}、$H\_employment_{cif}$ 和 H_output_{cif},分别是采用资本、就业和产出水平所构造的地理集聚指标。例如,H_asset_{cif} 表示城市 c 的四分位行业 i 除企业 f 之外的其他企业的资产总额,测度相邻企业的资本集聚程度。类似地,$H\_employment_{cif}$ 和 H_output_{cif} 分别测度相邻企业的就业和产出集聚程度。在表 5.15 中,我们采取这三类指标对企业的商业信用提供和商业信用使用的影响。其中,表 5.15 的第(1)—(3)列分别考察了资本集聚、就业集聚和产出集聚对商业信用提供($accountr\_asset$)的影响,第(4)—(6)列则汇报了资本集聚、就业集聚和产出集聚对商业信用使用($accountp\_debt$)的影响,为了便于比较,所有回归组合报告的系数均为标准化系数($beta$ 系数)。

表 5.15　更多的稳健性检验:采用 Henderson(2003)的指标

被解释变量 集聚指标	(1) accountr_ asset 资本集聚	(2) accountr_ asset 就业集聚	(3) accountr_ asset 产出集聚	(4) accountp_ debt 资本集聚	(5) accountp_ debt 就业集聚	(6) accountp_ debt 产出集聚
集聚	0.010***	0.007*	0.008***	0.004*	0.002	0.002
	(0.002)	(0.060)	(0.002)	(0.064)	(0.744)	(0.433)
debt_asset	0.052***	0.052***	0.052***	−0.048***	−0.048***	−0.048***
	(0.000)	(0.000)	(0.000)	(0.000)	(0.000)	(0.000)
age	0.001	0.001	0.001	−0.001	−0.001	−0.001
	(0.369)	(0.365)	(0.370)	(0.613)	(0.613)	(0.614)
log sale	0.095***	0.095***	0.095***	0.025***	0.025***	0.025***
	(0.000)	(0.000)	(0.000)	(0.000)	(0.000)	(0.000)
fixedasset_sh	−0.131***	−0.131***	−0.131***	0.007	0.007	0.007
	(0.000)	(0.000)	(0.000)	(0.117)	(0.119)	(0.119)
ln ex₁	0.007**	0.007**	0.007**	0.007**	0.007**	0.007**
	(0.022)	(0.021)	(0.021)	(0.028)	(0.028)	(0.028)
tfp_op	0.002	0.002	0.002	−0.006***	−0.006***	−0.006***
	(0.305)	(0.348)	(0.304)	(0.000)	(0.000)	(0.000)
sizea	−0.115***	−0.115***	−0.115***	−0.054***	−0.054***	−0.054***
	(0.000)	(0.000)	(0.000)	(0.000)	(0.000)	(0.000)
profit_rate	0.000	0.000	0.000	−0.004**	−0.004**	−0.004**
	(0.135)	(0.135)	(0.135)	(0.019)	(0.018)	(0.019)
	0.000**	0.000**	0.000**	−0.001	−0.001	−0.001
com	(0.023)	(0.023)	(0.024)	(0.616)	(0.614)	(0.615)
	(0.806)	(0.821)	(0.806)	(0.022)	(0.022)	(0.022)
所有制	控制	控制	控制	控制	控制	控制
N	183 306 1	183 306 1	183 306 1	103 203 6	103 203 6	103 203 6
adj.R²	0.651	0.651	0.651	0.181	0.181	0.181

注:同表 5.12。

由表 5.15 的回归组合(1)—(3)不难发现,资本集聚对企业应收账款的影响为 0.01,高于产出集聚和就业集聚回归系数的 0.08 和 0.07。从回归结果(4)—(6)也可以得到类似结论。这说明,地理集聚高的地区,企业间的商业信用更为普遍,而且资本集聚的作用要超过劳动力和产出集聚的作用效果。这进一步证实,企业能否提供商业信用主要取决于其相邻企业所拥有的资金数目。

5.2.3 小结

已有文献对集聚外部性的考察,主要集中于对"技术外部性"的探讨,对商业信用的作用则缺乏系统的研究。本节首先在 Long 和 Zhang(2011)的基础上构造了一个能够反映地理集聚三个基本特征的地理集聚指标,并运用 1998—2007年中国工业企业数据库 30 余万家企业样本考察了地理集聚对商业信用的影响。为了准确捕捉地理集聚对企业商业信用的作用,本节巧妙地利用企业的区位信息,并结合 Nunn 和 Qian(2011)所发展的"扩展双重差分法",对二者的关系进行检验。

研究发现:①地理集聚显著增加了企业间的商业信用,而且资本集聚的作用超过了产出集聚和劳动集聚的影响,因此,企业间商业信用的使用更多地取决于相邻企业的资本的数目,与周围企业的雇佣人数无关。②从所有制来看,对外资、港澳台和集体企业的商业信用供给有显著正面作用,对民营企业的商业信用供给无显著影响,对集体企业商业信用需求的影响显著弱于其他企业。③地理集聚对大企业商业信用供给和需求的影响显著超过了对小企业的影响,对资本密集型和高全要素生产率企业商业信用供给的影响更大,对商业信用需求的影响则与资本密集度和全要素生产率无关。

本节研究的启示是:首先,对地理集聚的研究不能仅局限于其"技术外部性"方面,地理集聚在企业融资、交易成本和合约履行等"制度外部性"方面的作用也同样不容忽视。其次,本节为我们理解和解释非国有部门的发展提供了一个新的研究思路。已有研究表明,各种非正式制度的存在是非国有部门(尤其是民营企业)得以快速发展的关键因素。本节的结论则意味着,地理集聚不仅能够推动非正式制度的发展,而且也成为非正式制度之外的影响民营企业发展的一个重要因素。再次,在协调区域发展的过程中,不能只看到地理集聚对地区收入差距的不利影响,而且也应注意到其积极的方面。只有在综合权衡地理集聚利弊的基础上,才能走出一条更为合理的区域协调发展道路。最后,本节虽然证实了地理集聚对企业融资的重要作用,但并不否认正规金融的作用。在企业发展初期,地理集聚能够为企业发展提供资金来源,但当企业成长至一定规模时,仅凭内源融资和商业信用的作用是远远不够的。如果中国想要打造世界级品牌的跨国公司,就必须依靠正规金融的不断发展,并继续推动市场化的深入改革。

5.3 产业集聚 *

产业集聚是经济发展和工业化进程中的一个重要现象。纵观各国的工业化历史不难发现,经济增长似乎总是与产业集聚"携手并进"(Hohenberg and Lees,1985;Hohenberg,2004)。那么,到底是产业集聚带来的经济增长,还是经济增长促成了产业集聚? 如果集聚确实能够促进经济增长,其作用机制又是什么? 对于这些问题,以往理论研究主要侧重于对集聚的"技术外部性"进行考察(Duranton and Puga,2004),鲜有文献注意到产业集聚的"金融外部性"。相关的经验研究则停留在对集聚和经济增长关系的检验,忽视了其具体作用渠道(Brulhart and Sbergami,2009)。2010 年中国经济规模超过了日本,成为仅次于美国的世界第二大国,然而相对于中国经济总量的快速增长,企业的发展却依然差强人意。尽管在中国经济增长过程中涌现出了一批具有国际竞争力的中小企业,但这些企业并未成长为具有核心竞争力的跨国公司。在诸多因素中,融资困难成为制约中国企业发展的关键障碍(Claessens and Tzioumis,2006)。为此,从"金融外部性"的视角探讨产业集聚对企业融资成本的影响,对于缓解企业融资约束促进中国企业迅速成长,以及推动中国经济的持续增长具有重要现实意义。

实际上,对产业集聚"外部效应"的论述最早可以追溯到 Marshall(1920)。马歇尔(Marshall)将集聚的"外部效应"概括为三个基本来源:劳动力蓄水池效应、投入共享和研发溢出。自马歇尔之后,探讨产业集聚影响经济增长的微观机制始终是城市经济学家和发展经济学家所关心的核心话题。Duranton 和 Puga(2004)在《区域和城市经济学手册》中对此做了详细的总结,并将产业集聚的外部效应归纳为三大类:其一是分享效应,包括公共物品效应、专业化效应、多样化效应和风险分散效应(Abdel-Rahman,1990;Henderson,1974;Ellison and Fudenberg,2003;Krugman,1991);其二是匹配效应,包括匹配质量提高、匹配概率增加和"敲竹杠"问题的缓解(Helsley and Strange,1990;Matouschek and Robert-Nicoud,2002;Rotemberg and Saloner,2000);其三是学习效应,包括知识创造、知识扩散和知识

---

* 本节内容由盛丹和王永进共同完成,原文以《产业集聚、信贷资源配置效率与企业融资成本》为题发表于《管理世界》2013 年第 6 期,第 85—98 页。

积累(Jacobs，1969；Glaeser，1999)。

尽管关于产业集聚的"外部效应"的理论研究已经积累了相当的文献，但这些文献却不同程度上忽视了产业集聚的"金融外部性"，相关的经验研究则更为滞后。Henderson(2003)采用70个国家1960—1990年的数据研究表明，城市化对经济增长的影响非常微弱，但大城市的比重则会显著促进一国经济增长。此后，Brulhart和Sbergami(2009)将样本国家扩展为1975—2000年的105个国家，并采用国家内部的地理集中来测度集聚程度，他们利用系统GMM方法得当的估计结果表明，产业集聚对经济增长的影响是有条件的。只有人均收入低于1万美元的国家，产业集聚才能带来经济增长。国内研究中，范剑勇(2006)考察了产业集聚显著影响了劳动生产率，章元和刘修岩(2008)则进一步证实了集聚对经济增长的积极作用。然而，这些文献关注的重点是集聚对经济增长的影响，对于其作用机制和影响渠道则语焉不详。另一部分学者试图弥补这一不足。Glaeser等(1992)分别采用美国1956—1987年的城市数据研究表明，多样化显著促进了就业增长，专业化对增长的影响并不显著。Henderson等(1995)采用美国1970—1987年的城市数据则发现，专业化显著促进了成熟产业的增长，而多样化只对高新技术产业有积极作用。但专业化和多样化与其说是产业集聚影响经济增长的微观机制，还不如说就是产业集聚本身(Porter，2000)。同时，由于这些研究大都采用宏观数据，很难真正揭示产业集聚作用于经济增长的作用渠道。综上所述，已有文献都在不同程度上忽视了产业集聚对企业融资成本的影响。

从作用机制来看，产业集聚对企业融资成本的影响主要通过"声誉效应"。金融合约本质上是以信任为基础的，银行是否愿意为企业提供贷款取决于彼此的信任程度和对方的声誉(Rajan *et al.*，2004)。产业集聚可以从两个方面促进声誉机制的发挥，一方面，地理上的邻近有助于降低企业与客户和中间供应商之间的监督成本以及信息不对称。由于上下游企业之间的信息不对称程度更低，集聚区的企业可以通过集体担保的方式来增加银行对企业的信任。另一方面，产业集聚能够促进信息扩散和知识交流，一旦企业违约，违约信息就会迅速传播至银行和其他企业，这就增加了企业的违约成本，使得其更加注重自身的声誉。企业之间的相互担保以及企业自身声誉的增加都有助于增强银行对企业的信任，并降低企业的融资成本。从结果来看，集聚程度的提高有助于降低银行与企业之间的信息不对称性，使得信贷资源从劣质企业流向优质企业，这就缓解了"信息不对称"所导致的"逆向选择"问题，从而提高资金的配置效率(Von Ehrlic and Seidel，2011)。

与已有研究相比，本节的贡献体现在如下几个方面：第一，研究视角上，现有文献更多强调产业集聚的"技术外部性",很大程度上忽略了其"金融外部性"。虽然,Von Ehrlic 和 Seidel(2011)注意到产业集聚与企业信贷约束的关系,但他们考察的重点是金融发展对产业集聚的影响。Long 和 Zhang(2011)也试图考察集聚对融资成本的影响,不过其作用机制与本节存在明显的差异,他们所关注的是分工和商业信信用对融资成本的作用,明显忽视了产业集聚对信贷资源配置的影响。本节从产业集聚"金融外部性"的角度,考察产业集聚对融资成本的影响,进而探讨其对信贷资源配置效率的作用,大大丰富了产业集聚"外部效应"的相关研究。同时,我们的研究发现:产业集聚不仅能够降低企业的融资成本,而且还可以提高"信贷资源的配置效率",从而构成产业集聚影响经济增长的重要渠道。第二,研究内容上,通过考察产业集聚的"信贷资源配置效应",我们发展了关于资源配置效应与经济增长的实证研究。近年来,经济增长文献越来越强调资源配置效率的重要性。给定物质资本、人力资本和知识水平,资源配置效率在很大程度上决定了一国总的产出水平和生产效率。源于政策扭曲的资源错配,给中国带来了高昂的效率损失(Hsieh and Klenow,2009;罗德明等,2012)。不过这些文献侧重强调资源配置对经济增长和全要素生产率的影响,鲜有研究对资源错配的影响因素进行考察,本节的研究在一定程度上弥补了这一不足。第三,数据选取上,以往有关产业集聚外部性的文献大多采用宏观数据,使得其研究结论更易受到变量内生性问题的诘难,而且也难以捕捉产业集聚影响经济增长的微观机制。本节则采用微观企业数据,即2005 年世界银行调查数据和 1998—2007 年中国工业企业数据库,对产业集聚的"金融外部性"进行考察。微观企业数据不仅变量丰富,而且涵盖了尽可能多的样本,可以更为深入和全面地考察产业集聚影响融资成本的作用渠道和机制。

本节组织结构安排如下:第一部分是指标构造和数据说明;第二部分分别采用世界银行 2005 年投资环境调查数据和 1998—2007 中国工业企业数据库,考察了产业集聚对融资成本的影响,并揭示了产业集聚对"信贷资源配置"的作用;最后是小结。

5.3.1　数据说明

本节实证分析所采用的数据为世界银行 2005 年投资环境调查数据和国家统计局发布的 1998—2007 年中国工业企业数据库。其中,各个城市的产业集聚指标(指标构造参第 5.2.1 节)系采用 1998—2007 年中国工业企业数据库数据计算得到。

世界银行 2005 年投资环境调查数据涵盖了 120 个城市 12 400 家企业的样本,

除了企业基本财务信息外,该数据还对企业经营过程中所面临的具体问题,进行了具体的问卷调查,这些变量为我们考察企业的融资成本问题提供了不可多得的材料。由于世界银行数据所包括的企业为 2002—2004 年的连续经营企业,我们无法获得企业的进入退出信息,为此,我们采用 Levinson-Petrin 方法计算 tfp。其中价格指数来自中国统计年鉴各期。

1998—2007 年国家统计局公布的工业经济统计数据库,该数据库涵盖了所有国有企业和规模以上的非国有企业。2003 年中国采用了新的行业分类代码,本节根据 Brandt 等(2011)将行业代码按照 2003 年后的标准进行重新统一。参照一般的会计准则,本节删除了产出、销售额、出口、就业以及总资产为负的样本。其中,企业的全要素生产率(tfp)采用 Levinson-Petrin 方法对每个二分位产业进行分别回归计算得到,并参照 Brandt 等(2011)的处理方法进行了价格指数平减。其中,总产出采用四分位的行业的产出价格指数进行折算,资本存量 K_{it} 为固定资产净值年平均余额,采用年度投资价格指数进行平减。

5.3.2 结果

1. 产业集聚与融资成本:来自世界银行调查数据的证据

(1)初步的检验:基于融资成本敏感度和融资难度的考察。

本部分将采用 2005 年世界银行调查数据库,考察产业集聚对企业融资成本的作用。产业集聚水平对企业融资成本的影响是多维度的,既可能表现为企业融资难度的下降,也可能反映在企业对融资成本敏感度的降低上。我们将从融资成本敏感度和融资难度两个维度对此进行考察。

首先从企业融资成本敏感度的角度,考察产业集聚对企业融资成本的影响。在理论上,产业集聚对企业资金敏感度的影响主要的依据有两个方面:一方面,根据"自选择效应"理论,在高集聚地区,由于这些地区的竞争较为激烈,往往是那些生产率较高,抗风险能力较强的企业更倾向于在这些地区进行生产(Melitz, 2003;Baldwin and Okubo, 2004)。因此,这就使得位于高产业集聚地区的企业对融资成本和资金获得的反应不敏感;另一方面,也是我们最为关心的,产业集聚能够缓解企业的融资约束,从而也会使企业对融资成本的反应不敏感。具体来看,产业集聚对企业融资约束的缓解又表现为如下渠道:第一,产业集聚能够促进企业间的专业化分工(Stigler, 1951),通过将生产环节不断地细分,企业对资金的需求自然随之降低(Long and Zhang, 2011);第二,企业间的业务往来,有助于加强企业对供应链的控制,从而增加商业信用的使用,进而缓解企业的外部融资;第三,产业集聚有助于信息的扩散,尤其是违约信息的散布,使得企业更为重视自身的声誉,这一方面能够促进企业间商业信用往来,另一方面也可以降低企业与银行之间的信息不对称,从而缓解企业对融资成本的敏感度。例如,中国的很多集聚地区,小企业经常通过"小企业联保贷款"的形式来获得银行贷款。

具体地,该数据库在调查过程中要求企业列举某些因素对企业经营和增长的重要程度,其中一项是企业对融资成本的敏感度($finance\_cost$),该变量取值范围为{0,1,2,3,4},取值越大,表明企业的运营和增长受此类因素影响更大。$finance\_cost = 0$ 表示企业不受融资成本的影响,$finance\_cost = 1$ 表示企业受融资成本的影响较弱,$finance\_cost = 2$,表示企业受融资成本的影响适中,$finance\_cost = 3$ 表示企业受融资成本的影响较高,$finance\_cost = 4$ 表示企业受融资成本的影响非常高。在该问卷中,还有一个变量与企业融资成本直接相关:企业获取金融资源的难易程度($access\_finance$),该变量取值范围为{0,1,2,3,4},取值越大,表明融资的难度越大。

这些变量虽然在一定程度上反映了企业融资成本,但与真实(潜在)的敏感度之间还是有差别的。假定潜在的融资成本敏感度为 $finance\_cost^*$,那么,潜在融资成本敏感度与解释变量之间的回归方程为:

$$finance\_cost_i^* = x_i'\beta + u_i \qquad (5.39)$$

其中,x_i' 表示影响企业融资成本的变量。具体包括:我们主要关注的变量,集聚 de_emp,在回归过程中,我们将该指标取了自然对数,并用 $\ln de$ 表示。其他控制变量包括:①企业政企关系和企业间关系变量:总经理是否为政府任命 $appoint$,如果是政府任命则为 1,不是则为 0;与客户合作时间长度为 $relation$,用以测度企业间关系;$relation\_supplier$ 为与中间产品供应商的合作时间长短,用以测度企业间关系。②企业的所有制性质变量:包括企业是否为国有企业(soe)、集体企业($collective$)、私有企业($private$)、港澳台企业(hmt)、外资企业($foreign$)。③企业特征变量:企业的经营年限 age 为企业所在年份与成立年份之差;企业的规模($size$),我们采用企业固定资产的对数值进行度量;企业出口额($\ln ex_1$)是我们采用出口交货值加 1 之后取自然对数;全要素生产率 tfp。④城市层面控制变量:金融发展、人均 GDP 和储蓄率。其中金融发展指标来自樊纲、王小鲁主编的《中国市场化指数》中的金融发展分项指标,人均收入和储蓄率(年末储蓄余额/GDP)数据来自《中国城市统计年鉴 2004》。

令 $\alpha_0 = -\infty$，$\alpha_5 = +\infty$，则潜在融资成本 $finance\_cost^*$ 与 $finance\_cost$ 的关系表示为：

$$finance\_cost = j, \ if \quad \alpha_j < finance\_cost^* \leqslant \alpha_{j+1}, \ j = 0, 1, 2, 3, 4 \tag{5.40}$$

$$\Pr(finance\_cost = j) = \Pr(\alpha_j < finance\_cost^* \leqslant \alpha_{j+1}) \tag{5.41}$$
$$= F(\alpha_{j+1} - x'_i\beta) - F(\alpha_j - x'_i\beta)$$

其中，$F(\cdot)$ 表示残差项 u 的累积概率分布。因此，在对 $finance\_cost$ 与解释变量进行估计时，不仅需要估计系数 β，而且还需要估计临界点 α_j，$j = 0, 1, 2, 3, 4$。为此，我们采用有序 logit(ordered logit) 和有序 Probit(ordered probit) 模型进行极大似然函数估计。对融资难度变量的考察也采用相同的方法。

表 5.16 汇报了就业集聚对融资成本的影响，为检验估计结果稳健性，我们还报告了采用普通最小二乘法估计的回归结果。在所有回归组合中，产业集聚对获取金融资源的难易程度($access\_finance$)和融资成本敏感度($finance\_cost$)的回归系数均为负，而且在 1% 的统计水平上是显著的。这一结果表明产业集聚可以通过降低获取金融资源的难易程度和降低融资成本的方式，来降低企业对资金的敏感度，从而缓解融资约束。

表 5.16 产业集聚与融资成本：基于融资成本敏感度和融资难度的考察

估计方法	(1)	(2)	(3)	(4)	(5)	(6)
	$finance\_cost$	$finance\_cost$	$finance\_cost$	$access\_finance$	$access\_finance$	$access\_finance$
	OLS	ologit	oprobit	OLS	ologit	oprobit
$\ln de$	−0.056***	−0.089	−0.054*	−0.083**	−0.118**	−0.070**
	(0.013)	(0.056)	(0.032)	(0.036)	(0.057)	(0.033)
$appoint$	0.224***	0.350***	0.217***	0.179***	0.254***	0.159***
	(0.035)	(0.061)	(0.035)	(0.045)	(0.068)	(0.039)
$relation$	−0.020**	−0.031**	−0.022***	−0.013	−0.022	−0.012
	(0.009)	(0.014)	(0.008)	(0.010)	(0.014)	(0.008)
$relation\_supplier$	0.029***	0.049***	0.030***	0.030***	0.045***	0.026***
	(0.009)	(0.014)	(0.008)	(0.010)	(0.014)	(0.008)
soe	−0.130***	−0.224***	−0.135***	0.017	0.022	0.009
	(0.040)	(0.080)	(0.045)	(0.056)	(0.084)	(0.048)
$collective$	−0.300***	−0.546***	−0.320***	−0.323***	−0.498***	−0.288***
	(0.041)	(0.080)	(0.047)	(0.048)	(0.074)	(0.044)

续表

估计方法	(1)	(2)	(3)	(4)	(5)	(6)
	finance_cost	finance_cost	finance_cost	access_finance	access_finance	access_finance
	OLS	ologit	oprobit	OLS	ologit	oprobit
private	−0.052*	−0.096	−0.044	−0.094**	−0.141***	−0.074**
	(0.031)	(0.064)	(0.038)	(0.037)	(0.054)	(0.032)
hmt	−0.170***	−0.288***	−0.169***	−0.229***	−0.329***	−0.191***
	(0.039)	(0.085)	(0.051)	(0.050)	(0.074)	(0.044)
foreign	−0.357***	−0.607***	−0.359***	−0.490***	−0.735***	−0.444***
	(0.035)	(0.074)	(0.043)	(0.044)	(0.067)	(0.041)
age	0.000	0.001	0.000	0.000*	0.001*	0.000*
	(0.000)	(0.000)	(0.000)	(0.000)	(0.000)	(0.000)
size	0.075***	0.137***	0.077***	0.035***	0.060***	0.032***
	(0.005)	(0.010)	(0.006)	(0.007)	(0.011)	(0.006)
$\ln ex_1$	0.005**	0.008**	0.005**	0.003	0.006	0.003
	(0.002)	(0.004)	(0.002)	(0.003)	(0.004)	(0.002)
tfp	−0.000	−0.000	−0.000	−0.000	−0.000	−0.000
	(0.000)	(0.000)	(0.000)	(0.000)	(0.000)	(0.000)
finance	0.001	0.010	0.004	−0.006	−0.004	−0.002
	(0.007)	(0.028)	(0.016)	(0.018)	(0.028)	(0.017)
gdppc	−0.000***	−0.000*	−0.000*	−0.000**	−0.000**	−0.000***
	(0.000)	(0.000)	(0.000)	(0.000)	(0.000)	(0.000)
saving	0.274***	0.411***	0.264***	0.306***	0.416***	0.259***
	(0.041)	(0.152)	(0.086)	(0.091)	(0.141)	(0.082)
Obs	12 098	12 098	12 098	12 098	12 098	12 098

注：回归系数下括号内为回归系数的标准差，上标 ***、** 和 * 分别表示 1%、5% 和 10% 的统计显著性；所有回归组合控制了产业固定效应。我们还采用了产业集聚的另外一个度量指标：$\ln da$ 进行了回归，结果与表 5.16 十分相似，限于篇幅原因，我们没有对该结果进行报告，感兴趣的读者可以向作者索取。

　　就控制变量而言，如果一个企业的总经理是由政府任命的，那么该企业的融资成本会明显较其他企业为高，这一发现与俞鸿琳（2006）的结论类似。他的研究表明，总经理由政府任命的现象在某种程度上是政府掠夺之手的表现形式，在董事会中安插政府官员以及对企业的总经理进行任命是政府实现对企业控制的重要方式。与客户合作时间（relation）显著降低了企业的融资成本，但是对企业获得融资的便利程度影响不大。与中间产品供应商的合作时间（relation_supplier）越长的企业,受资金获得和融资成本的影响越大。对此的解释是,在企业发展初期和规模较小时,依靠供应链关系所获得的资金来源,对企业的发展能够起到重要的支持作用,但是当企业发展到一定规模时,此时依靠企业间关系所获得的资金就很难满足企业的需求了。此时,企业的进一步发展必然增加其对间接融资的需求,因此,对于这一类企业而言,其对资金获得和融资成本的反应更为敏感。从企业规模($size$)的回归系数可以进一步证实这一点。此外,年龄(age)和全要素生产率(tfp)对企业融资敏感度无显著影响。出口额对数($\ln ex_1$)与企业融资敏感度直接存在显著的正向关系,说明进行大额出口会增加企业对资金和信贷的需求,从而增加其融资成本敏感度。

从所有制来看,我们以股份有限公司和有限责任公司作为比较的基准发现,在国有、集体、民营、港澳台和外资企业中,对融资成本最敏感的是民营企业,其次是国有企业,再次是集体和港澳台企业,对融资成本最不敏感的是外资企业。民营企业、外资、港澳台企业和集体企业的排序与我们通常的观测比较接近,因为民营企业的融资约束较高,从而对融资成本最为敏感,外资企业资金实力雄厚,对资金的敏感度最低。

城市金融发展对企业融资成本敏感度以及融资难度的影响不显著,人均 GDP 的提高则与企业融资成本敏感度以及融资难度显著负相关,表面经济发展水平高的地区,企业对融资成本敏感度较低,融资难度也较小。储蓄率显著提高了企业的融资难度和融资敏感度,其原因有二:一是该变量与城市金融发展以及人际 GDP 高度相关,其作用被这两个变量所吸收;二是储蓄要经过金融机构才能转换为企业的贷款,金融机构的运行效率的高低以及信息畅通与否则是将居民储蓄转换为企业贷款的关键。因此,储蓄率越高并不意味着企业融资成本更低。

(2)产业集聚与融资成本:进一步检验。

上一节研究得到的结论是:产业集聚显著降低了企业的资金敏感度。但是由于这一指标的测度较为主观,而且影响企业融资敏感度的因素也较为多样,尤其是融资约束与融资敏感度之间可能并非单调关系。为此,本节将通过一些更为具体的指标来检验产业集聚对企业融资成本的影响。其中,一个指标是考察企业的抗风险能力($shock\_loan$)。世界银行 2005 年的调查中专门有一项是针对 2003 年的宏观经济政策的,该问题是,"自 2003 年宏观经济政策实施以来,企业从银行和金融机构贷款的难度是否降低以及降低的程度"。该变量取值越大,说明 2003 年宏观经济政策对企业融资的负面影响更小,正面影响更大。我们采用该指标进一步考察产业集聚对企业融资成本的作用,具体回归结果如表 5.17 所示。

表 5.17　产业集聚与融资成本：进一步检验

因变量	(1)	(2)	(3)	(4)	(5)	(6)
	shock_loan	shock_loan	shock_loan	shock_loan	shock_loan	shock_loan
估计方法	OLS	ologit	oprobit	OLS	ologit	oprobit
$\ln de$	0.087***	0.136***	0.082***			
	(0.017)	(0.028)	(0.016)			
$\ln da$				0.074***	0.107***	0.071***
				(0.020)	(0.032)	(0.018)
appoint	−0.266***	−0.424***	−0.250***	−0.266***	−0.426***	−0.250***
	(0.040)	(0.066)	(0.038)	(0.040)	(0.066)	(0.038)
relation	0.014	0.024	0.013	0.014	0.025	0.014
	(0.010)	(0.016)	(0.009)	(0.009)	(0.016)	(0.009)
relation_supplier	0.000	−0.001	0.001	0.000	−0.002	0.001
	(0.010)	(0.016)	(0.009)	(0.010)	(0.016)	(0.009)
soe	−0.155***	−0.234***	−0.148***	−0.152***	−0.228***	−0.144***
	(0.048)	(0.082)	(0.046)	(0.049)	(0.082)	(0.046)
collective	−0.011	−0.022	−0.012	−0.011	−0.020	−0.012
	(0.053)	(0.087)	(0.049)	(0.053)	(0.087)	(0.050)
private	0.080**	0.125**	0.071**	0.070**	0.110*	0.061*
	(0.035)	(0.056)	(0.032)	(0.035)	(0.056)	(0.033)
hmt	0.169***	0.279***	0.153***	0.178***	0.291***	0.162***
	(0.043)	(0.068)	(0.039)	(0.043)	(0.068)	(0.039)
foreign	0.383***	0.619***	0.350***	0.380***	0.613***	0.347***
	(0.037)	(0.061)	(0.035)	(0.037)	(0.061)	(0.035)
age	−0.001***	−0.002*	−0.001**	−0.001***	−0.002*	−0.001***
	(0.000)	(0.001)	(0.000)	(0.000)	(0.001)	(0.000)
size	0.033***	0.042***	0.033***	0.033***	0.042***	0.033***
	(0.006)	(0.010)	(0.006)	(0.006)	(0.010)	(0.006)
$\ln ex_1$	0.012***	0.018***	0.011***	0.012***	0.019***	0.011***
	(0.003)	(0.004)	(0.002)	(0.003)	(0.004)	(0.003)
tfp	0.000**	0.000*	0.000*	0.000**	0.000*	0.000*
	(0.000)	(0.000)	(0.000)	(0.000)	(0.000)	(0.000)
finance	−0.002	−0.006	−0.004	0.004	0.005	0.001
	(0.008)	(0.014)	(0.008)	(0.008)	(0.013)	(0.008)
gdppc	0.000	0.000*	0.000	0.000	0.000	0.000
	(0.000)	(0.000)	(0.000)	(0.000)	(0.000)	(0.000)
saving	−0.235***	−0.356***	−0.219***	−0.240***	−0.360***	−0.224***
	(0.053)	(0.087)	(0.050)	(0.054)	(0.088)	(0.050)
Obs	11 604	11 604	11 604	11 604	11 604	11 604

注：回归系数下括号内为回归系数的标准差，上标 ***、** 和 * 分别表示 1%、5% 和 10% 的统计显著性；所有回归组合控制了产业固定效应。

表 5.17 的第(1)—(6)列汇报了产业集聚对企业抗风险能力的影响,是分别采用普通 OLS、ologit、oprbit 得到的。由表 5.17 不难发现,在所有回归组合中,*de_emp*、*de_as* 的系数均为正,而且在 1% 的统计上是显著的。这说明不论是以就业还是资本来衡量,产业集聚的估计系数均显著为正,表明产业集聚提高了企业抗击风险的能力,面临外部政策调整和冲击时,产业集聚有利于企业从银行和金融机构获得贷款。其原因在于,在产业集聚地区企业之间的相互联保和声誉机制一方面有助于增加企业的信誉,另一方面也有助于增强企业对政府的影响能力和集体行动能力,从而有效缓冲政策变动的负面作用。

(3) 产业集聚与银行贷款:嵌套 Heckman 估计。

最后,我们进一步考察产业集聚对银行贷款的影响。世界银行关于企业贷款的信息较为复杂,世界银行在设计调查时,将银行贷款分解为三个问题:其一,企业目前是否在银行贷款? 其二,如果是,是否需要抵押? 其三,抵押贷款的比率是多少? 显然,这三个问题是环环相扣的,只有那些有银行贷款的企业才会回答贷款是否需要抵押。类似地,只有那些需要抵押的企业,才会回答抵押的比率是多少。也就是说,如果我们想要考察产业集聚对"是否需要抵押"这一虚拟变量的影响,实际上是只对那些从银行获得贷款的企业进行回归,会产生样本选择性偏差。同样,如果我们只想考察产业集聚对抵押贷款比率的影响,则会产生进一步的选择性偏差,因为在回归中我们忽略了那些没有从银行贷款的企业,以及从银行贷款但并没有抵押的企业。这样的变量是嵌套在一起的,为此,我们采用嵌套的 Heckman 进行估计。估计步骤如下:

第一步,对银行贷款虚拟变量(*loan*)进行 *probit* 估计,并获得逆米尔斯比变量 *lamda*1;第二步,对企业是否需要抵押(*collateral*)进行 *probit* 估计,并在估计方程中引入第一阶段所得到的 *lamda*1。然后根据这一阶段的估计结果获得第二阶段的逆米尔斯比 *lamda*2;第三步,对抵押贷款比率(*collateral_sh*)进行最小二乘估计,并将第二阶段得到的逆米尔斯比 *lamda*2 带入估计方程。

采用嵌套的 Heckman 模型,我们考察了产业集聚对银行贷款的影响,具体回归结果如表 5.18 所示。从表 5.18 的估计结果可知,产业集聚通过提高企业贷款获得的概率,以及降低抵押贷款比重的方式来降低企业融资成本。具体而言,产业集聚对企业的贷款获得起到的正向作用,*de_emp* 和 *de_as* 的回归系数均在 1% 的统计水平上显著为正,对抵押贷款比重的影响显著为负。不过,产业集聚对企业是否需要抵押贷款这一变量并无显著影响,说明产业集聚地区所形成企业间的联保和声誉机制并不能完全替代抵押贷款的作用。

表 5.18　产业集聚与贷款状态和抵押贷款：嵌套 Heckman 估计

因变量	(1) *loan* 1st stage Probit	(2) *collateral* 2nd stage Probit	(3) *collateral_sh* 3rd stage OLS	(4) *loan* 1st stage Probit	(5) *collateral* 2nd stage Probit	(6) *collateral_sh* 3rd stage OLS
估计方法						
ln *de*	0.069***	0.045*	−0.075***			
	(0.016)	(0.024)	(0.024)			
ln *da*				0.131***	−0.011	−0.116***
				(0.019)	(0.031)	(0.026)
appoint	−0.126***	0.095*	0.082*	−0.124***	0.095*	0.080*
	(0.044)	(0.058)	(0.043)	(0.044)	(0.057)	(0.043)
relation	−0.002	−0.004	0.011	−0.002	−0.004	0.011
	(0.011)	(0.013)	(0.010)	(0.011)	(0.013)	(0.010)
relation_supplier	0.044***	−0.032**	−0.025**	0.043***	−0.033**	−0.025**
	(0.011)	(0.015)	(0.010)	(0.011)	(0.015)	(0.010)
soe	−0.277***	0.095	0.226***	−0.269***	0.094	0.222***
	(0.050)	(0.075)	(0.049)	(0.050)	(0.074)	(0.049)
collective	−0.227***	0.002	0.239***	−0.220***	0.003	0.240***
	(0.051)	(0.078)	(0.052)	(0.051)	(0.077)	(0.051)
private	0.084**	−0.030	−0.100**	0.074*	−0.041	−0.091**
	(0.039)	(0.052)	(0.040)	(0.039)	(0.051)	(0.041)
hmt	−0.265***	0.176**	0.178***	−0.251***	0.176**	0.165***
	(0.049)	(0.071)	(0.052)	(0.049)	(0.070)	(0.051)
foreign	−0.421***	−0.103	0.471***	−0.423***	−0.104	0.482***
	(0.044)	(0.074)	(0.061)	(0.044)	(0.074)	(0.060)
age	0.000	0.000	0.000**	0.000	0.000	0.000**
	(0.000)	(0.001)	(0.000)	(0.000)	(0.001)	(0.000)
size	0.216***	−0.118***	−0.148***	0.216***	−0.119***	−0.149***
	(0.007)	(0.033)	(0.011)	(0.007)	(0.032)	(0.011)
ln ex_1	0.023***	−0.014***	−0.011***	0.023***	−0.014***	−0.011***
	(0.003)	(0.004)	(0.003)	(0.003)	(0.004)	(0.003)
tfp	−0.000	−0.000	0.000***	−0.000	−0.000	0.000***
	(0.000)	(0.000)	(0.000)	(0.000)	(0.000)	(0.000)
finance	0.049***	0.027**	−0.044***	0.040***	0.041***	−0.042***
	(0.008)	(0.013)	(0.012)	(0.008)	(0.012)	(0.012)

因变量	(1) *loan* 1st stage	(2) *collateral* 2nd stage	(3) *collateral_sh* 3rd stage	(4) *loan* 1st stage	(5) *collateral* 2nd stage	(6) *collateral_sh* 3rd stage
估计方法	Probit	Probit	OLS	Probit	Probit	OLS
gdppc	−0.000***	−0.000***	0.000***	−0.000***	−0.000*	0.000***
	(0.000)	(0.000)	(0.000)	(0.000)	(0.000)	(0.000)
saving	−0.321***	0.102	0.276***	−0.335***	0.111	0.291***
	(0.051)	(0.079)	(0.070)	(0.051)	(0.080)	(0.069)
lamda		−1.561***	−0.162		−1.568***	−0.210
		(0.267)	(0.195)		(0.262)	(0.189)
Obs	12 096	8 284	12 092	12 096	8 284	12 092

注:回归系数下括号内为回归系数的标准差,上标 ***、** 和 * 分别表示 1%、5% 和 10% 的统计显著性;所有回归组合控制了产业固定效应。

从控制变量来,政企关系变量(*appoint*)不仅不能够帮助企业获得银行贷款,而且还进一步增加了这些企银行贷款的抵押品比重,增加了其融资成本。这一现象与前文的发现基本一致,说明政府对企业总经理进行任命很有可能是政府在控制企业,不会改善企业的融资成本。此外,在世界银行的样本内,国有企业、集体、港澳台和外资企业的贷款获得均不如民营企业,抵押贷款成本也高于民营企业。这可能是由样本选择问题带来的,世界银行 2004 年样本中所包括的企业只有 124 000 家,所选取的民营企业往往是那些经营企业较好、规模较大的企业,所得到的结论可能并不具有一般性。

2. 产业集聚与企业的银行贷款:来自中国工业企业数据库 1998—2007 年的证据

(1)产业集聚与贷款:当期效应。

本节采用中国工业企业数据库 1998—2007 年的数据,对产业集聚与银行贷款之间的关系进行重新考察。一方面,世界银行调查数据所包括的样本较小,而且具有一定的选择偏差;另一方面,世界银行的数据缺乏一些基本财务指标,使得我们无法对这一问题做进一步考察。

首先,我们根据企业是否存在利息支出来确定企业的贷款状态虚拟变量 *loan*。该变量取值为 1,表明企业存在银行贷款,否则表示无企业贷款。表 5.19 报告了当期的就业集聚(ln *de*)对企业贷款获得的影响,为了考察产业集聚对不同所有制影响的差异性,我们区分了国有、集体、港澳台和外资企业样本,并将分样本估计结果汇报于表 5.19 的第(2)—(6)列。

表 5.19　产业集聚与企业的贷款状态:当期效应

因变量 样本	(1) loan full	(2) loan state	(3) loan collective	(4) loan private	(5) loan hmt	(6) loan foreign
$\ln de$	−0.020	−0.005	−0.045	−0.034	0.000	−0.007
	(0.262)	(0.743)	(0.240)	(0.144)	(0.985)	(0.613)
$debt\_asset$	0.058***	0.068***	0.045***	0.046***	0.058***	0.105***
	(0.000)	(0.000)	(0.000)	(0.000)	(0.000)	(0.000)
age	−0.001	0.002	0.001	−0.000	−0.001	−0.004*
	(0.660)	(0.471)	(0.510)	(0.837)	(0.744)	(0.087)
$\log sale$	0.091***	0.178***	0.078***	0.060***	0.096***	0.097***
	(0.000)	(0.000)	(0.000)	(0.000)	(0.000)	(0.000)
$fixedasset\_sh$	−0.032***	−0.024***	−0.025***	−0.041**	−0.027***	0.009
	(0.000)	(0.002)	(0.000)	(0.022)	(0.000)	(0.457)
$\ln ex_1$	0.022***	0.018***	0.014***	0.025***	0.011*	0.022***
	(0.000)	(0.010)	(0.007)	(0.000)	(0.081)	(0.004)
tfp	−0.008	−0.034***	−0.007	0.006	−0.009*	−0.015**
	(0.177)	(0.000)	(0.298)	(0.640)	(0.055)	(0.048)
$sizea$	0.162***	0.191***	0.102***	0.146***	0.145***	0.179***
	(0.000)	(0.000)	(0.000)	(0.000)	(0.000)	(0.000)
$collective$	−0.002					
	(0.414)					
$private$	−0.001					
	(0.818)					
hmt	0.005					
	(0.376)					
$foreign$	0.006					
	(0.203)					
N	1 673 787	240 799	285 011	779 565	192 667	175 745
R^2	0.665	0.734	0.701	0.691	0.674	0.648

注:回归系数下括号内为回归系数的(企业层面)聚类标准差,上标 ***、** 和 * 分别表示 1%、5% 和 10% 的统计显著性;所有回归组合控制了企业固定效应和时间固定效应。

由表 5.19 可知,产业集聚对所有企业贷款获得的当期效应并不显著。其原因在于,产业集聚对企业贷款状态的影响是多维度的:虽然产业集聚的声誉机制效应虽然有助于获得企业获得贷款,但这种影响可能具有一定的滞后性。即产业集聚地区内企业间的关系和联保以及信息传播均有助于增强银行对企业的信任,从而促进企业贷款获得。而从当期来看,产业集聚水平的提高意味着竞争环境的加剧,从而不利于企业获得贷款。

从控制变量来看,能够显著促进企业贷款获得的变量是,负责资产比($debt\_asset$)、销售额对数($\log sale$)、出口对数($\ln ex_1$)和企业的资产规模($sizea$),但企业生产率水平则与企业的贷款状态之间存在显著的负向关系,证实了中国信贷资源配置效率较低。

(2)产业集聚与贷款:滞后效应。

如前所述,声誉效应是产业集聚影响企业贷款获得的重要渠道。具体地,产业集聚可以从两个方面促进声誉机制的发挥,一方面,地理上的邻近有助于降低企业与客户和中间供应商之间的监督成本以及信息不对称。由于上下游企业之间的信息不对称程度更低,集聚区的企业可以通过集体担保的方式来增加银行对企业的信任。另一方面,产业集聚能够促进信息扩散和知识交流,一旦企业违约,违约信息就会迅速传播至银行和其他企业,这就增加了企业的违约成本,使得其更加注重自身的声誉。企业之间的相互担保以及企业自身声誉的增加都有助于增强银行对企业的信任,从而便于企业获得银行贷款。值得注意的是,声誉机制作用的发挥需要一定的时间,即产业集聚对企业贷款获得的影响会存在一定的滞后效应。为此,表 5.20 分别采用滞后 1—5 期的产业集聚对企业贷款状态的影响。

表 5.20　产业集聚与企业的贷款状态:滞后效应

因变量	(1) loan 滞后 1 期	(2) loan 滞后 2 期	(3) loan 滞后 3 期	(4) loan 滞后 4 期	(5) loan 滞后 5 期
$\ln de$	−0.009 (0.426)	0.017* (0.081)	0.022** (0.049)	0.016 (0.209)	0.010 (0.504)
$debt\_asset$	0.059*** (0.000)	0.056*** (0.000)	0.062*** (0.000)	0.058*** (0.000)	0.053*** (0.000)
age	0.000 (0.885)	0.001 (0.577)	0.002 (0.207)	0.006 (0.113)	0.009 (0.145)
$\log sale$	0.086*** (0.000)	0.100*** (0.000)	0.088*** (0.000)	0.104*** (0.000)	0.100*** (0.000)
$fixedasset\_sh$	−0.024** (0.022)	−0.019** (0.046)	−0.015 (0.272)	−0.020* (0.099)	−0.030*** (0.000)

续表

因变量	(1) *loan* 滞后 1 期	(2) *loan* 滞后 2 期	(3) *loan* 滞后 3 期	(4) *loan* 滞后 4 期	(5) *loan* 滞后 5 期
$\ln ex_1$	0.022***	0.019***	0.017***	0.016***	0.017**
	(0.000)	(0.000)	(0.000)	(0.002)	(0.018)
tfp	−0.014**	−0.017***	−0.020***	−0.027***	−0.027***
	(0.016)	(0.007)	(0.001)	(0.001)	(0.000)
sizea	0.148***	0.139***	0.147***	0.153***	0.160***
	(0.000)	(0.000)	(0.000)	(0.000)	(0.000)
collective	−0.003	−0.004	−0.002	−0.001	−0.003
	(0.295)	(0.318)	(0.601)	(0.774)	(0.592)
private	−0.001	−0.002	−0.001	−0.003	−0.007
	(0.718)	(0.566)	(0.857)	(0.586)	(0.204)
hmt	0.004	−0.001	0.002	−0.003	−0.002
	(0.493)	(0.915)	(0.782)	(0.729)	(0.864)
foreign	0.008	0.006	0.007	0.002	0.005
	(0.157)	(0.304)	(0.393)	(0.797)	(0.657)
N	1 162 912	820 450	565 044	361 775	243 194
R^2	0.694	0.708	0.738	0.735	0.755

注：回归系数下括号内为回归系数的（企业层面）聚类标准差，上标 ***、** 和 * 分别表示 1%、5% 和 10% 的统计显著性；所有回归组合控制了企业固定效应和时间固定效应。

由表 5.20 可知，产业集聚对企业贷款状态的影响确实存在明显的滞后效应，产业集聚对企业贷款获得的积极作用在第三年（滞后 2 期）开始显现，在第四年达到峰值，随后则不断下降。

（3）产业集聚的"信贷资源配置效应"。

前一节着重考察产业集聚的净效益，本节则关注产业集聚对"信贷资源配置"的影响，即银行贷款如何在企业间重新分配。为什么产业集聚会减少了企业的银行贷款？如前所述，在理论上，产业集聚可以提高信贷资源的配置效率。即产业集聚有助于减轻信贷市场上的信息不对称现象并促进企业间关系的形成，从而使优质企业获得的银行贷款增加，而劣质企业获得的银行贷款减少，这就促使信贷资源配置效率的增加（Seidel，2011）。因此，产业集聚之所以在平均意义上减少了企业的贷款获得，主要是由于只有少数优质企业能够给获得银行贷款，而大量劣质企业无法获得银行贷款。由于劣质企业数目比优质企业数目占优，因此，这就会得到平均意义上产业集聚不利于企业得到银行贷款的结论。

接下来，我们将通过两种方式来检验产业集聚的"信贷资源配置效应"：第一，如果确实存在"资源配置效应"，那么，产业集聚会促进优质企业银行贷款的获得，对劣质企业银行贷款则会起到阻碍作用；第二，如果"资源配置效应"存在，那么，从总体上来看，在产业集聚高的地区，对外部融资较为敏感的行业，发展速度会更快。如果上述两条经验假说都能够得到验证，那就说明产业集聚确实能够提高信贷市场上的"资源配置效率"，意味着产业集聚对于产业结构升级和经济增长都是有利的。

① 产业集聚的"信贷资源配置效应"：异质性影响。

从作用机制来看，地理上的邻近有助于降低企业与客户和中间供应商之间的监督成本以及信息不对称。由于上下游企业之间的信息不对称程度更低，集聚区的企业可以通过集体担保的方式来增加银行对企业的信任。因此，对于那些对企业间关系依赖较强的企业而言，产业集聚的发展会增强这些企业的融资能力，促进银行贷款流向这些企业。我们将采用民营企业和国内销售比重两个变量来测度企业对企业间关系的依赖程度。其主要依据如下：

首先，在中国，由于国有企业面临预算软约束的保护，其获得银行贷款较为容易。从银行的角度来看，向民营企业贷款的风险更大，一方面，由于缺乏政府的支持，民营企业一旦破产，则意味着银行贷款难以收回，另一方面，由于经营年限较短，银行和企业间的信息不对称程度较高，而且民营企业也缺乏必要的抵押物，从而进一步增加了银行向民营企业贷款的风险。产业集聚的发展有助于推动企业间关系的发展，从而增强民营企业的融资能力。为此，我们可以推断，随着产业集聚水平的提高，民营企业的融资能力会有所增强。

其次，企业间关系的发展取决于企业与其客户交往的时间和业务量，而这又进一步其对国内市场的依赖程度。对于那些主要以国内市场为销售目标的企业而言，产业集聚的发展有助于增强其与国内客户的联系，从而可以通过客户的担保以帮助其获得银行贷款。而对于那些以出口为目标的企业而言，其与国内客户的往来较少。因此，产业集聚的发展更有助于那些以国内市场为目标的企业培育企业间关系。换句话说，企业总销售额中国内销售额的比重越高，那么产业集聚对这些企业融资的积极作用也就越大。

信贷资源的重新配置表现为两个方面：一是信贷资源重新分配至新的企业，即"扩展边际"（extensive margin）；二是信贷资源在已有企业之间重新分配，即"集约边际"（intensive margin）。对此，我们分别采用贷款状态（loan）和财务杠杆比率

表 5.21　产业集聚的信贷资源配置效应：异质性影响

因变量	国内销售比重				民营企业			
	就业集聚		资本集聚		就业集聚		资本集聚	
	(1) *loan*	(2) *leverage*	(3) *loan*	(4) *leverage*	(5) *loan*	(6) *leverage*	(7) *loan*	(8) *leverage*
企业特征								
集聚×企业特征								
集聚	−0.014	0.193***	−0.022	0.232***	−0.016	0.229***	−0.021	0.248***
	(0.439)	(0.000)	(0.229)	(0.000)	(0.388)	(0.000)	(0.269)	(0.000)
age	−0.001	0.055***	0.009**	0.065***	0.002	0.026***	0.020	0.088***
	(0.908)	(0.000)	(0.015)	(0.000)	(0.739)	(0.000)	(0.183)	(0.000)
log sale	0.099***	−1.056***	0.098***	−1.060***	0.099***	−1.053***	0.098***	−1.055***
	(0.000)	(0.000)	(0.000)	(0.000)	(0.000)	(0.000)	(0.000)	(0.000)
fixedasset_sh	−0.044***	0.372***	−0.044***	0.371***	−0.044***	0.372***	−0.044***	0.371***
	(0.000)	(0.000)	(0.000)	(0.000)	(0.000)	(0.000)	(0.000)	(0.000)
$\ln ex_1$	0.022***	−0.211***	0.027***	−0.184***	0.022***	−0.225***	0.022***	−0.224***
	(0.000)	(0.000)	(0.000)	(0.000)	(0.000)	(0.000)	(0.000)	(0.000)
tfp	−0.015***	0.078***	−0.015***	0.079***	−0.015***	0.078***	−0.015***	0.080***
	(0.000)	(0.000)	(0.000)	(0.000)	(0.000)	(0.000)	(0.000)	(0.000)
sizea	0.168***	−2.100***	0.168***	−2.102***	0.168***	−2.099***	0.168***	−2.100***
	(0.000)	(0.000)	(0.000)	(0.000)	(0.000)	(0.000)	(0.000)	(0.000)
collective	−0.001	0.015***	−0.001	0.015***	−0.001	0.016***	−0.001	0.016***
	(0.642)	(0.000)	(0.641)	(0.000)	(0.663)	(0.000)	(0.667)	(0.000)

续表

因变量	(1) loan	(2) leverage	(3) loan	(4) leverage	(5) loan	(6) leverage	(7) loan	(8) leverage
企业特征	国内销售比重				民营企业			
集聚指标	就业集聚		资本集聚		就业集聚		资本集聚	
private	-0.001	0.001	-0.001	-0.001	-0.002	-0.008***	-0.019	-0.082***
	(0.746)	(0.782)	(0.769)	(0.758)	(0.623)	(0.001)	(0.153)	(0.000)
hmt	0.004	-0.054***	0.004	-0.055***	0.004	-0.052***	0.004	-0.053***
	(0.470)	(0.000)	(0.464)	(0.000)	(0.464)	(0.000)	(0.423)	(0.000)
foreign	0.005	-0.070***	0.005	-0.069***	0.005	-0.068***	0.006	-0.067***
	(0.296)	(0.000)	(0.298)	(0.000)	(0.290)	(0.000)	(0.261)	(0.000)
lamda		-2.872***		-2.871***		-2.870***		-2.867***
		(0.000)		(0.000)		(0.000)		(0.000)
N	1 660 503	1 660 503	1 660 503	1 660 503	1 660 503	1 660 503	1 660 503	1 660 503
R^2	0.666	0.939	0.666	0.940	0.666	0.939	0.666	0.939

注：回归系数下括号内为回归系数的（企业层面）聚类标准差，上标 ***、** 和 * 分别表示 1%、5% 和 10% 的统计显著性；所有回归组合控制了企业固定效应和时间固定效应。

(*leverage*：总负债/总资产)两个变量来考察产业集聚对这个边际的影响。财务杠杆比率越高，则说明企业的融资能力越强。例如，如果产业集聚与民营企业交互项对贷款状态变量的估计显著为正，则说明产业集聚可以促进获得银行贷款的民营企业数目的增加，即通过"扩展的边际"来实现信贷资源的重新配置。如果产业集聚与民营企业交互项对财务杠杆比率的影响显著为正，则说明产业集聚显著增强了已有企业的融资能力，即通过"集约的边际"来实现信贷资源的重新配置。

表 5.21 分别采用就业集聚和资本集聚指标，考察了集聚与企业特征（国内销售比重与民营企业）交互项对企业贷款状态和财务杠杆比率的影响。由表 5.21 可知，产业集聚主要是通过"集约的边际"来实现信贷资源的重新配置。具体而言，不论是采用就业集聚还是资本集聚来衡量，产业集聚与国内销售比重交互项对企业的财务杠杆比率估计系数均显著为正[见表 5.21 的第(2)、(4)、(6)、(8)列]。从银行贷款状态来看，只有资本集聚与国内销售比重的交互项估计系数为正，且在5%的统计水平上显著，表明对于依赖国内市场的企业而言，资本集聚显著促进了这些企业获得贷款的概率。

② 产业集聚的"信贷资源配置效应"：基于产业增长的考察。

需要指出的是，由于数据所限，上述分析的被解释变量为是否获得银行贷款的虚拟变量。由于我们无法得到企业贷款额的具体数目，这就使得我们低估产业集聚的"信贷资源配置效应"。而且我们更希望知道的是，从产业整体的角度来看，产业集聚的"信贷资源配置效应"是否带动了融资依赖行业的快速发展。为此，我们接下来将考察产业集聚对产业增长的影响，从而进一步揭示产业集聚的"信贷资源配置效应"的影响。

我们的核心假说是：如果产业集聚确实提高了信贷资源配置效率，那么，对于那些对外部融资高度依赖的行业而言，产业集聚将会促进这些行业相对快速的增长。为此，我们采用 Rajan 和 Zingales(1998)方法对上述假说进行验证。具体的回归方程设定如下：

$$g_{ci} = a_c + a_i + b_0 \cdot \ln Y_{ci} + b_1 \cdot \ln da_{ci} \times extfin_i + \gamma \mathbf{Z}_{ci} + e_{ci} \quad (5.42)$$

其中，g_{ci} 为城市 c 产业 i 的增长率，计算公式为 $g_{ci} = [\ln(y_{cit}) - \ln(y_{cis})]/(t-s)$，$y_{cit}$ 令表示年份 t 城市 c 中 i 产业的产出。a_c 和 a_i 分别表城市固定效应和行业固定效应，$\ln Y_{ci}$ 表示城市 c 行业 i 的期初产值的对数值，$extfin_i$ 表示行业 i

的外部融资依赖度指标,该数据来自 Rajan 和 Zingales(1998)。$\mathbf{Z}_{ci}$ 表示其他控制变量,包括专业化指数 $spec_{ci}$、多样化指数(div_{ci})、竞争程度指标(com_{ci})和赫芬达尔指数(hi_{ci})。按照我们之前的分析,如果产业集聚促进了融资依赖行业更为快速的增长,那么 $\ln da_{ci0} \times extfin_i$ 估计系数的预期符号为正。

依据 Gao(2004),我们把专业化指数定义为区位商,具体计算公式为:$spec_{ci} = \dfrac{y_{ci}/y_c}{y_i/y}$。其中,$y_c \equiv \sum_i y_{ci}$ 为城市 c 所有产业的产出总和,$y_i \equiv \sum_c y_{ic}$ 为产业 i 的全国总产出,$y \equiv \sum_c \sum_i y_{ci}$ 为全国所有产业的总产出。对于多样化指数的计算,我们根据 Henderson 等(1995)的定义及 Combes(2000)的修正,将之定义为相对全国各产业,各城市各产业的份额平方和的倒数:$div_{ci} = \dfrac{\sum_{j \neq i} [y_{cj}/(y_c - y_{ci})]^2}{\sum_{j \neq i} [y_j/(y - y_i)]^2}$。对于竞争性指标,我们采用下式进行了测度:$com_{ci} = \dfrac{n_{ci}/y_{ci}}{n_i/y}$。其中,$n_{ci}$ 和 n_i 表示省城市 c 和 i 产业的企业数量。该式表示在产量给定的情况下,厂商的数目越多,则产业的竞争程度也就越高。赫芬达尔指数(hi_{ci})指数的构造为:$hi_{ci} = \sum_f (y_{cif}/y_{ci})^2$,其中 y_{cif} 表示城市 c 行业 i 中的企业 f 的总产出。

表 5.22 汇报了产业集聚对产业增长 OLS 估计结果。为了验证估计结果的稳健性,我们分别以就业集聚和资本集聚为产业集聚的测度指标,并考察了其对各个制造业产业 1998—2007、1999—2007、2000—2007 和 2001—2007 增长率的影响。由表 5.22 可知,在期初产业集聚程度较高的城市,融资依赖程度较高的行业在后续年份中获得相对较快的增长速度,与理论假说相符,表明产业集聚确实能够缓解外部融资依赖性行业的融资约束问题,从而促进这些行业的增长。此外,期初产值越高的产业,增长速度越慢,证实了经济增长中的"收敛假说"。产业专业化指数($spec$)估计系数显著为正,表明在各个时间跨度内存在明显的"马歇尔外部性"。多样化指数的估计系数也在 1% 的统计上水平上显著为正,证实了"雅克布外部性"对产业增长的重要作用。竞争程度指标(com)的估计系数显著为正,证实了"波特溢出效应"的存在。赫芬达尔指数(hi)估计系数显著为负,表明期初垄断程度较高的行业,在后续年份的增长比较缓慢,意味着破除行业垄断对于促进经济增长具有重要作用。

表 5.22　产业集聚、融资依赖与产业增长:OLS 估计结果

	(1)	(2)	(3)	(4)	(5)	(6)	(7)	(8)
	g98_07	g98_07	g99_07	g99_07	g00_07	g00_07	g01_07	g01_07
	1998—2007 年	1998—2007 年	1999—2007 年	1999—2007 年	2000—2007 年	2000—2007 年	2001—2007 年	2001—2007 年
$extfin\_\ln de$	0.018***		0.024***		0.027***		0.028***	
	(0.005)		(0.004)		(0.006)		(0.006)	
$extfin\_\ln da$		0.019***		0.024***		0.028***		0.026***
		(0.004)		(0.004)		(0.005)		(0.005)
$\ln Y$	−0.052***	−0.052***	−0.060***	−0.060***	−0.070***	−0.070***	−0.075***	−0.075***
	(0.002)	(0.002)	(0.002)	(0.002)	(0.002)	(0.002)	(0.003)	(0.003)
$spec$	0.007***	0.007***	0.008***	0.008***	0.009***	0.009***	0.008***	0.009***
	(0.001)	(0.001)	(0.001)	(0.001)	(0.001)	(0.001)	(0.001)	(0.001)
div	0.000***	0.000***	0.000	0.000	0.000	0.000	0.000**	0.000*
	(0.000)	(0.000)	(0.000)	(0.000)	(0.000)	(0.000)	(0.000)	(0.000)
com	0.000***	0.000***	0.000***	0.000***	0.000***	0.000***	0.000***	0.000***
	(0.000)	(0.000)	(0.000)	(0.000)	(0.000)	(0.000)	(0.000)	(0.000)
hi	−0.035***	−0.034***	−0.032***	−0.032***	−0.036***	−0.035***	−0.057***	−0.057***
	(0.009)	(0.009)	(0.010)	(0.010)	(0.011)	(0.011)	(0.011)	(0.011)
$Observations$	4 490	4 490	4 662	4 662	5 050	5 050	5 102	5 102
$R\text{-}squared$	0.452	0.452	0.462	0.462	0.470	0.470	0.447	0.448

注:回归系数下括号内为回归系数的标准差,上标 ***、** 和 * 分别表示 1%、5% 和 10% 的统计显著性;所有回归组合控制了城市固定效应和产业固定效应。

虽然表 5.22 的估计结果与理论的预期完全一致,但是一个不容忽视的问题是变量的内生性问题。经济增长越来越关注变量的内生性问题,严重的变量内生性会导致估计结果的有偏和非一致性。前文的分析中之所以没有考察产业集聚变量的内生性问题,主要是因为被解释变量是微观企业层面的变量,而解释变量是地区层面的,微观层面变量对地区层面的变量影响很小,因此,内生性并不是一个严重的问题。但是对于产业增长则不然,产业的快速增长会显著影响当地的集聚程度。当然,由于我们采用的产业集聚指标为期初值,在理论上后续的产业增长并不会对前期的产业集聚产生影响,但是,这并不排除产业集聚和后续的产业增长可能受到一些共同因素的影响。为此,我们接下来将采用工具变量的方法来克服产业集聚变量的内生性问题。

首先从相关性来看,在理论上,运输费用的降低是产生产业集聚的重要推动力(Fujita and Thisse,2002),而且由于基础设施投资具有明显的公共物品特性,随着集聚程度的提高,建设交通基础设施的平均成本也会进一步降低(Duranton and Puga,2004)。为此,1937 年的公路网密度与当时的集聚程度之间有着紧密的联系。同时根据新经济地理论,由于制造业具有规模报酬递增的特征,产业集聚所产生的市场规模效应、中间产品多样化效应以及价格指数下降效应,会使得集聚程度高的地区进一步自我加强。此外,历史上集聚程度高的地区,往往具有某些地理上的优势条件,这些条件也有可能促成当前的产业集聚。因此,历史上的公路网密度与现在的集聚水平具有密切的关系。

其次,从外生性来看,1937 年的公路网密度与 1998 年之后的产业增长之间并没有直接的关联。首先,1937 年的产业与 1998 年之后的产业之间具有很大的差异性,而且经过历史的硝烟和战火的洗礼之后,当时的产业现在已经难觅踪迹。此外,公路网密度为省级层面数据,而被解释变量为城市的产业增长数据,这就进一步隔断了1937 年的公路网密度与当前的产业增长之间的联系。为此,也符合外生性条件。

对工具变量的外生性进行检验,要求工具变量的个数大于内生解释变量的个数,为此,我们同时采用 1937 年的公路网密度以及其对数值作为产业集聚的工具变量。采用工具变量两阶段最小二乘法进行估计的结果报告于表 5.23 中。

比较表 5.22 和表 5.23 不难发现,在采用工具变量控制产业集聚的内生性问题之后,产业集聚与外部融资依赖交互项的估计系数有大幅提高,例如,表 5.22 第(1)列产业集聚交互项回归系数为 0.018,而在表 5.23 中,该变量的回归系数提高至 0.053,说明内生性问题导致 OLS 低估了产业集聚对产业增长的作用。其他变量估计系数的符号的显著性均未发生本质变化,此处不再赘述。

表 5.23　产业集聚、融资依赖与产业增长：TSLS 估计结果

	(1) g98_07 1998—2007年	(2) g98_07 1998—2007年	(3) g99_07 1999—2007年	(4) g99_07 1999—2007年	(5) g00_07 2000—2007年	(6) g00_07 2000—2007年	(7) g01_07 2001—2007年	(8) g01_07 2001—2007年
$extfin\_lnde$	0.053*** (0.013)		0.042*** (0.010)		0.069*** (0.019)		0.063*** (0.019)	
$extfin\_lnda$		0.046*** (0.011)		0.046*** (0.011)		0.061*** (0.017)		0.056*** (0.019)
$\ln Y$	−0.052*** (0.002)	−0.052*** (0.002)	−0.060*** (0.002)	−0.061*** (0.002)	−0.070*** (0.002)	−0.070*** (0.002)	−0.075*** (0.002)	−0.075*** (0.002)
$spec$	0.007*** (0.001)	0.007*** (0.001)	0.008*** (0.001)	0.008*** (0.001)	0.009*** (0.001)	0.009*** (0.001)	0.008*** (0.001)	0.009*** (0.001)
div	0.000*** (0.000)	0.000*** (0.000)	0.000 (0.000)	0.000 (0.000)	0.000 (0.000)	0.000 (0.000)	0.000* (0.000)	0.000* (0.000)
com	0.000*** (0.000)	0.000*** (0.000)	0.000*** (0.000)	0.000*** (0.000)	0.000*** (0.000)	0.000*** (0.000)	0.000*** (0.000)	0.000*** (0.000)
hi	−0.031*** (0.009)	−0.030*** (0.009)	−0.028*** (0.009)	−0.027*** (0.009)	−0.031*** (0.010)	−0.030*** (0.010)	−0.053*** (0.011)	−0.053*** (0.011)
Anderson LM统计量	582.424 (0.000)	591.185 (0.000)	910.573 (0.000)	691.019 (0.000)	474.901 (0.000)	463.570 (0.000)	512.459 (0.000)	418.481 (0.000)
第一阶段 F 值	317.189	322.688	536.339	384.378	248.350	241.822	269.893	215.953
Sargan 统计量	0.610 (0.434)	1.641 (0.200)	0.204 (0.651)	0.048 (0.826)	0.077 (0.780)	0.410 (0.521)	0.267 (0.606)	2.174 (0.140)
Observations	4 466	4 466	4 638	4 638	5 026	5 026	5 078	5 078
R-squared	0.446	0.449	0.461	0.459	0.465	0.467	0.445	0.446

注：回归系数下括号内为回归系数的标准差，上标 ****、*** 和 * 分别表示 1%、5% 和 10% 的统计显著性；所有回归组合控制了城市固定效应和产业固定效应。Anderson LM 统计量和 Sargan 统计量下方的括号内为统计量的相伴概率。

表 5.23 还对工具变量的有效性进行了识别不足检验、弱识别检验和过度识别检验，并汇报了对应的统计值，分别是 Anderson LM 统计量、第一阶段 F 值和 Sargan 统计量。其中前两个统计量都是为了检验工具变量与内生变量之间的相关性，如果识别不足检验的原假设被拒绝，意味着工具变量与内生变量是相关的。第二个统计量检验工具变量与内生变量之间是否强相关，根据 Stock 和 Yogo（2005），在运用两阶段最小二乘法进行估计时，第一阶段的 F 值在 10 以上就说明工具变量和内生变量之间才具有强的相关性。Sargan 统计量主要是检验工具变量的外生性，接受原假设表明工具变量是外生的。

由表 5.23 可知，在所有回归组合中，识别不足检验均在 1% 的显著水平上被拒绝，而且第一阶段 F 值都在 10 以上，说明工具变量与产业集聚之间不仅是相关的，而且是强工具变量。此外，过度识别检验（Sargan 统计量）相伴概率均在 0.1 以上，这表明我们无法在 10% 的显著水平上拒绝工具变量是过度识别的原假设，表明工具变量是外生的。上述检验表明，表 5.23 所采用的工具变量是有效的。

5.3.3 结论

本节采用世界银行 2005 年投资环境调查数据和 1998—2007 年中国工业企业数据库研究产业集聚对企业融资成本的影响。研究表明，产业集聚显著降低了集聚区内企业的融资成本，并缓解了宏观经济增长对企业融资约束的负面影响。此外，在平均意义上，产业集聚显著降低了企业获得银行贷款的概率。分析表明，这一现象主要是由"信贷资源配置效率"的提高所引起的：产业集聚能够缓解银行和企业之间的信息不对称，并引导信贷资源从劣质企业流向优质企业，从而提高信贷资源的配置效率。由于优质企业数目较少，而劣质企业数目众多，因此从总体上看，就会得到产业集聚不利于企业获得银行贷款的结论。对产业增长的进一步检验表明，从长期来看，产业集聚的"信贷资源配置效应"显著促进了外部融资依赖性行业的产业增长，有利于产业结构升级。

上述结论意味着，继续推动经济活动向沿海地区的集聚，对于产业结构升级具有重要的政策含义。对于发展中国家而言，在经济发展的起步阶段，可以通过劳动力转移以及资源和要素投入来实现经济增长。但是当经济发展到一定水平时，仅仅依靠重复性的资源投入是远远不够的，想要实现经济发展质量的飞跃就必须走产业结构升级的道路。因而，对于目前的中国而言，实现产业结构升级的任务已经迫在眉睫，而本节的研究表明，产业集聚对于产业结构升级具有重要作用。为此，经济活动进一步向沿海地区的集聚对于产业结构战略升级和经济增长意义重大。

此外,从微观企业的角度来看,融资约束问题依然是制约中国企业发展壮大的关键因素。尽管从经济总量上看,中国已经成为世界第二大国,但在世界知名品牌排行榜上却难觅中国企业的踪影。中国要真正实现从经济大国转变为经济强国,微观企业的成长是一个很重要的方面。在正式金融尚未发展完善之际,非正式金融对于企业的发展仍然具有重要作用。而产业集聚不仅能够通过信贷资源配置的方式来加强正式金融的作用,而且也在客观上为非正式金融的发展提供了土壤,从而有助于进一步消除企业发展过程中的资金障碍。因此,在制定区域经济发展战略时,一方面要考虑到集聚对收入差距的影响,另一方面也要充分顾及产业集聚对产业结构升级和经济增长的重要性。

5.4 契约制度与产业集聚 *

改革开放以来,随着中国市场化进程的推进和经济的快速发展,产业集聚的程度在不断提高。在这一过程中,沿海地区由于地理、历史和政策等方面的因素逐步成为中国经济的"中心",而内陆欠发达地区则落入经济发展的"外围"地带,从而使地区间的收入差异逐步扩大。逐渐扩大的地区差距使政策制定者感到担忧,同时也引起学术界的浓厚兴趣(白重恩等,2004;路江涌、陶志刚,2006;范剑勇,2006;刘修岩等,2007)。那么,是什么因素引起了产业集聚的地区差异?

大量学者试图从传统的比较优势理论和新经济地理学中寻求答案,考察了地区要素禀赋、市场潜力、基础设施和对外贸易等因素对产业集聚的影响。但是,以往的研究都忽略了中国不同地区契约执行效率存在较大差异这一客观事实,更没有从这一角度考察契约执行效率对地区产业集聚的影响。

近年来,许多学者借鉴不完全契约理论的研究成果,试图从契约执行效率的角度探寻国家间生产和贸易结构差异的根源,这些文献对为我们理解产业布局和产业集聚提供了分析思路。由 Williamson(1985)、Grossman 和 Hart(1986)以及 Hart 和 Moore(1990)等人开创的不完全契约理论指出,由于契约的不完全性,事

---

* 本节由王永进、李坤望和盛丹共同完成,原文以《契约制度与产业集聚——基于中国地区的理论及实证研究》为题发表于《世界经济》2010 年第 1 期,第 141—156 页。

前的专用性投资无法写入契约或无法向第三方(如法庭)证实,使事后的再谈判过程中投资方面临被"敲竹杠"的风险,从而导致了投资的无效率。现有的研究则进一步指出,契约不完全程度不仅仅取决于国家的契约执行效率,而且还依赖于行业的契约密集度,契约密集度较高的行业对契约执行效率的敏感度更大,因此,契约密集型产业能够在具有良好契约执行效率的国家获得更快的发展。针对中国不同契约执行效率存在显著地区差异这一特点,该研究思路对于我们研究地区契约执行效率差异对产业结构和集聚模式的影响具有重要的借鉴意义。

为此,本节以新经济地理的相关理论为基础构建理论模型,考察了不同地区制度差异对产业集聚的影响。与既有研究相比,本节试图从以下几个方面进行拓展:首先,通过将不完全契约理论与 Baldwin 和 Okubo(2006)的异质厂商自由资本模型相结合,探讨了地区契约执行效率差异影响产业集聚的微观机制,从而为之后的实证检验提供理论基础;其次,现有产业集聚影响因素的文献中,很少讨论其对产业集聚影响的行业差异性,我们借鉴 Nunn(2007)使用地区特征与行业特征交互项的计量模型方法发现,在契约密集度高的行业,契约执行效率对产业集聚的影响更为显著,从而为研究中国的产业集聚提供了新的证据和视角;最后,契约执行效率不仅影响产业集聚,而且也反过来内生于地区产业集聚程度,本节使用多个工具变量有效克服了契约执行效率的内生性问题。

本节余下部分结构安排如下:第一部分对相关文献进行述评;第二部分构建理论模型,探讨契约执行效率影响产业集聚的微观机理,并在其基础上提出经验假说;第三部分构建计量模型,说明相关数据;第四部分是计量检验和解释;最后一部分进行总结。

5.4.1 问题

20 世纪 90 年代,由 Krugman、Venables 和 Fujita 等人开创的新经济地理学,通过将地理空间因素纳入现代经济学的分析框架,成功地解释了经济活动的空间分布规律和空间集聚机制(Krugman, 1991;Krugman and Venables, 1995;Martin and Rogers, 1995;Fujita et al., 1999)。该理论强调,区位因素作为产业集聚的起始条件,将会在交易成本和规模报酬递增相互作用下不断自我强化,最终形成"中心—外围"的产业布局模式。

在上述理论研究的基础上,部分学者对中国的产业集聚问题进行了探讨。Wen(2004)、Ge(2006)以及路江涌、陶志刚(2006)等人对中国区域工业集聚的研究发现,自改革开放以来,中国制造业逐步向东南沿海地区集聚,且集聚程度处于不断上升的阶段。Kim 和 Knaap(2001)认为中国经济活动向沿海地区集中的主要原因是沿海地区的地理位置优势和较高的基础设施网络密度。Gao(2004)则发现外国直接投资和国际贸易对中国工业向东部沿海地区转移发挥着积极作用。上述文献仅局限于研究地理位置、基础设施和市场规模等物化因素对产业集聚的影响,少数文献还考察了制度和政策因素对产业集聚的作用。其中 Batisse 和 Poncet(2004)与黄玖立和李坤望(2006)的研究均指出地方保护对制造业空间集聚有显著影响。金煜等(2006)发现,除经济地理、新经济地理等因素外,政府作用弱化和政策倾斜也是导致工业集聚的重要原因。梁琦和吴俊(2008)则在新经济地理框架下讨论了上下级行政区的财政转移对产业集聚的影响。但是这些研究都没有将地区产业集聚与中国不同地区存在契约执行效率差异这一客观事实相联系,更没有对此深入展开分析。

近年来国际贸易领域兴起的对契约执行效率和贸易结构的研究恰好可以弥补这方面的不足,这些研究发现契约执行效率差异不仅会影响一国的绝对技术水平,而且还会改变产业的相对生产率,从而影响一国的生产和贸易模式(Anderson and Marcouiller,2001;Ranjan and Lee,2007;Berkowitz *et al*.,2006;Nunn,2007)。Levchenko(2007)最早阐述了契约执行效率影响贸易模式的作用机制,他指出,由于不同行业对契约实施制度依赖性是有差异的,因此,在契约不完全的背景下,高契约密集度(或制度依赖性)行业的投资扭曲就更为严重。这就意味着,契约执行效率高的地区将按照比较优势生产和出口契约密集度高的产品。在此基础上,Vogel(2006)、Costinot(2009)和 Acemoglu 等(2007)分别进一步从缓解道德风险、深化劳动分工和促进技术采用的角度阐述了良好的契约执行效率对于提高劳动生产率,进而影响一国比较优势的微观机制。然而,上述研究都是基于跨国数据,没有既考虑到转型国家在体制转换的过程中契约执行效率的地区差异性,也没有考察其对产业布局和产业集聚的影响,本节的研究则尝试对该问题进行初步的探索。

5.4.2 理析

本节模型以 Baldwin 和 Okubo(2006)的自由资本模型为基本框架,假定有北部和南部两个地区,两个地区在相对要素禀赋、市场规模、技术和偏好上是相同的。有制造业和农业两个产业以及 K 和 L 两种生产要素。且生产要素无弹性供给,资本可以自由流动但资本所有者不能跨地区流动。在下文中,用"∗"表示的变量均代表南部企业所对应的变量。

一单位农产品使用一单位劳动按照规模收益不变技术进行生产,且农产品价格标准化为1,因此南部和北部地区的工资标准化也都是1,即 $w=w^*=1$。假定北部地区的资本份额是 $s_K=K/K^W$,北部企业数量所占份额位 $s_n=n/(n+n^*)$,且在初始状态 $s_n=s_K=1/2$。

1. 偏好

代表性消费者的偏好为拟线性形式:

$$U=\mu\ln C_M+C_A, \ C_M=(\int_{i\in\Theta}c_i^{(\sigma-1)/\sigma}\mathrm{d}i)^{\sigma/(\sigma-1)}, \ 0<\mu<1<\sigma \quad (5.43)$$

其中 C_M 是对制造业产品组合的消费,C_A 是对农产品的消费,c_i 是对差异化产品的消费,σ 为制造业部门多样化产品间的替代弹性,Θ 代表可供消费的产品集合。

2. 生产

沿袭 Baldwin 和 Okubo(2006)的做法,假定厂商之间的劳动生产率是不同的,且厂商的边际生产成本服从帕累托(Pareto)分布[1]:

$$G[a]=a^\rho, \ 0\leqslant a\leqslant 1\leqslant\rho \quad (5.44)$$

其中,ρ 衡量劳动生产率的分散程度,换句话说,ρ 越小说明生产率分布越均匀。特别地,当 $\rho=1$ 时,厂商的生产率分布为均匀分布。Baldwin 和 Okubo(2006)关注的是企业转移的顺序,由于这不是本节讨论的重点,因此与 Baldwin 和 Okubo(2006)有所不同,本节不考虑生产转移过程中发生的成本。

由效用最大化得到对多样化产品的需求函数:

$$c(j)=p(j)^{-\sigma}\mu/\Delta, \ \Delta\equiv\int p(j)^{1-\sigma}\mathrm{d}i \quad (5.45)$$

由式(5.45)得到销售一单位产品获得的总收益为:

$$R=c(j)^{(\sigma-1)/\sigma}(\mu/\Delta)^{1/\sigma} \quad (5.46)$$

3. 不完全契约的引入

与 Baldwin 和 Okubo(2006)有所不同,本节在其基础上引入不完全契约,本节关注的焦点是地区契约执行效率差异对产业集聚的影响。为简化分析,假定只有南部地区契约是不完全的,而北部地区的企业不会面临不完全契约。中间供应商提供中间产品,最终产品制造商负责将中间产品转换成最终产品,只有制造商拥有

---

[1] 大量经验研究发现,现实中企业的生产率分布近似为帕累托分布(参见 Kortum,1997 和 Gabaix,1999)。

生产的诀窍(know-how),因此,中间供应商的投入与制造商的投入是互补的。在契约不完全的条件下,双方无法在事前就产品达成合约,或者事前达成的合约无法向第三方(如法庭)证实,那么事后双方只能通过纳什讨价还价(Nash Bargaining)来确定最终收益(Grossman and Oliver,1986;Hart and Moore,1990)。一旦谈判破裂,双方所能获得的收益为零。若 β 衡量中间供应商讨价还价的能力,假定最终产品制造商在事后讨价还价中获得的收益为 R_f,中间厂商获得的收益为 $R_s = R - R_f$,双方按照 Nash 讨价还价划分收益 R,则 R_f 满足如下条件:$R_f = argmax (R - R_f)^{\beta} R_f^{1-\beta}$。

对上式关于 R_f 求一阶偏导数得到:$\beta R_f = (1-\beta)(R - R_f)$。由 $R_s = R - R_f$ 可以得到最终产品制造商和中间供应商获得的收益分别为:$R_f = (1-\beta)R$ 和 $R_s = \beta R$。由此得到,中间供应商的最优化问题为 $\max_x = \beta R - ax$,由一阶条件得到:

$$R = c(j)^{(\sigma-1)/\sigma}(\mu/\Delta)^{1/\sigma}$$
$$x(j)^{-1/\sigma}(\mu/\Delta)^{1/\sigma}(\sigma-1)/\sigma = a$$

由此容易得到北部和南部企业在当地的销售价格:

$$p = a\sigma/(\sigma-1), \quad p^* = a\sigma/\beta(\sigma-1) \tag{5.47}$$

由上式易知 $\partial p/\partial \beta < 0$,对该结论的经济解释是很容易理解的,生产过程中的"敲竹杠"问题将推动南部厂商的生产成本上升,从而导致价格的提高。假定区际贸易存在"冰山运输成本",即把一单位产品从内地运到沿海需要起运 τ 单位产品,其中 $\tau-1$ 部分在运输过程中被消耗。与式(5.47)类似,我们可以得到北部企业在南部销售的价格 p' 以及南部企业在北部销售价格 p'^*:

$$p' = \tau a\sigma/(\sigma-1), \quad p'^* = \tau a\sigma/\beta(\sigma-1) \tag{5.48}$$

由式(5.48)知,在劳动生产率相同的条件下有 $p' < p'^*$。该结论背后的经济解释是显然的,南部地区的不完全契约提高了该地区企业的实际生产成本,因此,在南北两地的企业的初始生产技术相同的条件下,北部地区的企业将会获得更大的竞争优势。这也是南部企业向北部地区进行转移的动力之一。

4. 均衡

在长期均衡条件下,企业停止向北部地区的转移,此时企业在南方和北方地区获得的利润应该相等,换言之,南部企业转移的净收益为零。由式(5.45)、式(5.46)、式(5.47)和式(5.48),我们可以进一步得到北部和南部厂商的总利润:

$$\Pi[a] = a^{1-\sigma}(s_E/\Delta + \phi(1-s_E)/\Delta^*)E^w/K^w\sigma \tag{5.49a}$$
$$\Pi^*[a] = (a/\beta)^{1-\sigma}(\phi s_E/\Delta + (1-s_E)/\Delta^*)E^w/K^w\sigma \tag{5.49b}$$

其中,

$$\Delta \equiv s_K \int_0^1 a^{1-\sigma} dG[a] + (1-s_K) \, \phi\beta^{\sigma-1} \int_0^1 a^{1-\sigma} dG[a] \tag{5.50a}$$

$$\Delta^* \equiv s_K \phi \int_0^1 a^{1-\sigma} dG[a] + (1-s_K)\beta^{\sigma-1} \int_0^1 a^{1-\sigma} dG[a] \tag{5.50b}$$

其中, $s_E = E/E^w$。进一步整理上式可以得到在没有发生转移的情况下,南部企业转移到北部地区获得的潜在(净)收益为:

$$\Pi[a] - \Pi^*[a] = (1+\phi)(1-\beta^{\sigma-1})a^{1-\sigma}E^w/((1+\phi\beta^{\sigma-1})\lambda K^w) \tag{5.51}$$

由 Baldwin 和 Okubo(2006)可知,如果南部地区契约也是完全的,则转移的净收益对应 $\beta=1$ 的情况,由式(5.51)可知,当 $\beta=1$,转移的净收益为零,因此如果两个地区不存在契约执行效率的差异,那么给定其他条件不变,将不会发生产业转移。这说明即便两个地区的市场规模相同,仅仅契约执行效率本身的细小差异也可以引发产业集聚。但是,并非所有企业都会转移到北部地区进行生产,因为在企业转移的过程中,北部地区的竞争将更加激烈,正如 Baldwin 和 Okubo(2006)所指出的,只有南部生产率较高的企业才会转移到北方。假定在均衡状态下边际成本介于 $[0, a_R]$ 的企业转移到北部地区生产。a_R 表示所有转移企业中,生产率最低的企业的边际成本。令 $K^w \equiv 1$,此时有:

$$\Delta[a_R] \equiv s \int_0^1 a^{1-\sigma} dG[a] + (1-s)\{\int_0^{a_R} a^{1-\sigma} dG[a] + \phi\beta^{\sigma-1} \int_{a_R}^1 a^{1-\sigma} dG[a]\}$$
$$\tag{5.52a}$$

$$\Delta^*[a_R] \equiv \phi s \int_0^1 a^{1-\sigma} dG[a] + (1-s)\{\phi \int_0^{a_R} a^{1-\sigma} dG[a] + \beta^{\sigma-1} \int_{a_R}^1 a^{1-\sigma} dG[a]\}$$
$$\tag{5.52b}$$

综合式(5.49)和式(5.52)可知,企业转移的收益不仅取决于其自身的生产成本 a,而且还依赖于 a_R。因此,我们将南部企业转移到北部生产的净收益定义为 $v[a, a_R]$,则:

$$v[a, a_R] = \Pi[a, a_R] - \Pi^*[a, a_R] \tag{5.53}$$

其中,

$$\Pi[a, a_R] = a^{1-\sigma}(s_E/\Delta[a_R] + \phi(1-s_E)/\Delta^*[a_R])E^w/\sigma \tag{5.54a}$$

$$\Pi^*[a, a_R] = (a/\beta)^{1-\sigma}(\phi s_E/\Delta[a_R] + (1-s_E)/\Delta^*[a_R])E^w/\sigma \tag{5.54b}$$

由均衡条件知,当转移停止时,生产成本为 a_R 的企业转移的收益为零,即 $v[a_R, a_R] = 0$。令 $v[a_R] \equiv v[a_R, a_R]$,则到达长期均衡,有 $v[a_R] = 0$。由式

(5.53)、式(5.54)可以得到转移的净收益为：

$$v[a_R] \equiv a_R^{1-\sigma} E^w (\phi(1-\beta^{2(\sigma-1)}) - a_R^{1-\sigma+\rho}(1-\phi\beta^{\sigma-1})(\beta^{\sigma-1}-\phi))/\lambda\sigma$$
$$(5.55)$$

由式(5.55)知，当 $\beta^{\sigma-1} < \phi$，对于任意 a_R，总是有 $v[a_R] > 0$，也即，在运输费用充分低的情况下，所有的企业将会转移到契约执行效率较好的北部地区生产。而当 $\beta^{\sigma-1} > \phi$ 时，由 $v[a_R] = 0$ 可以得到：

$$a_R^{1-\sigma+\rho} = \phi(1-\beta^{2(\sigma-1)})/(1-\phi\beta^{\sigma-1})(\beta^{\sigma-1}-\phi) \qquad (5.56)$$

由式(5.56)和 $a_R < 1$ 可以得到，$\beta^{\sigma-1} > 2\phi/(1-\phi^2)$，综上我们不难得到如下结论：

命题 1：①在"冰山运输成本"较低的条件下 $[2\phi/(1-\phi^2) > \beta^{\sigma-1}]$，所有企业将向契约执行效率较优的北方集聚；②在"冰山运输成本"较高的条件下 $[2\phi/(1-\phi^2) < \beta^{\sigma-1}]$，只有部分企业会进行生产转移，且随着运输成本的降低，更多的企业会集聚到北部地区。

由式(5.51)易知，如果企业所面临的契约是完全的，则将不会发生产业集聚。已有研究表明，企业所面临的契约不完全程度不仅取决于地区契约执行效率的完善程度，而且也受到行业的契约密集度，也即行业对契约执行效率敏感度的影响(Nunn, 2007)。参照 Naghavi 和 Ottaviano(2008)，我们可以将 β 理解为契约的完善程度，再由 Oldenski(2009)，β 可以表述为如下形式：

$$\beta = e^{-\theta ik}, \quad \theta_{ik} = \theta_i + (1-\theta_k) + \theta_i(1-\theta_k) \qquad (5.57)$$

其中 $\theta_i \in [0, 1]$ 表示产业 i 的契约密集度，$\theta_k \in [0, 1]$ 表示地区 k 的契约执行效率。式(5.57)的经济涵义是，企业面临契约的不完全程度与地区 k 的契约执行效率 θ_k 正相关，与该企业所在行业的契约密集度 θ_i 负相关，且给定契约执行效率 θ_k，行业契约密集度 θ_i 与 β 存在一一对应的关系。由式(5.57)和命题 1 不难得到，给定契约执行效率 θ_k，存在唯一的 θ^* 使得如下命题成立：

命题 2：①对于契约密集度较高的行业，即当 $\theta_i > \theta^*$ 时(对应 $2\phi/(1-\phi^2) > \beta^{\sigma-1}$ 的情况)，所有企业将向契约执行效率较优的北方集聚；②对于契约密集度较低的行业，即当 $\theta_i < \theta^*$ 时(对应 $2\phi/(1-\phi^2) < \beta^{\sigma-1}$ 的情况)，只有部分企业会进行生产转移，且随着运输成本的降低，更多地企业会集聚到北部地区。①

由命题 2，我们不难得到如下经验假说：

经验假说：契约密集度越大的行业，越倾向于集聚在契约执行效率相对较高的地区。

---

① 由式(5.57)和命题 1 不难得到 $\theta^* = \log[(1-\phi^2)/2\phi]/(\sigma-1)(2-\theta_k) - (1-\theta_k)/(2-\theta_k)$。

5.4.3 计量检验

1. 计量模型

正如本节在上述理论分析中所指出的,产业集聚程度是地区契约执行效率和行业契约密集度变量交互影响的结果,利用普通的线性模型估计无法实现。因此,我们借鉴 Nunn(2007)检验契约执行效率与比较优势之间关系的模型方法,该文通过在估计方程中引入了行业特征和国家特征的交互项,研究了跨国契约执行效率差异对出口比较优势的影响,认为契约执行效率高的国家在高契约密集度行业的出口比较优势越大,如果该论断成立,则交互项系数为正。该研究方法与本节要论证的问题思路吻合,具体地,我们采用如下方程进行计量估计:

$$agglom_{ik} = \alpha_i + \alpha_k + \beta z_i Q_k + \xi C_{ik} + \varepsilon_{ik} \tag{5.58}$$

其中 i 和 k 分别表示行业和地区,α_i 和 α_k 分别表示行业固定效应和地区固定效应,$agglom_{ik}$ 为地区 k 行业 i 的集聚程度,z_i 为行业 i 中间投入的契约密集度(不完全契约程度),Q_k 表示地区 k 的契约实施制度,如果本节揭示的途径正确,那么行业契约密集度与契约变量交互项的系数 β 应该为正,这意味着行业契约密集度越高,则契约执行效率对行业集聚的影响越大。

除地区契约实施制度外,行业的集聚程度还受到其他变量的影响,如果忽略这些因素的影响,所得出的估计结果很可能是有偏的,因此为稳健起见,我们还引入了其他控制变量 C_{ik},包括:人力资源禀赋(H_k)和人力资源密度(h_i)交互项、物质资本禀赋(K_k)和物质资本密集度(K_i)交互项、自然资源禀赋(R_k)和自然资源密度(r_i)交互项、市场潜力($markp_k$)与规模经济程度($scal_i$)的交叉项、基础设施交货项($infra_k$)与规模经济程度($scal_i$)、出口交货(ex_{ik})的对数、外商投资(fdi_{ik})的对数。

加入上述变量的原因在于:首先,比较优势理论表明,密集使用某种要素的产业倾向于在该要素相对丰富的地区生产。中国是一个幅员辽阔的大国,各地区在地理条件和要素禀赋等方面存在显著的先天差异,因此,有必要考察地区人力资本、物质资本和自然禀赋对产业集聚的影响。其次,关于中国地区产业集聚的文献强调新经济地理因素的作用,为了节约运输费用和发挥大规模生产的优势,规模经济显著的行业倾向于定位在市场潜力大的地区(Krugman,1991)。再次,一个地区的基础设施越好,则区域内贸易成本越低,给定其他条件不变,规模报酬递增的行业更可能集中在这些地区生产(黄玖立、李坤望,2006);最后,对外贸易和外商直接投资对于工业增长和产业集聚的积极作用也被最近的文献所证实（Gao，2004；Ge，2006；金煜等，2006）。

2. 内生性问题

制度变量的内生性问题在现有关于制度和经济绩效的文献中得到广泛关注，变量的内生性将导致估计结果是有偏的。导致实施制度变量 Q_k 内生性的一个原因是产业集聚程度与 Q_k 之间可能存在双向因果关系，产业集聚影响契约执行效率的一个可能的途径是，契约密集型产品集聚程度的提高将会增进其对契约执行效率的需求，从而促进好的契约执行效率的建立和维持。为了尽可能地降低估计的偏倚，在下文中我们将通过使用工具变量克服契约执行效率的内生性问题，在大样本的条件下，增加工具变量通常会得到更有效的估计结果（Wooldbridge，2002）。因此，我们使用三大改造前中国私营经济比重（$IV1$）和 1999 年市场化指数（$IV2$）同时作为契约执行效率的工具变量，并采用多工具变量两阶段最小二乘法（TSLS）来估计。[①]我们选取以上四个工具变量，主要是基于以下考虑：

选取工具变量需要考量的两个因素是它具有外生性、与内生变量具有相关性。首先，从外生性的角度看，本节所选取的四个工具变量都是历史上的数据，应该不会对当前集聚程度有显著影响；其次，从与内生变量的相关性来看，三大改造前的私营经济比重以及历史上的市场化指数反映了历史上的制度水平，而历史上的制度又会对之后的制度建设和经济发展重要影响（徐现祥等，2007）。最后，从表 5.24 报告的主要变量的相关系数不难得到，两个工具变量与产业集聚 *agglom* 的相关系数接近为 0，而与契约执行效率 Q_k 的相关系数分别为 0.420 1 和 0.581 9，因此，满足工具变量的两个条件。

表 5.24　主要变量的相关系数矩阵

	agglom	Q	$IV1$	$IV2$
agglom	1.000 0			
Q	−0.000 0	1.000 0		
$IV1$	−0.000 0	0.420 1	1.000 0	
$IV2$	0.000 0	0.581 9	0.201 9	1.000 0

---

① 徐现祥、李郇（2005）最早采用三大改造前中国私营经济的重要性作为各省社会基础设施的工具变量。他们认为，中国当今的制度变迁与新中国成立初期曾实行的新民主主义经济有内在的联系，私营工商业是新民主主义经济的重要组成部分，反映了各省区在历史上曾拥有的发展市场经济的软环境。因此，采用这一指标作为工具变量是合理的。

3. 数据说明

契约执行效率相关数据取自世界银行网站的《中国营商环境报告2008》，该数据库报告了各省（西藏自治区、台湾省及香港、澳门特别行政区除外）省会城市以及各直辖市契约实施成本的数据，因此，为了保持数据齐整，本节其他省份特征变量仅包括除西藏自治区、台湾省及香港、澳门特别行政区外的30个省（市/自治区）。[①]各省高等教育在校人数和公路里程数据取自《中国统计年鉴2004》。1999年各省市场化指数取自樊纲、王小鲁（2001）主编的《中国市场化指数：各地区市场化相对进程报告》，信任指数取自张维迎、柯荣住的《信任及其解释：来自中国的跨省调查分析》。三大改造前的私营工业所占比重数据来源于《新中国50年统计资料汇编》。

为了与Nunn（2007）提供的行业契约密集度指标的数据保持一致，并增大样本范围，关于中国各省份分行业的产出、出口交货、外商资本、采矿业业的产出、科技人员数以及行业从业人员数数据均取自《中国经济普查年鉴2004》。本节选取的29个行业样本包括：农副食品加工业，食品制造业，饮料制造业，烟草制品业，纺织服装、鞋、帽制造业，皮革、毛皮、羽毛（绒）及其制品业，木材加工及木、竹、藤、棕、草制品业，家具制造业，造纸及纸制品业、印刷业和记录媒介的复制，文教体育用品制造业，石油加工、炼焦及核燃料加工业，化学原料及化学制品制造业，医药制造业，化学纤维制造业，橡胶制品业，塑料制品业，非金属矿物制品业，黑色金属冶炼及压延加工业，有色金属冶炼及压延加工业，金属制品业，通用设备制造业，专用设备制造业，交通运输设备制造业，电气机械及器材制造业，通信设备、计算机及其他电子设备制造业，仪器仪表及文化、办公用机械制造业，工艺品及其他制造业，电力、燃气及水的生产和供应业。其他行业特征数据取自《中国工业统计年鉴2004》和2002年投入产出表。

4. 指标度量

（1）产业集聚程度。

考虑到数据的可得性，我们使用行业 i 在省份 k 的专业化指数度量地区 k 行业 i 的集聚程度：

$$agglom_{ik} \equiv Output_{ik}/Output_k$$

其中 $Output_{ik}$ 表示行业 i 在区域 k 的产值，$Output_k$ 表示表示区域 k 所有行业的总产值。

---

① 同本书第65页①②。

(2) 契约密集度。

我们采用 Nunn(2007)公布的契约密集度指标 z_i，其具体计算方法为：

$$z_i = \sum_j \omega_{ij} R_j^{neither}$$

其中 $\omega_{ij} \equiv u_{ij}/u_i$，$u_{ij}$ 表示部门 i 使用的部门 j 的投入量。$u_i = \sum_j u_{ij}$ 表示部门 i 使用的所有部门的投入总和。其中 $R_j^{neither}$ 表示部门 j 中既非"机构交易产品"（organized exchanges）也没有"参考价格"（reference price）的产品所占比重，该比重越高表明部门 j 的市场越"薄"。z_i 综合反映了行业 i 的中间投入的市场厚度情况，其取值越高表明该行业契约密集度越高，从而越容易受到不完全契约的影响。我们直接采用 Nunn(2007)计算的数据，该指标是基于美国的数据计算得到，除了数据的可得性，我们采用该指标的依据还在于：行业的契约密集度将不可避免地受到一个国家或地区契约执行效率的影响，由于美国的契约执行效率相对完善，因此采用美国的数据可以尽可能地消除国家或地区特征对行业契约密集度的影响。

(3) 市场潜力。

某一省区所面临的潜在的市场规模是与相邻省份市场规模的空间加权值，其具体的计算公式为：

$$markp_k = \sum_{j \neq k} (Y_j/D_{kj} + Y_k/D_{kk})$$

其中，Y_j 为省区 j 的 GDP 水平，D_{kj} 为省区 k 到省区 j 的（省会）距离，D_{kk} 为地区 k 的内部距离，计算公式为 $D_{kk} = (2/3)(S_k/\pi)^{1/2}$（Redding and Venables，2004），S_k 为 k 地区的面积。

(4) 其他变量。

本节采用各地高等教育在校人数占人口的比重表示人力资本禀赋（H_k），用各地采矿业业的产出度量自然资源禀赋（R_k），省际物质资本存量数据来自 Zhang 等(2007)。产业的人力资本密度（h_i）用科技人员在全行业从业人数中的比重表示。物质资本密集度用行业固定资产净值占行业增加值的比重度量。产业自然资源投入密度（r_i）用所有矿采业的总投入比例表示。[1]规模经济程度用单位企业人数，即行业从业人数与企业数量的比值衡量。基础设施变量用公路网密集，每平方公里的公路里程数（千米）表示。其中，行业特征变量均系由全国

---

① 具体为煤炭采选业、石油和天然气开采业、黑色金属矿采选业、有色金属矿采选业和其他矿采业的产出。

层面的分行业数据计算得到。产业集聚、对外贸易和外商直接投资为分地区分行业数据。

5.4.4 计量结果

1. OLS 回归结果

我们使用普通最小二乘法给出初步的估计结果，为了考察估计结果的稳健性，我们在回归方程中逐步加入了一系列控制变量，其结果汇报在表 5.25 中。①考虑到截面数据的异方差问题，我们采用 White 稳健标准差得到估计系数的 t 统计值（Wooldridge，2002）。由表 5.25 报告的结果可知：

契约执行效率与契约密集度交叉项（$z_i * Q_k$）的回归系数符号为正，且在 1% 的统计水平上显著。随着我们逐步加入控制变量，虽然其统计显著性有所降低，但符号仍为正，且统计显著性没有发生根本变化。由此，我们可以得出结论，对于契约密集度较高的行业而言，地区契约执行效率的提高显著促进了这些行业的产业集聚。此外，我们还发现，人力资本禀赋与人力资本密集度交叉项（$H_k * h_i$）、对外贸易和外商直接投资的回归系数显著为正，说明人力资本禀赋与人力资本密集度交叉项（$H_k * h_i$）、对外贸易和外商直接投资确实是推动中国产业集聚的重要因素，这与已有的研究是吻合的。值得注意的是，物质资本禀赋和物质资本密集度的交叉项（$K_k * K_i$）、自然资源禀赋和自然资源密集度交叉项（$R_k * r_i$）、市场潜力和规模经济交叉项（$markp_k * scal_i$）以及基础设施和规模经济交叉项（$infra_k * scal_i$）的系数的符号和显著性并不稳健。当然，在克服变量的内生性之前我们尚不能武断地接受该结论。接下来，我们将重点针对工具变量两阶段最小二乘法的回归结果进行解释和说明。

2. 工具变量 TSLS 估计结果

表 5.26 汇报了采用多工具变量两阶段最小二乘法估计的结果。为了检验工具变量的有效性，我们进行了识别不足检验、弱识别检验和过度识别检验，并报告了其对应的 Anderson 正则相关检验的似然比统计量（Anderson canonical correlations LM statistic）、Cragg-Donald Wald F 统计量和 Sargan 统计量的统计值及其

---

① 本节的回归样本包括 30 个省份和 29 个行业，因此我们的实际样本数量为 $30 \times 29 = 870$。由于重庆的人力资本数据缺失，因此回归组合(3)和(4)的样本数为 $29 \times 29 = 841$，西藏没有市场潜力数据，回归组合(5)和(6)的样本进一步降为 812。由于部分行业的出口交货值和 FDI 数据缺失，因此回归组合(7)和(8)的样本观察值进一步降低。

表 5.25　OLS 回归结果

	(1)	(2)	(3)	(4)	(5)	(6)	(7)	(8)
$z_i * Q_k$	1.747***	1.701***	1.509***	1.472***	1.440***	1.415***	.909***	.893***
	(5.42)	(5.42)	(4.80)	(4.68)	(4.59)	(4.41)	(3.09)	(2.81)
$H_k * h_i$		.002***	.002***	.002***	.002***	.002**	.002**	.001
		(2.64)	(2.81)	(2.83)	(2.98)	(3.05)	(2.59)	(1.78)
$K_k * K_i$			−.038**	−.037**	−.032 9**	−.033 5**	−.007	.005
			(−2.24)	(−2.17)	(−2.02)	(−2.03)	(−.007 2)	(0.36)
$R_k * r_i$				.000	.000	.000	.000	.000
				(1.08)	(1.11)	(1.05)	(0.90)	(0.85)
$markp_k * scal_i$					−4.38e-08	1.06e-07	−1.46e-08	−1.25e-07
					(−0.77)	(0.67)	(−0.08)	(−0.42)
$infra_k * scal_i$						−.000	−.000	.000
						(−1.12)	(−0.23)	(0.30)
$\log(ex)$							.012***	.012***
							(7.63)	(6.48)
$\log(fdi)$								.009***
								(4.13)
R^2	0.448 9	0.453 5	0.465 4	0.468 4	0.462 7	0.465 1	0.559 4	0.560 5
观察值	870	870	841	841	812	812	696	443

注：回归系数下括号内为回归系数的 White t 统计值；***、** 和 * 分别为 1%、5% 和 10% 的显著性水平。

表 5.26 工具变量 TSLS 回归结果

	(9)	(10)	(11)	(12)	(13)	(14)	(15)	(16)
$z_i * Q_k$	2.654***	2.621***	2.508***	2.512***	2.465***	2.442***	1.573***	1.586***
	(6.79)	(6.72)	(6.35)	(6.37)	(6.11)	(6.06)	(4.00)	(3.41)
$H_k * h_i$		.002**	.002 4***	.002***	.002**	.002**	.002**	.001
		(2.47)	(2.61)	(2.62)	(2.70)	(2.81)	(2.39)	(1.13)
$K_k * k_i$			-.025 2	-.023	-.019 1	-.019 6	.000 8*	.014
			(-1.47)	(-1.38)	(-1.11)	(-1.14)	(0.05)	(0.73)
$R_k * r_i$				.000*	.000*	.000*	.000	.000
				(1.88)	(1.92)	(1.80)	(1.07)	(0.41)
$markp_k * scal_i$					-2.00e-08	1.13e-07	-4.87e-09	-1.26e-07
					(-0.37)	(1.19)	(-0.05)	(-0.90)
$infra_k * scal_i$						-.000*	-.000	.000
						(-1.68)	(-0.35)	(0.75)
$\log(ex)$							.011***	.011***
							(12.37)	(8.05)
$\log(fdi)$								-.009***
								(6.53)
Anderson 正则相关检验	377.646	377.062	357.331	359.301	338.774	338.282	273.473	172.215
	(0.000)	(0.000)	(0.000)	(0.000)	(0.000)	(0.000)	(0.000)	(0.000)
Cragg-Donald Wald F 检验	310.643	309.413	288.129	290.529	268.456	267.431	204.525	122.745
	(0.000)	(0.000)	(0.000)	(0.000)	(0.000)	(0.000)	(0.000)	(0.000)
Sargan 检验	2.704	2.980	3.375	3.366	3.147	3.007	1.264	0.903
	(0.100 1)	(0.084 3)	(0.066 2)	(0.066 5)	(0.076 1)	(0.082 9)	(0.260 9)	(0.342 1)
中心化 R^2	0.440 9	0.445 4	0.455 6	0.457 9	0.452 2	0.454 6	0.554 7	0.554 8
观察值	870	870	841	841	812	812	696	443

注:回归系数下括号内为回归系数的标准差;***、** 和 * 分别为 1%、5%和 10%的显著性水平;Anderson 正则相关检验的原假设是:工具变量是识别不足的。拒绝原假设则说明工具变量识别是合理的;Cragg-Donald Wald F 检验的原假设是:工具变量是弱识别的。拒绝原假设则说明工具变量是合理的;Sargan 检验的原假设是工具变量是过度识别的。接受原假设则说明工具变量是合理的。

相伴概率,检验结果表明本节选取的工具变量是有效的。较之以表 5.25 报告的回归的结果,我们发现:

① 在采用工具变量控制契约执行效率内生性之后,契约执行效率交互项($z_i * Q_k$)系数的估计值和显著性都有大幅提高,并且在我们逐步加入控制变量之后,契约执行效率交互项的系数仍然显著为正。一方面,这说明,集聚变量的内生性使得最小二乘估计产生向下偏倚,从而低估了契约执行效率对于产业集聚的促进作用。因此,我们使用工具变量进行估计是很有必要的。另一方面也表明地区契约执行效率确实是影响地理集聚的重要解释变量,这是之前的研究所忽略的。

② 人力资本禀赋与人力资本密集度交叉项($H_k * h_i$)的回归系数显著为正,这说明,人力资本禀赋确实是影响地区产业集聚的重要因素,通过加强教育和人力资本投资,能够对人力资本密集行业的产业集聚产生显著影响。物质资本与物质资本密集度($K_k * K_i$)的回归系数既不显著,也不稳健,甚至系数为负。这意味着,物质资本不仅没有对物质资本密集行业的产业集聚起到积极作用,反而可能抑制这些行业的产业集聚。对此,一个可能的解释是:在规模收益递减的条件下,地区物质资本存量的提高会削弱资本收益率,从而损害了资本密集行业的产业集聚。自然资源禀赋和自然资源密集度交叉项($R_k * r_i$)的估计系数虽然系数为正,但统计显著性不高。这表明,自然资源丰裕度作为比较优势的影响因素,确实对自然资源密集行业的产业集聚起到一定的积极作用,但其作用并不显著。

③ 市场潜力与规模经济交叉项($markp_k * scal_i$)的估计系数不显著,甚至系数为负。这表明市场潜力并没有显著地推动规模经济行业的地理集聚,与理论预测不一致。一个可能的解释是:一方面,市场潜力对地区产业的解释力取决于国内市场的整合程度,当国内组成一个统一的大市场时,单个省区市场潜力对当地产业集聚的影响自然会下降。陈敏等(2007)研究发现,中国的地区市场分割呈现日渐整合的趋势,这就意味着市场潜力可能不会对地区产业集聚产生显著影响;另一方面,中国自改革开放以来,保持了较高的对外贸易依存度,对国外市场的高度依赖也可能削弱国内市场潜力的作用(黄玖立、李坤望,2006)。

④ 基础设施和规模经济变量交叉项($infra_k * scal_i$)回归系数的显著性较低,在加入外商直接投资变量之前,其系数为负,虽然加入 $\log(fdi)$ 后,其系数由负转正,但统计显著性不高。这意味着基础设施对规模经济行业的集聚水平促进作用不显著,甚至起到抑制作用。对该结果的理论解释是:基础设施改善对产业集聚影响并不是单调的。Krugman 和 Venables(1995)指出,基础设施水平过高或过低,都会降低产业集聚的程度,只有在中间水平(intermediate level)时,产业集聚的程

度才达到最高。这也从一个侧面说明中国目前的基础设施水平已经达到相对较高的水平，通过继续改善物质基础设施来推动产业集聚的作用可能不大。

⑤ 对外贸易[log(ex)]和外商直接投资[log(fdi)]项的估计系数显著为正，与现有研究结论相吻合。这说明，对外贸易和外商直接投资是中国地区产业集聚的重要推动力量。

5.4.5 结

20世纪90年代以来，以报酬递增和垄断竞争为基本特征的新经济地理学在解释产业集聚和地区差距方面取得了长足的进步。然而既有文献将研究的重点集中于市场潜力和物质基础设施等硬环境对产业集聚的作用，却忽视了其他制度因素，如契约执行效率的影响。已有研究则表明，良好的契约执行效率有助于缓解契约不完全所导致的投资不足、促进技术进步和提高劳动生产率，进而对厂商的区位选择和产业集聚有重要影响。

本节通过将不完全契约理论与 Baldwin 和 Okubo(2006)的异质厂商自由资本模型相结合，考察了契约实施制度差异对地区产业集聚的作用。理论分析表明，契约密集度高的行业将会向契约实施制度较好的地区集聚。在此基础上，我们进一步利用中国省区的产业数据，并借鉴 Nunn(2007)利用地区特征和产业特征交互项的计量模型方法考察了契约实施制度对产业集聚的影响。在通过多工具变量控制变量内生性问题之后，我们发现，对于契约密集型行业而言，契约实施制度对于这些行业的地理集聚具有显著和稳健的积极作用。此外，本节还发现，对外贸易与外商直接投资也是推动产业集聚的重要力量。

1978年以来，中国的改革开放由沿海向内地依次推进，以期实现沿海地区先发展起来，然而带动内地发展的改革初衷。然而，东西部地区在地理、经济基础和政策优惠等方面存在的差异最终在新经济地理的"累积循环因果链"的作用下发展成为"中心—外围"结构，改革最初的美好愿望并没有得以实现。相反，地区差距逐步扩大，逐步成为束缚经济持续发展的桎梏。本节的研究结论意味着西部欠发达地区可以通过提高契约实施制度促进产业集聚和经济增长，这对于中国缓解地区差距和实现经济又快又好的发展具有重要意义。

第6章
契约执行效率的内生决定：政治关联的作用[*]

契约的有效实施对于技术进步、人力资本积累、劳动分工以及一国的经济增长具有不容忽视的重要作用(Acemoglu *et al.*，2007；Nunn，2007；Vogel，2007；Costinot，2009)。然而，在很多国家，尤其是转型经济体和发展中国国家，由于契约实施制度并不完善，契约的实施得不到有效保证，从而成为制约企业发展和经济增长的障碍。中国不仅存在一般意义上的契约不完善，而且还存在着"基于所有权的契约歧视"，即民营企业的契约实施环境明显低于国有和外资企业(Nee，1992；McMillan，1995，1997；Brandt and Li，2003；方军雄，2007)。实际上，直到1988年《中华人民共和国宪法修正案》通过，民营经济的合法地位才得到宪法承认。而此后一直到1992年以前，民营企业还面临着姓"资"与姓"社"的争论。直至2004年，我国正式把保护私有财产写入宪法之后，这种局面才逐步有所好转。但尽管如此，民营企业的契约仍得不到有效保护(Che and Qian，1998)。

面临这样的制度背景，民营企业参政议政的现象越来越为普遍(陈钊等，2008；陶庆，2004)。根据中华全国工商业联合会《1993—2006中国私营企业大型调查》，民营企业家对政治参与表现出了较强的兴趣，28.8％的民营企业家认为"争取当人大代表、政协委员"最为迫切。在2002—2006年间，我国近76％的民营企业存在政治关联的现象，而有近34％的民营企业家是政治关联型企业家(饶妙，2009)。2007年11月，当选的全国工商联第十届委员会的执行委员中，民营经济的人数超过六成，在当选的全国工商联副主席中，民营企业家的人数由7个增加到13个(邓建平、曾勇，2009)。在这样的背景之下，关于民营企业政治关联的文献大量涌现。这些研究发现，民营企业的政治关联是企业提升自身价值、获得政策、税收和信贷

---

[*] 本章由王永进和盛丹共同完成，原文以《政治关联与企业的契约实施环境》为题，发表于《经济学季刊》2012年第4期，第1193—1218页。

优惠的重要手段(胡旭阳,2006;Fan *et al.*,2006;余明桂和潘红波,2008;罗党论和唐清泉,2009;吴文锋等,2009)。

上述研究深化了我们对于民营企业参政议政的认识,然而,鲜有文献考察政治关联对企业契约实施环境的影响。对该问题的研究具有重要理论和现实意义:

首先,从理论上看,契约的有效实施对经济绩效有着广泛而深远的影响,但已有文献研究的重点大多集中在其影响上,鲜有文献考察契约实施环境的决定因素,从政治关联的视角对此进行考察的文献更是寥寥无几。事实上,一国契约实施环境的好坏,不仅取决于是否有法可依,而且还依赖于法律的有效实施(Fabbri,2001)。尤其是对于转型国家而言,后者的作用可能尤为重要。我国作为转型和发展中国家,相关的法律法规并不完善,而即便存在相关法律,也往往在执行过程中得不到有效实施(McMillan,1995)。正因为如此,许多学者强调,对于转轨国家而言,执法体系的构建比成文法体系的建立更重要(戴治勇、杨晓维,2006;李坤望、王永进,2010;盛丹、王永进,2010)。因此,深入了解契约实施环境的影响因素,对于我们推动司法和法律制度改革具有重要政策涵义。

其次,从我国的现实情况来看,在1989—2005年间,民营经济创造的国民生产总值以年均28%的速度增长,民营经济占GDP的比重已达65%,对国民经济的贡献度也超过非民营经济部门,成为社会就业的主要渠道、国家税收的重要来源和对外贸易的主要组成部分。[①]然而,长期以来,民营企业的产权和契约一直得不到法律的有效保护(Che and Qian,1998),这就严重阻碍了民营企业的发展和经济增长。在这样的背景之下,民营企业只能依靠一些非正式制度来寻求司法和法律保护,建立政治关联正是重要的手段之一。那么,政治关联究竟能否改善民营企业的契约实施环境?对该问题的回答,不仅可以拓展和深化我们对政治关联的认识,而且对于我国民营企业的发展和长期经济增长也具有一定的现实意义。

基于此,本章旨在考察政治关联对企业契约实施环境的影响,并着重考察其对不同所有制企业影响的差异性。与已有文献相比,本章的研究表现出如下特点:

第一,从研究视角来看,由于数据所限,已有研究大多从金融、税收和政策优惠等角度来考察政治关联的影响(胡旭阳,2006;Fan *et al.*,2006;余明桂和潘红波,2008;罗党论和唐清泉,2009;吴文锋等,2009),鲜有文献直接考察其对企业契约实施环境的影响,也没有考虑其对不同所有制企业影响的差异性。而且,从研究对象

---

① 资料来源:《我国民营上市公司发展实证研究》,深圳证券交易所综合研究所,2008年1月。

来看,这些研究大多只限于民营企业样本。那么,政治关联对企业契约实施环境的影响是否因所有权特征而异?换句话说,政治关联是否也改善了非民营企业的契约实施环境,其对两类企业的影响有何差异,两类企业契约实施环境的差异又能够在多大程度上由政治关联来进行解释?本章试图对上述问题进行系统的回答。已有研究并没有考察政治关联对非民营企业的影响,更没有比较其对两类企业影响的差异性。

第二,在研究方法上,我们综合采用工具变量两阶段最小二乘法和内生转换模型(endogenous switching model)克服了可能存在的内生性和选择性偏差问题。为了比较政治关联对不同所有制企业契约实施环境影响的差异性,一种做法是直接对民营企业和非民营企业的样本进行最小二乘回归,并对二者的结果进行比较。但这样回归出来的结果可能是有偏的:一方面,单独对一部分样本进行回归可能破坏样本的随机性,产生样本选择偏差;另一方面,不仅政治关联会影响企业的契约实施环境,契约实施环境的差异也可能会反过来影响民营企业的发展,即企业的所有权特征可能是内生的。鉴于此,我们采用上述两种方法来解决这两个问题。

本章余下部分的结构安排如下:第一节部分对政治关联相关文献进行简要评述;第二部分对计量模型、变量以及相关数据进行说明;第三部分报告计量估计结果;最后一部分进行总结。

6.1　引言

企业的"政治关联"(political connections)或"政治关系"(political relationship)是指企业与拥有政治权力的个人之间形成的隐性政治关系。政治关联不同于政治干预。政治关联是企业为寻求某种利益或出于其他目的,采用不同方式主动与政府、司法机关等政治机构建立关系。而政治干预是指政府为达到公共目的,或者官员出于私人利益对企业所进行的政治干预(Shleifer and Vishny, 1994; 1998; Bertrand *et al.*, 2006)。政治关联也不同于腐败,它在法律上是完全合法的(Faccio, 2006)。围绕政治关联对企业融资、政策优惠和经营绩效的影响进行研究的文献已有很多,但鲜有文献考察政治关联对企业契约实施环境的作用。

6.1.1 政策与融资

田利辉(2004)在对我国上市企业的实证分析中,发现在国家控股的上市企业中,银行贷款规模的增大伴随着经理层的公款消费和自由现金流增大,企业效率和企业价值下降。在民营资本主导的上市企业中,上述的企业负债和经理腐败的协同关系并不显著。孙铮等(2005)对我国上市企业的实证分析表明,上市企业所在地的市场化程度越高,长期借款占总借款的比重越低。Fan 等(2006)研究了与 23 个省部级官员腐败案件有关联的上市企业的融资情况,结果发现腐败官员被捕后,相比较于没有关联的上市企业,与这些腐败官员有关联的上市企业的负债率明显下降。胡旭阳(2006)以浙江省 2004 年民营百强企业为样本,通过研究民企创始人政治身份与民营企业进入金融业可能性之间的关系,考察了政治身份对民营企业资本获得的影响。余明桂和潘红波(2008)使用 1993—2005 年间在沪深交易所上市的 118 家民营企业样本,以这些企业的董事长或总经理是否是现任或前任的政府官员、人大代表或政协委员来判断企业是否具有政治关系,考察了政治关系对民营企业贷款规模和贷款期限的影响,发现在正式制度缺乏的地区,政治制度能够替代非正式制度的作用,帮助民营企业获得贷款。

6.1.2 政策与优惠

罗党论和唐清泉(2009)以民营上市企业 2002—2005 年的样本为例,考察了民营上市企业的政治参与对企业获得政策资源的帮助。研究发现,有政治关系的民营企业得到了政府如下支持:更容易进入政府管制行业,更多进入房地产行业以及获得政府补贴比例更大等。吴文锋等(2009)以 1999—2004 年在沪深两地上市的民营企业为样本,实证分析了公司高管在中央或地方政府的任职经历对企业获取税收优惠的影响。结果发现,在企业税外负担较重的省市,高管具有政府背景的公司在所得税适用税率和实际所得税率上都要显著低于高管没有政府背景的公司。而且公司所在省市的企业税外负担越重,高管政府背景获取的税收优惠也越多。

6.1.3 政策与营收

Fanet 等(2007)以 1993—2001 年在沪深交易所上市的 A 股企业为研究样本,

研究了总经理的政府背景对上市企业 IPO 之后业绩的影响。结果发现，具有政府背景的企业在 IPO 三年之后的股价收益率要比没有政府背景的企业低 18％，而且利润增长率、主营业务收入增长率、销售利润率等经营指标也要差一些。他们认为其中原因在于：这些具有政府背景的高管都由政府任命，其推荐的董事也大多缺乏经营企业的专业才能，也更容易让政府干预企业的运作来实现"社会功能"。吴文锋等（2008）以 1999—2004 年沪深两市 1 046 个 A 股民营上市企业样本为研究对象，实证研究了高管的政府背景与企业价值间的关系。他们发现，高管具有政府背景整体上并没有影响企业价值，但高管的地方政府背景对企业价值的正面影响要显著大于中央政府背景，高管的地方政府任职背景在政府干预比较厉害的地区能增加企业价值。政府干预越强烈，这种正面影响也越强烈。邓建平和曾勇（2009）以我国 2002—2006 年上市民营企业的数据为样本，实证分析了政治关联与企业经营绩效的关系，发现民营企业的政治关联程度越高，企业的经营效率越差。实际控制者的政治关联程度越高，企业的经营效率也越差。进一步的研究发现，随着政府干预程度的减弱和法律保护程度的提高，企业的政治关联程度对于经营绩效的负面影响也在减轻。

6.2　研究设计

6.2.1　计量模型

如前所述，本节的主要工作是考察政治关联对企业契约实施环境的影响，尤其是检验其对不同所有制企业影响的差异性。鉴于此，我们拟对民营企业和非民营企业样本分别进行普通最小二乘回归，然后在此基础上比较回归结果的差异性。具体地，计量模型设定如下：

$$up_P = \beta_P \mathbf{pc} + \gamma_P \mathbf{C} + \varepsilon_P \qquad 当\ private = 1\ 时$$
$$up_{NP} = \beta_{NP} \mathbf{pc} + \gamma_{NP} \mathbf{C} + \varepsilon_{NP} \qquad 当\ private = 0\ 时 \tag{6.1}$$

其中，被解释变量 up 表示在商业纠纷中，企业的契约和产权被保护（uphold）的概率，即企业的契约实施环境。企业的契约或产权被保护的概率越高，则意味着该企业的契约实施环境越好。

$\mathbf{pc}$ 表示企业的政治关联变量，包括：①与企业经常交往的官员中，掌握实权的官员所占比重($competent$);②与企业经常交往的官员中,那些旨在帮助而不是阻碍企业发展的官员所占比重($help$);③政府官员是否为董事($board$),若董事会中有政府官员,则该变量取值为 1,否则取 0;④总经理是否被政府任命($appoint$),若是,则该变量取 1,若否则取 0;⑤总经理是否为党员($party$),若是,则该变量取 1,若否则取 0。此外,由于本节所选取的政治关联的变量较多,为了考察政治关联对企业契约实施环境的总体影响,我们采用主成分方法计算得到了总体的政治关联指数($political$),并考察该变量对企业契约实施环境的影响。①

$private$ 为民营企业虚拟变量,若企业为民营企业,则该变量取 1,若否则取 0。β_P 和 β_{NP} 的取值可分为四种情况:若估计系数 $\beta_P > 0 > \beta_{NP}$,则表明政治关联降低了对非民营企业的法律保护,但提高了对民营企业的法律保护,从而缩小了民营企业所面临的法律歧视;若 $\beta_P > \beta_{NP} > 0$,则说明政治关联提高了对民营企业和非民营企业的法律保护,而且对民营企业的影响更大,因而也缩小了民营企业所面临的法律歧视。对于其他两种情况可做类似理解,在此不再赘述。

此外,我们还引入了其他的控制变量,包括企业的规模($size$)、利润($profit$)、年龄(age)、全员劳动生产率($prod$)、总销售收入中销售给国有企业的比重($sale\_soe$)、总销售收入中销售给政府的比重($sale\_gov$)、中间投入中的进口比重($import$)和企业出口总值($export$)。

6.2.2 估计方法

需要注意的是,直接对式(6.1)进行估计的结果可能是有偏的和非一致的。首先,当我们分别对民营企业和非民营企业样本进行回归时,由于一部分样本损失了,就可能导致样本的非随机性,即产生所谓的样本选择性偏差。其次,$private$ 变量很可能是内生的:一方面,某些重要解释变量的遗漏可能导致内生性问题。例如,某些不可观察的变量可能既与 $private$ 相关也与企业所受到的法律保护相关。另一方面,契约实施环境的改善能够为企业的发展创造良好的制度条件,尤其是对于民营企业而言更是如此。因此,契约实施环境的改善会有助于民营企业的发展。换句话说,企业的所有权特征变量 $private$ 可能是内生的。

对此,我们采用 Lee(1978)建议的方法来解决该问题。其估计方法是基于Heckman 模型实现的,具体估计步骤如下:

---

① 非常感谢其中的一位匿名审稿人建议我们采用主成分分析方法。

第一阶段，使用 probit 模型对是否为民营企业的决策方程式（6.2）进行估计：

$$private = \gamma_1 \mathbf{Z} + \upsilon \tag{6.2}$$

$\mathbf{Z}$ 表示影响民营企业发展的控制变量，包括：①市场化指数（$market$），市场化指数越高，则民营企业的发展越好。②企业对法律制度的敏感度（$sens$）。在法律不完善的条件下，对法律制度较为敏感的企业面临的发展障碍越多，从而越不愿意成为民营企业。③中间投入中的进口比重（$import$）。中间投入进口比重越高，则企业对国内法律制度的依赖性也就较弱，从而可能促进民营企业的发展。

第二阶段，根据第一步的估计结果可以得到民营企业和非民营企业的契约实施环境方程：

$$up_P = \beta_P \mathbf{pc} + \gamma_P \mathbf{C} - \sigma_{\varepsilon_P, \upsilon} \frac{\phi(\gamma_1 \mathbf{Z})}{\Phi(\gamma_1 \mathbf{Z})} + \eta_P \tag{6.3}$$

$$up_{NP} = \beta_{NP} \mathbf{pc} + \gamma_{NP} \mathbf{C} + \sigma_{\varepsilon_{NP}, \upsilon} \frac{\phi(\gamma_1 \mathbf{Z})}{1 - \Phi(\gamma_1 \mathbf{Z})} + \eta_{NP} \tag{6.4}$$

其中，$\phi(\cdot)$ 和 $\Phi(\cdot)$ 分别表示标准正态分布的密度函数和累计概率密度函数。$\dfrac{\phi(\gamma_1 \mathbf{Z})}{\Phi(\gamma_1 \mathbf{Z})}$ 和 $\dfrac{\phi(\gamma_1 \mathbf{Z})}{1 - \Phi(\gamma_1 \mathbf{Z})}$ 则是对应于 $private = 1$ 和 $private = 0$ 的逆米尔斯比率（inverse Mills ratio），用于克服不可观测变量带来的选择性偏差，在接下来的回归方程中，为表述方便，我们对这两个变量均用 λ 表示，$\sigma_{\varepsilon_P, \upsilon}$ 和 $\sigma_{\varepsilon_{NP}, \upsilon}$ 由估计得到。

在第二阶段估计中，为了保持估计结果的稳健性，我们进一步控制了行业固定效应和城市固定效应。

6.2.3　数据说明

本节数据来源于世界银行 2003 年所做的"投资环境调查"（Investment Climate Surveys），在中国这个项目的具体调研是由国家统计局执行的。该项调研的样本涉及 15 省（自治区或直辖市）18 个城市的 2 400 家企业。这 15 个省/自治区（18 个城市）分别为辽宁省（本溪、大连）、黑龙江省（哈尔滨）、吉林省（长春）、河北省（石家庄）、河南省（郑州）、湖北省（武汉）、湖南省（长沙）、浙江省（杭州、温州）、江西省（南昌）、云南省（昆明）、陕西省（西安）、甘肃省（兰州）和广西壮族自治区（南宁）、广东省（深圳、江门）和重庆市。该数据样本分散，既包括国有企业也包括民营企业，在民营企业中既有上市企业也有非上市企业，因此样本具有一定的典型性和代表性。

在表 6.1 中,我们汇报了主要变量的统计特征,这些指标展示了样本的多样性和差异性。由表 6.1 可知,平均而言,在商业纠纷中,民营企业的契约和产权受到法庭保护的概率为 62.71%,低于非民营企业的 67.04%,大约为非民营企业受到法庭保护概率的 93.52%。这说明民营企业确实在商业纠纷中受到一定程度的歧视。此外,作为本节考察的主要变量,非民营企业的政治关联度均高于民营企业,这说明民营企业在于政府建立政治关联的过程中处于比较不利的地位。另外一个发现是,与非民营企业相比,民营企业的总销售收入中销售给国有企业的比重相对较高。在中间投入采购的过程中,民营企业倾向于更多地从国外进口中间投入。

表 6.1　主要变量的统计特征描述

变　量	民营企业			非民营企业			均值差异 (非民营—民营)
	样本数	均值	标准差	样本数	均值	标准差	
up	1 462	62.705 37	39.432 22	606	67.043 5	37.573 12	4.338 13
competent	1 579	50.783 89	30.766 59	653	51.168 68	31.565 51	0.384 79
help	1 580	33.537 46	31.125 43	645	36.274 81	31.946 4	2.737 35
board	923	0.261 105	0.439 475	279	0.412 186	0.493 113	0.151 081
appoint	1 701	0.060 553	0.238 578	699	0.271 817	0.445 215	0.211 264
party	1 701	0.636 096	0.481 263	699	0.769 671	0.421 345	0.133 575
political	856	−0.030 354 6	0.845 555	258	0.100 711 4	0.969 768 7	0.131 066
sens	1 458	26.447 19	29.878 83	583	30.383 16	31.815 25	3.935 97
age	1 701	12.178 72	12.221 72	699	21.818 31	16.791 91	9.639 59
sale_soe	1 576	32.003 23	37.034 01	628	31.722 91	37.111 65	−0.280 32
import	1 127	7.192 955	16.135 94	442	4.708 439	12.942 02	−2.484 52
export	1 691	15 173.26	206 916.3	693	47 126.67	346 492.5	331 319.24

在表 6.2 中,我们进一步列举了主要变量的相关系数矩阵。在下面的计量分析中,为消除多重共线性的影响,当我们主要考察某个变量的影响时,我们在计量模型中去掉了与这个变量高度相关的变量。

6.3　计量结果

在前文计量模型和数据描述的基础上,本节报告计量分析结果。在本节,为与没有克服选择性偏差之前的结果进行对比,并考察结论的稳健程度,我们首先报告

表 6.2　主要变量的相关系数矩阵

	competent	help	board	appoint	party	political	size	profit	age	prod	sale_soe	sale_gov	import	export
competent	1													
help	0.65	1												
board	0.01	−0.04	1											
appoint	0.04	0.05	−0.01	1										
party	0.01	−0.01	0.23	0.08	1									
political	0.77	0.75	0.35	0.29	0.41	1								
size	0.06	0.08	0.12	0.05	0.08	**0.14**	1							
profit	0.00	0.03	0.08	−0.02	0.03	0.05	0.43	1						
age	−0.04	−0.05	0.09	**0.13**	**0.25**	**0.10**	0.02	−0.01	1					
prod	0.05	0.07	0.06	**0.15**	0.00	**0.11**	0.30	0.14	−0.05	1				
sale_soe	−0.01	−0.06	**0.13**	0.04	**0.18**	0.08	−0.03	−0.03	0.17	−0.02	1			
sale_gov	0.01	−0.01	0.04	0.05	−0.02	0.02	0.01	0.05	−0.06	0.00	−0.06	1		
import	0.00	0.00	−0.01	−0.02	**−0.15**	−0.06	−0.01	−0.01	−0.06	0.07	−0.12	−0.02	1	
export	0.00	0.02	0.02	−0.01	−0.10	−0.02	0.03	0.02	0.00	0.12	−0.09	−0.03	0.13	1

了普通最小二乘估计结果,并在此基础上逐步克服变量内生性和样本选择偏差的影响。

6.3.1 普通最小二乘估计结果

表 6.3 汇报了普通最小二乘(OLS)估计结果,并比较了政治关联对不同所有制企业所受到的法律保护影响的差异性。考虑到解释变量多重共线性对估计结果的影响,我们在不同的回归组合中,去掉了与核心解释变量相关性较高的样本。由表 6.3 可知:政治关联指数($political$)对民营企业契约实施环境起到了积极作用,但对非民营企业契约环境的影响虽然也为正,但显著性不高。因此,总体上来看,不论是对于民营企业还是非民营企业而言,政治关联均能够提高法律对其的保护程度。而且政治关联对民营企业受法律保护程度的影响更大。这表明,从契约和产权保护的角度来看,政治关联确实降低了民营企业受到的法律歧视。

我们再来看具体的分类指标:

(1) 与企业经常交往的官员中,政府要员所占比重($competent$)越高,则企业的契约和产权受到保护的概率越大。而且不论从估计系数的绝对值还是统计显著性来看,该变量对民营企业的影响要高于其对非民营企业的影响。例如,在回归组合(1)和(2)中,该变量对民营企业的估计系数为 0.332,对非民营企业的估计系数为 0.238,前者为后者的 1.39 倍;从统计显著性上来看,这一差异则更加明显,其对民营企业的估计系数的 t 统计量达到 10.68,是非民营企业的 2.22 倍。这表明,与企业交往的官员的地位对企业受保护的概率有重要影响,其地位越高,则企业越能在商业纠纷中得到保护。

(2) 与企业经常交往的官员中,那些旨在帮助企业发展的政府官员所占比重($help$)越高,则企业的契约和产权受到保护的概率越大。这表明,如果一个地方的官员倾向于扶植本地企业的发展,则企业的政治关联能够显著地提高其契约和产权被保护的力度。这说明,不仅企业的政治关联重要,而且企业与什么样的官员交往更为重要。即与"好"官员进行交往,可以明显提高企业受保护的概率。当然,这里的"好"官员是从帮助企业发展的角度来定义的。另外,比较 $help$ 与 $competent$ 的估计系数不难发现,$competent$ 的估计系数的显著性更高,且其对不同所有制企业影响的差异也越大。这就意味着,企业经常与之交往的官员的"地位"比官员的"好坏"更为重要。

表 6.3　普通最小二乘估计结果

企业类型	(1) up 民营	(2) up 非民营	(3) up 民营	(4) up 非民营	(5) up 民营	(6) up 非民营	(7) up 民营	(8) up 非民营	(9) up 民营	(10) up 非民营	(11) up 民营	(12) up 非民营
competent	0.330*** (10.68)	0.238*** (4.81)										
help			0.220*** (6.78)	0.202*** (3.92)								
board					−0.009 (−0.22)	0.008 (0.11)						
appoint							−0.005 (−0.18)	0.028 (0.61)				
party									0.006 (0.19)	−0.014 (−0.26)		
political1											0.293*** (6.83)	0.137 (1.65)
size	−0.028 (−0.77)	0.074 (1.37)	−0.022 (−0.61)	0.096* (1.78)	−0.095* (−1.82)	−0.006 (−0.08)	−0.014 (−0.49)	0.030 (0.68)	−0.011 (−0.30)	0.100* (1.87)	−0.042 (−0.87)	0.106 (1.25)
profit	−0.043 (−1.22)	0.018 (0.34)	−0.049 (−1.32)	0.015 (0.29)	−0.024 (−0.55)	−0.168** (−2.12)	0.022 (0.80)	0.015 (0.34)	−0.049 (−1.32)	−0.001 (−0.01)	−0.063 (−1.12)	−0.005 (−0.06)
age	−0.036 (−1.14)	0.020 (0.36)	−0.042 (−1.30)	0.017 (0.31)							−0.041 (−0.95)	−0.122 (−1.52)

续表

企业类型	(1) *up* 民营	(2) *up* 非民营	(3) *up* 民营	(4) *up* 非民营	(5) *up* 民营	(6) *up* 非民营	(7) *up* 民营	(8) *up* 非民营	(9) *up* 民营	(10) *up* 非民营	(11) *up* 民营	(12) *up* 非民营
prod	-0.024 (-0.80)	-0.127** (-2.50)	-0.027 (-0.86)	-0.132** (-2.58)	0.028 (0.51)	-0.166** (-2.22)			-0.013 (-0.42)	-0.127** (-2.49)	-0.013 (-0.23)	-0.221*** (-2.72)
sale_soe	0.017 (0.49)	0.016 (0.29)	0.020 (0.57)	0.045 (0.78)			0.001 (0.02)	0.050 (1.01)			0.010 (0.21)	-0.010 (-0.11)
sale_gov	0.057* (1.79)	-0.027 (-0.51)	0.044 (1.34)	-0.026 (-0.50)	0.076* (1.76)	0.101 (1.28)	0.033 (1.15)	-0.013 (-0.30)	0.037 (1.13)	-0.009 (-0.17)	0.094** (2.21)	0.078 (0.99)
import	0.019 (0.61)	-0.080 (-1.36)	0.027 (0.85)	-0.092 (-1.53)	0.017 (0.38)	-0.143 (-1.57)	0.023 (0.81)	-0.070 (-1.41)			0.015 (0.35)	-0.110 (-1.22)
export	0.054* (1.69)	-0.012 (-0.23)	0.044 (1.35)	0.011 (0.19)	0.067 (1.56)	0.064 (0.73)	0.048* (1.69)	0.017 (0.34)	-0.046 (-1.43)	0.019 (0.33)	0.055 (1.30)	0.016 (0.20)
地区	控制	控制	控制	控制	控制	控制	控制	控制	控制	控制	控制	控制
行业	控制	控制	控制	控制	控制	控制	控制	控制	控制	控制	控制	控制
N	942	364	940	365	559	184	1 256	522	973	382	546	177
R^2	0.227	0.282	0.171	0.267	0.171	0.298	0.121	0.162	0.125	0.210	0.240	0.353

注:***、**、* 分别代表估计系数通过1%、5%以及10%的显著性水平检验。

（3）企业的董事会中是否有政府官员（*board*）、总经理是否被任命（*appoint*）以及总经理是否为党员（*party*）这三项的估计系数并不显著。这说明，董事会中有政府官员参与、总经理被政府任命未必能够提高企业的契约和产权被保护的概率。其原因可能在于很多情况下，在董事会中安插政府官员以及对企业的总经理进行任命是政府实现对企业控制重要方式（俞鸿琳，2006）。如果一个企业的总经理是党员或在党中担任党委书记职务，这可能是政府希望控制企业发展的一个信号。作为掌握"特权"的官员来讲，官员既可以利用手中的权力来帮助企业，也可以掠夺企业。当官员控制企业的目的是希望掠夺企业时，此时的政治关联可能起不到改善企业契约实施环境的效果。通过观察表 6.1 的相关系数矩阵不难发现，*help* 与 *party* 之间的相关系数为 -0.01，也就是说，在这样一些企业，帮助企业发展的官员所占的比重并不高。由此可以得出结论，在那些"党政合一"的企业，政府控制企业的目的可能并非帮助企业发展。因此，董事会中有政府官员以及总经理被政府任命不仅不会起到保护企业的作用，甚至可能是政府的"掠夺之手"的具体表现形式，从而不会起到改善企业契约实施环境的作用。

（4）企业的规模（*size*）、利润（*profit*）和全员劳动生产率（*prod*）与企业契约实施环境之间呈现出一定程度的负相关关系。这就表明，从契约实施环境看，优秀的企业并没有得到良好的保护，该结论与聂辉华（2011）的发现不谋而合。聂辉华（2011）通过分析企业 TFP 的离散程度和对 TFP 进行分解发现，我国制造业存在普遍的生产率配置错误，即优秀的企业并没有得到优质的资源。本节的研究则意味着，企业之间契约实施环境的差异可能是导致资源配置错误的原因之一。

（5）民营企业销售给国有企业和政府的比重（*sale_soe* 和 *sale_gov*）越高，民营企业的契约实施环境越好。其原因可能是，与国有企业和政府的业务往来为企业建立社会关系网络创造了良好的条件，从而有助于改善其契约实施环境。中间投入进口比重（*import*）和出口规模（*export*）虽然均在一定程度上有利于民营企业的改善，但效果并不明显。企业的年龄（*age*）与企业受保护的概率之间没有明确的关系。

6.3.2 　稳健性检验

严重的内生性会大大降低估计结果的可靠性。就本节要考察的问题而言，一方面，如果企业的契约实施环境较差，这就可能激励企业去建立政治联系；另一方面，某些影响政治关联的因素也可能同时影响企业的契约实施环境，这也可能会导致变量的内生性问题。一般来说,工具变量选择需要满足两个条件:一是与内生解释变量之间具有较高的相关性;二是要求工具变量必须是外生的。本节采用 $n-1$ 变量,即本市其他企业政治关联变量的平均取值作为企业政治关联变量的工具变量。[①]例如,对于企业 i 而言,若其在城市为 c,则 competent 变量的工具变量为:

$$ivcompetent_{ic} = \sum_{j \neq i} competent_{jc} / (N_c - 1)$$

其中 N_c 表示城市 c 的企业数目。为了对工具变量进行过度识别检验(Sargan 检验),本节进一步引入了上述工具变量的二次项。表 6.4 汇报了采用工具变量两阶段最小二乘法进行估计的回归结果。由表 6.4 可知:

首先,从本节主要考察的变量来看,competent、help、board、appoint、party 和 political 的估计系数及回归系数的 t 统计量均未发生本质改变。其中,competent 和 political 变量的估计系数略有下降,但下降幅度不大。表明变量内生性使得政治关联变量产生了向上的偏倚。help 变量对民营企业的回归系数略有提高,对非民营企业的回归系数略有下降,表明普通最小二乘估计低估了该变量对民营企业契约实施环境的影响,并高估了其对非民营企业的影响。

其次,为检验工具变量的有效性,我们对工具变量进行了识别不足检验、弱识别检验和过度识别检验,这三类检验所对应的原假设分别是:工具变量是内生的、工具变量与内生解释变量之间强相关、工具变量是外生的。从工具变量检验结果来看,计量结果在 1% 的统计水平上拒绝弱识别检验的原假设,表明工具变量与内生解释变量之间具有较强的相关性,满足工具变量的第一个条件。综合识别不足和过度识别检验结果可知,本节选取的工具变量是外生的,符合工具变量的第二个条件。

其他解释变量的估计系数和统计显著性未发生显著改变,限于篇幅,此处不再赘述。

6.3.3 基于内生转换模型的估计结果

正如我们在前文中所指出的,由于样本选择偏差和变量内生性的存在,采用普通最小二乘法得到的估计结果可能是有偏的和非一致的。鉴于此,我们采用 Lee(1978)所发展的内生转换模型来克服该问题。首先我们使用 probit 模型对样本选

---

① 非常感谢匿名审稿人建议我们采用该工具变量。

表 6.4　工具变量两阶段最小二乘估计结果

因变量	(1) *up*	(2) *up*	(3) *up*	(4) *up*	(5) *up*	(6) *up*	(7) *up*	(8) *up*	(9) *up*	(10) *up*	(11) *up*	(12) *up*
企业类型	民营	非民营	民营	非民营	民营	非民营	民营	非民营	民营	非民营	民营	非民营
估计方法	2SLS	2SLS	2SLS	2SLS	2SLS	2SLS	2SLS	2SLS	2SLS	2SLS	2SLS	2SLS
competent	0.329*** (10.71)	0.234*** (4.93)										
help			0.229*** (7.09)	0.199*** (4.02)								
board					−0.001 (−0.02)	−0.006 (−0.08)						
appoint							−0.005 (−0.18)	0.031 (0.69)				
party									0.011 (0.35)	−0.011 (−0.21)		
political											0.308*** (7.32)	0.154** (2.05)
size	−0.028 (−0.78)	0.074 (1.46)	−0.023 (−0.62)	0.096* (1.88)	−0.095* (−1.88)		−0.014 (−0.50)	0.030 (0.70)	−0.011 (−0.31)	0.100** (1.97)	−0.043 (−0.92)	0.101 (1.34)
profit	−0.043 (−1.25)	0.017 (0.35)	−0.049 (−1.35)	0.015 (0.30)	−0.024 (−0.58)		0.022 (0.81)	0.015 (0.36)	−0.049 (−1.34)	−0.001 (−0.01)	−0.062 (−1.14)	−0.004 (−0.06)
age	−0.036 (−1.16)	0.020 (0.38)	−0.042 (−1.33)	0.017 (0.32)		−0.168** (−2.36)					−0.042 (−1.01)	−0.123* (−1.73)

续表

因变量 企业类型	(1) up 民营	(2) up 非民营	(3) up 民营	(4) up 非民营	(5) up 民营	(6) up 非民营	(7) up 民营	(8) up 非民营	(9) up 民营	(10) up 非民营	(11) up 民营	(12) up 非民营
prod	−0.024	−0.127***	−0.028	−0.132***	0.027	−0.165**			−0.013	−0.127***	−0.015	−0.222***
	(−0.82)	(−2.65)	(−0.90)	(−2.74)	(0.51)	(−2.46)			(−0.43)	(−2.63)	(−0.29)	(−3.08)
sale_soe	0.017	0.016	0.020	0.045			0.001	0.050			0.010	−0.009
	(0.51)	(0.31)	(0.60)	(0.83)			(0.02)	(1.05)			(0.23)	(−0.12)
sale_gov	0.056*	−0.027	0.044	−0.026	0.076*	0.100	0.033	−0.014	0.037	−0.009	0.095**	0.078
	(1.83)	(−0.54)	(1.38)	(−0.53)	(1.83)	(1.40)	(1.17)	(−0.32)	(1.15)	(−0.19)	(2.31)	(1.12)
import	0.019	−0.081	0.027	−0.092	0.016	−0.146*	0.023	−0.070			0.014	−0.106
	(0.63)	(−1.45)	(0.86)	(−1.62)	(0.39)	(−1.79)	(0.82)	(−1.46)			(0.36)	(−1.32)
export	0.054*	−0.012	0.044	0.011	0.067	0.063	0.048*	0.017	−0.046	0.019	0.054	0.016
	(1.73)	(−0.24)	(1.36)	(0.20)	(1.62)	(0.81)	(1.72)	(0.35)	(−1.45)	(0.35)	(1.33)	(0.22)
N	942	364	940	365	559	184	1 256	522	973	382	546	177
R^2	0.227	0.282	0.171	0.267	0.171	0.298	0.121	0.162	0.125	0.210	0.240	0.353

注：***、**、* 分别代表估计系数通过 1%、5%以及 10%的显著性水平检验。

择方程进行估计，然后根据结果算出逆米尔斯比率（Inverse Mills Ratio）λ，最后在表 6.4 的估计方程基础上引入 λ 进行回归。需要指出的是，原始的内生转换模型能够较好地处理 *private* 变量的内生性问题，但是却难以同时克服政治关联变量内生性。为此，我们在引入逆米尔斯比率 λ 的基础上采用工具变量两阶段最小二乘法对式（6.3）和式（6.4）进行估计。估计结果见表 6.5。

由表 6.5 可知，在表 6.5 所有 12 个回归组合中，逆米尔斯比率 λ 回归系数的 t 统计量均至少在 5% 的统计水平上保持显著，这说明我们采用内生转换模型来克服样本选择偏差有一定的合理性。

此外，对于民营企业而言，出口规模以及中间投入进口比重的增加提高了民营企业的契约和产权受保护的概率，而对非民营企业而言，这一结论并不成立。对该结果可能的解释是：对于那些从事国际贸易进口和出口民营企业而言，为了在激烈的海外市场竞争中脱颖而出，不仅需要通过降低成本和提高品质的方式来提高企业的竞争力，而且还要熟悉国外的消费者偏好、文化和法律法规。这就要求企业雇用一定数量的法律人员，而这可能进一步提高其在国内商业纠纷中的胜诉和受保护的概率。尤其是对于那些经常面临国外反倾销的行业而言更是如此，为了在反倾销中获胜，企业必须储备大量的法律人才，并熟悉国外贸易法律规则。

同时，由于民营企业缺乏资金和技术，这些企业往往从事的是一些劳动密集型行业的出口，这些行业本身的附加值较低，在国际市场上主要依靠的是低价竞争，因此，那些出口规模较大的民营企业也往往熟悉国外法律环境并拥有丰富的法律人员储备，这就为其在国内处理商业和法律纠纷提供了便利。而相比之下，我国的国有企业则资金实力雄厚，因此，其在资本密集型产品上的出口比较优势相对较强。这些行业的出口主要依靠的是技术和品质，因此，不太容易遭受反倾销威胁，这就不需要其花费太多的时间去熟悉国外环境。另外，由于行政垄断，国有企业享有法律、政策和融资方面的各项优惠，这就进一步削弱了其储备法律人才的积极性。当然，民营企业从事国际贸易会提高其在国内受到的法律保护也可能与我国出口导向型的外贸政策有关。

6.3.4　更稳健性检验

前文使用 2002 年数据考察了政治关联对民营企业和非民营企业契约实施环境的影响。自 2002 年以来，民营经济的发展和政策环境发生了一些显著的变化。

2002 年底，中国共产党第十六次全国代表大会报告指出，"必须毫不动摇地鼓

表 6.5 基于工具变量法的内生转换模型估计结果

企业类型	(1) 民营	(2) 非民营	(3) 民营	(4) 非民营	(5) 民营	(6) 非民营	(7) 民营	(8) 非民营	(9) 民营	(10) 非民营	(11) 民营	(12) 非民营
估计方法	IVESM	IVESM	IVESM	IVESM	IVESM	IVESM	IVESM	IVESM	IVESM	IVESM	IVESM	IVESM
competent	0.317***	0.279***										
	(8.61)	(4.90)										
help			0.209***	0.209***								
			(5.48)	(3.66)								
board					−0.000	−0.008						
					(−0.01)	(−0.10)						
appoint							−0.006	0.046				
							(−0.18)	(0.91)				
party									0.017	−0.036		
									(0.45)	(−0.61)		
political1											0.295***	0.069
											(5.95)	(0.77)
size	−0.046	0.101*	−0.039	0.120**	−0.076	0.013	−0.049	0.050	−0.027	0.129**	−0.055	0.135
	(−1.09)	(1.73)	(−0.90)	(2.02)	(−1.22)	(0.17)	(−1.53)	(0.99)	(−0.61)	(2.18)	(−1.04)	(1.57)
profit	−0.043	−0.002	−0.049	−0.012			0.029	−0.007	−0.049	−0.013	−0.049	−0.023
	(−1.04)	(−0.03)	(−1.16)	(−0.21)			(0.88)	(−0.15)	(−1.13)	(−0.23)	(−0.75)	(−0.31)
age	−0.027	0.091	−0.027	0.082	−0.031	−0.074					−0.043	−0.058
	(−0.76)	(1.52)	(−0.71)	(1.35)	(−0.63)	(−0.91)					(−0.90)	(−0.72)

续表

企业类型	(1) up 民营	(2) up 非民营	(3) up 民营	(4) up 非民营	(5) up 民营	(6) up 非民营	(7) up 民营	(8) up 非民营	(9) up 民营	(10) up 非民营	(11) up 民营	(12) up 非民营
$prod$	−0.035	0.077	−0.035	0.036	−0.011	0.040			−0.022	0.041	−0.033	0.046
	(−1.01)	(0.68)	(−0.96)	(0.31)	(−0.17)	(0.23)			(−0.60)	(0.36)	(−0.52)	(0.27)
$sale\_soe$	−0.006	−0.035	0.005	−0.028			0.003	−0.003			−0.007	−0.060
	(−0.16)	(−0.57)	(0.13)	(−0.45)			(0.07)	(−0.06)			(−0.15)	(−0.68)
$sale\_gov$	0.062*	−0.083	0.057	−0.072	0.085*	0.104	0.054	−0.053	0.050	−0.029	0.094**	0.088
	(1.72)	(−1.54)	(1.52)	(−1.30)	(1.79)	(1.29)	(1.61)	(−1.07)	(1.32)	(−0.52)	(2.03)	(1.11)
$import$	0.077**	−0.032	0.082**	−0.066	0.110**	−0.081	0.091***	−0.052			0.087*	−0.060
	(2.16)	(−0.51)	(2.21)	(−1.03)	(2.33)	(−0.83)	(2.73)	(−0.96)			(1.91)	(−0.62)
$export$	0.047	−0.124	0.039	−0.085	0.054	−0.100	0.056*	−0.061	0.049	−0.124	0.039	−0.113
	(1.29)	(−1.10)	(1.03)	(−0.74)	(1.15)	(−0.59)	(1.69)	(−1.17)	(1.27)	(−1.11)	(0.85)	(−0.68)
λ	0.227***	−0.166***	0.237***	−0.195***	0.235***	−0.298***	0.265***	−0.256***	0.204***	−0.246***	0.169**	−0.235**
	(3.42)	(−2.89)	(3.46)	(−3.35)	(2.72)	(−3.72)	(4.15)	(−5.09)	(2.97)	(−4.36)	(2.01)	(−2.56)
N	666	252	665	252	419	128	862	338	677	258	417	128
R^2	0.243	0.367	0.192	0.344	0.203	0.399	0.151	0.278	0.147	0.304	0.259	0.419

励、支持和引导非公有制经济发展。坚持公有制为主体,促进非公有制经济发展,统一于社会主义现代化建设的进程中,不能把这两者对立起来。各种所有制经济完全可以在市场竞争中发挥各自优势,相互促进,共同发展。"十六大报告为中国的非公经济破除了体制性的障碍,民营经济今后可以与国有、外资企业站在同一条起跑线上开展竞争。

2003年3月,从全国政协十届一次会上,全国政协委员中有60多名来自非公有制经济阶层,占所有委员的比例至少有2.9%,人数和比例均超过上届。2003年11月30日,全国工商联首次举行中国民营经济发展形势分析会,全国政协副主席、全国工商联主席黄孟复出席并做了题为《2003年中国民营经济发展形势分析》的主题报告。这份报告认为,2003年民营经济发展的外部环境明显改善,党的十六大和十六届三中全会的召开使民营经济的政策环境更加宽松。

上述事件促使我们去思考这样一个问题:随着对民营经济体制性障碍的消除,以及民营企业政策环境日趋宽松,政治关联对民营企业契约实施环境的影响会进一步增强还是减弱?

为了对上述问题进行回答,本节采用世界银行2005年投资环境调查数据来进一步验证政治关联对企业契约实施环境的影响。该数据发布年份为2005年,数据采集年份为2004年。

另外,与2003年调查数据不同,2005年报告涵盖了中国120城市的12 400家企业的样本,样本量更大,因此所得到的结论可能更具一般意义。在此次问卷调查中,有两个问题与企业契约实施环境相关:一个问题是"在本省与供应商、客户和子公司的商业纠纷中,本地的司法体系能够公正地解决纠纷的概率是多少";另外一个问题是"在外省与供应商、客户和子公司的商业纠纷中,当地(外生)的司法体系能够公正地解决纠纷的概率是多少"我们采用这两个问题的回答来分别表示企业在本省和外省所面临的契约实施环境,并分别用 up_in 和 up_out 表示。

表6.6报告了不同所有制企业 up_in 和 up_out 变量的均值以及排名情况。在原始数据中,有802家企业 up_in 变量的取值为999,有3 735家企业 up_out 变

表6.6　不同所有制企业契约实施环境的比较　　　（单位:%）

	国有	集体	联营	有限责任	股份有限	民营	港澳台	外资	其他
up_in	74.55	74.44	77.74	79.11	79.44	**77.96**	81.66	79.18	82.01
(排名)	(8)	(9)	(7)	(5)	(4)	(6)	(2)	(3)	(1)
up_out	67.28	70.85	70.33	71.532	70.77	**71.04**	74.62	72.17	74.91
(排名)	(9)	(6)	(8)	(4)	(7)	(5)	(2)	(3)	(1)

注:括号中数字为不同所有制企业平均契约实施环境的排序。

量的取值为 999。为此，本节在下文经验分析中删掉了 up_in（或 up_out）取值为 999 的样本。

从表 6.6 可知，在所有 9 类企业中，民营企业在本省和外省契约实施环境的平均排名分别为第 6 和第 5 位，虽然排名位于港澳台、外资企业和有限责任公司之后，却高于国有企业、集体企业和联营企业。这说明，民营企业的契约实施环境确实得到了明显的改善。另外我们还发现，不论是在本省还是在外省的契约实施环境排名，外资和港澳台企业的契约实施环境均排名前列，证实了我国地方政府在"软环境"方面对外资和港澳台企业所给予的"超国民待遇"。

在 2005 年投资环境调查报告中，有两组变量与企业的政治关联有关：第一组变量只有一个变量 $appoint$，该变量表示企业的总经理是否是由政府任命；第二组变量包含 4 个变量，$help\_tax$、$help\_security$、$help\_environment$ 和 $help\_social$，分别表示在税务、公安、环境与劳动和社会保障部门的官员中，帮助企业发展的官员所占的比重。

在表 6.7 和表 6.8 中，我们分别考虑了 $help\_tax$、$help\_security$、$help\_environment$、$help\_social$ 和 $appoint$ 变量对企业在本省和外省的契约实施环境的影响。与前文类似，我们仍然采用 $n-1$ 变量以及其二次项作为企业政治关联的工具变量。由表 6.7 和表 6.8 汇报的结果可知：

第一，就企业在本省的契约实施环境来看，$help\_tax$、$help\_security$、$help\_environment$ 和 $help\_social$ 对民营企业在本省契约实施环境的影响虽然为正，但作用效果并不显著。这可能意味着，随着国家对民营企业发展限制日趋放宽，政治关联对民营企业契约实施环境的影响已经开始减弱。从对非民营企业政治关联的回归结果来看，$help\_security$ 和 $help\_environment$ 变量对非民营企业契约实施环境起到了负面作用。上述结论提醒我们，虽然政治关联曾经对企业的契约实施环境起到积极的促进作用，但随着法律制度的完善和市场化进程的推进，其负面作用正在开始显现。

而不论是对民营企业还是非民营企业而言，$appoint$ 变量对企业契约实施环境的影响均显著为负，说明如果一个企业的总经理是由政府所任命的，那么这些企业的契约实施环境不仅不会改善，反而会更加恶化。其原因可能在于，政府对企业的总经理进行任命实际上是政府实现对企业控制重要方式。由于这些管理人员是由政府任命的，他们的收入和所享受的待遇由其行政级别所决定，这将导致上其激励目标发生偏移（俞鸿琳，2006）。再加上总经理不是通过市场机制筛选出来的，因此没有激励为企业的发展营造良好的环境。

表 6.7 分项政治关联指标对本省契约环境的影响

因变量	(1) up_in	(2) up_in	(3) up_in	(4) up_in	(5) up_in	(6) up_in	(7) up_in	(8) up_in
企业类型	民营	非民营	民营	非民营	民营	非民营	民营	非民营
估计方法	2SLS	2SLS	2SLS	2SLS	2SLS	2SLS	2SLS	2SLS
help_tax	0.021	0.016						
	(0.84)	(1.52)						
help_security			0.020	−0.017*				
			(0.83)	(−1.72)				
help_environment					0.011	−0.007		
					(0.44)	(−0.68)		
help_social							0.044*	0.010
							(1.84)	(1.04)
appoint	−0.053**	−0.026***	−0.053**	−0.026***	−0.053**	−0.026***	−0.054**	−0.026***
	(−2.31)	(−2.72)	(−2.30)	(−2.73)	(−2.29)	(−2.72)	(−2.34)	(−2.71)
sale_gov	−0.021	−0.007	−0.020	−0.007	−0.021	−0.007	−0.020	−0.007
	(−0.91)	(−0.75)	(−0.89)	(−0.78)	(−0.92)	(−0.77)	(−0.88)	(−0.75)
sale_soe	−0.013	−0.014	−0.013	−0.014	−0.013	−0.014	−0.013	−0.014
	(−0.53)	(−1.42)	(−0.54)	(−1.38)	(−0.55)	(−1.40)	(−0.57)	(−1.44)
size	0.052**	0.109***	0.054**	0.107***	0.053**	0.108***	0.056**	0.109***
	(2.02)	(10.86)	(2.08)	(10.67)	(2.03)	(10.75)	(2.15)	(10.88)

续表

因变量 企业类型	(1) up_in 民营	(2) up_in 非民营	(3) up_in 民营	(4) up_in 非民营	(5) up_in 民营	(6) up_in 非民营	(7) up_in 民营	(8) up_in 非民营
profit	0.014	0.009	0.012	0.008	0.012	0.009	0.010	0.009
	(0.58)	(0.93)	(0.48)	(0.90)	(0.49)	(0.91)	(0.41)	(0.92)
prod	0.008	−0.029***	0.009	−0.029***	0.009	−0.029***	0.009	−0.029***
	(0.33)	(−3.16)	(0.36)	(−3.16)	(0.36)	(−3.16)	(0.38)	(−3.16)
age	0.006	0.003	0.006	0.003	0.006	0.003	0.007	0.003
	(0.28)	(0.37)	(0.29)	(0.36)	(0.29)	(0.37)	(0.29)	(0.37)
识别不足 检验	1 440.980	9 747.978	1 442.390	9 780.925	1 442.616	9 761.695	1 443.230	9 809.333
	(0.000)	(0.000)	(0.000)	(0.000)	(0.000)	(0.000)	(0.000)	(0.000)
弱识别 检验	1.2e+04	7.5e+04	1.3e+04	8.3e+04	1.3e+04	7.8e+04	1.3e+04	9.2e+04
	(0.000)	(0.000)	(0.000)	(0.000)	(0.000)	(0.000)	(0.000)	(0.000)
过度识别 检验	0.275	2.577	0.497	0.963	0.560	0.426	0.613	1.242
	(0.871 4)	(0.275 7)	(0.779 9)	(0.617 8)	(0.755 6)	(0.808 0)	(0.736 2)	(0.537 3)
城市	控制	控制	控制	控制	控制	控制	控制	控制
N	1 481	10 073	1 481	10 073	1 481	10 073	1 481	10 073
R^2	0.313	0.163	0.312	0.164	0.312	0.163	0.313	0.163

注：***、**、* 分别代表估计系数通过1%、5%以及10%的显著性水平检验。

表 6.8 分项政治关联指标对外省契约环境的影响

因变量	(1) up_out	(2) up_out	(3) up_out	(4) up_out	(5) up_out	(6) up_out	(7) up_out	(8) up_out
企业类型	民营	非民营	民营	非民营	民营	非民营	民营	非民营
估计方法	2SLS	2SLS	2SLS	2SLS	2SLS	2SLS	2SLS	2SLS
help_tax	0.023 (0.76)	0.016 (1.30)						
help_security			0.056* (1.85)	0.004 (0.32)				
help_environment					0.035 (1.14)	−0.007 (−0.60)		
help_social							0.055* (1.85)	0.015 (1.27)
appoint	−0.072** (−2.45)	−0.028** (−2.42)	−0.073** (−2.47)	−0.028** (−2.40)	−0.073** (−2.47)	−0.028** (−2.41)	−0.073** (−2.49)	−0.028** (−2.41)
sale_gov	−0.020 (−0.71)	−0.012 (−1.12)	−0.019 (−0.68)	−0.012 (−1.12)	−0.020 (−0.70)	−0.012 (−1.12)	−0.019 (−0.67)	−0.012 (−1.11)
sale_soe	0.034 (1.16)	−0.017 (−1.44)	0.034 (1.16)	−0.017 (−1.45)	0.033 (1.13)	−0.016 (−1.41)	0.033 (1.12)	−0.017 (−1.46)
size	0.005 (0.16)	0.049*** (4.11)	0.011 (0.34)	0.049*** (4.11)	0.009 (0.27)	0.048*** (4.02)	0.010 (0.29)	0.050*** (4.16)
profit	0.032 (1.02)	0.008 (0.75)	0.026 (0.85)	0.008 (0.75)	0.027 (0.86)	0.008 (0.75)	0.025 (0.80)	0.008 (0.75)
prod	0.008 (0.27)	0.002 (0.19)	0.009 (0.32)	0.002 (0.18)	0.010 (0.32)	0.002 (0.18)	0.010 (0.33)	0.002 (0.19)

续表

因变量 企业类型	(1) up_out 民营	(2) up_out 非民营	(3) up_out 民营	(4) up_out 非民营	(5) up_out 民营	(6) up_out 非民营	(7) up_out 民营	(8) up_out 非民营
age	−0.023	−0.013	−0.023	−0.013	−0.023	−0.013	−0.023	−0.013
	(−0.75)	(−1.14)	(−0.75)	(−1.14)	(−0.74)	(−1.15)	(−0.75)	(−1.14)
识别不足检验	1 010.309	7 353.391	1 007.662	7 381.586	1 009.306	7 353.148	1 010.913	7 402.322
	(0.000)	(0.000)	(0.000)	(0.000)	(0.000)	(0.000)	(0.000)	(0.000)
弱识别检验	9 637.879	5.4e+04	8 646.352	6.1e+04	9 237.223	5.4e+04	9 895.735	6.8e+04
	(0.000)	(0.000)	(0.000)	(0.000)	(0.000)	(0.000)	(0.000)	(0.000)
过度识别检验	1.104	3.030	2.932	3.176	2.075	2.799	0.720	3.320
	(0.575 9)	(0.219 8)	(0.230 9)	(0.204 4)	(0.354 3)	(0.246 7)	(0.697 7)	(0.190 2)
城市	控制	控制	控制	控制	控制	控制	控制	控制
N	1 034	7 607	1 034	7 607	1 034	7 607	1 034	7 607
R^2	0.271	0.109	0.273	0.109	0.272	0.109	0.273	0.109

注：***、**、* 分别代表估计系数通过 1%、5% 以及 10% 的显著性水平检验。

表 6.9 总体政治关联指标对企业在本省和外省契约环境的影响

因变量	(1) up_in 民营	(2) up_in 非民营	(3) up_in 民营	(4) up_in 非民营	(5) up_out 民营	(6) up_out 非民营	(7) up_out 民营	(8) up_out 非民营
企业类型 估计方法	OLS	OLS	2SLS	2SLS	OLS	OLS	2SLS	2SLS
political	0.027 (1.04)	−0.002 (−0.18)	0.027 (1.10)	0.001 (0.07)	0.050 (1.51)	0.005 (0.44)	0.047 (1.53)	0.008 (0.68)
sale_gov	−0.019 (−0.81)	−0.008 (−0.85)	−0.019 (−0.85)	−0.008 (−0.85)	−0.018 (−0.57)	−0.015 (−1.30)	−0.018 (−0.61)	−0.015 (−1.31)
sale_soe	−0.013 (−0.54)	−0.015 (−1.54)	−0.013 (−0.56)	−0.015 (−1.56)	0.036 (1.15)	−0.019 (−1.59)	0.036 (1.22)	−0.019 (−1.61)
size	0.051* (1.88)	0.106*** (10.53)	0.051** (1.97)	0.106*** (10.62)	0.005 (0.15)	0.046*** (3.86)	0.005 (0.16)	0.047*** (3.91)
profit	0.014 (0.54)	0.008 (0.89)	0.014 (0.56)	0.008 (0.89)	0.029 (0.89)	0.008 (0.72)	0.029 (0.95)	0.008 (0.72)
prod	0.009 (0.35)	−0.029*** (−3.11)	0.009 (0.36)	−0.029*** (−3.13)	0.009 (0.28)	0.003 (0.25)	0.009 (0.30)	0.003 (0.25)
age	0.005 (0.23)	0.001 (0.10)	0.005 (0.24)	0.001 (0.10)	−0.030 (−0.92)	−0.015 (−1.39)	−0.030 (−0.99)	−0.015 (−1.40)
识别不足检验			1 453.637 (0.000)	9 779.492 (0.000)			1 019.101 (0.000)	7 380.566 (0.000)
弱识别检验			3.6e+04 (0.000)	1.7e+05 (0.000)			3.1e+04 (0.000)	1.2e+05 (0.000)
过度识别检验			0.019 (0.889 0)	0.673 (0.412 2)			0.700 (0.402 6)	0.140 (0.707 9)
城市	控制	控制	控制	控制	控制	控制	控制	控制
N	1 481	10 073	1 481	10 073	1 034	7 607	1 034	7 607
R^2	0.310	0.163	0.310	0.163	0.268	0.108	0.268	0.108

注：***、**、* 分别代表估计系数通过 1%、5% 以及 10% 的显著性水平检验。

第二，从企业在外省的契约实施环境来看，*help_security* 和 *help_social* 均在 10% 的统计水平上提高了民营企业在外省的契约实施环境。*help_tax* 和 *help_environment* 虽然对民营企业在外省契约实施环境的影响为正，但作用效果并不显著。但对非民营企业而言，这 4 个变量对其在外省的契约实施环境均无显著影响。此外，不论是对民营企业还是非民营企业而言，*appoint* 变量均恶化了其在外省的契约实施环境。

第三，在所有控制变量中，企业的规模（*size*）对企业在本省和外省的契约实施环境均起到了积极作用。这说明，规模越大的企业在商业纠纷中处于更为有利的地位。

最后，为了从考察政治关联对企业在本省和外省契约实施环境影响的总效应，我们采用主成分方法提取了 *help_tax*、*help_security*、*help_environment*、*help_social* 和 *appoint* 变量的主成分，并构造了 *political* 变量来综合反映企业的政治关联程度。在表 6.9 中，我们分别采用普通最小二乘法（OLS）和工具变量两阶段最小二乘法（2SLS）考察了 *political* 变量对不同类型企业在本省和外省契约实施环境的影响。由表 6.9 可知，总体来看，虽然政治关联对企业契约实施环境存在一定程度的积极作用，但其效果并不明显。这说明，随着法律制度的完善和民营企业整体生存环境的改善，政治关联对民营企业发展的积极作用正逐步被其消极作用所抵消。因此，取消民营企业发展的各种政策和制度壁垒、促进相关法律法规的完善仍然是推动企业发展的根本渠道。

6.4 结论

本章基于世界银行 2003 年和 2005 年企业调查数据研究了政治关联对企业契约实施环境的影响，并重点考察了其对不同所有制企业影响的差异性。实证结果表明：第一，与掌握实权的政府官员建立政治联系能够显著改善民营企业的契约实施环境，而且这些官员的地位越高，其影响越显著；第二，政治关联能否能够改善企业的契约实施环境与官员的类型有关。如果官员属于"帮助企业发展"类型的，则这类官员的比重越高，政治关联越能改善契约实施环境；第三，董事会中是否有政府官员以及总经理是否由政府任命对企业契约的实施环境的作用效果并不显著；第四，比较基于世界银行 2003 年和 2005 年调查数据的回归结果可以发现,相比之下,若采用前一套数据进行回归,则政治关联对企业契约实施环境的积极作用更为明显。这就意味着,随着法律制度的不断完善和市场化进程的推进,各类政治关联对企业契约实施环境的积极作用正在被其消极作用所抵消。因此,消除阻碍民营企业发展的各种制度和政策障碍仍然是推动民营企业发展的根本之道。

此外,本章的研究还发现,企业规模的扩大可以在一定程度上改善企业的契约实施环境,但利润水平、劳动生产率与企业契约环境之间并不存在正相关关系。这说明,"优秀"的企业并没有得到更多的保护,这与聂辉华(2011)的研究不谋而合。聂辉华(2011)研究发现,中国存在普遍的资源配置错误,即"优秀"的企业没有得到"优秀"的资源。本章的研究则对我国普遍存在资源配置错误这一现象提供了进一步的经验证据。

改革开放以来,中国经济取得了一系列举世瞩目的经济成就。但中国的高速增长是在缺乏西方主流标准所列出的契约和产权制度的背景下取得的,而这些被认为是经济持续增长的必要条件(Jefferson and Rawski, 2002; Allen *et al.*, 2005)。而且,作为推动我国经济增长的重要力量,民营企业不仅长期以来得不到有效的法律保护,而且还经常遭到政府官员的随意管制、干预甚至掠夺。这就对民营企业的发展乃至经济增长形成了掣肘。在这样的背景之下,建立政治关联和参政议政成为民营企业摆脱制度束缚、寻求法律保护和提升自身价值的重要手段(Fisman, 2001;陈钊等,2008)。

尽管众多文献对民营企业参政议政的动因和影响进行了大量的实证研究,但鲜有文献考察政治关联对企业契约实施环境的影响,更没有比较其对不同所有制企业影响的差异性。本章则弥补了这方面研究的不足,并为在正式制度缺失的条件下中国经济为何仍能获得高速增长这一现象提供了一种替代性解释。

需要指出的是,并非所有的政治关联都能够帮助企业改善契约和经营环境。有些政治关联不仅不能改善企业的契约实施环境,而且还会阻碍企业的发展。这就在一定程度上说明,虽然政治关联曾经在一定程度上弥补了正式法律制度的不足,但任何替代性制度的实施都是有成本的。不仅如此,对民营企业契约和生存环境的压制也使得我国的大量储蓄无法转换为有效投资,这就使得内需不足,从而加剧了我国的贸易顺差(Song *et al.*, 2011),进一步带来了我国经济发展的不平衡性。鉴于此,建立和健全完善的法律体系,加大对民营企业的产权和契约保护力度,并逐步取消政府官员对民营企业的不恰当干预(如进入董事会和任命企业总经理等),对民营企业的发展和中国经济的持续、稳定和快速增长具有重要现实意义。

　　另外需要注意的是，本章经验研究的结论是基于 2005 年之前的数据所得到的，近年来，民营企业的经营环境已经发生了一些变化。例如，2008 以来的渐进式国企改革，这是否会恶化民营企业的生存环境？是否会加强民营企业进行参政议政的动力？政治关联对民营企业契约实施环境以及经营绩效的影响是否会有新的变化？未来有必要在数据收集和整理的基础上对该问题做进一步的深入研究。

第 7 章
拓展 I：市场化、不完全契约与产业增长 *

    一国或地区的出口结构与其产业结构是高度相关的,本章和下一章运用不完全契约理论考察地区产业结构和产业增长的决定因素。在本章中,我们将证明,在契约不完全的情况下,市场化进程对不同产业的增长的影响是有差异性的。这种差异化的影响意味着,市场化可以影响产业结构和出口结构的转变。

    始于 1978 年的改革开放为中国经济注入了新的生机与活力,使我国经济得到了前所未有的快速增长。据统计,我国的实际 GDP 由 1978 年的 3 645.2 亿元增长为 2007 年的 90 328.5 亿元,增长了 23 倍,年平均增长率为 10.7％。如此之快的增长速度为国内外学术界所关注,被誉为"中国的奇迹"。然而,尽管中国经济在整体上取得了令人瞩目的成就,但地区的经济增长却存在着较大的差异,特别是产业增长的地区差距在不断拉大。如图 7.1 所示,2007 年我国的产业增长存在着较大的地区差异,其中海南最高,达到了 56.62％;而黑龙江最低,仅为 12.92％,二者之间的增长差达到了43.7％。[①]地区间逐步扩大的产业增长差异,引发出一系列的经济和

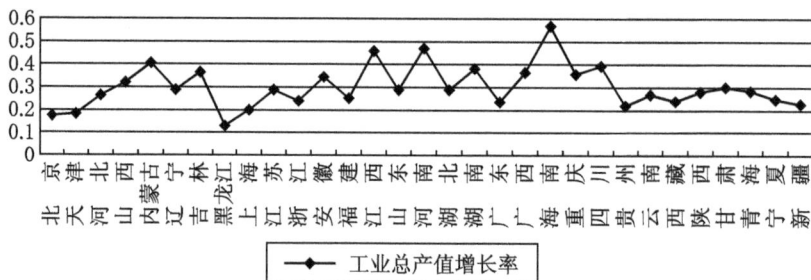

图 7.1　2007 年各地区工业产出的增长率

---

*　本节由盛丹和王永进共同完成,原文以《市场化、技术复杂度与中国省区的产业增长》为题发表在《世界经济》2011 年第 6 期,第 26—47 页。

① 　数据未包括台湾省及香港和澳门特别行政区。

社会问题，令政策制定者感到不安。探究其形成的原因，也就成为理论界一个亟待解决的课题。

　　现有的关于产业增长的文献大多从空间技术、知识溢出或者"动态外部性"（dynamic externality）的角度探讨了是专业化（specialization）、多样化（diversity）还是竞争程度（competition）主导了我国的产业增长。Mody 和 Wang（1997）选用我国 1985—1989 年东部沿海的 7 个省份和 23 个产业的数据进行了实证研究，研究结果显示专业化对产业增长存在着负面影响，竞争的影响则恰好相反，而多样化的作用作者并没有进行考察。随后，Cecile（2002）使用中国 1988—1997 年 29 个省市区 30 个产业的面板数据，研究了外部性对于地区产业经济增长的影响。发现产业的多样化和竞争程度有利于产业的后续增长，而专业化对产业增长影响则是负向的。薄文广（2007）利用我国 1994—2003 年 29 个省市 25 个产业的面板数据得到类似的结论，但他发现多样化程度与产业增长之间存在着一种非线性关系，当多样化程度较低时，多样化不利于产业增长，而当多样化水平较高时，多样化则会促进产业增长。此外，Gao（2004）利用我国各省区 1985—1993 年 32 个产业的数据，验证了市场竞争程度与地区的产业增长之间的正向关系，但产业专业化、多样化与产业增长间的关系并不明显。

　　部分学者运用分地区分产业的数据，考察了市场规模、人力资本和 FDI 等因素对产业增长的影响。黄玖立、黄俊立（2008）基于 1990—1997 年中国省区工业细分产业层面的数据，考察了市场规模与地区产业增长之间的关系。他们发现，地区产业增长与市场规模有着密切的关系。除了少数自然资源开采业和本地需求依赖产业之外，市场规模较大的东部省区在大多数产业上的增长快于中西部，产业发展的"中心—外围模式"进一步加强。随后，黄玖立、冼国明（2009a）重点考察了人力资本与中国省区的产业增长的关系，研究发现初始人力资本水平的确推动了地区产业的快速成长，这种推动作用是由产业的技能特征实现的。通过产业的技能劳动投入密度差异，各地人力资本发展水平的初始差异转化为各地产业后续的增长差异。此外，黄玖立、冼国明（2009b）在开放的视角下，运用 1999—2006 年分省分产业的面板数据，考察了 FDI 对中国省区产业增长的影响。FDI 对中国省区的产业增长有着显著的促进作用。这不仅体现在各个省区/产业的 FDI 份额对产业增长的促进作用，更为重要的是，FDI 资金依赖型产业在期初 FDI 密集省区增长得相对较快，从而使得 FDI 在空间上的非对称分布能够转化为地区产业之间的增长差异。

　　不可否认，上述关于中国省区产业增长的研究，从产业层面进一步揭示了地区增长的来源,深化了人们关于中国地区差异来源的认识。但这些研究在考察技术、人力资本、市场规模等因素对产业增长作用的同时,却忽略了这样一个事实:在改革开放的同时,我国在经济体制上也进行着一系列的调整,由计划经济向市场经济转变。在经济转型的过程中,我国的行政体制、财政管理结构、司法制度等方面都发生了深刻的变化。我国在产业增长方面所创造的奇迹必然与经济转型的这种背景有着密切的联系。如果离开了经济转型的这一制度背景来探讨中国的产业增长问题,中国经济所创造的种种奇迹是难以理解的。特别是,随着计划经济向市场经济的转变,市场机制在我国逐步建立并不断深化。市场化程度是否会对我国的产业增长及其相关因素产生影响?对这一问题的探讨不仅具有十分重要的现实意义,而且对产业的持续增长也非常必要。

实际上,我国的市场化改革是渐进式的改革,从市场的层面来看,在改革开放的进程中,先放开产品市场,再放开要素市场,使市场机制的优化配置功能是分阶段、逐步发挥作用,最终使得市场机制逐渐释放它的巨大作用(刘伟等,2008)。我国市场化改革的这一特点,势必会对制约产业增长的相关因素产生一系列的影响。方军雄(2006)运用我国 1997—2003 年 37 个工业产业的相关数据,考察了市场化对我国资本配置效率的作用。研究结果显示,随着市场化程度的提高,资本更快地由低效率领域向高效率领域的转移,资本配置进一步优化。随后,张超(2007)考察了在经济转型背景下,市场化对人力资本的影响,其运用 1978—2001 年我国宏观数据的实证研究显示,人力资本会随着市场化程度的提高而增长。市场化对经济增长的相关要素的影响,会使密集使用这些要素的产业得到快速发展,从而使不同的产业向不同的增长趋势发展。

为此,本章在现有文献的基础上,从细分产业的层面进一步考察市场化与中国省区经济增长之间的关系。与以往研究产业增长的文献相比,本章的不同之处主要体现在视角和方法上。从研究视角来看,本章结合我国特有的经济体制现状,在经济转型的背景下,从产业层面探讨市场化程度对省区经济增长的影响。虽然也有学者对省区经济增长进行了考察,但是他们要么忽略了我国经济转型的特征,没有从制度因素的角度加以分析;要么仅局限于省区或产业层面,缺乏对二者的同时考察。从研究方法来看,本章首先构建了理论模型,分析了市场化程度对省区产业增长影响的微观机制,探讨了市场化程度作用的产业偏向,前期学者的研究虽然从实证上验证了二者的关系,却没有深入分析其相互作用的理论机制。本节的理论模型是对 Acemoglu 等(2007)研究的拓展,该文考察了契约制度与企业技术采用的关系。与之不同,本章在其基础上引入了市场化程度这一核心变量,并以不同行业间技术复杂度的差异为切入点，论述市场化程度对产业增长的影响；其次，在理论分析的基础上，本节借鉴 Rajan 和 Zingales(1998)的模型方法，将地区和产业特征相结合考察市场化程度的地区差异对地区产业增长的影响，揭示地区特征影响产业增长的路径和渠道，并进一步回答地区差异究竟是如何转化为产业增长的差异。此外，考虑到主要变量间的内生性问题，本章运用工具变量有效地控制了变量之间的内生性，保证了本章实证结果的有效性和可信度。

　　本章的结构安排如下：第一部分在 Acemoglu 等(2007)的理论框架基础上，构建理论模型探讨了市场化程度对省区产业增长的影响；第二部分为实证模型的设定、变量的度量及数据的来源；第三部分针对理论模型的主要结论进行计量检验，并对实证回归进行解释；最后一部分进行总结。

7.1　理论分析

　　本章在 Acemoglu 等(2007)理论分析框架基础上，考察了市场化程度对产业增长的影响。模型的基本思路是：从长期来看，一个产业的增长最终依赖于该产业的技术进步。而市场化则能够改变不同产业的研发激励，从而影响不同产业技术创新和增长速度。具体而言，企业家在引进新技术之后必须与更多的供应商签订合同，由于契约的不完全性，"敲竹杠"行为所导致的"交易成本"也随之增加。在此过程中，市场化程度越高，则要素市场和中间产品市场的发育越完善，这就降低了企业家寻找供应商的搜寻成本，并提高企业家的谈判势力，从而提高了技术创新的收益和激励。因而，市场化程度越高，技术创新的激励也就越强；同时，"商品属性越是复杂多样和易变，则越容易受到外部风险和不确定性的影响"(North，1990；Rodrik，D.，2000；Berkowitz *et al.*，2006)。因此，地区市场化程度越高，就越有利于高技术复杂度产业的技术创新活动，从而促进该产业的快速增长。

7.1.1　需求技术

　　最终产品部门存在 I 个产业，效用函数为 CES 形式，且产业间的替代弹性为 $\varepsilon=1/(1-\beta)$，由效用最大化可得需求函数 $P(i)=A^{1-\beta}Y(i)^{\beta-1}$。由此可以得到产业 i 最终产品制造商的收益函数为 $R(i)=A^{1-\beta}Y(i)^{\beta}$。

参照 Acemoglu 等(2007),假定产业 i 的生产函数为:

$$Y(i) = N(i)^{\kappa-1+1/\alpha} \left[\int_0^{N(i)} x(i,j)^\alpha \right]^{1/\alpha} \tag{7.1}$$

其中 $x(i,j)$ 表示产业 i 所采用的中间投入 (i,j) 的产出水平,最终产品的生产需要最终产品制造商与中间产品供应商之间进行联合投资或合作生产。$N(i)$ 为中间产品种类数,衡量产业 i 的技术水平。

由收益函数及式(7.1),得到产业 i 制造商的收益函数为:

$$R(i) = A^{1-\beta} N^{\beta(\kappa+1-1/\alpha)} \left[\int_0^{N(i)} x(i,j)^\alpha \, \mathrm{d}j \right]^{\beta/\alpha} \tag{7.2}$$

制造商支付固定费用来购买研发企业的生产技术,并根据市场需求将该技术市场化(在下文中我们将最终产品制造商称为企业家)。将生产技术转化为最终产品,不仅需要制造企业投入一定的人力资本使生产技术适应市场的需要,而且还需要资本介入,以及中间供应商提供与之配套的中间投入。因此,虽然获得新的技术能够为制造商带来一定的垄断利润,但是为了与上下游厂商所研制的技术相匹配,中间产品供应商和最终产品制造商都必须进行一定的专用性投资。

生产和交易进行的顺序如下:

第一阶段:企业购买技术 N 并对每一个供应商提供一份"接受或离开"(take-it or leave)的合同 $[x(i,j), \tau(i,j)]$,其中 $\tau(i,j)$ 表示制造商对供应商提供的中间投入所支付的价格,$x(i,j)$ 为中间产品的供应数量。

第二阶段:潜在供应商决定是否接受这份合同。最后,企业家雇用 N 个中间产品供应商,每个供应商对应一种中间投入 j。

第三阶段:所有供应商同时选择投资水平。

第四阶段:供应商与企业家通过讨价还价划分总收益,在契约不完全的条件下,供应商可以收回投资,此时企业家则在市场上重新寻找新的供应商。

第五阶段:对产出进行销售和分配。

7.1.2 投资与签约

由于生产过程的复杂性和交易的不确定性,双方所签订的契约有可能是不完全的。随着产业技术复杂度的提高,契约的不完全程度也会随之增加。一方面,随着产品的复杂化,对产品属性进行详细描述将变得更加困难。在签订合同时,对产品属性进行描述就需要更多的条款,甚至不可能将所有的条款都列在合同中。另一方面,生产过程的复杂意味着交易双方所生产的中间投入变得更加难以有效匹配。所有这些都可能使最初的合同无效。

借鉴 Bolton 和 Dewatripont(2005),假定最终产品可能有 m 种可能的类型。例如,轮胎的花纹可以分为直沟花纹、泥雪地花纹和越野花纹等类型。由于有限理性和不可预见性,交易双方不可能就产品属性签订完全的合同。在事前,交易双方只能就某一类型的产品签订合同。例如双方可以签订合同规定卖方在规定的时间提供某种特定类型的轮胎,如越野花纹轮胎,但却不能签订"或然"合同,即不规定产品的具体类型,仅仅笼统地要求厂商根据事后的具体情况来提供产品。

每一种类型对应一种特定的中间投入 j,即生产类型为 j 的最终产品,需要使用特定类型的中间投入(或生产技术)。与产品的种类数相对应,经济环境也存在 m 种可能的"状态",而且这 m 种"状态"是与产品的 m 种类型相对应的。当经济环境处于"状态" j 时,生产类型为 j 的最终产品是最优的。这就意味着,当事后的经济环境发生变化时,事前签订的合同是无效的,即契约是不完全的。在这种条件下,厂商只能根据消费者的需求来重新调整和组织生产,最初的合同失效。

假定每一种状态发生的概率为 $1-\theta$,$0<\theta<1$,那么事后的状态与事前的状态相一致的概率为 θ^m,即契约不完全的概率为 $1-\theta^m$。

7.1.3 完全解

在第一阶段,假定供应商的外部选择为 0。假定供应商的外部选择为 0,企业家在供应商的参与约束下使得自己的利润最大化,即

$$\max_{x(i,j),\,\tau(i,j)} \pi(i)=R(i)-\int_0^{N(i)}\tau(i,j)\mathrm{d}j \tag{7.3}$$

并满足供应商的参与约束条件:

$$\tau(i,j)-cx(i,j)\geqslant 0,\ j\in[0,N(i)] \tag{7.4}$$

在式(7.4)取等号的情况下,(7.3)式可重新整理为:

$$\max_{x(i,j)} \pi(i)=A^{1-\beta}N^{\beta(\kappa+1-1/\alpha)}\left[\int_0^{N(i)}x(i,j)^\alpha\mathrm{d}j\right]^{\beta/\alpha}-\int_0^{N(i)}cx(i,j)\mathrm{d}j \tag{7.5}$$

由一阶条件得到完全契约下中间产品供应商的投资水平为:

$$x_c(i,j)\equiv x_c=AN(i)^{\frac{\beta(\kappa+1)-1}{1-\beta}}(\beta/c)^{\frac{1}{1-\beta}} \tag{7.6}$$

将式(7.6)代入企业家的利润函数 $\pi(i)=A^{1-\beta}N^{\beta(\kappa+1)}x^\beta-Ncx-wN$,可以得

到完全契约情况下企业家的利润水平为：

$$\pi_c(i) = (1-\beta)AN^{\frac{\beta\kappa}{1-\beta}}(\beta/c)^{\frac{\beta}{1-\beta}} \tag{7.7}$$

7.1.4 不完全契约情况下的解

如果事后的经济状态与事前的情况不同，企业家和供应商必须按照市场环境的变化重新组织生产，此时由于事前的合同无效，交易各方将采取讨价还价的方式来划分总收益。我们采用夏普利值计算企业家和每个供应商从讨价还价中划分的收益。在这里，我们借鉴 Acemoglu 等（2007）的思路，并在引入市场化变量的基础上，推导出参与人数量无穷大情况下企业家和供应商的收益划分方式。夏普利值计算的基本思路是，根据每个参与人对总收益的可能的贡献来划分总收益。

假定供应商的数目为 M，每个供应商控制 $\varepsilon = N/M$ 部分的中间投入。如果某个供应商退出合同，那么企业家将会重新寻找新的供应商为其提供替代性的中间产品。在此过程中，中间投入的价值下降的比例为 $1-\phi$，我们可以将 ϕ 理解为企业家成功找到新供应商的概率，或者将 $1-\phi$ 理解为企业家在寻找新供应商的过程中所需付出的成本，不管以哪一种方式理解，二者均与市场化程度存在密切联系：第一，在我国，行政划分形成的人为市场割据以及部分生产资料的政府垄断严重制约了竞争机制的发挥，官员腐败和寻租行为普遍，人脉关系成为企业获得利润的重要因素。这就意味着企业寻找新的交易伙伴需要付出巨额成本。第二，即便企业家可以找到新的交易伙伴，由于产品的不匹配，中间产品供应商需要对产品重新装配和再加工，在该过程中，由于要素市场不完善以及受到投入品配额的限制，企业重新组织生产要素进行生产的成本会大幅提高（江小涓，1999）。第三，国家依靠规模审批障碍、融资筹资障碍和对市场范围的行政划分，为这些产业内的国有企业建立了有效的保护，使其在很大程度上回避了实际的和潜在的竞争，并享受垄断利润。这就对企业的发展构成了强有力的制约，并进一步限制了要素和中间产品市场的发育。因此，ϕ 可以用来表示市场化程度。

对于成员数量为 k 的联盟而言，由于每个供应商控制的中间投入的数量为 ε，也就意味着对于剩余的 $(N-k\varepsilon)$ 部分需要从市场上重新寻找新的供应商。于是，如果供应商 j 是该联盟的成员，企业的销售收入为：

$$F_{IN}(k, N; \varepsilon) = A^{1-\beta}N^{\beta(\kappa+1-1/\alpha)}\big[(k-1)\varepsilon x\,(-j)^\alpha + \\ \varepsilon x(j)^\alpha + (N-k\varepsilon)\phi x(-j)^\alpha\big]^{\beta/\alpha} \tag{7.8}$$

如果供应商 j 退出该联盟,则意味着 $[N-(k-1)\varepsilon]$ 部分的中间投入需要从市场上重新寻找替代品,此时企业的销售收入为:

$$F_{OUT}(k-1,N;\varepsilon)=A^{1-\beta}N^{\beta(\kappa+1-1/\alpha)}\big[(k-1)\varepsilon x\ (-j)^{\alpha} \tag{7.9}$$
$$+(N-(k-1)\varepsilon)\phi x\ (-j)^{\alpha}\big]^{\beta/\alpha}$$

由于企业家控制生产的关键技术,因此,离开了企业家的参与,联盟的销售收入将变为 0,根据 Acemoglu 等(2007)以及式(7.8)和式(7.9),可得每个中间产品供应商从讨价还价中划分的收益为:

$$s_x=\gamma(\phi)A^{1-\beta}\frac{\left[\dfrac{x(j)}{x(-j)}\right]^{\alpha}-\phi}{1-\phi}x\ (-j)^{\beta}N^{\beta(\kappa+1)-1} \tag{7.10}$$

$$\gamma(\phi)=\left[1-\frac{\alpha}{\alpha+\beta}\frac{1-\phi^{\frac{\alpha+\beta}{\alpha}}}{1-\phi}\right] \tag{7.11}$$

对 $\gamma(\phi)$ 求一阶偏导数可得 $\gamma'(\phi)<0$。由此可知,$\partial s_x/\partial\phi<0$,即市场化程度越高,供应商从讨价还价中得到的收益也就越低,其经济学解释为,市场化程度越高,则意味着企业家越容易找到中间投入的替代产品,从而降低中间供应商的不可或缺性。这就使得中间供应商在讨价还价中处于更加不利的地位。

给定中间投入的边际成本为 c,可以得到不完全契约下产业 i 中间供应商 j 的投资水平:

$$x\ (j)^{1-\alpha}=\frac{\gamma(\phi)}{(1-\phi)}A^{1-\beta}(\alpha/c)x\ (-j)^{\beta-\alpha}N^{\beta(\kappa+1)-1}$$

由对称性可知,$x(j)=x(-j)$,从而可以求得每一个中间产品供应商的投资水平为:

$$x_n(i,j)\equiv x_n(i)=\left[\frac{\gamma(\phi)}{1-\phi}\right]^{\frac{1}{1-\beta}}A\ (\alpha/c)^{\frac{1}{1-\beta}}N\ (i)^{\frac{\beta(\kappa+1)-1}{1-\beta}} \tag{7.12}$$

由上式及可知,$\partial x_n(i)/\partial\phi<0$,市场化程度越高,则中间供应商的收入占总收入的比重越低,因此,供应商的投资水平随着市场化程度的提高而降低。

由式(7.12)我们可以得到企业家的利润水平为:

$$\pi_n=N^{\beta(\kappa+1)}A^{1-\beta}x_n^{\beta}-Ns_x=(1-\gamma(\phi))N^{\beta(\kappa+1)}A^{1-\beta}x_n^{\beta} \tag{7.13}$$

将 x_n 代入 π_n 得到不完全契约下产业 i 企业家的利润水平为:

$$\pi_n(i)=(1-\gamma(\phi))\left[\frac{\gamma(\phi)}{1-\phi}\right]^{\frac{\beta}{1-\beta}}AN\ (i)^{\frac{\beta\kappa}{1-\beta}}(\alpha/c)^{\frac{\beta}{1-\beta}} \tag{7.14}$$

由式(7.14)可知,$\pi_n(i)$与ϕ的关系比较复杂,我们难以从直观上判断二者的关系。鉴于此,我们采用数值模拟的方式判断二者直接的关系。

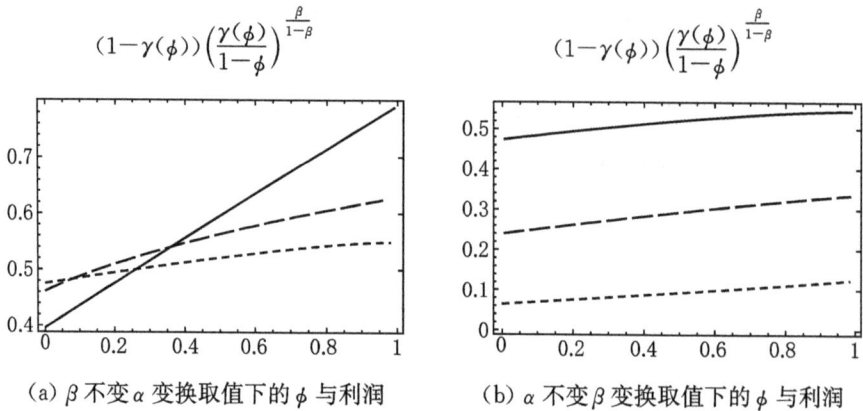

$$(1-\gamma(\phi))\left(\frac{\gamma(\phi)}{1-\phi}\right)^{\frac{\beta}{1-\beta}}$$

(a) β不变α变换取值下的ϕ与利润　　(b) α不变β变换取值下的ϕ与利润

图 7.2

根据 Broda 和 Weinstein(2006),β的取值在 0.75 附近,因此,我们参考 Acemoglu 等(2007)的做法,分别在$\beta=0.75$,α变换取值[图 7.2(a)]和$\alpha=0.75$,β变换取值[图 7.2(b)]两种情况下,考察了ϕ与$(1-\gamma(\phi))\left[\frac{\gamma(\phi)}{1-\phi}\right]^{\frac{\beta}{1-\beta}}$的关系。[①]由图 7.2(a)和图 7.2(b)可知,在两种情况下,二者均成正相关关系。由此我们得到结论:

引理 1: 在契约不完全的情况下,市场化程度越高,企业家的利润水平也就越高。

其背后的经济学解释是,市场化程度的提高会带动要素市场和中间投入的发育,则意味着企业家越容易找到中间投入的替代产品,从而降低中间供应商的不可或缺性,并提高企业家的谈判实力,从而增加企业家从讨价还价中获得的收益。

7.1.5　产品研发

由前文分析可知,对于技术复杂度为m的产业而言,企业家和供应商签订合同有效的概率为θ^m,契约不完全的概率为$1-\theta^m$。于是,企业家的预期利润水

---

① 另外,我们还考察了$\alpha=0.25$,β变换取值等多种情况下二者的关系,基本结论没有变化,因此我们仅在正文中列举了这两种情况。

平为：

$$\pi(i) = \theta^m \pi_c(i) + (1-\theta^m)\pi_n(i) \tag{7.15}$$

将式(7.7)和式(7.14)代入式(7.15)，并整理得到企业家的预期利润水平：

$$\pi(i) = AN(i)^{\frac{\beta\kappa}{1-\beta}}(\beta/c)^{\frac{\beta}{1-\beta}}Z(\phi, m) \tag{7.16}$$

$$Z(\phi, m) = \left\{\theta^m(1-\beta) + (1-\theta^m)\frac{\alpha}{(\alpha+\beta)}\frac{1}{(1-\phi)}[\gamma(\phi)/\alpha]^{\frac{\beta}{1-\beta}}\right\} \tag{7.17}$$

由式(7.17)可知，$\partial Z(\phi, m)/\partial\phi > 0$，$\partial^2 Z(\phi, m)/\partial\phi\partial m > 0$。即给定技术水平不变，市场化程度越高，则企业的预期利润水平也越高，而且，产业技术复杂度越高，则市场化程度对企业利润水平的影响越大。

研发部门的生产技术如下：

$$\dot{N}(i) = H(i)^\eta N(i), \quad \eta \in (0, 1) \tag{7.18}$$

其中 $\dot{N}(i, t)$ 表示时刻 t 产业 i 的技术进步增量，$H(i, t)$ 表示时刻 t 产业 i 的人力资本投入，$N(i, t)$ 表示时刻 t 产业 i 的技术存量水平，总的人力资本水平为 H。沿袭 Jones(1995)，假定 $0 < \eta < 1$，即研发活动存在规模收益递减。

根据式(7.18)可以得到产业 i 人力资本的工资水平为：

$$w(i) = \eta H(i)^{\eta-1} N(i)\pi(i) \tag{7.19}$$

要素市场均衡意味着，研发人员在任何部门得到的工资相等，由式(7.16)和式(7.19)得到产业 i 和产业 k 的相对研发投入满足：

$$\frac{H(i)}{H(k)} = \left(\frac{N(i)\pi(i)}{N(k)\pi(k)}\right)^{\frac{1}{1-\eta}} = \left[\frac{N(i)^{1+\frac{\beta\kappa}{1-\beta}}Z(\phi, m(i))}{N(k)^{1+\frac{\beta\kappa}{1-\beta}}Z(\phi, m(k))}\right]^{\frac{1}{1-\eta}} \tag{7.20}$$

由 $0 < \eta < 1$ 可知，产业 i 和 k 的相对研发投入与这两个产业的研发利润正相关。因此，如果产业 i 的技术复杂度高于产业 k，即 $m(i) > m(k)$，而且在初始状态两产业的技术水平相等，则由 $\partial^2 Z(\phi, m)/\partial\phi\partial m > 0$ 可知，随着市场化程度的提高，相对于产业 k 而言，投入到产业 i 研发人员的数量会相对增加。产业 i 的技术进步率为 $g_N(i) = \dot{N}(i)/N(i) = H(i)^\eta$，则由式(7.20)可以进一步知道，随着市场化程度的提高，高技术复杂度的技术进步速度会相对较快，即 $\partial(g_N(i)/g_N(k))/\partial\phi > 0$。

另外，由式(7.7)和式(7.14)可知，$g_R(i) = \frac{\beta\kappa}{1-\beta}g_N(i)$，一个产业产值的增长率与该产业的技术进步率正相关，因此，给定 $m(i) > m(k)$，有

$\partial(g_N(i)/g_N(k))/\partial\phi > 0$。 于是我们得到如下的经验假说：

经验假说：随着市场化进程的提高，技术复杂度较高的产业能够以较快的速度发展。即一个地区的市场化程度越高，则高技术复杂度产业在该地区的相对增长速度也就越快。

7.2 实证模型

7.2.1 计量模型

近期关于产业增长的文献，多是采用国家特征与产业特征相互作用（交互项）的固定效应模型。Rajan 和 Zingales(1998)最早使用该模型，考察了金融发展与产业增长的关系，其中国家特征是各国的金融发展水平，产业特征是各个产业对外部融资的依赖程度。他们认为依靠外部融资的产业在金融市场越发达的国家能够获得相对较快的发展，如果上述论断成立，则交互项的系数为正。随后的学者将这一模型广泛的应用于产业增长的分析中。Claessens 和 Laeven(2005)考察了银产业市场竞争对产业增长的影响。Ciccone 和 Papaioannou(2009)检验了人力资本对产业增长的作用。Aghion 等(2009)运用该模型探讨了周期性财政政策对产业增长的影响。

我们将要考察的对象是中国省区的产业增长，它同时具有地区和产业两个维度，运用该类模型有助于我们对本节主要结论的检验，即市场化程度高的省份，会在技术复杂度较高的产业产出增长较快。为此，我们借鉴 Rajan 和 Zingales(1998)的方法，将模型设定如下：

$$g_{in} = \lambda_i + \mu_n + \alpha_1 \ln(Y_{in}) + \alpha_2 mk_n \cdot pd_i + \alpha_2 control_{in} + \varepsilon_{in}$$

其中，λ_i、μ_n 分别为产业和省区固定效应，g_{in} 定义为考察时期内 n 省 i 产业的年平均增长率，Y_{in} 为期初值，$mk_n \cdot pd_i$ 为地区市场化程度与产业技术复杂度的交互项，ε_{in} 为残差项。在这里，地区市场化程度与产业技术复杂度的交互项（$mk_n \cdot pd_i$）的估计系数 α_2 是本节主要考察的内容，如果该系数显著为正，则表示技术复杂度较高的产业在期初市场化程度较高的地区相对增长更快。[1]

---

[1] 该类模型是"倍差法"(difference-in-difference)估计的一个变形，α_2 并不表示市场化与产业增长间单纯的线性关系。

考虑到遗漏重要解释变量会造成估计结果的有偏，为稳健起见，我们还加入了控制变量 $control_{in}$，具体包括：①人力资本禀赋与人力资本密集度交叉项（$H_k * h_i$）、自然资源禀赋与自然资源密集度交叉项（$R_k * r_i$）。黄玖立、冼国明（2009b）指出，技能密集型产业在人力资本发达地区相对增长更快。从而，通过各个产业在技能劳动投入上的差异，地区间的人力资本初始禀赋差异就转化为产业的增长率差异。类似地，我们对此论断进行了进一步的扩展，认为：自然资源密集型产业会在自然资源较为丰富的地区相对增长较快。②专业化指数（$spec$）、多样化指数（div）和竞争性指标（com）。考虑到各个省区的集聚特征和产业分布将对产业增长产生重要影响，我们还加入了上述三项动态外部性变量，以检验市场化程度对产业增长估计结果的稳健性。

7.2.2 变量测量

1. 产业增长率的计算

g_{in} 我们采用 2000—2007 工业增加值的年平均增长率进行了测度，具体计算公式为：

$$g_{in} = (1/8)(\ln Y_{in}^{2007} - \ln Y_{in}^{2000})$$

其中，Y_{in}^{2007} 表示 2007 年分省分产业的工业增加值，Y_{in}^{2000} 表示 2000 年分省分产业的工业增加值。在计算过程中我们将 Y_{in}^{2007} 用出厂价格指数进行折算，折算成以 2000 年为基年的实际值。需要指出的是，当 g_{in} 由工业增加值计算获得时，期初值 Y_{in} 则选用 2000 年的工业增加值。

2. 产业和地区特征的度量

产业技术复杂度 pd_i 我们参照 Hausmann 等（2007）来计算各产业的技术复杂度，具体公式为：

$$pd_i = \sum_k \left[\frac{s_{ik} pcgdp_k}{\sum_{k'} s_{ik'}} \right]$$

其中，pd_i 表示产业 i 的出口产品技术复杂度；$pcgdp_k$ 为各地区人均 GDP（单位：亿元/人）；$pcgdp_k$ 加权即可得到 pd_i，加权权重为 $s_{ik}/\sum_{k'} s_{ik'}$，在这里 s_{ik} 为省份 k 产业 i 的出口比重。

产业的人力资本密集度（h_i），我们用科技人员占全产业从业人员中的比重进行测度；自然资本密集度（r_i），采用各产业使用的采矿业投入在该产业工业增加值的比重度量。其中,采矿业包括:煤炭开采和洗选业、石油和天然气开采业、黑色金属矿采选业、有色金属矿采选业和非金属矿采选业。用各地区采矿业年末总产值占年末 GDP 的比重表示自然资源禀赋(R_k);用平均受教育年限对人力资本禀赋(hc)进行度量,具体计算方法为:(小学受教育人数×6＋初中受教育人数×9＋高中人数×12＋高等教育人数×16)/总的受教育人数。

3. 动态外部性指标

依据 Gao(2004),我们把专业化指数定义为区位商,即产业在省区 n 的相对比重:

$$spec_{in} = \frac{y_{in}/y_n}{y_i/y}$$

其中,y_{in} 令表示省区 n 中 i 产业的产出,$y_n \equiv \sum_i y_{in}$ 为省区 n 所有产业的产出总和,$y_i \equiv \sum_n y_{in}$ 为产业 n 的全国总产出,$y \equiv \sum_n \sum_i y_{in}$ 为全国所有产业的总产出。

多样化指数的计算,我们根据 Henderson 等(1995)的定义及 Combes(2000)的修正,将之定义为相对全国各产业,各地区各产业的份额平方和的倒数:

$$div_{in} = \left[\sum_{j \neq i}(y_{jn}/(y_n - y_{in}))^2\right]^{-1} / \left[\sum_{j \neq i}(y_j/y - y_i)^2\right]^{-1}$$

对于竞争性指标,我们采用下式进行了测度:

$$com_{in} = \frac{m_{in}/y_{in}}{m_i/y}$$

其中,m_{in} 和 m_i 表示省区 n 和全国 i 产业的企业数量。该式表示:在产量给定的情况下,厂商的数目越多,则产业的竞争程度也就越高。

7.2.3 数据来源

我国各地区各产业 2000 年工业增加值、总产出、企业单位数来自《2001 年中国工业统计年鉴》,2007 年的相应数据来自《2008 年中国工业统计年鉴》。各地市场化指数来自 2001 年《中国市场化指数:各地区市场化相对进程报告》,各地区每10 万人口的平均在校生数、采矿业年末总产值、年末总人口、各省 GDP 均来自《2001 年中国统计年鉴》。

各产业就业人数、全部职工人数、企业单位数均来自《2001 年中国工业统计年鉴》;各产业科学家、工程师科技活动人员数来自《2001年中国科技统计年鉴》;各产业采矿业中间投入来自中国2002年投入产出表。

在省份的选取上,由于西藏自治区、台湾省及香港和澳门特别行政区的数据缺失严重,本节选取了其余30个省份的相关数据。在产业的选取上,为保证数据的齐整性,我们采用了22个工业产业的数据,具体包括:煤炭采选业、食品加工业、食品制造业、饮料制造业、烟草制品业、纺织业、造纸及纸制品业、石油加工及炼焦业、化学原料及化学制品制造业、医药制造业、化学纤维制造业、非金属矿物制品业、黑色金属冶炼及压延加工业、有色金属冶炼及压延加工业、金属制品业、普通设备制造业、专用设备制造业、交通运输设备制造业、电气机械及器材制造业、电子及通信设备制造业、仪器仪表及文化办公用机械制造业和电力、蒸汽、热水的生产和供应业。

表7.1　各个变量的描述性统计

变量	观测值	平均值	标准差	最小值	最大值
g_{in}	660	0.162 7	0.106 2	$-0.508\,3$	0.719 1
$\ln Y_{in}$	654	$-4.232\,4$	1.562 2	$-11.015\,5$	$-1.144\,7$
$spec$	659	1.059 7	0.831 1	0.007 5	9.335 0
div	660	0.582 2	0.276 7	0.124 7	1.903 9
com	649	46.153 3	98.747 9	0.035 1	1 362.550 0
mk	30	5.812 3	1.347 7	3.150 0	8.410 0
pd	22	0.887 404	0.206 826	0.558 658	1.311 81
H_k	30	7.694 3	0.505 3	7.005 0	9.342 4
h_i	22	5.300 0	2.693 6	1.780 0	11.820 0
R_k	30	0.046 016	0.057 555	0.000 714	0.226 981
r_i	22	0.250 024	0.716 564	0.000 8	3.475 381

7.3　实证结果

7.3.1　初步结果

表7.2以不同的组合报告了2000—2007年30个省区和22个工业产业的最小二乘估计结果,其中,产业增长率的指标是用2000—2007年分产业分省份的工业增加值的平均增长率计算的,$\ln Y$是2000年的工业增加值。为了控制各地区和各

产业的个体差异性,我们采用地区和产业固定效应方法进行估计。

表 7.2　初步估计结果

	(1)	(2)	(3)	(4)	(5)	(6)
$mk * pd$	0.006 58***	0.006 04***	0.005 94***	0.004 15***	0.004 26***	0.004 11***
	(4.91)	(4.51)	(4.41)	(3.04)	(3.11)	(3.01)
$\ln Y$	−0.034 4***	−0.036 2***	−0.036 6***	−0.048 6***	−0.049 6***	−0.051 6***
	(−8.90)	(−9.34)	(−9.35)	(−10.82)	(−10.68)	(−10.66)
$H_k * h_i$		0.008 11***	0.008 20***	0.006 40**	0.006 20**	0.005 28**
		(3.18)	(3.21)	(2.53)	(2.44)	(2.05)
$R_k * r_i$			0.312	−0.068 5	−0.110	0.011 1
			(0.73)	(−0.16)	(−0.26)	(0.03)
$spec$				0.029 7***	0.028 8***	0.030 2***
				(5.12)	(4.87)	(5.07)
div					0.024 8	0.033 1
					(0.87)	(1.16)
com						−0.000 004 69
						(−0.09)
$cons$	−0.190***	−0.361***	−0.361***	−0.354***	−0.362***	−0.343***
	(−3.30)	(−4.60)	(−4.59)	(−4.60)	(−4.67)	(−4.16)
产业固定效应	是	是	是	是	是	是
地区固定效应	是	是	是	是	是	是
调整的 R^2	0.268	0.279	0.339	0.367	0.367	0.383
观察值	654	654	654	654	654	645

注:回归系数下括号内为回归系数的 t 统计值;*** 、** 和 * 分别为 1%、5%和 10%的显著性水平。

从回归组合(1)我们可以看出:地区市场化程度与产业技术复杂度的交互项($mk * pd$)的估计系数为 0.006 58,并在 1%的水平上显著。这表明在市场化程度高的地区,技术复杂度高的产业,增长速度相对较快。该结论与本节的基本命题相吻合,说明市场化能够在一定程度上解释我国的产业增长问题。产业的长期增长要依赖于技术的创新和研发,而市场化能够改变不同产业的研发激励,从而影响不同产业技术创新和增长速度。具体而言,企业在进行技术创新的过程中,需要跟较多中间产品供应商签订相应的契约。由于契约是不完全的,就使企业面临着中间产品供应商"敲竹杠"的风险,从而增加了其交易成本。特别是产业技术复杂度越高,契约就越难以精确地界定中间产品的性能、类型,企业就越容易受到外部风险和不确定性的影响,生产和研发中间过程所耗费的交易成本也就越高。而市场化水平较高的地区,其要素市场和中间产品市场的发育较为完善,企业可以及时、有效地获得中间产品供应商的相关信息。这就降低了企业家事前的搜寻成本和匹配成本,减少了事后的风险和不确定性,增强了企业家的谈判势力,从而提高了技术创新的收益和激励。为此,地区市场化程度越高,越有利于高技术复杂度产业从事技术创新活动,进而促进该产业的快速增长。

为了考察组合(1)的稳健性,我们在回归方程中逐步加入了一系列控制变量。从回归结果(2)—(7)我们可以看出,加入其他影响因素后,交互项(mk_pd)的系数依然为正,虽然显著性有所下降,由4.35降至2.89左右,但降幅不大,仍保持在1%的水平上。这说明地区市场化程度确实是影响产业增长的重要因素。

人力资本禀赋与人力资本密集度交叉项($H_k * h_i$)的回归系数均为正,并且在5%的统计水平上是显著的。这一结论与黄玖立、冼国明(2009b)的结果相一致。表明人力资本禀赋对产出增长具有一定的解释力,人力资本密集型产业在人力资本发达地区相对增长更快。从而,通过各个产业在人力资本投入上的差异,地区间的人力资本初始禀赋差异就转化为产业的增长率差异。此外,Ciccone和Papaio-annou(2007)的跨国研究也证实,技术进步的人力资本偏向更有利于受教育水平较高的国家的人力资本密集型产业,它使得一国较高的人力资本水平能够转化为该国技能劳动力密集产业的较快增长。

自然资源禀赋与自然资源密集度交叉项($R_k * r_i$)的回归系数在统计上均不显著。这表明自然资源禀赋与自然资源密集度交叉项对产业增长的影响并不明显,作用甚小,即一个地区自然资源密集型产业的增长对本地自然资源禀赋的依赖程度并不高。出现这一现象的原因可能在于:20世纪80年代以来,我国加大了基础设施的投入,基础设施水平得到了明显提高。据《中国统计年鉴》的统计,1988年我国的高速公路里程仅为147公里,经过23年的发展,2008年我国的公路里程达到60 302公里,为1988年的410倍。基础设施水平的迅速提高大大降低了跨省货物运输成本,从而减弱了产业发展对自然资源的依赖。那些基础设施水平较高的地区,在发展自然资源密集型产业时就可以从其他地区获得资源和中间投入,从而可以不必严格依赖于当地的自然资源禀赋。

我们再来看动态外部性的估计结果。所有组合中,产业专业化($spec$)的估计结果为正,且均在1%的水平上显著,这表明2000—2007年期间的MAR外部性即产业内技术溢出效应比较明显。相应地,各个组合中多样化(div)结果并不显著,从而2000—2007年期间的Jacobs外部性并不显著。竞争程度（com）的估计系数为负，在统计上并不显著，从而Porter溢出效应并不明显，甚至起到了负面作用，即竞争并没有促进产业增长。这一结果与理论及中国的实际并不相符，是否是其他原因造成的，本节在随后的内生性的检验里进一步进行分析。此外，各个估计组中，期初产出的估计系数虽然为负，但是显著的。这说明，各地区产业发展的初始水平在后续增长中的作用是明显的。

7.3.2 稳健检验

上述运用最小二乘法进行的检验只是初步的，因为在对产业增长率进行度量时我们采用的是工业增加值的相关数据。那么，前文的结论是否是由于本节产业增长率测度的特殊性所造成的呢？为此，我们选取工业总产出的相关数据对产业增长率进行了重新度量。从二者的相互关系来看（如图7.3所示），二者具有高度的相关性，说明采用工业总产出来衡量产业增长率具有一定的合理性和可行性。

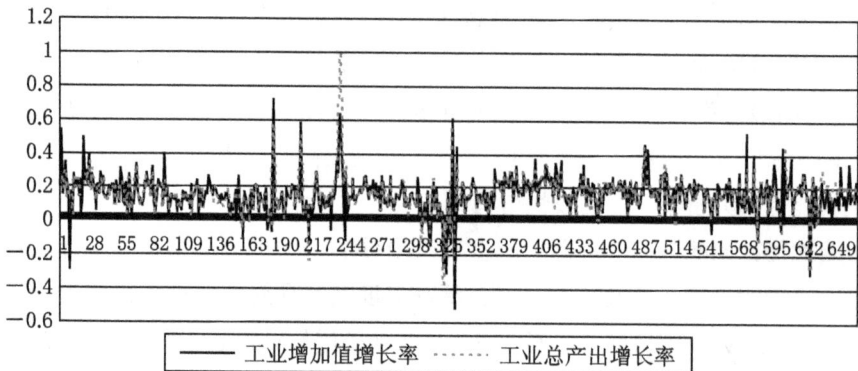

图7.3　工业增加值增长率与工业总产出增长率的相关性图

为检验本节主要结论的稳健性，我们采用产出增长率的新的指标，对模型进行了进一步的回归，回归结果如表7.3所示。从表7.3的回归结果我们可以看出，在改用工业总产出衡量的产业增长率后，地区市场化程度与产业技术复杂度的交互项（$mk * pd$）的回归系数与表7.2相比有所提高，显著性也有所加强。以回归组合（1）为例，回归系数由原来的0.006 58增至0.006 89，t值由原来的4.91增为5.51。这说明地区市场化程度与产业技术复杂度的交互项（$mk * pd$）确实是影响产业增长的重要因素，对产业增长具有较高的解释力。即在市场化程度高的地区，技术复杂度高的产业，增长速度相对较快。

表 7.3　稳健性检验

	(1)	(2)	(3)	(4)	(5)	(6)
$mk * pd$	0.006 89 ***	0.006 33 ***	0.006 21 ***	0.004 46 ***	0.004 67 ***	0.004 51 ***
	(5.51)	(5.07)	(4.93)	(3.50)	(3.64)	(3.46)
$\ln Y$	−0.032 6 ***	−0.034 4 ***	−0.034 5 ***	−0.046 7 ***	−0.048 8 ***	−0.047 7 ***
	(−8.85)	(−9.33)	(−9.34)	(−10.91)	(−10.93)	(−10.08)
$H_k * h_i$		0.008 53 ***	0.008 57 ***	0.007 15 ***	0.006 77 ***	0.006 65 ***
		(3.47)	(3.49)	(2.96)	(2.79)	(2.73)
$R_k * r_i$			0.238	−0.047 8	−0.109	−0.117
			(0.70)	(−0.14)	(−0.32)	(−0.34)
$spec$				0.028 7 ***	0.027 1 ***	0.026 3 ***
				(5.30)	(4.93)	(4.69)
div					0.043 0	0.047 4 *
					(1.64)	(1.75)
com						−0.000 032 7
						(−0.66)
$cons$	0.073 6	−0.099 3	−0.095 6	−0.012 5	−0.010 8	−0.003 73
	(1.60)	(−1.47)	(−1.41)	(−0.18)	(−0.16)	(−0.05)
产业固定效应	是	是	是	是	是	是
地区固定效应	是	是	是	是	是	是
调整的 R^2	0.363	0.376	0.376	0.405	0.407	0.408
观察值	644	644	644	644	644	644

注：回归系数下括号内为回归系数的 t 统计值；***、** 和 * 分别为 1%、5% 和 10% 的显著性水平。

在加入了其他控制变量后，$mk * pd$ 的系数依然稳健，没有发生较大的变化，并且其他控制变量的回归结果也与表 7.2 相一致，其相应的系数和显著性均没有发生显著变化。这说明表 7.2 中无论对主要考察变量 $mk * pd$ 的检验结果还是其他控制变量回归结果是稳健的。

7.3.3　内生性处理

有关增长研究的文献广泛关注经济增长与相关经济变量的内生性问题。实际上，那些影响产业增长的因素也同时可能对地区的市场化程度有一定的影响。同时，在推动产业增长，促进产业升级的过程中，各地随着产业内技术溢出的增强、竞争的加剧以及专业化的加强，势必会提高对市场化程度的要求，从而促进当地市场化的提升。因此，不仅市场化会影响产业增长，产业增长还可能反过来影响地区的市场化水平。这就意味着市场化与产业增长之间存在一定的内生性。

严重的内生性会使得最小二乘法估计可能是有偏的和非一致的。通常的改进方法就是寻找一个与市场化关系密切但独立于产业增长的变量作为工具变量进行两阶段最小二乘法估计。为此,本节选取三年自然灾害时期的死亡率、三大改造前(1955年)私营经济的比重作为市场化的工具变量。

三年自然灾害时期的死亡率在一定程度上放映了当地政府的执政能力和激进程度(范子英、孟令杰,2005)。那些灾害越严重的地区,激进政策在短时间内越难以扭转(范子英、孟令杰和石慧,2009),因此,在死亡率高的地区,激进政策还可能持续更长的时间。与此同时,有研究表明地方执政能力对于地方基础设施建设和制度改革有着重要的影响(徐现祥等,2007)。在那些对中央政策高度贯彻的地区,政府对经济的干预程度也越高,这些地区的私营经济和市场经济体制的发展就更加落后,从而市场化程度也就越低。由于制度变迁的过程是漫长的,且具有明显的路径依赖特征,历史上的制度会对当前的制度产生影响。因此,我们认为,三年自然灾害时期的死亡率与当前的市场化之间有一定的联系,即死亡率较高的地区,市场化程度较低。

此外,三大改造前(1955年)私营经济的比重也与地区市场化程度有着密切的关系。一方面地方市场化程度越高,越有助于市场秩序的建立和维持,私营经济也越活跃。另一方面,私营经济发展也会有助于市场化的提高。由此,选取上述变量作为市场化程度的工具变量具有一定的合理性和可行性。

我们运用工具变量两阶段最小二乘法分别对表7.2、表7.3中的回归模型进行了重新估计,估计结果如表7.4、表7.5所示。为了考察工具变量与内生变量相关性,我们在表中列出了第一阶段的F值和偏R方。为了检验工具的有效性,我们分别对工具变量进行了识别不足检验、弱识别检验和过度识别检验,并报告了与之相对应的统计量。

表7.4　两阶段最小二乘估计结果(1)

	(1)	(2)	(3)	(4)	(5)	(6)
$mk * pd$	0.015 8 ***	0.012 3 ***	0.012 3 ***	0.008 67 **	0.008 80 **	0.007 95 **
	(4.67)	(3.61)	(3.59)	(2.28)	(2.30)	(2.10)
$\ln Y$	−0.041 9 ***	−0.039 4 ***	−0.039 7 ***	−0.048 0 ***	−0.050 1 ***	−0.051 7 ***
	(−7.73)	(−7.50)	(−7.71)	(−9.98)	(−9.75)	(−9.34)
$H_k * h_i$		0.005 04 **	0.005 09 **	0.003 88	0.003 39	0.002 72
		(2.06)	(2.07)	(1.64)	(1.41)	(1.13)
$R_k * r_i$			0.173	−0.086 2	−0.189	−0.148
			(0.42)	(−0.22)	(−0.47)	(−0.38)

续表

	(1)	(2)	(3)	(4)	(5)	(6)
spec				0.025 2***	0.024 3***	0.026 4***
				(3.80)	(3.60)	(4.12)
div					0.046 4	0.043 8
					(1.49)	(1.41)
com						0.000 041 5
						(0.77)
cons	−0.530***	−0.519***	−0.518***	−0.444***	−0.456***	−0.416***
	(−4.08)	(−4.14)	(−4.16)	(−3.44)	(−3.48)	(−3.08)
识别不足	88.078	83.551	84.282	68.510	67.836	67.877
检验	(0.000)	(0.000)	(0.000)	(0.000)	(0.000)	(0.000)
弱识别检验	47.548	44.594	44.965	35.323	34.860	34.830
	(0.000)	(0.000)	(0.000)	(0.000)	(0.000)	(0.000)
过度识别	0.892	0.547	0.512	0.496	0.859	0.010
检验	(0.345)	(0.459)	(0.474)	(0.481)	(0.353)	(0.922)
产业固定效应	是	是	是	是	是	是
地区固定效应	是	是	是	是	是	是
第一阶段 F 值	47.55	44.59	44.96	35.32	34.86	34.83
第一阶段偏 R^2	0.155	0.147	0.148	0.121	0.119	0.121
第二阶段 R^2	0.323	0.356	0.357	0.396	0.398	0.411
观察值	566	566	566	566	566	558

注：回归系数下括号内为回归系数的 t 统计值；***、** 和 * 分别为 1%、5% 和 10% 的显著性水平。

表 7.5　两阶段最小二乘估计结果(2)

	(1)	(2)	(3)	(4)	(5)	(6)
$mk * pd$	0.016 1***	0.012 4***	0.012 5***	0.009 43***	0.009 67***	0.009 78***
	(5.41)	(4.12)	(4.07)	(2.77)	(2.84)	(2.75)
$\ln Y$	−0.041 8***	−0.039 5***	−0.039 5***	−0.048 4***	−0.051 7***	−0.052 2***
	(−8.77)	(−8.54)	(−8.62)	(−11.01)	(−10.96)	(−10.11)
$H_k * h_i$		0.006 24***	0.006 23***	0.005 29**	0.004 55*	0.004 61**
		(2.62)	(2.62)	(2.31)	(1.96)	(1.99)
$R_k * r_i$			−0.009 07	−0.208	−0.330	−0.323
			(−0.03)	(−0.65)	(−1.01)	(−0.99)
spec				0.023 8***	0.022 5***	0.022 8***
				(3.81)	(3.56)	(3.70)
div					0.063 2**	0.060 0**
					(2.17)	(2.00)

续表

	(1)	(2)	(3)	(4)	(5)	(6)
com						0.000 015 9
						(0.31)
cons	−0.199**	−0.229**	−0.230**	−0.118	−0.111	−0.115
	(−2.19)	(−2.52)	(−2.49)	(−1.13)	(−1.08)	(−1.07)
识别不足	98.401	92.358	92.090	76.562	76.140	72.210
检验	(0.000)	(0.000)	(0.000)	(0.000)	(0.000)	(0.000)
弱识别检验	54.382	50.280	50.007	40.155	39.819	37.384
	(0.000)	(0.000)	(0.000)	(0.000)	(0.000)	(0.000)
过度识别	0.002	0.081	0.080	0.072	0.005	0.004
检验	(0.965)	(0.776)	(0.777)	(0.788)	(0.944)	(0.949)
产业固定效应	是	是	是	是	是	是
地区固定效应	是	是	是	是	是	是
第一阶段 F 值	54.38	50.28	50.01	40.15	39.82	37.38
第一阶段偏 R^2	0.176	0.165	0.165	0.135	0.135	0.127
第二阶段 R^2	0.383	0.418	0.417	0.450	0.454	0.454
观察值	558	558	558	558	558	558

注：回归系数下括号内为回归系数的 t 统计值；***、** 和 * 分别为 1%、5% 和 10% 的显著性水平。

从表 7.4、表 7.5 的结果，我们可以看出：

(1) 第一阶段的 F 值均大于 10，根据 Staiger 和 Stock(1997)，在运用两阶段最小二乘法进行估计时，第一阶段的 F 值在 10 以上就说明工具变量和内生变量之间才具有强的相关性。并且第一阶段的偏 R 方都达到了 10% 以上，这也表明我们选取的工具变量与内生变量(市场化程度)之间具有较强的相关性。

(2) 对工具变量的检验结果表明，我们可以在 1% 的显著水平上拒绝工具变量弱识别和识别不足的原假设，这说明工具变量具有合理性；同时，对所有回归组合而言，过度识别检验相伴概率均在 0.3 以上，这表明，我们无法在 10% 的显著水平上拒绝工具变量是过度识别的原假设，因此我们的工具变量是外生的。

(3) 与之前的结果(表 7.2、表 7.3)相比，地区市场化程度与产业技术复杂度的交互项($mk * pd$)的估计系数在各次组合中有不同程度的提高。这表明，市场化程度的内生性使得最小二乘估计产生向下偏倚，从而倾向于低估市场化程度对产业增长的作用。此外，在加入了其他控制变量后，$mk * pd$ 的系数有所降低，显著性有所下降，但仍保持在 5% 的显著性水平上，不影响本节的基本结论。

（4）控制变量的回归结果与之前相比，多样化（div）指标的回归系数和显著性都有所提高，这说明基于表 7.2 的竞争程度的结论并不准确。多样化程度对产业增长产生了正向的作用，而且这种作用较为明显。竞争程度（com）指标的系数虽然发生了逆转，但是作用依然不显著，这说明竞争程度对产业增长的作用并不明显。可能的原因在于，一定程度的竞争可能有利于产业的增长，但过度的竞争可能降低企业的生存空间，不利于企业进行技术创新，从而抑制产业增长。Aghion 等（2005）就指出，竞争程度与技术创新之间并不存在简单的单调关系：一方面，企业必须进行技术创新才能够在激励的竞争中生存；但另一方面，激烈的竞争也可能挫伤一部分厂家的积极性。即竞争对企业创新的影响可能产生"极化效应"，从而使得其对产业增长的影响不显著。

7.4　结

改革开放以后，特别是 20 世纪 90 年代以来，我国经济总体上保持着令世人瞠目的快速增长。然而，高速增长背后却存在着种种的隐忧，地区间差距也随之不断扩大，产业发展水平相去甚远。在改革开放的同时，我国政府进行着由沿海到内陆，由东部向西部渐进式的经济体制改革，经济逐步由计划经济向市场经济转变。中国政府这种以增长为核心的渐进式改革战略，使各地区的市场化发展并不均衡，市场化差异日益明显。那么，这二者之间是否存在着某种联系，或者说，经济转型的背景下，市场化程度的地区差异是否会对地区的产业增长产生影响？本章从理论和实证上对这一问题进行了探讨。

本章在 Acemoglu 等（2007）的理论框架下，构建理论模型探讨了市场化程度对省区产业增长作用的微观机制。理论分析的结果表明：技术复杂度较高的产业会在市场化程度较高的地区得到快速发展。在理论分析的基础上，我们借鉴 Rajan 和 Zingales（1998）的模型方法，将地区和产业特征相结合，考察了市场化程度的地区差异对省区产业增长的影响。经验实证结果在很大程度上印证了前面的理论分析：市场化程度高的地区确实在技术复杂度较高的产业增长较快，相对完善的市场化环境已成为高技术复杂度产业快速发展的前提条件。这一结论不受控制变量、不同样本及内生性的影响，从而是稳健和可信的。此外，我们还发现产业的专业化、多样化及竞争程度均对产业增长具有促进作用，其中专业化的作用更为显著。

　　本章的政策涵义是明显的：如果不改善体制环境、加快市场化进程，我国将无法调整产业结构，实现产业结构的优化升级，也就无法将经济发展转为依靠国内因素，推动经济的长期、持续增长。目前我国经济转型还在进一步进行，以市场为主导的市场经济体制在逐步建立和完善，价格机制调配资源的领域越来越宽泛，国有企业经营机制改革也在继续推进。但是我们可以看到，我国目前的市场体制并不完善，政府干预经济的现象仍然存在，国有经济依然在国民经济中占有较高的比重，地方保护主义人为地割裂市场，使价格机制的作用无法充分发挥，金融市场国有独资银行一统天下的单一结构尚未改变，维护市场环境、保护企业合法经营活动的法律体系尚不健全。这些均不利于我国市场化的提高和经济的长期增长，必须予以纠正。为此，我们要采取以下措施：第一，缩小政府的规模，减少政府对企业的干预，减轻企业的税外负担，使政府从竞争性的投资领域中退出，以降低政府对市场分配资源中的作用。第二，进一步实行国有企业经营体制改革，鼓励市场导向的非国有企业的发展，以增加非国有经济比重，使市场调节在整个经济中发挥作用。第三，减少地区设置的贸易壁垒，打破地区间商品封锁分割，使商品在区域间的可以自由流通，以保证价格机制作用的发挥。第四，因地制宜地发展中小银行，对垄断中国大部分金融资源的四大商业银行进行改革，引导其向私营企业贷款。第五，加强知识产权保护，完善劳动者人身健康和安全的法规，营造维护消费者权益的法律环境，以有效保护私有产权，及生产者和消费者的合法权益。只有这样，我们才能在全球经济危机的情况下，提高我国的市场化程度，优化产业结构，推动地区的产业增长，使我国的经济发展逐步转向内因驱动，最终实现经济的稳定、持续增长。

附录

　　供应商 j 在任意位置 $i(g(j)=i)$ 的概率为 $1/(M+1)$。若 $g(j)=0$，即在 j 之前没有任何参与人，则 j 的参与对联盟的价值不会产生任何影响，因为企业家排在 j 之后（没有企业家的参与，生产无法进行），即 $v(z_g^j \bigcup j)=v(z_g^j)=0$。

　　如果 $g(j)=1$，则企业家排在 j 前面的概率为 $1/M$，排在 j 后面的概率为 $1-1/M$。在前一种情况下，$v(z_g^j \bigcup j)=F_{IN}(1, N; \varepsilon)$，在后一种情况下，$v(z_g^j \bigcup j)=0$。因此，给定 $g(j)=1$，$v(z_g^j \bigcup j)$ 的条件期望为 $(1/M)F_{IN}$

$(1, N; \varepsilon)$。类似地，$v(z_g^j)$ 的条件期望为 $(1/M)F_{OUT}(0, N; \varepsilon)$。

对 $g(j)=i$，$i>1$ 重复该过程，给定 $g(j)=i$，企业家位于 j 之前的概率为：i/M，$v(z_g^j \bigcup j)$ 的条件期望为 $(i/M)F_{IN}(i, N; \varepsilon)$，$v(z_g^j)$ 的条件期望为 $(i/M)F_{OUT}(i-1, N; \varepsilon)$。由夏普利值的计算公式得到，供应商 j 从讨价还价中划分得到的收益为：

$$s_j = \frac{1}{(M+1)M} \sum_{i=1}^{M} i[F_{IN}(i, N; \varepsilon) - F_{IN}(i-1, N; \varepsilon)] \tag{A1}$$

对 (A1) 进行整理可以得到：

$$s_j = \frac{1}{(N+\varepsilon)N} \sum_{i=1}^{M} i\varepsilon[F_{IN}(i, N; \varepsilon) - F_{IN}(i-1, N; \varepsilon)]\varepsilon \tag{A2}$$

进一步将正文中的式 (7.11) 和式 (7.12) 代入式 (A2)，并整理得到

$$\begin{aligned}
s_j = {} & \frac{A^{1-\beta}N^{\beta(\kappa+1-1/\alpha)}}{(N+\varepsilon)N} \sum_{i=1}^{M} i\varepsilon\{[i\varepsilon x(-j)^\alpha + (N-i\varepsilon)\phi x(-j)^\alpha \\
& + \varepsilon x(j)^\alpha - \varepsilon x(-j)^\alpha]^{\beta/\alpha}\}\varepsilon \\
& - \frac{A^{1-\beta}N^{\beta(\kappa+1-1/\alpha)}}{(N+\varepsilon)N} \sum_{i=1}^{N} i\varepsilon[i\varepsilon x(-j)^\alpha + (N-i\varepsilon)\phi x(-j)^\alpha \\
& + \varepsilon\phi x(-j)^\alpha - \varepsilon x(-j)^\alpha]^{\beta/\alpha}\varepsilon
\end{aligned}$$

对上式进行一阶泰勒展开得到：

$$\begin{aligned}
s_j = {} & \frac{A^{1-\beta}N^{\beta(\kappa+1-1/\alpha)}(\beta/\alpha)}{(N+\varepsilon)N}\varepsilon[x(j)^\alpha - \phi x(-j)^\alpha]x(-j)^{(\beta-\alpha)} \\
& \times \sum_{i=1}^{M} i\varepsilon\{[i\varepsilon + (N-i\varepsilon)\phi]^{(\beta-\alpha)/\alpha}\}\varepsilon + o(\varepsilon)
\end{aligned}$$

或

$$\begin{aligned}
\frac{s_j}{\varepsilon} = {} & \frac{A^{1-\beta}N^{\beta(\kappa+1-1/\alpha)}(\beta/\alpha)\left(\left[\frac{x(j)}{x(-j)}\right]^\alpha - \phi\right)x(-j)^\beta}{(N+\varepsilon)N} \\
& \times \sum_{i=1}^{M} i\varepsilon\{[i\varepsilon + (N-i\varepsilon)\phi]^{(\beta-\alpha)/\alpha}\}\varepsilon + \frac{o(\varepsilon)}{\varepsilon}
\end{aligned} \tag{A3}$$

当 $M \to \infty$，即 $\varepsilon \to 0$ 时，上式等式右边变成黎曼积分：

$$\begin{aligned}
\lim_{\varepsilon \to 0} \frac{s_j}{\varepsilon} = {} & \frac{A^{1-\beta}N^{\beta(\kappa+1-1/\alpha)}(\beta/\alpha)\left(\left[\frac{x(j)}{x(-j)}\right]^\alpha - \phi\right)x(-j)^\beta}{N^2} \\
& \times \int_0^N z(z(1-\phi) + N\phi)^{(\beta-\alpha)/\alpha}\mathrm{d}z
\end{aligned} \tag{A4}$$

对式(A4)进一步整理得到：

$$\lim_{\varepsilon \to 0} \frac{s_j}{\varepsilon} = A^{1-\beta} \left(\left(\frac{x(j)}{x(-j)} \right)^{\alpha} - \phi \right) x(-j)^{\beta} N^{\beta(\kappa+1)-1} \frac{1}{(1-\phi)} \left[1 - \frac{\alpha}{\alpha+\beta} \frac{1 - \phi^{\frac{\alpha+\beta}{\alpha}}}{1-\phi} \right]$$

(A5)

从而供应商从讨价还价中获得的收益为：

$$s_x = \gamma(\phi) A^{1-\beta} \frac{\left[\dfrac{x(j)}{x(-j)} \right]^{\alpha} - \phi}{1-\phi} x(-j)^{\beta} N^{\beta(\kappa+1)-1}$$

(A6)

其中，$\gamma(\phi) = \left[1 - \dfrac{\alpha}{\alpha+\beta} \dfrac{1}{1-\phi} \left(1 - \phi^{\frac{\alpha+\beta}{\alpha}} \right) \right]$。

对 $\gamma(\phi)$ 求一阶偏导数可知 $\gamma'(\phi) = -\dfrac{1 - \dfrac{\alpha}{\alpha+\beta} \phi^{\frac{\beta}{\alpha}} (1-\phi)}{(\alpha+\beta)(1-\phi)^2 / \alpha} < 0$。 证毕。

第8章
拓展 Ⅱ：经济波动、不完全契约与产业结构[*]

本章运用 Hart 所提出的"第二代不完全契约理论"，考察经济波动对产业结构和出口结构的影响。

产业结构升级是发展中国家实现经济起飞和跨越式发展的必经之路（Hausmann *et al.*，2005；林毅夫，2010），也是我国能否迈过"中等收入陷阱"的关键因素之一（Yu，2013）。2010 年中国人均 GDP 超过 4 000 美元，标志着我国正式进入"上中等收入国家"行列，实现产业结构升级成为提升增长潜力和保持经济持续增长的重要动力。然而，长期以来的内需不足和结构性问题使得我国不得不通过对外贸易来寻求经济增长点。自 2008 年以来，受金融危机、希腊主权债务危机以及接踵而至的欧洲债务危机的影响，整个世界经济正面临严峻考验。在此背景之下，部分外资企业撤出中国，大量内资企业的用工需求也在不断下降，宏观经济波动对我国能否突破经济增长瓶颈提出了挑战。此时，系统而严谨地考察经济波动对产业结构的影响不仅成为一个极具紧迫性的理论课题，而且也具有重要的现实意义。然而，迄今为止，研究经济波动对产业结构影响的文献仍然非常匮乏。为此，本章拟从劳动力市场摩擦的视角分析经济波动影响产业结构的微观机制，并采用详实的跨国数据和微观企业数据对二者的关系提供有力的经验证据。

在理论上，对产业结构的关注最早可以追溯到李嘉图的比较优势理论。该理论强调生产率差异对贸易结构的影响。虽然比较优势理论在解释贸易结构方面获得了巨大成功，但并没有指出为何不同的国家会存在技术水平上的部门差异（Grossman and Helpman，1995）。要素禀赋理论（HOV 理论）试图从要素禀赋的不同来解释国家间的贸易结构差异，却最终难以逃脱经验研究的诘难。Trefler

---

[*] 本节由王永进和盛丹共同完成，原文以《经济波动、劳动力市场摩擦与产业结构》为题发表于《世界经济》2013 年第 4 期，第 22—46 页。

(1995)和 Harrigan(1997)指出,只有考虑到国家之间的生产率差异时,要素禀赋理论才能恢复其应有的解释力。因此,探寻国家间生产率差异的来源就成为解释国家间贸易结构和产业结构差异的关键因素。

此外,发展经济学家很早就注意到产业结构与经济增长的关系。Kuznets(1957)发现,随着经济发展水平的提高,农业部门的产出和就业比重会不断下降,服务业部门的比重会不断上升,制造业部门的比重则呈先上升后下降的倒 U 形趋势,即所谓的"Kuznets 事实"(Kongsamut et al.,2001)。已有研究对于这一现象的解释主要沿着两条思路展开:第一类文献侧重从需求的角度解释经济发展与产业结构变迁的一般规律(Echevarria,1997;Foellmi and Zweimuller,2008;Kongsamut et al.,2001)。这些文献认为,由于消费者的"非位似偏好"(non-homothetic preference),消费者的支出会遵循"Engel 定律",即随着收入水平的提高,对农产品的支出单调下降,对服务的支出则单调上升。第二类文献则是从供给的角度来展开分析。此类文献强调,产业间的生产率差异是产业结构变化的主要原因(Acemoglu and Guerrieri,2008;Baumol,1967;Ngai and Pissarides,2007)。不过,这些研究关注的重点是三大产业间的变动关系,而且并没有探讨产业间生产率差异的来源。为了更深入地认识国家间贸易和产业结构的差异,有必要挖掘生产率背后的决定因素。那么,不同国家之间、不同行业之间究竟为何存在生产率差异?

自 North(1990)以来,越来越多的文献强调制度对国家间经济绩效的决定性作用。受这些研究的启发,近来的研究试图从制度的视角考察国家间生产率和贸易结构差异的源泉。其中,Beck(2002)、Ju 和 Wei(2005)以及 Manova(2008)分别考察了金融发展对贸易结构的影响。Rajan 和 Zingales(1998)则研究了金融制度对产业增长的影响。Levchenko(2007)、Acemoglu 等(2007)以及 Costinot(2009)则强调契约履行对生产率和贸易结构的影响。诚然,契约和金融发展等制度变量是决定产业结构的重要因素,但正如 Nunn(2007)所指出的,即使在考虑了上述因素之后,已有理论对贸易和产业结构的解释力仍然十分有限,尤其是这些文献都忽略了一国宏观经济波动对产业结构的影响。

与本节相关的第二类文献侧重探讨产业结构对经济波动的反向作用。虽然经济波动与产业结构之间升级之间的负相关关系是一个不争的事实(Williamson,1990;Krueger,1993;Rodrik,2002),但已有文献更侧重验证产业结构对经济波动的影响,忽视了经济波动对产业结构的反向作用。Koren 和 Tenreyro(2007)认为发展中国家之所以经济波动程度更高,是因为这些国家生产了更多的波动性产品。Krishna 和 Levchenko(2009)则指出,制度水平较差决定了发展中国家将更多地生产和出口低技术复杂度产品,而这些产品恰恰具有较高的波动性,从而使得发展中国家的经济波动性较高。与上述研究不同,Aghion 等(2009)在研究周期性财政政策与产业增长二者关系的过程中指出,经济波动对融资依赖性行业的产业增长具有更强的负面作用。不过,他们并未直接考察经济波动对产业结构的影响。

鉴于此,本章拟从劳动力市场摩擦的视角考察经济波动影响产业结构的微观机制。基本思路是:搜寻和匹配成本(Diamond,1982；Mortensen and Pissarides,1994)、"敲竹杠"问题(Acemoglu and Shimer,1999)和监督成本(Shapiro and Stiglitz,1984)等劳动力市场摩擦的存在,导致工人的工资无法根据宏观经济的景气状况进行调整,契约的不完全性则会进一步加剧工人的机会主义行为,并增加工资的难度。同时,工人机会主义行为所带来的损失与中间投入的差异化程度有关,差异化产品在中间投入中所占的比重越高,机会主义所导致的效率损失就越大。因此,面临经济衰退,同质产品部门的工资可以灵活调整,而差异化产品部门的工资水平则无法进行调整,这就使得那些密集使用差异化产品的部门就业水平大幅下降,并促使生产要素流向同质产品部门。从长期来看,由于工资粘性,频繁的经济波动会抑制差异化产品部门的技术进步,进而使得差异化产品部门停滞在相对较低的发展水平,从而阻碍产业结构升级。

为检验理论模型的结论是否具有一般性,本章首先采用跨国产出数据来验证经济波动对产业结构的影响。同时,为了控制变量内生性导致的估计偏误,并深入考察经济波动影响产业结构的作用渠道,本章还将利用 2008 年金融危机这一准自然实验(quasi-experiment),并结合中国 2007 年和 2009 年的微观企业数据,对经济波动对产业结构的微观机制进行检验,从而进一步印证了本章理论模型所阐述的作用机制。

本章余下部分安排如下:第一部分构建理论模型阐述经济波动影响产业结构的微观机制;第二部分采用跨国数据对经济波动与产业结构的关系进行实证分析;第三部分以 2008 年金融危机为例,并结合中国工业企业数据库检验经济波动影响产业结构的作用途径;最后一部分是结论。

8.1　经济波动的理论分析

8.1.1　基本框架

根据 Acemoglu(2003),假定消费者消费 C 和 N 两种最终消费品,且效用函数为常数替代弹性(CES)形式：

$$Q = [Y_C^{\frac{\varepsilon-1}{\varepsilon}} + Y_N^{\frac{\varepsilon-1}{\varepsilon}}]^{\frac{\varepsilon}{\varepsilon-1}} \tag{8.1}$$

其中，Y_C 表示同质产品行业的产量，Y_N 表示差异化产品行业的产量。ε 表示行业间之间的替代弹性。令 C 和 N 产品价格分别为 p_C 和 p_N，并令 $[p_C^{1-\varepsilon} + p_N^{1-\varepsilon}]^{1/(1-\varepsilon)} \equiv 1$，则可以得到两种产品的需求函数：

$$p_i = Q^{\frac{1}{\varepsilon}} Y_i^{-\frac{1}{\varepsilon}} \text{ 或 } Y_i = Q p_i^{-\varepsilon}, \ i = C, \ N \tag{8.2}$$

根据上式(8.2)可以得到最终产品的总收益函数为：

$$R_i = Q^{1-\beta} Y_i^{\beta}, \ i = C, \ N, \ \beta = (\varepsilon-1)/\varepsilon \tag{8.3}$$

参照 Acemoglu 等(2007)，假定行业 C 和行业 N 在产品市场上是完全竞争的，且两种产品的生产函数如下：

$$Y_i = E_i \left(\int_0^{A_i} y_i(j)^{(\sigma-1)/\sigma} \mathrm{d}j \right)^{\sigma/(\sigma-1)}, \ E_i = A_i^{\kappa+1-\sigma/(\sigma-1)}, \ \kappa < 1 \tag{8.4}$$

其中，A_i 为中间产品种类数，衡量行业 i 的技术水平。σ 表示行业内部中间投入之间的替代弹性，且 $\sigma > \bar{\sigma} = (\varepsilon - \kappa - 1)/(1-\kappa)$。

令中间投入 $y_i(j)$ 的价格为 $q_i(j)$，则由成本最小化可得：

$$y_i(j) = \frac{Y_i/E_i}{\Delta_i^{-\sigma}} q_i(j)^{-\sigma} \text{ 或 } q_i(j) = \Delta_i (Y_i/E_i)^{1/\sigma} y_i(j)^{-1/\sigma} \tag{8.5}$$

其中，$\Delta_i = \left[\int_0^{A_i} q_i(j)^{1-\sigma} \mathrm{d}j \right]^{1/(1-\sigma)}$。进一步可以得到行业 i 最终产品行业的总成本函数为：$\int_0^{A_i} q_i(j) y_i(j) \mathrm{d}j = \frac{1}{E_i} \left[\int_0^{A_i} q_i(j)^{1-\sigma} \mathrm{d}j \right]^{1/(1-\sigma)} Y_i$，由最终产品行业的零利润条件可得：

$$p_i = \frac{1}{E_i} \Delta_i = \frac{1}{E_i} \left[\int_0^{A_i} q_i(j)^{1-\sigma} \mathrm{d}j \right]^{1/(1-\sigma)} \tag{8.6}$$

由式(8.5)和式(8.6)可得，在行业 i，中间产品制造企业 j 的收益函数为：

$$r_i(j) = z_i y_i(j)^{\alpha} = z_i^{\sigma} q_i(j)^{1-\sigma}, \ z_i^{\sigma} = \frac{Y_i/E_i}{\Delta_i^{-\sigma}} = Q p_i^{\sigma-\varepsilon} E_i^{\sigma-1} \tag{8.7}$$

中间投入 $y_i(j)$ 使用劳动进行生产，且生产一单位 $y_i(j)$ 需要投入 1 单位劳动投入。

若劳动者的工资水平为 w，则由成本加成定价可得：$q_i = \frac{\sigma}{\sigma-1} w$，由式(8.6)

可得：

$$p_i = \frac{1}{A_i} q_i(j) = \frac{\sigma}{\sigma-1} \frac{w}{A_i} \tag{8.8}$$

由式(8.5)不难得到部门 i 中间投入 j 的产量为：

$$y_i(j) = Q A_i^{\varepsilon-\sigma+(\kappa+1)(\sigma-1)-\sigma} \left(\frac{\sigma-1}{\sigma}\right)^{\varepsilon} w^{-\varepsilon} \tag{8.9}$$

中间产品供应商的总收益为：

$$r_i(j) = Q A_i^{\varepsilon-\sigma+(\kappa+1)(\sigma-1)-\sigma} \left(\frac{\sigma-1}{\sigma}\right)^{\varepsilon-1} w^{1-\varepsilon} \tag{8.10}$$

劳动市场均衡条件为：$\sum_{i=C,N} A_i y_i(j) = L$，由式(8.9)以及中间投入的投入产出系数为1，可以将劳动市场均衡条件整理为：

$$w = \left(\frac{\sigma-1}{\sigma}\right) \bar{A} \left(\frac{Q}{L}\right)^{\frac{1}{\varepsilon}}, \quad \bar{A} = \left(\sum_{i=C,N} A_i^{\varepsilon-\sigma+\kappa(\sigma-1)}\right)^{\frac{1}{\varepsilon}} \tag{8.11}$$

由式(8.8)知 $\dfrac{p_i}{p_j} = \left(\dfrac{A_i}{A_j}\right)^{-1}$，再由式(8.2)可得：

$$\frac{p_i}{p_j} \frac{Y_i}{Y_j} = \left(\frac{p_i}{p_j}\right)^{1-\varepsilon} = \left(\frac{A_i}{A_j}\right)^{(\varepsilon-1)} \tag{8.12}$$

式(8.12)表明，行业的产值之比与行业的技术水平之比正相关。换言之，一个行业的技术水平越高，则其在总产值中所占的比重也就越高。

此外，由式(8.7)和式(8.8)还可进一步得到行业 i 和行业 j 中间供应商的相对收益：

$$\frac{r_i}{r_j} = \frac{r_i(j)}{r_j(j)} = \left(\frac{z_i}{z_j}\right)^{\sigma} = \left(\frac{p_i}{p_j}\right)^{\sigma-\varepsilon} \left(\frac{E_i}{E_j}\right)^{\sigma-1} = \left(\frac{A_i}{A_j}\right)^{(\kappa+1)(\sigma-1)+\varepsilon-2\sigma} \tag{8.13}$$

由式(8.13)和 $\bar{\sigma} = (\varepsilon-\kappa-1)/(1-\kappa)$ 以及 $\sigma > \bar{\sigma}$ 可以得到如下结论：

命题1：中间产品供应商的收益之比与两个部门的相对技术水平负相关。

对命题1的经济学解释如下：技术进步对中间供应商利润的影响存在两种效应：一是行业内替代效应。由于技术进步表现为中间产品种类的增加，因此技术进步会降低每个中间供应商的利润。二是行业间替代效应。如果一个部门中间产品种类增加，那么，该部门最终产品的价格下降，规模扩张，从而增加最终产品部门对中间产品的需求，进而增加利润水平。因此，行业内替代弹性(σ)越高，中间产品之间的替代性越强，技术进步对中间产品供应商利润的负面作用越大。而如果行业间替代弹性(ε)越大,则技术进步对部门产量扩张的影响更大,从而对中间产品供应商利润的正面影响越强。条件 $\sigma > \bar{\sigma}$ 保证了行业内替代效应大于行业间替代效应,从而有命题 1 成立。

8.1.2 经济波动考察

如前所述,产业结构取决于产业间技术水平的差异。本节引入经济波动和劳动力市场摩擦,并考察经济波动对企业经营绩效的影响,从而为下一节分析经济波动对产业结构的作用奠定理论基础。

令中间投入 $y_i(j)$ 的生产函数为如下形式:

$$y_i(j) = \exp\left\{\int_0^{\theta_i} \ln \chi_i(j, k) l_i(j, k) \mathrm{d}k + \int_{\theta_i}^1 \ln \chi_i(j, k) l_i(j, k) \mathrm{d}k\right\}$$

$$(8.14)$$

其中,$k \in [0, \theta_i]$ 为劳动者提供的差异化产品投入,$k \in [\theta_i, 1]$ 为劳动者提供的同质产品投入,$\chi_i(j, k) \in (0, 1]$ 表示中间投入的质量水平。为简化分析,假定 $\theta_C = 0$,即对于同质产品部门 C 而言,所有的中间投入均为同质产品。而对于差异化产品部门而言,$\theta_N > 0$。

企业和劳动者交易进行的顺序如下:

在 $t = 0$ 期,双方签订合同,并规定工资水平 w 和劳动者提供的中间投入数量 $l_i(j, k)$。

在 $t = 1$ 期,自然状态实现,由于劳动力市场摩擦的存在,企业无法在短时间内找到替代劳动,企业决定是否对最初的合同进行调整,生产和交易完成。

假定需求水平有三种状态:Q_s,$s \in \{L, 0, H\}$,其中 $Q_L < Q_0 < Q_H$,而且在 $t = 0$ 期,需求水平为 Q_0,劳动者的均衡工资水平为 $w_0 = \left(\frac{\sigma - 1}{\sigma}\right) \bar{A} (Q_0/L)^{\frac{1}{\varepsilon}}$,则根据式(8.11)不难得到此时中间产品供应商的总收益为 $r_{i0}(j) \equiv r_{i0} = A_i^{\varepsilon - \sigma + (\kappa + 1)(\sigma - 1) - \sigma} \bar{A}^{1 - \varepsilon} Q_0^{1/\varepsilon} L^{(\varepsilon - 1)/\varepsilon}$。

在 $t = 0$ 期,企业和劳动者根据式(8.11)确定工资水平 $w_0 = \left(\frac{\sigma - 1}{\sigma}\right) \bar{A} (Q_0/L)^{\frac{1}{\varepsilon}}$。

在 $t = 1$ 期,自然状态实现。此时的需求水平定义为 Q',且 $Q' = Q_0$ 的概率为 $1 - \rho$。$\Pr(Q' = Q_s) = \rho/2$,$s = L, H$。ρ 可以理解为经济的波动程度,ρ 越大说明经济的波动程度越大。若 $Q' > Q_0$,则表示第 1/2 期的需求水平超过 $t = 0$ 期的需求水平,说明需求冲击为正,反之说明需求冲击为负。给定需求水平 Q',企业决定是否调整工资水平。

接下来,我们参照 Hart 和 Moore(2008)引入两个重要假定:第一,劳动者可以提供两种投入:优质投入和劣质投入。而且劳动者所提供的中间投入的质量是不能被第三方(如法庭)所证实的,法庭只能判断劳动者是否提供了劳动投入,却不能判断劳动者提供的中间投入的质量水平。而劳动者是否愿意提供优质投入,取决于其是否得到"权力感"(entitlement)。只有其获得的工资不低于其参照点时,才能获得"权力感"。若实际工资小于其参照点,则员工会感到不满,并采取机会主义行为(shading)对另一方实施报复,即提供劣质产品。第二,如果劳动者提供优质产品,则产品的质量 $\chi_i(j,k)=1$,如果劳动者提供劣质产品,则产品的质量下降为 $\chi_i(j,k)=\delta<1$。而且如果劳动者进行报复,只有 $k\in[0,\theta_i]$ 部分的差异化中间投入的质量会下降。其经济学解释为:如果劳动者提供的中间投入是同质产品,由于产品的标准化程度较高,产品质量的任何变化都会被企业发现,并能够被第三方证实(Hart,2009),这就使得工人无法实施机会主义行为。因此,差异化产品的比重越高,则机会主义行为导致的效率损失也就越大。

我们首先考虑 $Q'=Q_H>Q_0$ 的情况,即产品市场上发生正向的需求冲击。此时由于需求上升,劳动力市场上对劳动存在过度需求,从而同质产品和差异化产品部门企业的工资都同步上涨,由 $w_0=\left(\dfrac{\sigma-1}{\sigma}\right)\overline{A}\,(Q_0/L)^{\frac{1}{\varepsilon}}$ 提高至 $w_H=\left(\dfrac{\sigma-1}{\sigma}\right)\overline{A}\cdot(Q_H/L)^{\frac{1}{\varepsilon}}$。

如果 $Q'=Q_L<Q_0$,即产品市场上发生负面的需求冲击。此时,劳动市场上劳动者供过于求,企业决定是否削减劳动者的工资。

如果企业将劳动者的工资削减至 $w_L=\left(\dfrac{\sigma-1}{\sigma}\right)\overline{A}\,(Q_L/L)^{\frac{1}{\varepsilon}}$,由于工资下降会导致工人的报复行为及产品的质量下降,由此导致中间投入 $y_i(j)$ 的生产效率由 1 下降至 δ^{θ_i},对应的收益变为:

$$r_{iR}\mid_{s=L}=\delta^{\alpha\theta_i}Q_LA_i^{\varepsilon-\sigma+(\kappa+1)(\sigma-1)-\sigma}\left(\frac{\sigma-1}{\sigma}\right)^{\varepsilon-1}w_L^{1-\varepsilon} \tag{8.15}$$

如果员工的工资保持不变,则企业的收益为:

$$r_{iF}\mid_{s=L}=Q_LA_i^{\varepsilon-\sigma+(\kappa+1)(\sigma-1)-\sigma}\left(\frac{\sigma-1}{\sigma}\right)^{\varepsilon-1}w_0^{\,1-\varepsilon} \tag{8.16}$$

对式(8.15)和式(8.16)进行整理则不难得到,当且仅当 $\delta^{\alpha\theta_i}>\left(\dfrac{w_L}{w_0}\right)^{\varepsilon-1}=$

$\left(\dfrac{Q_L}{Q_0}\right)^{(\varepsilon-1)/\varepsilon}$ 时,有 $r_{iR}\mid_{s=L}>r_{iF}\mid_{s=L}$ 成立。整理可得到企业削减工资的充分必要

条件是 $\theta_i<\dfrac{\varepsilon-1}{\varepsilon}\cdot\dfrac{\ln(Q_L/Q_0)}{\alpha\ln\delta}$ 或 $Q_L<Q_0\delta^{\frac{\alpha\theta_i}{\varepsilon-1}}$,换句话说,只有需求下降的幅度

充分大,或者中间投入中差异化产品足够小时,企业才会调整工人的工资。由 $\theta_C=$ 0 可知,只要发生负面的需求冲击,同质产品部门的企业就会削减工资。令 $\theta_N>$ $\dfrac{\varepsilon-1}{\varepsilon}\cdot\dfrac{\ln(Q_L/Q_0)}{\alpha\ln\delta}$,由此可以得到如下结论:

引理 1: 面对负面的需求冲击,同质产品部门 C 的工资会下降,即工资可以灵活调整;差异化产品部门 N 的工资水平保持不变,具有工资粘性。

面临负的需求冲击,差异化产品部门 N 和同质产品部门代表性企业的收益分别为:

$$r_N\mid_{s=L}=Q_LA_i^{\varepsilon-\sigma+(\kappa+1)(\sigma-1)-\sigma}\overline{A}^{1-\varepsilon}\left(\frac{Q_0}{L}\right)^{\frac{1-\varepsilon}{\varepsilon}}$$

$$r_C\mid_{s=L}=Q_LA_i^{\varepsilon-\sigma+(\kappa+1)(\sigma-1)-\sigma}\overline{A}^{1-\varepsilon}\left(\frac{Q_L}{L}\right)^{\frac{1-\varepsilon}{\varepsilon}} \tag{8.17}$$

差异化产品部门和同质产品部门代表性供应商的收益比值为:

$$\frac{r_C\mid_{s=L}}{r_N\mid_{s=L}}=\frac{r_C\mid_{s=0}}{r_N\mid_{s=0}}\left(\frac{Q_0}{Q_L}\right)^{(\varepsilon-1)/\varepsilon}>\frac{r_C\mid_{s=0}}{r_N\mid_{s=0}}=\left(\frac{A_C}{A_N}\right)^{\varepsilon-\sigma+(\kappa+1)(\sigma-1)-\sigma} \tag{8.18}$$

由此可知,面临负的需求冲击,差异化产品部门企业的收益下降的幅度更大。同理可得,面对负的需求冲击,差异化产品部门企业利润下降的幅度也更大,即 $\dfrac{\pi_C\mid_{s=L}}{\pi_N\mid_{s=L}}>\dfrac{\pi_C\mid_{s=0}}{\pi_N\mid_{s=0}}$。类似地,不难得到差异化产品部门与同质产品部门的就业之比为:

$$\frac{l_C\mid_{s=L}}{l_N\mid_{s=L}}=\frac{l_C\mid_{s=0}}{l_N\mid_{s=0}}\left(\frac{w_L}{w_0}\right)^{-\varepsilon}>\frac{l_C\mid_{s=0}}{l_N\mid_{s=0}}=\left(\frac{A_C}{A_N}\right)^{\varepsilon-\sigma+(\kappa+1)(\sigma-1)-\sigma} \tag{8.19}$$

由此得到如下结论:

命题 2: 面临负的需求冲击,差异化产品部门的就业、产值和利润下降幅度较大。

命题 2 表明,当发生负面冲击时,同质产品部门的工资和价格能够灵活调整,因此,实际变量(就业与产值)的下降幅度较小,而对于差异化产品部门,由于工资和价格是粘性的,就业和产出下降的幅度较大。该结论与 Haddad 等(2011)和

Gopinath 等(2011)的发现是完全一致的。他们采用 2007—2009 年的数据考察了金融危机对国际贸易的影响,发现从贸易总额来看,同质产品和差异化产品的调整幅度并无显著差异,但两类产品的调整方式却存在明显区别：同质产品的出口和进口价格发生了大幅下降,但出口数量和进口数量则相对稳定；而差异化产品部门的出口和进口价格相对稳定,出口和进口数量大幅下降。本节的命题 2 则为他们的这一发现提供了理论基础。

定义 $\pi_{i0} \equiv \pi_i \mid_{s=0}$,根据式(8.17)可以得到不同需求状态下利润之间的关系为：

$$\pi_C \mid_s = \left(\frac{Q_s}{Q_0}\right)^{1/\varepsilon} \pi_{C0}, \ s = L, \ 0, \ H, \ \pi_N \mid_{s=H, 0} = \left(\frac{Q_H}{Q_0}\right)^{1/\varepsilon} \pi_{N0} \ \text{和} \ \pi_N \mid_{s=L} = \frac{Q_L}{Q_0} \pi_{N0}$$

$$(8.20)$$

于是,部门 C 和部门 N 代表性企业的预期利润分别为：

$$E\pi_C = \left[1 - \rho + \frac{\rho}{2}(\omega_L^{1/\varepsilon} + \omega_H^{1/\varepsilon})\right]\pi_{C0} \ \text{和}$$

$$E\pi_N = \left[1 - \rho + \frac{\rho}{2}(\omega_L + \omega_H^{1/\varepsilon})\right]\pi_{N0}$$

$$(8.21)$$

其中,$\omega_L = Q_L/Q_0 < 1$,$\omega_H = Q_H/Q_0 > 1$。

8.1.3 经济波动与产业结构

接下来我们在存在劳动力市场摩擦的情况下,探讨经济波动对产业间技术进步的影响,进而考察经济波动对产业结构的影响。

假定在行业 C 和行业 N,开发一项新技术需要付出一定的沉淀成本 $\mu_C = \mu_N = \mu$,专利的价值为 V_C 和 V_N,利率水平为 r。则 $V_i = \dfrac{E\pi_i + \dot{V}_i}{r}$,在稳态 $\dot{V}_i \equiv 0$,从而开发一项新专利的预期价值为：

$$V_C = \frac{E\pi_C}{r} \ \text{和} \ V_N = \frac{E\pi_N}{r}$$

在均衡状态下,专利的价值与进入成本相等,即 $V_C = V_N = \mu$,这就要求 $E\pi_N = E\pi_C$,对 $E\pi_N/E\pi_C$ 进行整理可以得到：

$$\frac{E\pi_N}{E\pi_C} = \frac{\pi_{N0}}{\pi_{C0}}\left[1 - \frac{\omega_L^{1/\varepsilon} - \omega_L}{\rho^{-1} + 1 - (\omega_H^{1/\varepsilon} + \omega_L^{1/\varepsilon})/2}\right]$$

$$(8.22)$$

由 $\omega_L < 1$ 和 $\varepsilon > 1$ 可知，$\omega_L < \omega_L^{\frac{1}{\varepsilon}}$，于是由式(8.22)可得：$\dfrac{\partial(E\pi_N/E\pi_C)}{\partial\rho} < 0$。根据均衡条件 $V_C = V_N = \mu$ 可得，在均衡状态下有 $\dfrac{E\pi_N}{E\pi_C} = 1$ 成立。由隐函数定理以及命题1可知，$\dfrac{\partial(A_N/A_C)}{\partial\rho} < 0$，由此得到如下命题：

命题3：在经济波动程度较高的国家，技术进步偏向于"同质产品"行业，而在经济波动程度较低的国家，技术进步偏向于"差异化产品"行业。

根据命题1和命题3可以进一步得到如下结论：

命题4：在经济波动程度较高的国家，则"差异化产品"行业的相对产值较低，而在经济波动程度较低的国家，"差异化产品"产品行业的相对产值较高。

由于高技术产业的产品往往难以标准化，中间投入中使用的差异化产品比重也较高，因此，命题4意味着经济波动不利于高技术产业的技术进步和产业发展，从而阻碍一国的产业结构升级。

8.2 经验检验数据

8.2.1 模型设定

跨国文献主要通过引入产业特征与国家特征变量交互项的双固定效应模型来研究生产结构和出口结构的决定因素。该方法最早由 Rajan 和 Zingales(1998)提出，此后便被广泛应用于产业结构和出口结构的研究中。例如，Nunn(2007)采用该方法考察了契约实施与出口结构的关系，Ciccone 和 Papaioannou(2009)将该方法用于研究人力资本结构对产业增长的影响。具体计量模型的设定如下：

$$\ln output_{ik} = \lambda_i + \eta_k + \gamma volatility_i \times z_k + \xi'C_{ik} + \varepsilon_{ik} \qquad (8.23)$$

其中，下标 i 表示国家，下标 k 表示产业。$volatility$ 为经济波动程度，z_k 为行业投入中差异化产品的比重。λ_i 和 η_k 分别表示国家特征和产业特征。C_{ik} 为其他控制变量。ε_{ik} 表示随机干扰项。

$volatility \times z_k$ 是本节的核心解释变量。若其估计系数为负，则表明密集使用差异化产品的部门在波动程度较低的国家拥有相对较高的产值。为了更清晰地展示这一点，考虑两个国家 1 和 2，两个产业 a 和 b，其中 $volatility_1 < volatility_2$，

$z_a < z_b$，则由式(8.23)可得：

$$\ln output_{1a} - \ln output_{1b} = \eta_a - \eta_b + \gamma volatility_1 \times (z_a - z_b)$$

$$\ln output_{2a} - \ln output_{2b} = \eta_a - \eta_b + \gamma volatility_2 \times (z_a - z_b)$$

$$\ln \frac{output_{1a}}{output_{1b}} - \ln \frac{output_{2a}}{output_{2b}} = \gamma(volatility_1 - volatility_2) \times (z_a - z_b)$$

根据本节的理论分析,经济波动程度较低的国家在差异化产品部门的相对产值更高,这就要求国家 1 在产业 b 的相对产值较高,即 $\ln \frac{output_{1a}}{output_{1b}} - \ln \frac{output_{2a}}{output_{2b}} < 0$,该式成立的充分必要条件是 $\gamma < 0$。 因此,如果 $\gamma < 0$,则本节理论模型的核心结论得到证实。为考察结果的稳健性,我们分别采用 $volatility\_g$ 和 $volatility\_yr$ 这两个指标度量经济波动程度,采用 z_1 和 z_2 这两个指标测算行业中间投入中差异化产品的比重。

计量模型的主要控制变量如下:

(1) 契约制度交互项($Q_c \times z_1$)。Nunn(2007)研究表明,契约制度的跨国差异是解释不同国家之间出口结构差异的重要因素。完善的契约制度不仅能够纠正契约不完全所导致的投资扭曲(Levchenko, 2007),而且还可以促进企业的技术引进(Acemoglu et al., 2007),降低专业化分工的协调成本、推动劳动分工的深化(Costinot, 2009),从而有助于一国在密集使用差异化产品的行业形成比较优势。此外,跨国研究还进一步发现,制度质量较差的发展中国家经济波动程度也往往较高,因此,如果不能控制契约制度,则难以识别经济波动与生产结构之间的相关关系到底是由制度因素所引起的,还是经济波动本身的作用。

(2) 金融发展与外部融资依赖性交互项($finance \times extfin$)。Kletzer 和 Bardhan(1987)指出,包括道德风险和信贷契约执行难在内的信贷市场不完美是构成国家之间比较成本的重要来源。Beck(2002)则基于 36 个产业和 54 个国家的研究进一步证实了这一观点,他发现,金融体系较为发达的国家在外部融资依赖度较高的行业具有更高的出口份额和贸易盈余。

(3) 要素禀赋交互项:人力资本禀赋与人力资本密集度交互项($h \times hay$)、物质资本禀赋与物质资本密集度交互项($kl \times cap\_va$)、自然资源禀赋与自然资源密集度($nl \times ni$)。依照要素禀赋理论,密集使用某种生产要素的产业会在该要素较为丰裕的国家发展更快、产值更高、出口更多。

(4) 行业内的企业数目(n_establ)。行业内企业数目的多寡可以在一定程度上反映竞争的激烈程度,企业数目的增加可以促进企业的产量扩张,从而提高行业的总产值。此外,激烈的竞争还能激励企业进行自主创新,提高技术水平,从而提高其最终产值。当然,长期而言,过度的竞争也可能降低企业的利润水平,并削弱企业的竞争能力,从而不利于行业产值的增加。

8.2.2 变量说明

本节采用的跨国数据为世界银行 2007 年开发的"Trade,Production and Protection 1976—2004"(下文简称 TPP)数据,该数据涵盖了 100 个国家 28 个制造业行业的生产和贸易数据。由于 1997 年后的数据存在大量样本缺失,同时与 Nunn (2007)数据保持一致,我们采用 PPT1997 年的数据展开经验分析。

主要解释变量的计算方法如下:

(1)国家和地区特征:①波动程度。在理论上经济波动程度会影响产业结构,但产业结构差异又会反过来影响经济波动。为避免双向影响所导致的内生性问题,我们参照 Acemoglu 等(2003)的做法,采用 1950—1997 年的数据来计算各国的波动程度,由于当期产出不会对过去的经济波动程度产生影响,因此经济波动程度可以视为外生的。具体而言,采取两种方法计算经济增长的波动率,一种是 1950—1997 年经济增长率的简单标准差($volatility\_g$),另一种方法是采用 ARIMA 模型对经济增长率进行估计,并用计算得到的残差的标准差($volatility\_yr$)测算波动程度。其中实际 GDP 增长率数据来自宾夕法尼亚大学 Penn World Table7.0 数据。②其他国家特征:金融发展($finance$)。我们选取私人信贷规模占 GDP 的比重来度量金融发展,金融相关数据来自 Beck 等(2000)。人力资本禀赋(h)、资本禀赋(kl)和自然资源禀赋 nl 该数据来自 Manova(2008)。

(2)行业特征:①差异化产品的投入比重。z_1 和 z_2 取自 Nunn(2007)的数据,具体构造方式如下:$z_1 = \sum_j \theta_{ij} R_j^{neither}$ 和 $z_2 = \sum_j \theta_{ij} (R_j^{neither} + R_j^{referprice})$,其中,$\theta_{ij} \equiv u_{ij}/u_i$,$u_{ij}$ 表示行业 i 使用的行业 j 的投入量。$u_i = \sum_j u_{ij}$ 表示行业 i 使用的所有行业的投入总和。$R_j^{neither}$ 表示行业 j 中既非"机构交易产品"也没有"参考价格"的产品所占比重,该比重越高表明行业 j 的差异化程度越大。相应地,$R_j^{referprice}$ 表示行业 j 中不是"机构交易产品"但是存在"参考价格"的产品所占比重。②其他行业特征。行业外部融资依赖度数据来自 Rajan 和 Zingales(1998)。人力资本密集度(hay)采用行业职工的平均受教育年限表示,物质资本密集度用资本存量/增加值测度,该数据来自 Ciccone 和 Papaioannou(2009)。自然资源密集度为虚拟变量,数据来自 Braun(2003)。

8.2.3 结果

表 8.1 和表 8.2 报告了采用 TPP 数据的估计结果。为了便于比较，回归结果的系数均为标准化的 Beta 系数。

1. 总体样本估计结果

由表 8.1 可以得到如下结论：

第一，不论以哪一种指标来测度经济波动程度，经济波动与契约密集度交互项的系数均显著为负。这表明，经济的大起大落不利于一国在差异化产品部门形成比较优势，从而使得差异化产品部门产值和增加值相对较低。从标准化系数来看，经济波动交互项系数稳定在 −0.244 到 −0.410 之间，而且大部分回归结果的 t 统计量的绝对值超过了 8，而且其对产业结构的影响力超过了契约制度、金融发展、人力资本、物质资本和自然资源禀赋交互项，这说明经济波动是解释国家间产业结构差异的重要因素。

第二，金融发展、人力资本和物质资本对产业结构的影响也在 1‰的统计水平上显著为正，说明这三类因素是国家间产业结构差异形成的重要原因，与已有研究结果吻合(Rajan and Zingales, 1998)。契约实施制度虽然对一国产业结构的影响为正，不过，从估计系数的统计显著性和标准化系数的大小可知，契约制度对产业结构的影响都比较有限。这一结果主要是由变量的多重共线性所导致的。为检验多重共线性的严重程度，我们对表 8.1 中的第(5)至(8)列的回归结果进行了方差膨胀因子检验，如果某变量的方差膨胀因子大于 10，则表明该变量存在严重的多重贡献性，会严重影响估计结果的无偏性。检验结果显示，人力资本和契约制度交互项的方差膨胀因子均在 10 以上，对方程的估计结果有严重影响。为此，应该从估计方程中删除。由于删除这两个变量后，其他变量的估计系数没有本质改变，因此，限于篇幅，我们没有报告删除这两个变量后的回归结果。

此外，自然资源禀赋并没有对资源密集型产业发展起到应有的作用。行业内企业数目(n_establ)显著促进了该行业产值的增加，因此，行业企业数目的增加对行业的发展具有显著的促进作用。

2. 基于 TPP 数据的分样本估计结果

在理论上，在契约制度不完善的国家，一方面，契约的不完全程度越高，则经济波动对行业产值的影响相对更大。但另一方面，契约制度较差也会阻碍一国采取

表 8.1 基于 TPP 数据整体样本的估计结果

被解释变量	(1) ln *output*	(2) ln *output*	(3) ln *output*	(4) ln *output*	(5) ln *output*	(6) ln *output*	(7) ln *output*	(8) ln *output*
volatility_g × z_1	−0.410*** (−16.17)				−0.298*** (−8.24)			
volatility_g × z_2		−0.386*** (−16.93)				−0.244*** (−8.12)		
volatility_yr × z_1			−0.384*** (−14.41)				−0.351*** (−9.03)	
volatility_yr × z_2				−0.353*** (−15.70)				−0.267*** (−8.94)
Qc × z_1					0.066 (1.01)		0.071 (1.12)	
Qc × z_2						0.031 (0.55)		0.038 (0.68)
finance × extfin					0.252*** (5.75)	0.262*** (5.92)	0.254*** (5.85)	0.263*** (5.99)
h × hay					0.224*** (3.68)	0.267*** (4.45)	0.231*** (3.84)	0.274*** (4.62)
kl × cap_va					0.249*** (5.89)	0.206*** (4.54)	0.243*** (5.80)	0.197*** (4.39)
nl × ni					−0.122*** (−4.28)	−0.124*** (−4.35)	−0.124*** (−4.39)	−0.125*** (−4.42)
n_establ					0.243*** (9.09)	0.250*** (9.35)	0.248*** (9.40)	0.256*** (9.68)
N	1 626	1 626	1 626	1 626	728	728	728	728
R^2	0.304	0.314	0.283	0.291	0.700	0.696	0.706	0.703

注：系数为 beta 系数，*、** 和 *** 分别表示 10%、5% 和 1% 的统计显著水平。所有回归结果均控制了国家固定效应和产业固定效应。

表 8.2 基于 TPP 数据的分样本估计

被解释变量	低契约国家:$Qc<0.593$				高契约国家:$Qc>0.593$			
	(1) ln $output$	(2) ln $output$	(3) ln $output$	(4) ln $output$	(5) ln $output$	(6) ln $output$	(7) ln $output$	(8) ln $output$
$volatility\_g \times z_1$	−0.345*** (−4.01)				−0.440*** (−9.69)			
$volatility\_g \times z_2$		−0.266*** (−4.18)				−0.394*** (−9.56)		
$volatility\_yr \times z_1$			−0.391*** (−4.11)				−0.485*** (−9.88)	
$volatility\_yr \times z_2$				−0.287*** (−4.28)				−0.402*** (−9.77)
$finance \times ext\_fin$	0.024 (0.21)	0.013 (0.11)	0.010 (0.08)	−0.003 (−0.02)	0.340*** (4.61)	0.342*** (4.63)	0.351*** (4.79)	0.352*** (4.79)
$h \times hay$	0.102 (0.99)	0.088 (0.85)	0.085 (0.81)	0.075 (0.72)	−0.108 (−1.62)	−0.070 (−1.06)	−0.055 (−0.85)	−0.012 (−0.18)
$kl \times cap\_va$	0.469*** (5.71)	0.472*** (5.78)	0.456*** (5.56)	0.450*** (5.50)	0.367*** (6.33)	0.295*** (4.92)	0.344*** (5.92)	0.270*** (4.48)
$nl \times ni$	−0.111 (−1.46)	−0.091 (−1.18)	−0.116 (−1.54)	−0.097 (−1.27)	−0.185*** (−4.90)	−0.187*** (−4.94)	−0.188*** (−5.00)	−0.188*** (−4.98)
n_establ	0.215*** (3.21)	0.212*** (3.18)	0.218*** (3.27)	0.212*** (3.19)	0.265*** (7.45)	0.275*** (7.71)	0.281*** (7.97)	0.291*** (8.27)
N	280	280	280	280	448	448	448	448
R^2	0.750	0.752	0.751	0.753	0.757	0.755	0.759	0.758

注：系数为 beta 系数，*、** 和 *** 分别表示 10%、5% 和 1% 的统计显著水平。所有回归结果均控制了国家固定效应和产业固定效应。

先进的技术(Acemoglu *et al.*，2007)，这就可能减少产品之间的替代性，从而缓解经济波动对差异化产品部门的负面影响。

为考察经济波动对不同类型国家产业结构影响的差异性，我们根据各国契约制度的差异将总体样本分为两类：低契约制度国家和高契约密集度国家。其中，低契约制度国家为契约制度低于样本平均值(0.593)的国家，高契约制度国家为契约制度高于样本平均值的国家。在分样本回归过程中，为了剔除多重共线性因素的作用，我们剔除了方差膨胀因子(vif)高于 10 的变量。表 8.2 汇报了基于 TPP 数据的分样本估计结果。

由表 8.2 可知：

第一，经济波动对高契约制度国家的产业结构影响更大。首先，不论以哪一种指标来度量波动程度，波动程度与行业契约密集度交互项的估计系数均显著为负，说明不论对于高契约制度国家还是低契约制度国家，经济波动都对该国的产业结构有显著影响。其次，对不同样本估计结果进行比较不难发现，经济波动交互项对高契约制度国家的影响更大。其可能的解释如下：经济波动对产业结构作用的大小取决于产品之间的替代弹性，替代弹性越大，则经济波动对产业结构的负面作用越明显。

第二，金融发展仅对高契约制度国家的产业结构有显著作用，对低契约制度国家的影响则不明显，其原因在于，金融契约的执行本身就受到契约制度的影响，因此，当契约制度较差时，金融契约的执行也得不到有效保障。人力资本交互项对两类国家产业结构的影响均不显著，多重共线性问题的存在，是导致这一结果的重要原因。①物质资本以及行业内企业数目依然对产业发展存在显著影响。而且对于契约制度较差的国家而言，物质资本积累对于这些国家物质资本密集型行业的发展的促进作用更为显著。而在契约制度较好的国家，物质资本的作用虽然也在 1‰ 的统计水平上显著，但作用效果略低于前者。自然资源禀赋的作用依然为负，而且这种现象主要发生在契约制度较为完善的发达国家，这可能与一国的经济发展水平和技术水平有关。

3. 内生性及工具变量两阶段最小二乘估计结果

内生性问题是经验分析中最为棘手的问题之一，严重的内生性将会削弱估

---

① 如果在回归方程中只保留人力资本以及国家固定效应和产业固定效应，则人力资本对两类国家的估计系数均显著为正，限于篇幅，本节没有报告该结果，感兴趣的读者可向作者索取。

计结果可靠性。在本节的分析中，导致内生性的原因有二：一是双向因果关系；二是遗漏变量问题。对于前者，正如本节在前文中所指出的，不仅经济波动会影响产业结构，国家间产业结构的不同也可能转化为经济波动的差异。为了克服双向因果关系导致的内生性问题，本节借鉴 Acemoglu 等（2003）的做法，采用1950—1997 年近 50 年的数据计算各国的经济波动程度，在理论上有理由相信当期的产出不会对过去的经济波动产生影响，因此避免双向因果关系导致的内生性。对于由遗漏变量导致的内生性，本节在上文分析中尽量引入包括金融发展、要素禀赋等控制变量，此外还控制了国家和产业固定效应。鉴于此，表 8.1 回归结果中经济波动的内生性在很大程度上得到了控制，因而结果是比较可靠的。

但需要注意的是，除经济波动变量外，金融发展也可能存在内生性问题。例如，一方面，制度的改善会影响产业结构的变化；但另一方面，产业结构的变化也可能反过来增加对好的制度的需求，从而进一步推动制度的完善。为谨慎起见，接下来我们采用工具变量两阶段最小二乘法进行重新估计。

克服内生性问题的通常做法是寻找一个合适的工具变量，并采用两阶段最小二乘法进行估计（TSLS）。对于工具变量的选择，一般而言需满足以下两个条件：首先，该工具变量本身应该是外生的；其次，该工具变量与内生变量之间存在较强的相关性。

参照 Acemoglu 等（2001）和 Acemoglu 等（2003）的做法，本节采用 100 多年前殖民者死亡率的对数（log em）作为经济波动的工具变量。其主要依据如下：首先，100 多年前殖民者的死亡率与当前一国的产业结构之间不存在直接的联系，因此，满足"外生性"条件；其次，该变量与当前的经济波动存在密切的关联。

正如 Acemoglu 等（2003）所指出的，在那些殖民者死亡率较高的地区，殖民者同样没有激励去建立完善的制度。Acemoglu 等（2003）则进一步认为，很多国家之所以宏观经济不稳定，根本原因也在于这些国家的制度水平较差。换言之，当前宏观经济的波动状况取决于当前的制度水平，当前的制度水平则依赖于过去的制度水平，而过去的制度水平则进一步取决于殖民地的死亡率。

基于上述原因可以初步判断，殖民者死亡率能够作为经济波动的工具变量。对于金融发展，我们参考 Lerner 和 Schoar（2005）的思路，采用法律起源的虚拟变量作为金融发展的工具变量，具体地，我们用 4 个虚拟变量来代表四种法律起源，分别是：斯堪的纳维亚法系（SC）、英美法系（B）、大陆法系[法国（F）]和大陆法系[德国（G）]。计量回归结果见表 8.3。

表 8.3　基于 TPP 数据的工具变量估计结果

	(1) ln output	(2) ln output	(3) ln output	(4) ln output	(5) ln output	(6) ln output	(7) ln output	(8) ln output
$volatility\_g \times z_1$	−0.855*** (0.000)				−0.747*** (0.000)			
$volatility\_g \times z_2$		−0.602*** (0.000)				−0.530*** (0.000)		
$volatility\_yr \times z_1$			−1.404*** (0.000)				−1.087*** (0.000)	
$volatility\_yr \times z_2$				−0.975*** (0.000)				−0.740*** (0.000)
$finance \times extfin$					0.200*** (0.006)	0.231*** (0.001)	0.178** (0.026)	0.205** (0.010)
$kl \times cap\_va$	0.290*** (0.000)	0.263*** (0.000)	0.273*** (0.000)	0.233*** (0.001)	0.276*** (0.000)	0.239*** (0.000)	0.285*** (0.000)	0.246*** (0.000)
$nl \times ni$	−0.132*** (0.007)	−0.115** (0.024)	−0.136** (0.017)	−0.108* (0.074)	−0.121*** (0.009)	−0.105** (0.026)	−0.137*** (0.005)	−0.118** (0.020)
n_establ	0.216*** (0.000)	0.222*** (0.000)	0.146** (0.014)	0.140** (0.031)	0.221*** (0.000)	0.222*** (0.000)	0.184*** (0.000)	0.180*** (0.000)
识别不足检验	452.860 (0.000)	451.820 (0.000)	456.552 (0.000)	455.470 (0.000)	249.833 (0.000)	255.637 (0.000)	249.063 (0.000)	255.015 (0.000)
第一阶段 F 值	2 293.939	2 222.895	2 584.136	2 492.262	96.239	101.218	95.598	100.671
过度识别检验	8.025 (0.004 6)	9.127 (0.002 5)	2.523 (0.112 2)	2.741 (0.097 8)	3.955 (0.138 4)	5.423 (0.066 4)	0.556 (0.757 5)	0.491 (0.782 1)
N	488	488	488	488	464	464	464	464
R^2	0.537	0.534	0.367	0.338	0.585	0.577	0.517	0.501

注：系数为 beta 系数，*、** 和 *** 分别表示 10%、5% 和 1% 的统计显著水平。所有回归结果均控制了国家固定效应和产业固定效应。

由表 8.3 估计结果可知：

首先，在采用工具变量方法克服变量的内生性问题后，经济波动交互项的估计系数依然显著为负。而且从标准化系数来看，在克服内生性问题后，经济波动对产业结构的影响的绝对值有了显著提高。以第一列为例，$volatility\_g \times z_1$ 估计系数的绝对值由 0.410 提升为 0.855，提高了 2 倍多，说明内生性问题使得之前的估计结果产生了向下偏误。除经济波动变量外，其他解释变量的估计系数绝对值及统计显著性均有明显下降。这就进一步凸显出经济波动对产业结构的重要作用。因此，采取工具变量法来克服内生性问题是非常有必要的。

其次，为检验工具变量的有效性，我们对工具变量进行"识别不足检验"和"过度识别检验"，这两个检验的原假设分别为："工具变量是内生的"和"工具变量是外生的"。由表 8.3 汇报的检验结果可知，所有回归组合均在 1‰ 的显著水平上拒绝了识别不足检验的原假设，而且回归组合（3）—（8）也在 1‰ 的显著水平上接受了过度识别检验的原假设，说明工具变量是外生的。此外，我们还报告了第一阶段的 F 值，根据 Stock 等（2002），如果第一阶段的 F 值大于 10，则表明工具变量与内生变量之间具有较强的相关性。在表 8.3 的所有回归组合中，F 值均明显大于 10，说明工具变量不仅是外生的，而且与存在内生性问题的解释变量之间的解释变量之间存在较强的相关性，属于"强"工具变量。

8.3　经济波动与产业结构变迁：以 2008 年危机为例

前文分析可能存在如下两个问题：一是没有对经济波动影响产业结构的微观机制进行检验。在本节理论模型中，经济波动影响产业结构的一个关键机制是命题 2，即面临负的需求冲击，差异化产品部门的产值、就业和利润下降的幅度更大。通过研究短期冲击对企业决策行为的影响，有助于我们认识经济波动影响产业结构的作用渠道。而且对影响机制的检验可以进一步证实本节结论的稳健性。二是内生性问题。虽然为了克服变量内生性导致的估计偏误，上一节采用工具变量两阶段最小二乘法进行估计，但这一方法的有效性在很大程度上依赖于工具变量的有效性，一个更为可靠的方法是采用类似于自然实验的方式来检验外部需求对产业结构的影响。2008 年金融危机的发生使得我们检验金融危机对产业结构的影响成为可能。由于 2008 年的金融危机始于发达国家(美国),因此对于中国而言可以视为是外生的。

具体地,根据命题 2,我们提炼出如下的经验假说①:

经验假说 1:面对负面的短期冲击,密集使用差异化产品的部门,产值下降幅度更大。

经验假说 2:面对负面的短期冲击,密集使用差异化产品的部门,就业下降幅度更大。

经验假说 3:面对负面的短期冲击,密集使用差异化产品的部门,利润下降幅度更大。

如果上述三个经验假说都能够得到验证,则说明,本节理论模型所阐述的微观机制不能被经验证据所推翻。

8.3.1 计量模型

接下来,我们采取如下的计量模型对上述的三个经验假说进行检验:

$$\ln y_{jit} = \alpha_i + d_t + \beta dt_t \times zc_i + \gamma \mathbf{X}_{jit} + \varepsilon_{jit} \tag{8.24}$$

其中,$\ln y$ 变量为企业产值、就业人数和利润的对数值,下标 j, i 和 t 分别表示企业、产业和时间。dt_t 为指示函数,危机前(2007 年)取值为 0,危机后(2009 年)取值为 1;zc_i 衡量中间投入中差异化产品的比重;$\mathbf{X}_{jit}$ 为其他控制变量,包括企业的资本劳动比的对数值($\ln k_t$),年龄(age)和全员劳动生产率对数值($\ln prod$:增加值/就业);α_i 为产业固定效应,ε_{jit} 为随机扰动项。

估计方程(8.24)的主要解释变量为 $dt_t \times zc_i$,若该项估计系数为负,则表示密集使用差异化产品的行业受需求冲击的影响较大,产值、就业和利润的下降幅度较高。

8.3.2 数据

本节数据来自中国统计局 2007 年和 2009 年工业企业数据库,该数据库包括了所有国有和规模以上非国有企业的样本。由于 2009 年的原始数据没有企业法人代码,我们使用 2008 年经济普查数据根据企业的中文名称将企业进行对应,从

---

① 我们没有对工资粘性进行检验,主要原因在于 2009 年中国工业企业数据库并未提供工资数据。

而得到 2009 年企业的法人代码。本节主要目的旨在考察外部需求冲击对企业就业影响的行业差异，为此，实证分析部分采用 2007 年和 2009 年的 53 211 家出口企业作为分析对象。

为测算不同行业中间投入中差异化产品的比重，我们遵循以下步骤：①将中国工业行业分类标准（CIC）四分位行业与国际标准产业分类（ISIC）四分位行业进行对接，然后根据 Eurostat 和联合国提供的产业分类名称，将 ISIC 转换为 SITC；②根据 Rauch(1999) 对差异化产品和同质产品的分类，并根据 2007 年工业企业数据库，计算每个二分位行业中差异化产品销售的比重，从而得到 $S_j^{neither}$ 和 $S_j^{neither} + S_j^{refprice}$；③根据 2007 年 135 部门中国投入产出表计算各个行业中间投入中差异化产品的投入比重。计算公式如下：

$$zc_1 = \sum_j \theta_{ij}^c S_j^{neither}$$

$$zc_2 = \sum_j \theta_{ij}^c (S_j^{neither} + S_j^{refprice})$$

其中，θ_{ij}^c 表示行业 i 使用的中间投入中，行业 j 所占的比重，上标 c 表示采用中国投入产出表计算得到。

表 8.4　外部需求冲击影响产业结构的微观机制：基准模型

因变量	(1) Log(产值)	(2) Log(就业)	(3) Log(利润)	(4) Log(产值)	(5) Log(就业)	(6) Log(利润)
$dt \times zc_1$	−0.810 *** (0.001)	−0.500 *** (0.002)	−0.911 *** (0.000)			
$dt \times zc_2$				−0.898 *** (0.000)	−0.619 *** (0.000)	−1.102 *** (0.000)
$\ln k_l$	0.184 *** (0.000)	−0.128 *** (0.000)	0.273 *** (0.000)	0.183 *** (0.000)	−0.129 *** (0.000)	0.271 *** (0.000)
$\ln age$	0.256 *** (0.000)	0.391 *** (0.000)	0.227 *** (0.000)	0.255 *** (0.000)	0.391 *** (0.000)	0.227 *** (0.000)
$\ln prod$	0.536 *** (0.000)	0.024 8 ** (0.040)	0.769 *** (0.000)	0.536 *** (0.000)	0.024 9 ** (0.040)	0.769 *** (0.000)
N	105 088	105 169	89 305	105 088	105 169	89 305
adj.R^2	0.315	0.197	0.266	0.316	0.197	0.266

注：*、** 和 *** 分别表示 10%，5% 和 1% 的统计显著水平。括号内为估计系数的 p—值，且所有 p—值均根据行业聚类稳健标准差进行调整。所有回归结果均控制了产业固定效应和时间固定效应。

8.3.3 估果

1. 初步估计结果

表 8.4 汇报了初步的估计结果。由表 8.4 可知,外部需求冲击交互项的估计系数显著为负,表明对于密集使用差异化产品的行业而言,外部冲击对这些行业企业就业人数、产值和利润的负面作用更为显著。例如,由第(1)列可知,zc_1 每增加一个标准差(0.16),则企业的产值下降 13%(0.810×0.16),就业人数下降 8%(0.5×0.16),利润下降 14.6%(0.911×0.16)。与 zc_1 取值最小的行业(农副食品加工)相比,处于 zc_1 取值最高的行业(电器设备、计算机和其他电子设备制造业)企业的产值、就业和利润分别会多下降 55.5%[0.810 × (0.774 − 0.089)]、34.3%[0.5 × (0.774 − 0.089)]、62.4%[0.911 × (0.774 − 0.089)]。

2. 稳健性分析:控制样本选择性偏差

选择性偏差是导致估计偏误的一个重要原因。由于本节分析的是外部需求冲击对企业产值、就业和利润的影响,因此,在实证分析的过程中,我们忽略了没有进行出口的企业或未遭受负面需求冲击影响的企业,但这样一来就可能产生样本选择偏差。为克服样本选择性偏差的影响,我们借鉴 Heckman 两阶段模型的方法进行处理:首先,我们采用 2007 年工业企业数据,并对企业的出口决策进行 Probit 估计;其次,根据第一阶段的 Probit 估计结果计算逆米尔斯比率(inverse Mill's ratio)$lamda$,并将其引入计量模型(8.23)进行重新估计,引入 $lamda$ 之后的估计结果汇报于表 8.5 中。

表 8.5　外部需求冲击影响产业结构的微观机制:控制样本选择性偏差

因变量	(1) Log(产值)	(2) Log(就业)	(3) Log(利润)	(4) Log(产值)	(5) Log(就业)	(6) Log(利润)
$dt \times zc_1$	−0.979*** (0.000)	−0.690*** (0.000)	−1.063*** (0.000)			
$dt \times zc_2$				−0.777*** (0.000)	−0.493*** (0.000)	−0.923*** (0.000)
$\ln k_l$	0.106*** (0.000)	−0.208*** (0.000)	0.168*** (0.000)	0.104*** (0.000)	−0.209*** (0.000)	0.166*** (0.000)
$\ln age$	0.026 1 (0.214)	0.123*** (0.000)	−0.048 3** (0.049)	0.025 6 (0.223)	0.122*** (0.000)	−0.048 7** (0.048)

续表

因变量	(1) Log(产值)	(2) Log(就业)	(3) Log(利润)	(4) Log(产值)	(5) Log(就业)	(6) Log(利润)
ln $prod$	0.684*** (0.000)	0.175*** (0.000)	0.960*** (0.000)	0.683*** (0.000)	0.175*** (0.000)	0.960*** (0.000)
$lamda$	−1.383*** (0.000)	−1.527*** (0.000)	−1.614*** (0.000)	−1.378*** (0.000)	−1.524*** (0.000)	−1.609*** (0.000)
N	102 387	102 468	86 947	102 387	102 468	86 947
adj.R^2	0.501	0.493	0.381	0.500	0.492	0.381

注：*、** 和 *** 分别表示 10%，5% 和 1% 的统计显著水平。括号内为估计系数的 p—值，且所有 p—值均根据行业聚类稳健标准差进行调整。所有回归结果均控制了产业固定效应和时间固定效应。

由表 8.5 可知，在控制样本选择性偏差之后，需求冲击交互项对产值、就业和利润对数值的估计系数（绝对值）均有明显提高。以前四列为例，估计系数的绝对值分别从表 8.4 的 0.81、0.5 和 0.911 提高至 0.979、0.690 和 1.063。也就是说，zc_1 每提高一个标准差（0.16），企业产值、就业和利润下降的幅度分别为 15.7%（0.979×0.16）、11%（0.690×0.16）和 17%（1.063×0.16）。

8.4　小结

随着我国步入中等收入国家行列，如何实现产业结构升级，跨越中等收入陷阱成为一项具有紧迫性的研究课题。在外部经济不景气和内需启动乏力的背景下，系统而科学地评价经济波动对产业结构的作用，从而实现产业结构升级和我国经济的持续增长成为摆在中国经济面前的重要任务。但迄今为止，鲜有文献考察经济波动对产业结构的影响。为此，本章基于劳动力市场摩擦的视角，论证了经济波动影响产业结构的微观机制，发现工资是否具有粘性取决于产品的属性。对于密集使用差异化产品的企业而言，员工的工资无法充分调整，具有工资粘性，这就增加了企业的调整成本。因此，稳定的宏观经济环境有助于密集使用差异化产品的产业技术进步和产业发展。由于这些往往具有较高的技术复杂度[1]，因此，本章的

---

[1]　例如，根据本章的计算，电器设备、计算机和其他电子设备制造业中间投入中差异化产品使用的比重最高，而农副食品加工使用差异化产品的比重最低。

结论意味着维持宏观经济的稳定有助于实现产业结构优化升级。

在理论分析的基础上,本章首先采用跨国分产业数据对理论模型的核心假说进行了经验验证。研究表明:经济波动对产业结构在经济上和统计上的影响均超过了金融发展和要素禀赋等传统比较优势因素的影响,而且这一结论不受变量控制和样本选择的影响。其次,借助于2008年金融危机这一外部需求冲击,并结合2007年和2009年中国工业企业微观数据考察了经济冲击对产业结构影响的作用途径,研究发现,面临负面的需求冲击,密集使用差异化产品的产业,其产值、就业和利润水平会有更大幅度的下调。这些结论与理论模型的预测完全一致,从而印证了理论模型所阐述的作用机制。

本章的未来研究方向如下:首先,虽然本章考察的对象为经济波动对产业结构的影响,但本章所阐述的机制对贸易结构也同样适用。因此,可以将本章的理论模型拓展至开放的经济环境,考察经济波动对国际贸易结构和专业化模式的影响。其次,一般的宏观经济模型要么假定工资是粘性的,要么假定工资可以灵活调整,而在本章的理论模型中,由于工资是否具有粘性内生地取决于行业特征,而不是外生给定的,因此,考虑工资粘性的行业差异有助于我们重新认识财政政策、货币政策和汇率等宏观经济变量对经济结构的影响。再次,研究财政政策波动和货币政策波动对产业结构的作用,也是一个有益的研究方向。最后,为了分析简化,本章对经济波动的处理是静态的,未来可以引入工人的解雇和雇佣成本以及考虑失业问题,并在动态经济模型中对本节的理论框架做进一步拓展。

参 考 文 献

Abdel-Rahman, H.M., 1990, "Sharable Inputs, Product Variety, and City Sizes", *Journal of Regional Science*, 30(3):359—374.

Acemoglu, D., 1998, "Why Do New Technologies Complement Skills? Directed Technical Change and Wage Inequality", *Quarterly Journal of Economics*, 113:1055—1090.

Acemoglu, D., 2002, "Directed Technical Change", *Review of Economic Studies*, 69:781—809.

Acemoglu, D., 2003, "Patterns of Skill Premium", *Review of Economic Studies*, 70(2):199—230.

Acemoglu, D., Antras, P., and Helpman, E., 2007, "Contracts and Technology Adoption", *The American economic Review*, 97(3):916—943.

Acemoglu, D., Johnson, S., and Robinson, J.A., 2001, "Colonial Origins of Comparative Development: An Empirical Investigation", *American Economic Review*, 91:1369—1401.

Acemoglu, D., Johnson, S., Robinson, J., and Thaicharoen Y., 2003, "Institutional Causes, Macroeconomic Symptoms: Volatility, Crises and Growth", *Journal of Monetary Economics*, 50(1):49—123.

Acemoglu, D., Johnson, S. and Robinson, J., 2002, "Reversal Offortune: Geography and Institutions in the Making of the Modern World Income Distribution", *Quarterly Journal of Economics*, 117(4):1231—1294.

Acemoglu, D., Ventura, J., 2002, "The World Income Distribution", *Quarterly Journal of Economics*, 117:659—694.

Acemoglu, D., Zilibotti, F., 2001, "Productivity Differences", *Quarterly Journal of Economics*, 116:563—606.

Acemoglu, D. and Shimer, R., 1999, "Holdups and Efficiency with Search

Frictions", *International Economic Review*, 40(4):827—849.

Aghion, P., Hemous, D. and Kharroubi, E., 2009, "Credit Constraints, Cyclical Fiscal Policy and Industry Growth", NBER Working Paper No.15119.

Aghion, Philippe, Nick Bloom, Richard Blundell, Rachel Griffith and Peter Howitt, 2005, "Competition And Innovation: An Inverted-U Relationship", *Quarterly Journal of Economics*, 120(2):701—728.

Akoten, J.E. and Otsuka, K., 2005, "From Tailors to Mini-Manufacturers: The Role of Traders in the Transformation of Garment Enterprises in Nairobi", mimeo, FASID.

Akoten, Sawada, Y., and Otsuka, K., 2006, "The Determinants of Credit Access and Its Impacts on Micro and Small Enterprises: The Case of Garment Producers in Kenya", *Economic Development and Cultural Change*, Vol.54, No.4:927—944.

Alessandra Casella and James E.Rauch, 1998, "Overcoming Informational Barriers to International Resource Allocation: Prices and Group Ties", NBER Working Papers 6628, National Bureau of Economic Research, Inc.

Alford, W., 2000, "The More Law, the More Measuring Legal Reform in the People's Republic of China", Working Paper No.59, Stanford Center for International Development, Stanford University.

Allen, F., Qian, J., and Qian, M.J., 2005, "Law, Finance and Economic Growth in China", *Journal of Financial Economics*, 77:57—116.

Anderson, James E.and Douglas Marcouiller, 2002, "Insecurity And The Pattern Of Trade: An Empirical Investigation", *The Review of Economics and Statistics*, 84(2):342—352.

Antras, P. and Chor, D., 2012, "Organizing the Global Value Chain", NBER Working Paper No.w18163.

Antweiler, Werner, and Daniel Trefler, 2002, "Increasing Returns and All That: A View from Trade", *American Economic Review*: 93—119.

Araujo, Luis and Emanuel Ornelas, 2007, "Trust Based Trade" CEP Discussion Paper 820.

Baldwin, R., 1989, "Exporting the Capital Markets: Comparative Advantage and Capital Market Imperfections", In: Audretsch, D., Sleuwaegen,

L., Yamawaki, H.(Eds.), The Convergence of International and Domestic Markets, North-Holland, Amsterdam.

Baldwin, R.E., and Okubo, T., 2004, "Heterogeneous firms, agglomeration and economic geography: Selection and sorting", CEPR discussion paper 4602.

Bar-Isaac and Tadelis, S., 2008, "Seller Reputation", Foundations and Trends ® in Microeconomics, 4(4):273—351.

Bartelsman, Eric J., and Wayne Gray, 1996, "The NBER Manufacturing Productivity Database", Technical Working Paper 205, National Bureau of Economic Research.

Batisse, C. and Poncet, S., 2004, "Protectionism and Industry Localization in Chinese Provinces", *Journal of Chinese Economic and Business Studies*, 2:133—154.

Baumgardner, James R., 1988, "The Division of Labor, Local Markets, and Worker Organization", *Journal of Political Economy*, 96(3):509—527.

Baumol, William J., 1967, "Macroeconomics of Unbalanced Growth: The Anatomy of Urban Crisis", *American Economic Review*, 57(3):415—426.

Beck, Thorsten, Alsi Demirguc-Kunt, and Ross Levine, 1999, "A New Database on Financial Development and Structure", World Bank Working Paper Series.

Becker, Gary S. and Kevin, M.Murphy, 1992, "The Division of Labor, Coordination Costs, and Knowledge", *Quarterly Journal of Economics*, 107(4): 1137—1160.

Becker, S.O. and Ichino, A., 2002, "Estimation of average treatment effects based on propensity scores", *The State Journal*, Vol.2(4):358—377.

Berkowitz D., Moenius, J., and Pistor, K., 2006, "Trade, Law, and Product Complexity", *Review of Economics and Statistics*, 88(2):63—373.

Bernard, A.B. and Jensen, J.B., 2004, "Why Some Firms Export", *The Review of Economics and Statistics*, 86(2):561—569.

Bertrand, M., Duflo, E., and Mullainathan, S., 2004, "How Much Should We Trust Differences-in-Differences Estimates?", *Quarterly Journal of Economics*, 19:249—275.

Bertrand, M., Kramarz, F., Schoar, A., and Thesmar, D., 2004, "Politically Connected CEOs and Corporate Outcomes: Evidence from France", CEPR working paper.

Beugelsdijk, S., Groot, F., and Sehaik, M., 2004, "Trust and Economic Growth: A Robustness Analysis", *Oxford Economic Papers*, 56:118—134.

Bjørnskov, Christian, 2009, "How Does Social Trust Affect Economic Growth?", Working Papers 06-2, University of Aarhus, Aarhus School of Business, Department of Economics.

Blanchard, O. and Giavazzi, F., 2003, "Macroeconomic Effects of Regulation and Deregulation in Goods and Labor Markets", *The Quarterly Journal of Economics*, Vol.118, issue 3:879—907.

Blanchard, Olivier and Michael Kremer, 1997, "Disorganization", *Quarterly Journal of Economics*, 112:1091—1126.

Blomstrom, M., Kokko, A., 2001, "Foreign Direct Investment and Spillovers of Technology", *International Journal of Technology Management*, 22 (5):435—4541.

Bond, S. and Cummins, J., 2001, "Noisy Share Prices and the Q Model of Investment", IFS Working Papers W01/22, Institute for Fiscal Studies.

Bond, S. and Meghir, C., 1994, "Financial Constraints and Company Investment", *Fiscal Studies*, Institute for Fiscal Studies, 15(2):1—18.

Brandt, L. and Li, H., "Bank Discrimination in Transition Economies: Ideology, Information or Incentives?", *Journal of Comparative Economics*, 2003, 31(3):387—413.

Brandt L., Van Biesebroeck, J., and Zhang, Y., 2012, "Creative Accounting or Creative Destruction? Firm-level Productivity Growth in Chinese Manufacturing", *Journal of Development Economics*, 97(2):339—351.

Braun, M., "Financial Contractibility and Asset Hardness", University of California-Los Angeles mimeo, 2003.

Brülhart, M. and Sbergami, F., 2009, "Agglomeration and Growth: Cross-country Evidence", *Journal of Urban Economics*, 65:48—63.

Broda, Christian and David, E. Weinstein, 2006, "Globalization and the Gains from Variety", *Quarterly Journal of Economics*, Vol.121, No.2:541—585.

Casella, A. and Rauch, J.E., "Overcoming Informational Barriers to International Resource Allocation: Prices and Group Ties", NBER Working Papers 6628, National Bureau of Economic Research, Inc, 1998.

Cecile, B., 2002, "Dynamic Externalities and Local Growth: A Panel Data Analysis Applied to Chinese Provinces", *China Economic Review*, 13(2—3): 231—251.

Chaney, T. and Ossa, R., 2012,"Market Size, Division of Labor, and Firm Productivity", *Journal of International Economics*, in Press.

Charumilind, C., Kali, R. and Wiwattanakantang, Y., "Connected Lending: Thailand before the Financial Crisis", *Journal of Business*, 2006, 79: 181—217.

Che, J. and Qian, Y., 1998, "Institutional Environment, Community Government and Corporate Governance: Understanding China's Township-Village Enterprises", *Journal of Law, Economics and Organization*, 26(1):1—23.

Ciccone, A. and Hall, R., 1996, "Productivity and the Density of Economic Activity", *American Economic Review*, 86(1):54—70.

Ciccone, Antonio and Papaioannou, Elias, 2007, "Human Capital, the Structure of Production, and Growth", *Review of Economics and Statistics*: 66—82.

Claessens, S. and Laeven, L., 2003, "What Drives Bank Competition? Some International Evidence", Policy Research Working Paper Series 3113, The World Bank.

Claessens, S. and Tzioumis, K., 2006, "Ownership and Financing Structures of Listed and Large Non-listed Corporations", Corporate Governance: An International Review, 14(4):266—276.

Combes, Pierre P., 2000, "Economic Structure and Local Growth: France, 1984—1993", *Journal of Urban Economics*, 47(3):329—355.

Conconi, P., Legros, P., Newman, A., 2009, "Trade Liberalization and Organizational Change", Work. Pap., Boston University.

Costinot, A., Oldenski, L., and Rauch, J., 2011, "Adaptation and the Boundary of Multinational Firms ", *Review of Economics and Statistics*, 93(1): 298—308.

Costinot, Arnaud, 2009a, "On the origins of Comparative Advantage",

Journal of International Economics, 77(2):255—264.

Costinot, Arnaud, 2009b, "An Elementary Theory of Comparative Advantage", *Econometrica*, 77:1165—1192.

Cowan, Kevin and Alejandro Neut, 2002, "Intermediate Goods, Institutions, and Output Per Worker", mimeo, MIT.

Cull, R. and Xu, L.C., 2005, "Institutions, Ownership and Finance: The Determinants of Profit Reinvestment Among Chinese Firms", *Journal of Financial Economics*, 77:117—146.

Cyrus, T.L., 2012, "Cultural Distance and Bilateral Trade", *Global Economy Journal*, 12(4).

Daniels, H.E., 1950, "Rank Correlation and Population Models", *Journal of the Royal Statistical Society* (Series B), 2(2):171—181.

Delamaide, D., 1994, The New Super-regions of Europe, New York: Dutton.

Den, Butter, Frank, A.G. and Robert, H.J.Mosch, 2003, "Trade, Trust and Transaction Cost", Tinbergen Institute Discussion Papers 03-082/3, Tinbergen Institute.

Diamond, Peter A., 1982, "Wage Determination and Efficiency in Search Equilibrium", Review of Economic Studies, 49:217—227.

Djankov, S.C.McLiesh and Shleifer, A., 2007, "Private Credit in 129 Countries", *Journal of Financial Economics*, 84:299—329.

Dornbusch, Rudiger & Fischer, Stanley and Samuelson, P., 1977, "Comparative Advantage, Trade, and Payments in a Ricardian Model with a Continuum of Goods", *American Economic Review*, American Economic Association, 67(5):823—839.

Douglas, Zhihua, Zeng, 2011, "How Do Special Economic Zones and Industrial Clusters Drive China's Rapid Development", World Bank Policy Research Working Paper 5583.

Dunch, R., 2002, "Beyond Cultural Imperialism: Cultural Theory, Christian Missions, and Global Modernity", *History and Theory*, 41(3):301—325.

Duranton, G., 1998, "Labor Specialization, Transport Costs, and City Size", *Journal of Regional Science* 38(4):553—573.

Duranton, Gilles and Diego Puga, 2004, "Micro-foundations of Urban Agglomeration Economies", In Vernon Henderson and Jacques-François Thisse (eds.) Handbook of Regional and Urban Economics, volume 4, Amsterdam: North-Holland.

Eaton, J. and Kortum, S., 2002, "Technology, Geography, and Trade", *Econometrica*, 70(5):1741—1779.

Eaton Jonathan and Samuel Kortum, "Technology, Geography, and Trade", *Econometrica*, Econometric Society, 2002, 70(5):1741—1779.

Echevarria, C., 1997, "Changes in Sectoral Composition Associated with Economic Growth", *International Economic Review*, 38(2):431—452.

Economist, The new titans, http://www. economist. com/node/7877959, Sep 14th, 2006.

Ellison, G. and Fudenberg, D., 2003, "Knife Edge or Plateau: When do Market Models Tip?", Working Paper 9528, National Bureau of Economic Research.

Ellison, G. and Glaeser, E.L., 1997, "Geographic Concentration in U.S. Manufacturing Industries: A Dartboard Approach", *Journal of Political Economy*, 105:889—927.

Fabbri, D., Menichini, A.M.C., 2010, "Trade Credit, Collateral Liquidation and Borrowing Constraints", *Journal of Financial Economics*, 96:413—432.

Fabbri, D., "The Legal Enforcement of Credit Contracts and the Level of Investment", CSEF Working Paper No.57, 2001.

Fabiani, S., Pellegrini, G., Romagnano, E. and Signorini, L.F., 2000, "Efficiency and Localization: the Case of Italian Districts", The Competitive Advantage of Industrial Districts, Germany: Physica-Verlag Herdelberg.

Faccio, M., 2006, "Politically Connected Firms", *American Economic Review*, 96(1):369—386.

Fan, J., Rui, O. and Zhao, M., "Rent Seeking and Corporate Finance: Evidence from Corruption Cases", Working Paper, The Chinese University of Hong Kong, 2006.

Fan, J., Wong, T.J. and Zhang, T., 2007, "Politically Connected CEOs, Corporate Governance, and Post2IPO Performance of China's Newly Partially Privatized Firms", *Journal of Financial Economics*, 84:265—590.

Fang, Y. and Zhao Y., 2009, "Do Institutions Matter? Estimating the Effect of Institutions on Economic Performance in China", mimeo, WISE, Xiamen University.

Feenstra, Robert C., 2000, "World Trade Flows 1980—1997", Mimeograph, University of California Davis.

Feenstra, Robert C., Chang Hong, Hong Ma, and Barbara J. Spencer., 2012, "Contractual Versus Non-Contractual Trade: The Role of Institutions in China", NBER Working Paper 17728, Cambridge, MA: National Bureau of Economic Research.

Ferguson, S. and Formai S., 2011, Institution-driven Comparative Advantage, Complex Goods and Organizational Choice, Working Paper Series 879, Research Institute of Industrial Economics.

Fisman, R., 2001, "Estimating the Value of Political Connections", *American Economic Review*, 91:1095—1102.

Fisman, R., and Love, I., 2003, "Trade Credit, Financial Intermediary Development, and Industry Growth", *The Journal of Finance*, 58(1):353—374.

Foellmi, R. and Zweimuller, J., 2008, "Structural Change, Engle's Consumption Cycles and Kaldor's Facts of Economic Growth", *Journal of Monetary Economics*, 55(7):1317—1328.

Fujita, M. and Thisse, J., 2002, Economics of Agglomeration: Cities, Industrial Location, and Regional Growth, Cambridge University Press.

Fujita, M. and Thisse, J., 2002, "Economics of Agglomeration: Cities, Industrial Location, and Regional Growth", Cambridge University Press.

Fujita, Masahisa, Krugman, Paul, and Venables, Anthony J., 2001, The Spatial Economy: Cities, Regions, and International Trade, Massachusetts: MIT Press.

Fukuyama, F. Trust, 1995, The Social Virtues and the Creation of Prosperity, New York: Free Press.

Gabaix, X., "Zipf's Law for Cities: An Explanation", *Quarterly Journal of Economics*, 1999, 114:739—767.

Gancia, G. and Zilibotti, F., "Technological Change and the Wealth of Nations", *Annual Review of Economics*, 2009, 1:1—28.

Gao, Ting, 2004, "Regional Industrial Growth: Evidence From Chinese Industries", *Regional Science and Urban Economics*, 34(1):101—124.

Gao, Ting, 2004, "Regional Industrial Growth: Evidence From Chinese Industries", *Regional Science and Urban Economics*, 34(1):101—124.

Ge, Y. and J.Qiu, 2007, "Financial Development, Bank Discrimination and Trade Credit", *Journal of Banking and Finance*, 31:513—530.

Gereffi, G. and Korzeniewicz, M., 1990, "Commodity Chains and Footwear Exports in the Semiperiphery", W.Martin, ed., Semiperipheral States in the World Economy(Greenwood, Westport, CT):45—68.

Ghosh, P. and Ray, D., "Cooperation in Community Interaction without Information Flows", *Review of Economics Studies*, 1996, 63:491—519.

Giannetti, M., Burkart, M. and Ellingsen, T., 2011, "What You Sell is What You Lend? Explaining Trade Credit Contracts", Review of Financial Studies, 24:1261—1298.

Glaeser, E. L, Kallal, H.D., Scheinkman, J.A. and Shleifer, A., 1992, "Growth in Cities", *Journal of Political Economy*, 100:1126—1152.

Glaeser, Edward L., 1999, "Learning in Cities", *Journal of Urban Economics*, 46(2):254—277.

Gopinath G., Itskhoki O., and Neiman B., 2011, "Trade Prices and the Global Trade Collapse of 2008—2009", NBER Working Paper No.17594.

Greif , A., Milgrom, P. and Weingast, B., 1994, "Coordination , Commitment and Enforcement: The Case of the Merchant Guild", *Journal of Political Economy*, 102:745—776.

Greif, Avner, 1989, "Reputation and Coalitions in Medieval Trade: Evidence on the Maghribi Traders", *The Journal of Economic History*, Cambridge University Press, 49(04):857—882.

Greif, Avner, 1991, "The Organization of Long-Distance Trade: Reputation and Coalitions in the Geniza Documents and Genoa During the Eleventh and Twelfth Centuries", *The Journal of Economic History*, Cambridge University Press, 51(02):459—462.

Greif, Avner, 1992, "Institutions and International Trade: Lessons from the Commercial Revolution", *American Economic Review*, American Economic

Association, 82(2):128—133.

Greif, Avner, 1993, "Contract Enforceability and Economic Institutions in Early Trade: the Maghribi Traders' Coalition", *American Economic Review*, American Economic Association, 83(3):525—548.

Greif, Avner, 1994, "On the Political Foundations of the Late Medieval Commercial Revolution: Genoa During the Twelfth and Thirteenth Centuries", *The Journal of Economic History*, Cambridge University Press, 54 (02): 271—287.

Grossman, G. and Helpman, E., 1995, "Technology and Trade", in Handbook ofInternational Economics, Vol. III, Eds. By G. Grossman and K. Rogoff, New York: Elsevier Science, 1139—1194.

Grossman, S. and Hart, O., 1986, "The Costs and Benefits of Ownership: A Theory of Vertical and Lateral Integration", *Journal of Political Economy*, 94(4):691—719.

Guiso, L., Sapienza, P. and Zingales, L., 2005, "Trusting the Stock Market", NBER Working Paper, No.11648, October.

Guiso, L., Sapienza, P. and Zingales, L., 2004, "The Role of Social Capital in Financial Development", *American Economic Review*, 94:26—556.

Gwartney, James and Lawson, Robert, 2003, "The Concept and Measurement of Economic Freedom", European *Journal of Political Economy*, Elsevier, 19(3): 405—430.

Haddad, M., Harrison, A., and Hausman, C., 2010, "Decomposing the Great Trade Collapse: Products, Prices, and Quantities in the 2008—2009 Crisis", NBER Working Paper No. 16253.

Hale Galina and Cheryl Long, 2010, "What are the Sources of Financing of the Chinese Firms? ", in Yin-Wong Cheung, Vikas Kakkar, Guonan Ma(ed.), The Evolving Role of Asiain Global Finance(Frontiers of Economics and Globalization, Volum≠9), Emerald Group Publishing Limit: 313—339.

Hall, R. and Jones, C., 1999, Why Do Some Countries Produce So Much More Output Per Worker Than Others? *Quarterly Journal of Economics*, 114 (1):83—116.

Harrigan, James, "Technology, Factor Supplies, and International Specialization: Estimating the Neoclassical Model", *American Economic Review*, 1997, 87:475—494.

Harrison, A. and McMillan, M., 2003, "Does Direct Foreign Investment Affect Domestic Firm Credit Constraints?", *Journal of International Economics*, 61(1):73—100.

Hart, O. and Moore, J., 1990, "Property Rights and Nature of the Firm", *Journal of Political Economy*, 98(6):1119—1158.

Hausmann, R., Hwang, J. and Rodrik, D., 2007, "What You Export Matters", *Journal of Economic Growth*, 12(1):1—25.

Hausmann, R., Rodrik, D., and Velasco, A., "Growth Diagnostics", in Stiglitz, J., and N. Serra(eds.), The Washington Consensus Reconsidered: Towards a New Global Governance, Oxford: Oxford University Press, 2005.

Hausmann, Ricardo and Klinger, Bailey, 2007, "The Structure of the Product Space and the Evolution of Comparative Advantage", Center for International Development Working Paper No.146, Harvard University.

Heckman, J., 1979, "Sample Selection Bias As A Specification Error", *Econometrica*, 47(1):153—161.

Helliwell, J.F., How Much Do National Borders Matter? The Brookings Institution, Washington D.C., 1998.

Helpman, E., Melitz, M. and Rubinstein, Y., 2008, "Estimating Trade Flows: Trading Partners and Trading Volumes", *Quarterly Journal of Economics*, 123(2):441—487.

Helsley, R.W. and Strange, W.C., 1990, "Matching and Agglomeration Economies in A System of Cities", *Regional Science and Urban Economics*, 20(2):189—212.

Henderson, J.V., Kuncoro, A. and Turner, M., 1995, "Industrial Development in Cities", *Journal of Political Economy*, 103:1067—1085.

Henderson, J. Vernon, 1974, "The Sizes and Types of Cities", *American Economic Review* 64(4):640—656.

Henderson, J. Vernon, 2003, "The Urbanization Process and Economic Growth: The So-what Question", *Journal of Economic Growth*, 8(1):47—71.

Hohenberg, Paul M., 2004, "The Historical Geography of European Cities:

An Interpretative Essay", In: Henderson, J. Vernon, Thisse, Jacques-Francois (Eds.), Handbook of Regional and Urban Economics, Vol.4: Cities and Geography, Elsevier, North-Holland.

Hohenberg, Paul M., Lees and Lynn Hollen, 1985, The Making of Urban Europe, Harvard University Press: 1000—1950.

Hoover, E. M., 1936, "The Measurement of Industrial Localization", Review of Economics and Statistics, 18:162—171.

Hsieh, Chang-Tai and Peter, J.Klenow, 2009, "Misallocation and Manufacturing TFP in China and India," *Quarterly Journal of Economics*, 124(4): 1403—1448.

Huang, Zuhui, Zhang, Xiaobo, and Zhu, Yunwei, 2008, "The Role of Clustering in Rural Industrialization: A Case Study of Wenzhou's Footwear Industry", China Economic Review, 19(3):409—420.

Hutchinson, W.K., 2005, "'Linguistic Distance' As A Determinant of Bilateral Trade", *Southern Economic Journal*, 72(1):1—15.

Inglehart, R. and Baker, W.E., 2000, "Modernization Cultural Change, and the Persistence of Traditional Values", *American Sociological Review*, 65: 19—51.

Jacobs, J., 1969, The Economy of Cities, New York: Random House.

Javorcik, B. S., 2004, "Does Foreign Direct Investment Increase the Productivity of Domestic Firms? In Search of Spillovers Through Backward Iinkages", *American Economic Review*, 94(3):605—627.

Jefferson, G. H., and Rawski, T., 2002, "China's Emerging Market for Property Rights", *The Economics of Transition*, 10(2):58—617.

Johnson, S., McMillan, J. and Woodruff, C., 2002, "Property Rights and Finance", *American Economic Review*, 92:1335—1356.

Jones, Charles I., 1995, "R&D-Based Models of Economic Growth", *The Journal of Political Economy*, 103(4):759—784.

Ju, J. and Wei, S., "Endowment versus Finance: A Wooden Barrel Theory of International Trade", IMF Working Papers No.05/123, 2005.

Kang, K., 2012, "What Matters for the Extensive and Intensive Margins of International Trade? Evidence from Korean Exports", *Singapore Economic Re-*

view, 57(3):1—21.

Kaufmann, Daniel, Kraay, Aart and Mastruzzi, Massimo, 2003, "Government Matters III: Governance Indicators for 1996—2002", Policy Research Working Paper Series 3106, The World Bank.

Khwaja, A. and Mian, A., 2005, "Do Lenders Favor Politically Connected Firms? Rent Provision in an Emerging Financial Market", *The Quarterly Journal of Economics*, 120(4):1371—1411.

Kim, T.J. and Knaap, G., 2001, "The Spatial Dispersion of Economic Activities and Development Trends in China: 1952—1985", *The Annals of Regional Science*, 35:39—57.

Klein, B. and Leffler, K.B., 1981, "The Role of Market Forces in Assuring Contractual Performance", *Journal of Political Economy*, 89:615—641.

Klein, Benjamin, Crawford, Robert G. and Armen A.Alchian, 1978, "Vertical Integration, Appropriable Rents, and the Competitive Contracting Process", *Journal of Law & Economics*, University of Chicago Press, 21(2): 297—326.

Kletzer, K., and Bardhan, P., 1987, "Credit Markets and Patterns of International Trade", *Journal of Development Economics*, 27(1—2):57—70.

Knack, S., and Keefer, P., 1997, "Does Social Capital Have an Economic Payoff?", *Quarterly Journal of Economics*, 112(4):1251—1288.

Kongsamut, P., Rebelo, S., and Xie, D., 2001, "Beyond Balanced Growth", *Review of Economic Studies*, 48:869—882.

Koren, M. and Tenreyro, S., 2007, "Volatility and Development", *The Quarterly Journal of Economics*, 122(1):43—287.

Kortum, S., 1997, "Research, Patenting and Technological Change", *Econometrica*, 65:1389—1419.

Kranton, R., "Reciprocal Exchange: A Self-Sustaining System", *American Economic Review*, 1996, 86(4):830—851.

Kremer, Michael, 1993, "The O-Ring Theory of Economic Development", *Quarterly Journal of Economics*, August, 108(4):551—576.

Krishna, P. and Levchenko, A.A., 2009, "Comparative Advantage, Complexity and Volatility", NBER Working Papers 14965, National Bureau of Economic Research, Inc.

Krueger, A. O., Political Economy of Policy Reform in Developing Countries, MIT Press, Cambridge, 1993.

Krugman, P., 1991, "Increasing Returns and Economic Geography", *Journal of Political Economy*, 99:483—499.

Krugman, P. and Venables, A.J., 1995, "Globalization and the Inequality of Nations", *Quarterly Journal of Economics*, 110:857—880.

Kuznets S., 1957, "Quantitative Aspects of the Economic Growth of Nations: II. Industrial Distribution of National Product and Labor Force", *Economic Development and Cultural Change*, 5(4):1—111.

La Porta, R., Lopez-de-Silanes, F., Shleifer, A. and Vishny, R., 1998, "Law and Finance", *Journal of Political Economy*, 106:1113—1155.

La Porta, R., Lopez-De-Silanes, F., Shleifer, A. and Vishny, R.W., "Trust in large organizations", *American Economic Review*, 1997, 87:333—338.

Lee, Lung-Fei, 1978, "Unionism and Wage Rates: A Simultaneous Equations Model with Qualitative and Limited Dependent Variables", *International Economic Review*, 19(2):415—433.

Leontief, W. W., 1953, "Domestic Production and Foreign Trade: The American Capital Position Re-examined", *Proceedings of the American Philosophical Society*, 97:332—349.

Lerner, J., and Schoar, A., 2005, "Does Legal Enforcement Affect Financial Transactions? The Contractual Channel in Private Equity", *Quarterly Journal of Economics*, 120(1):223—246.

Leuven, E., and Sianesi, B., 2003, "PSMATCH2: State Module to Perform Full Mahalanobis and Propensity Score Matching, Common Support Graphing, and Covariate Imbalance Testing", *Statistical Software Components S432001*, Department of Economics, Boston College.

Levchenko, A., 2007, "Institutional Quality and International Trade", *Review of Economic Studies*, 74(3):791—819.

Levin, Jonathan D. and Tadelis, S., 2007, "Contracting for Government Services: Theory and Evidence from U. S. Cities", NBER Working Paper No. W13350.

Levy, B., 1991, "Transaction Costs, the Size of Firms and Industrial Policy: Lessons from a Comparative Case Study of the Footwear Industry in Korea and Taiwan", *Journal of Development Economics*, Vol. 34, No. 1/2: 151—178.

Li, B. and Lu, Y., 2009, "Geographic Concentration and Vertical Disintegration: Evidence from China", *Journal of Urban Economics*, 65:294—304.

Li, P.P., 2006, "Guanxi as a Special in Formal Institution in China: the Critical Implications of Formal-informal Interaction for Geocentric Theory Building", H.W. Yeung ed., Handbook of Research on Asian Business, London: Ednard Elgar.

Lindstrom, G. and Rozell, E., 1993, "Is There a True Measure of Vertical Integration?", *American Economic Review*, 11(1):44—50.

Long, C. and Zhang, X., 2011, "Cluster-based Industrialization in China: Financing and Performance", *Journal of International Economics*, 84 (1): 112—123.

Long, C. and Zhang, X., 2012, "Patterns of Industrialization: Concentration, Specialization and Clusters", *China Economic Review*, 23(3):593—612.

Lopez, Robert S., 1976, The Commercial Revolution of the Middle Ages, 950—1350, New York: Cambridge University Press.

Lu, Yi, Tao, Zhigang and Yu, Linhui, 2011, "Agglomeration and Markup", MPRA Paper 38974, University Library of Munich, Germany, revised May 2012.

Ma, Y., Qu, B. and Zhang, Y., 2010, "Judicial Quality, Contract Intensity and Trade: Firm-level Evidence from Developing and Transition Countries", *Journal of Comparative Economics*, 38(2):146—159.

Macaulay, S., 1963, "Non-contractual Relations in Business: A Preliminary Study", *American Sociological Review*, 55:55—69.

MacDougall, G., 1960, "The Benefits and Costs of Private Investment from Abroad: A Theoretical Approach", *Economic Record*, 36:13—35.

Manova, K., 2008, "Credit Constraints, Equity Market Liberalizations and International Trade", *Journal of International Economics*, 76(1):33—74.

Mark, J.R. and Tybout, J.R., "The Decision to Export in Colombia: An

Empirical Model of Entry with Sunk Costs", *The American Economic Review*, 1997, 87(4):545—564.

Marshall, Alfred, 1920, Principles of Economics. London: Macmillan.

Martin, P. and Rogers, C.A., 1995, "Industrial Location and Public Infrastructure", *Journal of International Economics*, 39:335—351.

Matouschek, N. and Robert-Nicoud, F., 2002, "The Role of Human Capital Investments in the Location Decision of Firms", Processed, University of Geneva.

Mauro, P., 1995, "Corruption and Growth", *Quarterly Journal of Economics*, 110(3):681—712.

McCallum, John, 1995, "National Borders Matter: Canada-U. S. Regional Trade Patterns", *American Economic Review*, American Economic Association, 85(3):615—623.

McMillan, J., 1995, "China's Nonconformist Reforms", Lazear, Edward P. (Ed.), Economic Transition in Eastern Europe and Russia: Realities of Reform, Hoover Institution Press, Stanford:419—433.

McMillan, J., 1997, "Markets in Transition", Kreps, David M., Wallis, Kenneth F.(Eds.), Advances in Economics and Econometrics, Vol.II, Cambridge University Press, Cambridge:210—239.

McMillan, J. and Woodruff, C., "Interfirm Relationships and Informal Credit in Vietnam", *Quarterly Journal of Economics*, 1999, 114 (4): 1285—1320.

Melitz, Marc J., 2003, "The Impact of Trade on Intra-Industry Reallocations and Aggregate Industry Productivity", *Econometrica*, 71 (6): 1695—1725.

Milgrom, Paul, North, Douglass, C. and Weingast, Barry R., 1990, "The Role of Institutions in the Revival of Trade: The Medieval Law Merchant, Private Judges, and the Cham-pagne Fairs", Economics and Politics, March, 1: 1—23.

Mody, Ashoka, and Fang-Yi Wang, 1997, "Explaining Industrial Growth in Coastal China: Economic Reforms and What Else?", *World Bank Economic Review*, 11(2):293—325.

Mortensen, D. T. and Pissarides, C. A., 1994, "Job Creation and Job Destruction in the Theory of Unemployment", *Review of Economic Studies*, 61: 397—415.

Naghavi, A., and Ottaviano, G., 2008, "Firm Heterogeneity, Contract Enforcement and the Industry Dynamics of Offshoring", Mimeo, University of Bologna.

Nee, V., 1992, "Organizational Dynamics of Market Transition: Hybrid Forms, Property Rights and Mixed Economy in China", *Administrative Science Quarterly*, 37(1):1—27.

Ngai, R., and Pissarides, C., 2007, "Structural Change in a Multi-Sector Model of Growth", *American Economic Review*, 97(1):429—443.

North, D., Institutions, 1986, Institutional Change and Economic Performance, Cambridge: Cambridge University. Press. Ostrom, E..

Nunn, N., 2007, "Relationship-Specificity, Incomplete Contracts, and the Pattern of Trade", *The Quarterly Journal of Economics*, 122(2):69—600.

Nunn, N. and Qian, N., 2011, "The Potato's Contribution to Population and Urbanization: Evidence from a Historical Experiment", The Quarterly Journal of Economics, 126:593—650.

Nunn, Nathan, 2005, "Relationship—Specificity, Incomplete Contracts and the Pattern of Trade", Mimeo, University of British Columbia, (Job Market Paper).

Oldenski, L., 2012, "Export Versus FDI and the Communication of Complex Information", Journal of International Economics, 87(2):312—322.

Otsuka, K. and Sonobe, T., 2006, "Strategy for Cluster-based Industrial Development in Developing Countries", Industrialization of Developing Countries, FASID Discussion Paper: 67—79.

Papagapitos, A. and Riley, R., 2009, "Social Trust and Human Capital Formation", *Economics Letters*, 102:158—160.

Petersen, M. and Rajan, R., 1997, "Trade Credit: Theories and Evidence", *Review of Financial Studies*, 10:661—691.

Poppo, L. and Zenger, T., 2002, "Do Formal Contracts and Relational Governance Function as Substitutes or Complements?", *Strategic Management Journal*, 23(8):707—725.

Porter, E.Michael, 1998, "Clusters and the New Economics of Competition",

Harvard Business Review, 76(6):77—90.

Porter, E.Michael, 2000, "Location, Competition, and Economic Development: Local Clusters in A Global Economy", *Economic Development Quarterly*, 14(1):15—34.

Putnam, R., 2000, Bowling Alone, New York: Simon and Schuster.

Raiser, M., Rousso, A., Steves, F. and Teksoz, U., 2003, "Trust in Transition: Cross-Country and Firm Evidence", *Journal of Law Economics and Organization*, 24(2):407—433.

Rajan, R.G. and Zingales, L., 1998, "Financial Dependence and Growth", *American Economic Review*, 88(3):559—586.

Rajan, Raghuram G., Luigi Guiso and Paola Sapienza, 2004, "The Role of Social Capital in Financial Development", *The American Economic Review*, 94: 526—556.

Ranjan, P. and Lee, J.Y., 2007, "Contract Enforcement and International Trade", *Economics and Politics*, 19(2):191—218.

Rauch, James E., 1999, "Networks versus Markets in International Trade", *Journal of International Economics*, 48:7—37.

Rauch, James E. and Joel Watson, 1999, "Starting Small in an Unfamiliar Environment", Cowles Foundation Discussion Papers 1218, Cowles Foundation, Yale University.

Rauch, James E. and Vitor Trindade, 2002, "Ethnic Chinese Networks In International Trade", *The Review of Economics and Statistics*, MIT Press, 84 (1):116—130.

Redding, S. and Venables, A.J., 2004, "Economic Geography and International Inequality", *Journal of International Economics*, 62:53—82.

Roberts, M.J. and Tybout, J.R., 1997, "The Decision to Export in Colombia: An Empirical Model of Entry with Sunk Costs", *American Economic Review*, 87 (4):545—564.

Rodrik, D., 2002, Reform in Argentina, Take Two: Trade Rout The New Republic.

Rodrik, D., 2006, "What's So Special about China's Exports?", NBER Working Papers 11947, National Bureau of Economic Research.

Rodrik, D., 2006, "What's So Special about China's Exports?", NBER Working Papers 11947, National Bureau of Economic Research.

Rodrik, Dani, 2000, "Institutions for High-Quality Growth: What They are and How to Acquire Them", NBER Working Papers 7540, National Bureau of Economic Rearch.

Rodrik, Dani, Arvind Subramanian, and Francesco Trebbi, 2004, "Institutions Rule: The Primacy of Institutions Over Geography and Integration in Economic Development", *Journal of Economic Growth*, 9:131—165.

Romalis, J., 2004, "Factor Proportions and the Structure of Commodity Trade", *American Economic Review*, 94(1):67—97.

Romer, P., 1990, "Endogenous Technological Change", *Journal of Political Economy*, 98:71—102.

Rosen, Sherwin, 1983, "Specialization and Human Capital", *Journal of Labor Economics*, 1(1):43—49.

Rosenbaum, Paul R. and Donald, B.Rubin, 1983, "The Central Role of the Propensity Score in Observational Studies for Causal Effects", *Biometrika*, 70 (1):41—55.

Rosenbaum, Paul R. and Donald, B.Rubin, 1984, "Reducing Bias in Observational Studies using Subclassification on the Propensity Score", *Journal of the American Statistical Association*, 79:516—524.

Rotemberg, J. and Saloner, G., 2000, "Competition and Human Capital Accumulation: A Theory of Interregional Specialization and Trade", *Regional Science and Urban Economics*, 30:373—404.

Ruan Jianqing and Xiaobo Zhang, 2009, "Finance and Cluster-Based Industrial Development in China", *Economic Development and Cultural Change*, 58 (1):143—164.

Russo, P.F. and Rossi, P., 2001, "Credit Constraints in Italian Industrial Districts", *Applied Economics*, 133(11):1469—1477.

Sauter, N., 2012, "Talking Trade: Language Barriers in Intra-Canadian Commerce", *Empirical Economics*, 42(1):301—323.

Schott, Peter K., 2006, "The Relative Sophistication of Chinese Exports", NBER Working Paper, No.12173.

Scott, A., 2000, The Cultural Economy of Cities, Sage Publications, London.

Scott, A.J., Kwok, E.C., 1989, "Inter-firm Subcontracting and Locational Agglomeration: A Case Study of the Printed Circuits Industry in Southern California", *Regional Studies*, 25:405—416.

Shapiro, C. and Stiglitz, J.E., "Equilibrium Unemployment As A Worker Discipline Device", *American Economic Review*, 1984, 74(3):433—444.

Shapley, Lloyd, S., 1953, "A Value for N-Person Games", In Contributions to the Theory of Games, ed. A.W.Tucker and Robert D.Luce, Princeton: Princeton University Press: 31—40.

Shleifer, A. and Vishny, R., 1994, "Politicians and Firms", *Quarterly Journal of Economics*, 109:995—1025.

Shleifer, A. and Vishny, R., 1998, The Grabbing Hand: Government Pathologies and Their Cures, Cambridge, MA: Harvard University Press.

Smith, A., 1776, An Inquiry into the Nature and Causes of the Wealth of Nations, W.Strahan and T.Cadell, London.

Smith A., J. and Todd, E.P., 2005, "Does Matching Overcome LaLonde's Critique of Nonexperimental Estimators?", *Journal of Econometrics*, 125(1—2):305—353.

Sobel, J., 2006, "For Better or Forever: Formal Versus Informal Enforcement", *Journal of Labor Economics*, 24(2):271—297.

Song, Z., Storesletten, K. and Zilibotti, F., "Growing like China", *American Economic Review*, 2011, 101(1):202—241.

Sonobe, T., Kawakami, M. and Otsuka, K., 2003, "Changing Role of Innovation and Imitation in Development: The Case of the Machine Tool Industry in Taiwan", *Economic Development and Cultural Change*, Vol.52, No.1:103—128.

Sonobe, T. and Hu, D., 2006, "Industrial Development in the Inland Region of China: A Case Study of the Motorcycle Industry", *Journal of Comparative Economics*, 34(4):818—838.

Staiger, D. and Stock, J., 1997, "Instrumental Variables Regression with Weak Instruments", *Econometrica*, 65(3):557—586.

Stigler, George J., 1951, "The Division of Labor is Limited by the Extent of the Market", *Journal of Political Economy*, 59(3):185—193.

Stock, J. H., and Yogo, M., 2005, "Testing for Weak Instruments in Linear IV Regression", In Identification and Inference for Econometric Models: Essays in Honor of Thomas Rothenberg, ed. D. W. K. Andrews and J. H. Stock, Cambridge: Cambridge University Press: 80—108.

Summers, Lawrence, 2007, "The Rise of Asia and the Global Economy", *Research Monitor* (the bi-annual newsletter of the Global Development Network), Special Issue:4—5.

Tabellini, G., 2007, "Culture and Institutions: Economic Development in the Regions of Europe", Mimeo, IGIER, Bocconi University(revised version of CESIFO Working Paper No.1492).

Tadelis, S., 2003, "Firm Reputations with Hidden Information", *Economic Theory*, 110:854—882.

Trefler, D., 2004, "The Long and Short of the Canada-U. S. Free Trade Agreement", *The American Economic Review*, 94(4):870—895.

Trefler, Daniel, 1993, "International Factor Price Differences: Leontief Was Right!", *Journal of Political Economy*, 101:961—987.

Trefler, Daniel, 1995, "The Case of Missing Trade and Other Mysteries", *American Economic Review* 85, Reprinted in Edward E. Leamer, ed., International Economics(New York: Worth 2001):1029—1046.

Tsai, K.S., 2002, Back-alley Banking: Private Entrepreneurs in China, Cornell University Press, Ithaca.

Vanek, Jaroslav, 1968, "The Factor Proportions Theory: The N-Factor Case", Kyklos, 21:749—754.

Vogel, J., 2007, "Institutions and Moral Hazard in Open Economies", *Journal of International Economics*, 2:95—514.

Von Ehrlich, M. and Seidel, T., 2011, "Agglomeration and Credit Constraints", ETH Zurich and CESifo Working Paper.

Wang, Y., 2013, "Exposure to FDI and New Plants Survival: Evidence in Canada", *Canadian Journal of Economics*, 46(1):46—77.

Watson, J., 2002, "Starting Small and Commitment", Games and Economic Behavior, 38(1):176—199.

Weber, M., 1958, The Protestant Ethic and the Spirit of Capitalism(translated by Talcott Parsons), New York: Charles Scribner's Sons(originally published 1904—1905).

Wen, M., 2004, "Relocation and Agglomeration of Chinese Industry", *Journal of Development Economics*, 73:329—347.

Whittaker, D.H., 1997, Small Firms in the Japanese Economy, Cambridge, UK: Cambridge University Press.

Williamson, J., 1996, The Mechanism of Governance. New York: Free Press.

Williamson, J., "Latin American Adjustment: How Much Has Happened?", Institute for International Economics, Washington, DC, 1990.

Williamson, O., 1985, The Economic Institution of Capitalism, New York: Free Press.

Williamson, Oliver E., 1979, "Transaction Cost Economics: The Governance of Contractual Relations", *Journal of Law and Economics*, 22: 233—261.

Wooldridge, J.M., Econometric Analysis of Cross Section and Panel Data, Cambridge, Massachusetts: MIT Press, 2002.

World Bank, 2004, *Doing Business in 2004: Understanding Regulation*, Washington, D.C.: World Bank and Oxford University Press.

Yang, Xiaokai, 2001, *Economics: New Classical Versus Neoclassical Frameworks*, Wiley-Blackwell.

Yu, Miaojie, 2011, "Moving up the Value Chain in Manufacturing for China", edited by Yiping Huang and Juzhong Zhuang, "Can PRC Escape the Middle-income Trap? Structural Transformation and Policy Options", ADBI, forthcoming.

Zak, P.J. and Knack, S., 2001, "Trust and Economic Growth", *Economic Journal*, 111:295—321.

Zhang, J., Wu, G. and Zhang, J., 2007, "Estimating China's Provincial Capital Stock", Working Paper Series, China Center for Economic Studies, Fudan University, http://www.cces.fudan.edu.cn/UploadFile/Capital.rar.

Zhang, K.H., 2006, China as a World Workshop, Routledge, Taylor & Francis Group.

白重恩、杜颖娟、陶志刚、仝月婷:《地方保护主义及产业地区集中度的决定因素和变动趋势》,《经济研究》2004 年第 4 期。

包群、阳佳余:《金融发展影响了中国工业制成品出口的比较优势吗》,《世界经济》2008 年第 3 期。

边燕杰、丘海雄:《企业的社会资本及其功能》,《中国社会科学》2000 年第 2 期。

薄文广:《外部性与产业增长——来自中国省级面板数据的研究》,《中国工业经济》2007 年第 1 期。

陈敏、桂琦寒、陆铭、陈钊:《中国经济增长如何持续发挥规模效应?——经济开放与国内商品市场分割的实证研究》,《经济学(季刊)》2007 年第 7 卷第 1 期。

陈剩勇、马斌:《温州民间商会:自主治理的制度分析——温州服装商会的典型研究》,《管理世界》2004 年第 12 期。

陈钊、陆铭、何俊志:《权势与企业家参政议政》,《世界经济》2008 年第 6 期。

戴治勇、杨晓维:《间接执法成本、间接损害与选择性执法》,《经济研究》2006 年第 9 期。

邓建平、曾勇:《金融关联能否缓解民营企业的融资约束》,《金融研究》2011 年第 8 期。

邓建平、曾勇:《政治关联能改善民营企业的经营绩效吗》,《中国工业经济》2009 年第 2 期,第 98—108 页。

樊纲、王小鲁:《中国市场化指数:各地区市场化相对进程报告》,经济科学出版社 2001 年版。

范剑勇:《产业集聚与地区间劳动生产率差异》,《经济研究》2006 年第 11 期。

范剑勇、朱国林:《中国地区差距的演变及其结构分解》,《管理世界》2002 年第 7 期。

范子英、孟令杰:《有关中国 1959—1961 年饥荒的研究综述》,《中国农村观察》2005 年第 1 期。

范子英、孟令杰和石慧:《为何 1959—1961 年大饥荒终结于 1962 年》,《经济学(季刊)》2009 年第 8 卷第 1 期。

方军雄:《市场化进程与资本配置效率的改善》,《经济研究》2006 年第 5 期。

冯天丽、井润田、王国锋:《私营企业政治资本与企业借贷来源的实证分析》,《预测》2010 年第 3 期。

郭继强:《人力资本投资的结构分析》,《经济学(季刊)》2005 年第 4 卷第 3 期。

洪名勇:《初始条件、市场化改革与区域经济非均衡增长的实证研究》,《中国软科学》2004 年第 5 期。

胡旭阳:《民营企业家的政治身份与民营企业的融资便利——以浙江省民营百强企业为例》,《管理世界》2006 年第 5 期。

黄玖立、黄俊立:《市场规模与中国省区的产业增长》,《经济学(季刊)》2008 年第 7 卷第 4 期。

黄玖立、李坤望:《出口开放、地区市场规模和经济增长》,《经济研究》2006 年第 6 期。

黄玖立、冼国明:《人力资本与中国省区的产业增长》,《世界经济》2009 年第 5 期

江小涓:《体制转轨与产业发展:相关性、合意性以及对转轨理论的意义——对若干行业的实证研究》,《经济研究》2006 年第 1 期。

姜奇平:《"以市场换技术"战略彻底失败?》,《互联网周刊》2004 年第 14 期。

蒋殿春、张宇:《经济转型与外商直接投资技术溢出效应》,《经济研究》2008 年第 7 期。

金祥荣、茹玉骢、吴宏:《制度、企业生产效率与中国地区间出口差异》,《管理世界》2008 年第 11 期。

金煜、陈昭、陆铭:《中国的地区工业集聚:经济地理、新经济地理与经济政策》,《经济研究》2006 年第 4 期。

柯武刚、史漫飞:《制度经济学——社会秩序与公共政策》,商务印书馆 2000 年版。

兰宜生:《对外贸易对我国经济增长及地区差距的影响分析》,《数量经济技术经济研究》2002 年第 7 期。

李坤望:《改革开放三十年来中国对外贸易发展评述》,《经济社会体制比较》2008 年第 4 期。

李坤望、王永进:《合同执行效率与中国地区出口比较优势》,第八届中国经济学年会会议论文,2008 年。

李坤望、王永进:《契约执行效率与地区出口绩效差异——基于行业特征的经验分析》,《经济学(季刊)》2010 年第 9 卷第 3 期。

李涛、李红:《双边关系、关系网络、法院与政府:中国非国有企业间信任的研究》,《经济研究》2004 年第 11 期。

梁琦、吴俊:《财政转移与产业集聚》,《经济学(季刊)》2008 年第 4 期。

林毅夫:《新结构经济学——重构发展经济学的框架》,《经济学(季刊)》,2010年第10卷第1期。

刘伟、张辉、黄泽华:《中国产业结构高度与工业化进程和地区差异的考察》,《经济学动态》2008年第11期。

刘修岩、殷醒民、贺小海:《市场潜能与制造业空间集聚:基于中国地级城市面板数据的经验研究》,《世界经济》2007年第1期。

卢峰、姚洋:《金融压抑下的法治、金融发展和经济增长》,《中国社会科学》2004年第1期。

陆铭、李爽:《社会资本、非正式制度与经济发展》,《管理世界》2009年第9期。

陆毅、李冬娅、方琦璐、陈熹:《产业集聚与企业规模——来自中国的证据》,《管理世界》2010年第8期。

路江涌、陶志刚:《中国制造业区域聚集与国际比较》,《经济研究》2006年第3期。

罗长远、陈琳:《FDI缓解了中国企业的融资约束了吗?》,《世界经济》2011年第4期。

罗德明、李晔、史晋川:《要素市场扭曲、资源错置与生产率》,《经济研究》2012年第3期。

聂辉华:《契约不完全一定导致投资无效率吗?——一个带有不对称信息的敲竹杠模型》,《经济研究》2008年第2期。

聂辉华:《中国制造业企业生产率与资源误置》,《世界经济》2011年第7期。

裴长洪、郑文:《中国制成品出口规模的理论分析:1985—2030》,《经济研究》2012年第11期。

彭向、蒋传海:《产业集聚、知识溢出与地区创新——基于中国工业行业的实证检验》,《经济学(季刊)》2011年第10卷第3期。

饶妙:《制度环境、企业家政治特征与民营企业的政治关联》,厦门大学硕士学位论文2009年。

茹玉骢、金祥荣:《合约实施制度与国际贸易文献综述》,《国际贸易问题》2008年第2期。

阮建青、张晓波、卫龙宝:《资本壁垒与产业集群——基于浙江濮院羊毛衫产业的案例研究》,《经济学(季刊)》2007年第7卷第1期。

沈能、刘凤朝、赵建强:《财政分权、金融深化与地区国际贸易发展》,《财贸经济》2006年第1期。

盛丹、王永进:《契约执行效率能够影响 FDI 的区位分布吗?》,《经济学(季刊)》2010 年第 9 卷第 4 期。

孙铮、刘凤委、李增强:《市场化程度、政府干预与企业债务期限结构——来自我国上市公司的经验证据》,《经济研究》2005 年第 5 期。

陶庆:《嬗变、缺位和弥补:政治安排中私营企业主利益表达》,《社会科学研究》2004 年第 6 期。

田利辉:《国有产权、预算软约束和中国上市公司杠杆治理》,《中国经济改革》2004 年第 4 期。

王红领、李稻葵、冯俊新:《FDI 与自主研发:基于行业数据的经验研究》,《经济研究》2006 年第 2 期。

王文举、范合君:《我国市场化改革对经济增长贡献的实证分析》,《中国工业经济》2007 年第 9 期。

王小鲁、樊纲、刘鹏:《中国经济增长方式转换和增长可持续性》,《经济研究》2009 年第 1 期。

王永进:《关系与民营企业的出口行为:基于声誉机制的分析》,《世界经济》2012 年第 2 期。

王永进、李坤望、盛丹:《地理集聚影响了地区出口比较优势吗——基于不完全契约的视角》,《世界经济文汇》2009 年第 5 期,第 61—75 页。

王永进、李坤望、盛丹:《契约实施制度与产业集聚——基于中国地区的理论和实证研究》,《世界经济》2010 年第 1 期。

王忠民、郭立宏:《科技优势与经济滞后——求解陕西发展之谜》,陕西人民出版社 1999 年版。

王忠民、郭立宏:《求解陕西发展之谜——陕西科技优势与经济滞后的经济学思考》,《西北大学学报》(哲学社会科学版),1997 年第 4 期。

巫强、刘志彪:《中国沿海地区出口奇迹的发生机制分析》,《经济研究》2009 年第 6 期。

吴文锋、吴冲锋、刘晓薇:《中国民营上市企业高管的政府背景与企业价值》,《经济研究》2008 年第 7 期,第 130—141 页。

吴文锋、吴冲锋、芮萌:《中国上市公司高管的政府背景与税收优惠》,《管理世界》2009 年第 3 期,第 141—149 页。

徐康宁、邵军:《自然享赋与经济增长:对"资源诅咒"命题的再检验》,《世界经济》2006 年第 11 期。

徐现祥、李郇：《中国省区经济差距的内生制度根源》，《经济学（季刊）》2005 年第 4 期。

徐现祥、王贤彬、舒元：《地方官员与经济增长——来自中国省长、省委书记交流的证据》，《经济研究》2007 年第 9 期。

杨瑞龙、聂辉华：《不完全契约理论：一个综述》，《经济研究》2006 年第 2 期。

余晖等：《行业协会及其在中国的发展：理论与案例》，经济管理出版社 2002 年版。

余明桂、潘红波：《政治关系、制度环境与民营企业银行贷款》，《管理世界》2008 年第 8 期。

俞鸿琳：《政府控制和治理机制的有效性——基于中国 A 股市场的经验证据》，《南开管理评论》2006 年第 9 卷第 1 期。

张超：《经济体制转型与人力资本积累关系的实证分析》，《经济研究》2007 年第 12 期。

张杰、经朝明、刘东：《商业信贷、关系型借贷与小企业信贷约束：来自江苏的证据》，《世界经济》2007 年第 3 期。

张杰、李勇、刘志彪：《制度对中国地区间出口差异的影响：来自中国省际层面 4 分位行业的经验证据》，《世界经济》2010 年第 2 期。

张杰、刘志彪、郑江淮：《中国制造业企业创新活动的关键影响因素研究——基于江苏省制造业企业问卷的分析》，《管理世界》2007 年第 6 期。

张军：《关系：一个初步的经济分析》，《世界经济文汇》1995 年第 6 期。

张维迎：《法律制度的信誉基础》，《经济研究》2002 年第 1 期。

张维迎、柯荣住：《信任及其解释：来自中国的跨省调查分析》，《经济研究》2002 年第 10 期。

章元、刘修岩：《集聚经济与经济增长：来自中国的经验证据》，《世界经济》2008 年第 8 期。

中国公路交通史编审委员会：《中国公路史》（第一册），人民交通出版社 1990 年版。

周业安、赵坚毅：《市场化、经济结构变迁和政府经济结构政策转型——中国经验》，《管理世界》2004 年第 5 期。

朱彤、郝宏杰、秦丽：《中国金融发展与对外贸易比较优势关系的经验分析——一种外部融资支持的视角》，《南开经济研究》2007 年第 3 期。

后　记

　　本书是在我博士论文的基础上完成的，回想起来，从 2005 年读硕士开始到现在，经过了十年整。贾岛诗云"十年磨一剑，霜刃未曾试"，这过去的十年与其说是在"磨剑"，倒不如说在学习如何"磨剑"。是的，作为一个典型的"土鳖族"，学习现代经济学免不了要走很多弯路和错路。想起博士期间一本又一本"囫囵吞枣"式的阅读，不免感觉岁月蹉跎，时光飞逝。

　　十年前的我，只知道盲目学习数学推导，对经济学的内涵往往一知半解。博士毕业后，还曾试图亡羊补牢，一个人对着实变函数、递归方法埋头苦读。于今想来，这些数学工具无疑是必要的，但是理解数学公式背后的经济学涵义实际上更为重要，也是最为困难的。一个人可以用一年的时间去学好实变函数，但是，经济学直觉和思维的训练却非一日之功。为了在经济学的修为上有所精进，不得不"时时勤拂拭，勿使惹尘埃"。不是吗？经济学的原理只有一个，可是现实世界却无比复杂，如何用这简单的原理来解释繁复的世界，的确需要下一番功夫。若是十年就可以修成，岂非太快?! 这就好比学习"独孤九剑"，敌人的招数千变万化，最后要做到"无招胜有招"，除了个人悟性外，不断见招拆招确是必要的。从这一点来看，我对经济学才是刚刚入门的小学生，虽知任重而道远，但时间不比学生时代那样充裕了，只好尽己所能了。

　　本书的内容虽然是在博士论文基础上完成的，但实际上，因为我的研究兴趣广泛，而为了完成一篇"合格"的博士论文，就要注意前后逻辑一致，而且研究内容尽可能集中于一个主题，这就限制了文章的范围，使得博士期间所发表的论文许多不能直接"拿来"所用。再加上本书也收录了后来一些新发表的论文，所以博士论文的内容实际上只占本书的一小部分。尽管与博士论文相比，本书已经有了很多改进，但是自己其实一直不太满意，所以一直也没有出版的计划。直到 2010 年碰到上海财经大学的鲍晓华教授，在她的劝说和"撺掇"之下，自己就萌发了把自己对不完全契约与国际贸易相关内容整理成书的想法，算是对自己过去学习经历的总结。

　　当初之所以选择不完全契约与国际贸易作为毕业论文的选题方向，也着实经历了很多曲折。读硕士时,毕业论文写的是贸易政策的政治经济学,但是当时发现自己很难在那个方向继续做下去。于是,后来又转做经济增长,结果却发现经济增长理论当时已经陷入了停滞期。就这样兜兜转转到了 2007 年秋,偶然读到了 Nunn 发表在 *QJE* 上的关于契约制度与贸易模式的论文,感觉这应该是一个不错的方向,可以尝试一下。再加上可以获得中国地区契约制度的数据,于是选择将《契约实施制度与比较优势:理论与实证分析》作为博士论文的题目。毕竟,要在一个窄的研究方向上凑够十万字,数据确实是一个"硬约束"。

当然,我对制度问题的兴趣最早可以追溯到 2005 年,那时偶然听到张五常教授到我们学校进行学术讲座,然后开始看他的书,并对制度经济学的兴趣越来越浓厚。但是由于国内的经济学培养体系不够完善,"三高"的很多内容是自己学的,很多时候为了追求进度,经常"贪多嚼不烂"。直到 2008 年暑假参加中国人民大学组织的"企业理论前沿与中国制度变迁"暑期班,我才真正知道经济学应该如何学,论文应该如何读。能够参加这次暑期班,确实是我博士期间的一大幸事。此次暑期学习,不仅有机会与聂辉华、杨其静等国内年轻的经济学翘楚朝夕相对,而且有幸得以倾听国外经济学的学术明星如"庖丁解牛"般将复杂的理论娓娓道来。不论是研究机制的 Kim Sau Chung,讲授谈判理论的 Stephen Chiu,还是主攻声誉理论的 Steven Tadelis,他们总是能够通过案例将复杂的数学理论"化繁为简",让我受益匪浅。此后,我于 2009 年参加了上海财经大学举办的"国际贸易与投资"暑期培训班,并有幸听邱东晓(Larry Qiu)讲授现代国际贸易理论,邱老师清晰的讲课风格至今仍然历历在目,并深刻地影响着我阅读文献的方式。

感谢我的博士阶段导师李坤望教授。三年间李老师的方向课从未间断,在毕业多年后,随着家庭和学校琐事的增多,越来越发觉这份坚持是多么难能可贵,这对于当时作为在校学生的我是无法体会的。常言道,"师者,所以传道授业解惑也"。李老师不仅为我们传道、授业、解惑,教授我们从事经济研究的方法,使我少走了不少弯路、错路,而且还以博大的胸怀去包容我们,并以循循善诱的方式引领我们正确理解和研究经济学。除了平时学术上的指导和鼓励,李老师在我毕业论文选题和写作工作过程中也倾注了极大的心血。没有李老师的谆谆教诲,我可能到现在也无法领悟什么才是真正的经济学研究。当然,也要感谢三年间与我一同学习和讨论的师兄师姐、师弟师妹们,能与他们相互学习、共同进步是我的荣幸。

同时感谢我的硕士阶段导师薛敬孝教授,薛先生不仅知识渊博、治学严谨,而且平易近人、极具亲和力,他的治学精神和为人处世永远是我学习的榜样。

感谢加拿大卡尔顿大学的王艳玲教授、南开大学国际经济研究所的盛丹副研究员。特别感谢神户大学的赵来勋教授，他在我论文写作过程中提供了极大的帮助，能够结识赵老师，也是我人生一大幸事。还记得电视剧《大染坊》里的卢老爷子曾经说过，"什么是走运？遇上明白人，就是走运。"对于我来说，赵老师就是我的"明白人"。在"Saving Good Jobs from Global Competition by Rewarding Quality and Effort"一文的写作过程中，赵老师从文字、模型到构思，都倾注了很多精力，而且不断鼓励我、鞭策我，是我英文论文写作上的领路人。算起来，这篇文章修改了足足三十几稿，用心之深可见一斑。特此致谢！

感谢我的父母，他们不仅赐予我生命，而且还供我读书。虽然他们的生活十分艰难，但供我念书的信念从未动摇。感谢妻子的陪伴和忍耐，感谢一岁多的女儿，你们的幸福是我工作的最大动力。感谢我的岳父岳母远离家乡来帮我们照顾女儿，你们辛苦了！

最后，谨对所有关心、支持和帮助过我的亲人和朋友表达最诚挚的谢意！

图书在版编目(CIP)数据

契约、关系与国际贸易/王永进著.—上海:格
致出版社:上海人民出版社,2015
(自贸区研究系列)
ISBN 978 - 7 - 5432 - 2517 - 6

Ⅰ.①契…　Ⅱ.①王…　Ⅲ.①国际贸易-研究　Ⅳ.
①F74

中国版本图书馆 CIP 数据核字(2015)第 101955 号

责任编辑　程　倩
装帧设计　路　静

自贸区研究系列

契约、关系与国际贸易

王永进　著

出　版　世纪出版股份有限公司　格致出版社
　　　　　世纪出版集团　上海人民出版社
发　行　中国图书进出口上海公司
版　次　2015 年 6 月第 1 版
　　　　ISBN 978 - 7 - 5432 - 2517 - 6/F · 836